山城历史文化选编

沈印骞 主编
《山城历史文化选编》编纂委员会 编

山东大学出版社

图书在版编目(CIP)数据

山城历史文化选编/沈印骞主编;《山城历史文化选编》编纂委员会编. —济南:山东大学出版社,2016.9

ISBN 978-7-5607-5624-0

Ⅰ. ①山… Ⅱ. ①沈… ②山… Ⅲ. ①区(城市)—文化史—枣庄 Ⅳ. ①K295.23

中国版本图书馆 CIP 数据核字(2016)第 236189 号

责任策划:李孝德
责任编辑:李孝德
封面设计:张　荔

出版发行:山东大学出版社
　　社　址　山东省济南市山大南路 20 号
　　邮　编　250100
　　电　话　市场部(0531)88364466
经　销:山东省新华书店
印　刷:济南景升印业有限公司
规　格:720 毫米×1000 毫米　1/16
　　26 印张　438 千字
版　次:2016 年 9 月第 1 版
印　次:2016 年 9 月第 1 次印刷
定　价:56.00 元

《山城历史文化选编》编委会

山城街道办事处政区图

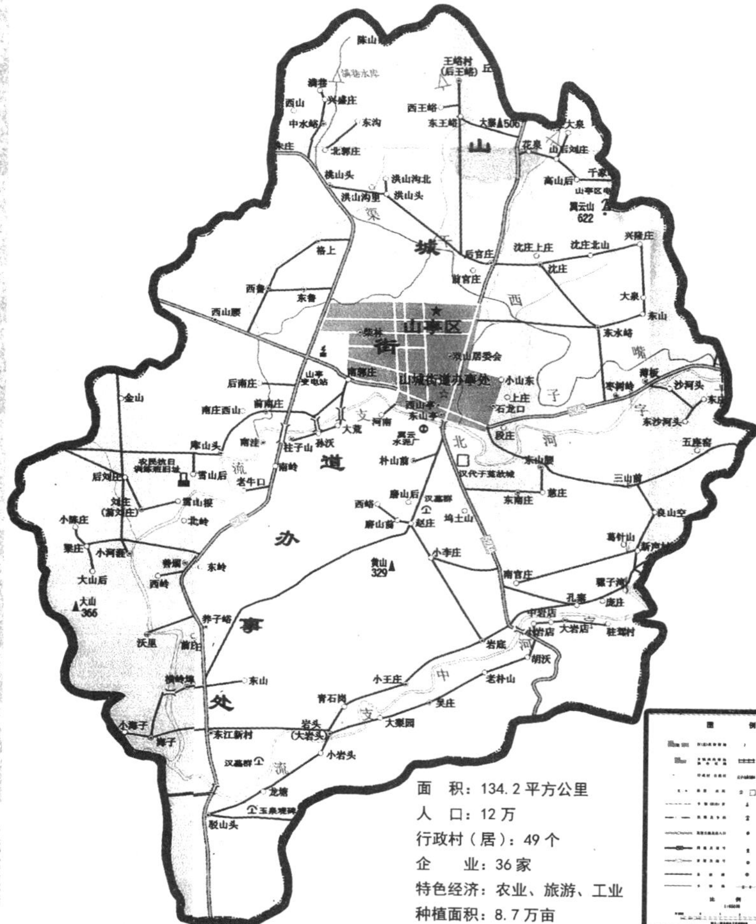

山城街道办事处
山亭区
陈山
王峪村（后王峪）
西王峪
东王峪
西山
兴盛庄
中水峪
东沟
北郭庄
洪山沟北
洪山头
洪山沟里
桃山头
花泉
大泉
高山后
翼云山
622
兴隆庄
后官庄
前官庄
沈庄上庄
沈庄北山
沈庄
西鲁
东鲁
格上
西山寨
东山
东水峪
山城居委会
小山东
上庄
石龙口
后南庄
前南庄
南庄西山
南郭庄
金山
沙河头
东沙河头
五座窑
寨山头
雪山后
雪山根
后刘庄
北岭
小陈庄
小河涯
梁庄
大山后
大山
365
东岭
西岭
老牛口
南岭
柱子山
朴山前
磨山后
磨山前
西峪
赵庄
小李庄
翼山
329
南官庄
东南庄
三山前
葛针山
孔寨
中岩店
大岩店
岩底
胡沃
小王庄
老朴山
青石岗
大寨园
小岩头
汉墓群
玉泉嘴
龙嘴
驳山头
东江新村
东山
养子峪
沃里
小寨子
寨子
北
河
面　积：134.2 平方公里
人　口：12 万
行政村（居）：49 个
企　　业：36 家
特色经济：农业、旅游、工业
种植面积：8.7 万亩
图　例
比　例　尺

序

文化是一个地域的灵魂，挖掘历史文化是提升这一地域文化品位和知名度的重要举措。为进一步发挥文化软实力在“四德”工程建设、美丽乡村建设等工作中的文化底蕴作用，促进山东省枣庄市山亭区山城街道经济建设与文化建设的和谐发展，在市区社科联的关心和支持下，枣庄市山亭区山城街道党工委、办事处作出决定，在全街道开展挖掘历史文化的活动，专门组织人员，带着责任、带着感情，带着敬畏之心，收集、整理、编纂了《山城历史文化选编》一书，为辖区的政治文明、物质文明和精神文明建设提供有效服务。

本书以党的十八大和十八届三中、四中全会精神为指导，以传承古老历史文化、服务经济社会发展为目的，以深化“四德”工程建设、建设诚信山城为依托，以重在参与、深入挖掘为手段，全面收集整理辖区历史文化，全力打造山城优质文化品牌。

山城街道历史悠久，文化深厚，灿烂的文明一直让山城人民引以为豪。由于时代变迁和历史沿革等原因，山城街道还没有史志。一代又一代勤劳智慧的山城人民创造的灿烂文明和优秀文化大都散落在民间，如果再不进行抢救性挖掘，就有可能永远失传。对这些宝贵的文化资源进行收集整理，不仅是对创造了历史文化成果的山城先人们的高度尊重，而且是为当今的经济发展寻找深厚的文化铺垫，还为今后山城修史奠定基础。当今文化软实力对经济发展的影响日益重要，厚重的文化不仅能够催生经济发展的活力，而且还能产生发展规模的张力和可持续发展的韧力。因此，瞄准文化优势，打造文化品牌，功在当今，利在后世，意义深远。

山城历史悠久，考古证明，早在1.5万年前就有人类在山城的东江一带活动，由此，将人类的文明史由7000年向前推进了8000年！

山城文化源远流长，古薛河上游的北、中两支流，先民沿河而居繁衍生息，创造了人类的灿烂文化。春秋时期，被誉为“东方君子之国”的小邾（郳）

国就坐落在山城街道的东江村；春秋齐楚争霸时在此设置的直属楚国中央政权、集军事和财政于一体的边塞重镇——於菟城，对于齐、鲁、楚文化的碰撞、融合和鲁南多元文化的形成起了极其重要的作用。至今“怀义类鲁，阔达类齐，任气类楚”的人文特质仍深深烙印在鲁南的大地上；雪山佛教文化影响深厚，雪山红色文化闻名全国，无论是尽享苏、鲁、豫、皖信众香火的“梵王老爷”，还是抗日战争时期培养抗日军政干部的摇篮——雪山苏鲁豫皖农民抗日训练班和山东抗日军政干部学校早就声播遐迩，无远弗届。特别是在这里学习毕业的500名学员，以后成为抗日军政骨干和党的高级干部的就有20多人；令人豪气的翼云山文化，是因为鲁南海拔第一高的翼云山坐落境内，傲视苍穹，纳翼云山之灵气，汲古薛河之膏泽。这里曾走出从三品的国民政府陆军上将张锦湖和新中国济南军区后勤部部长沈鸿毅，成为山城人民的骄傲。

本书围绕区域内的一山（翼云山）、两水（薛河的东江水系和横岭水系）、四张历史文化名片（小邾国、雪山、翼云山、於菟城），紧扣历史寻迹、历史人物、文物古迹、往事钩沉、故实传说、逸闻轶事、自然风光、风土民俗、民间艺术九部分，上起商周，下至当今，以图文并茂的形式，展示这一区域悠久的文化和历史，参悟她的深沉与厚重，领略她的玄妙与秀丽，讴歌民风之淳朴，赞美百姓之善良，体味“郳薛”文化的人文特质，力求反映山城历史文化全貌，力求具有知识性、可读性、启迪性，力求在史学研究、行为资鉴、以飨读者和保存收藏等方面有所价值。

一个没有精神力量的民族难以自立自强，一个没有文化支撑的事业难以持续长久。“知常容，容乃公。”愿《山城历史文化选编》一书成为山城人民传承真善美、弘扬正能量的一部文化力作！

本书编委会

2016年3月

钟灵翼云山，毓秀古薛河

（代前言）

山城街道位于山亭区机关驻地，东经117°31′37″，北纬35°21′44″。东起沙河头村东端，与徐庄镇接壤；南到驳山头村南沿，与西集镇毗邻；西至西山腰村西线，与桑村镇相接；北至花泉村北侧，与水泉镇相连。辖区总面积134.2平方公里，共有9个管理区、49个行政村居（其中28个行政村、18个居委会、3个直辖居委会）、108个自然村、25690户，总人口10.5万人，其中常住人口10.3万人，暂住人口0.15万人。总人口中男性5.6万人，占53.4%；女性4.9万人，占46.6%。汉族10.47万人，占99.7%；少数民族主要为回族，74人，其他少数民族190人，占总人口0.3%。山城街道交通便捷，北留、〇九、店韩三条省道贯穿境内，距离枣庄市机关37公里、济南城区241公里。

山城街道的前身是山亭镇，1941年之前属滕县（今山东滕州）管辖，1941年11月属滕峄边办事处，1943年秋属新建的双山县，1946年春属麓水县，1947年属白彦县，1953年8月复归滕县，1958～1983年为山亭人民公社，1983年11月归属区划后的山亭区，1984年3月31日改为山亭镇，2001年3月乡镇规模调整改为山城街道办事处，属区政府派出机构。当年麓水县、白彦县机关设在山城街道的东山亭村。

据《滕县志》记载：先秦时期，山城街道先后属郳、小邾、楚等国。秦时属合乡县。两汉时属昌虑县、合乡县。三国时属蕃县、合乡县。晋至南北朝时属昌虑县、合乡县，北齐时属蕃县。隋开皇六年（586）改蕃县为滕县。宋朝以后先后属滕县、滕阳县、滕州，上属济宁府、兖州府。民国时期先后属滕峄边、费滕峄、双山、麓水、白彦、滕县。

山城街道地处沂蒙山区西南端，鲁南海拔第一高峰的翼云山坐落境内。这座形如展翅入云的翼云山，自古以来就为山城人民撑起了不屈的脊梁。

古老的薛河上游两条支流蜿蜒流经境内，山借水势，水润山色，滋养大地，源远流长。一代又一代山城人民凭借翼云山的钟灵和薛河水的秀美，创造了许许多多的灿烂文明和优秀文化，为这块热土赢得了历史悠久、文化厚重的赞誉。

山城街道有着古老的小邾（郳）国文化。春秋时期被誉为“东方君子之国”的小邾（郳）国故城和墓葬遗址位于辖区东江村东南的台形高地处，当地人俗称“城顶”。2002 年 6 月，枣庄市文物部门对此进行了抢救性发掘考证，共清理出邾友父等墓葬 3 座和大量珍贵文物，建立小邾（郳）国历史文化展览馆。随着小邾（郳）国贵族墓地的发掘，幽幽道德文化的清香迅速弥漫开来。这块行德向善的热土、忠厚守礼的高地立即让山城人民热血沸腾并引以为豪。

山城街道有着厚重的於菟城文化。春秋战国时期，山城街道在齐楚对峙中，一度归属楚国。楚成王为巩固和加强楚国北部的军事力量，便在现在的山城街道的东山亭村建城筑堡作为军事要塞，为示威重，以当时名震四海的於菟（wūtú）令尹之名命名为“於菟城”。於菟古城建在河的南岸，南面的山，以城得名“於菟山”，今讹音“坞土山”。由于风酷水恶，古城烽火台先后三次迁徙，最后移到薛河北岸。因此研究今日的山亭就绕不开古时的於菟城。明万历十三年《滕县志》载：“城后水漘出一石刻所云：‘倒流有无水，有石却无山，银瓶盛翠玉，挂在树之间。’不知何代何人作，其义不晓，殆似异人隐语也。”由此不难想象，於菟城是多么的古老而神秘！於菟城后的河北岸，古有飞云台，传为点将台，台上建有亭子，旧说此为山亭之得名。不知何年台上建有玉皇庙，后被毁，土被挖，现残台南不远处新建三间玉皇庙。

於菟古城西的山坡处有汉墓群，北为薛河，南为群山，墓区面积 40 万平方米，发现于 1992 年底，系省内较大的汉墓群。墓室为石室结构，有的构筑简单，有的曲径通幽，结构复杂，分墓道、墓室、耳室，曾出土数块讲经图、车骑出行图等汉画石像。被称为“九女坟”的墓葬更为豪华，其传说故事曲折动人。北岸被称为“山亭老街”“老桥”“老槐”的“三老”风采依然。相传唐王李世民带兵东征路过此地，烈日炎炎，便在大槐树下歇息。村民献上槐米茶解渴祛火，唐王饮之大加赞美。此树现已冠名“唐槐”，被列为文物。

山城街道有着博大精深的雪山佛教文化和影响广泛的红色文化。位于西南部的雪山因一山三庙（观、寺、庵）几乎与东岳泰山齐名。传说梵王选中这块风水宝地在此修炼，雪山由此成为古代著名的佛教、道教中心。山上有梵王庙、灵芝寺、僧塔、摩崖石刻、文峰观、黄龙洞、白云庵等著名景点。流传上千年的梵王转世、普度众生的神话，吸引众多痴男信女于每年的三月初三庙会前来烧香拜佛，信众遍及苏鲁皖三省，影响广泛，场面壮观，经久不衰。旧《滕县志》载："雪山古名薛山，国名(薛国)因于水，水名(薛河)因于山。"雪山半周环水，风景优美，古迹颇多，山上林立的石碑和文峰观的鳌驮碑上，记叙着经年沧桑。东麓薛河依山南流，临河悬崖百丈，陡峭如削，峥嵘奇险，古洞遍布其间。相传孔子曾到此游洞。黄龙祖师、丹阳道人曾在此炼丹。八仙洞、安阳洞和三清洞内有石桌、石凳、石榻。最幽深的是玄天古洞，又名万寿宫。洞口位于悟真岩顶，第一洞门上刻有"西佛真阳"四个大字；第二洞门上刻着"玄天古洞"四字。洞室迂回曲折，洞内有洞，洞间隔门，别有洞天，逦迤可通崖底河面。玄天古洞有"海西第一洞天"之誉，旁有唐代摩崖造像——梵王观马像，为高浮雕佛，高约1米，形象神态自若，栩栩如生。在梵王观马像不远处有晾马棚，内有一石龛，名为八仙崖，又名"逍遥台"，可坐数人，有石刻棋盘，传为仙人下棋之处。值得一提的是，雪山南麓有一座石制僧塔经历了550多年侵蚀，至今仍然完好无损，挺立如初。僧塔全部用石料制作，高约8米，直径1.1米，塔基为莲花盆形状。塔身呈八棱形，上面装饰着精美的花纹图案，采用浅浮雕技法。石塔造型玲珑别致，装置牢固。塔身上用高浮雕镌刻有"故滕县僧会悟善归府墓铭"等文字。落款为"天顺四年"(1460)，是建塔的确切年代。这座石塔是滕县僧会悟善圆寂后寄放骨灰所在。古塔在枣庄市现存很少，尤其是石制僧塔，仅此一座。值得骄傲的是，创办于1937年的中共"苏鲁豫皖边区农民抗日训练班"旧址位于雪山，先后培训学员500多人，为抗日前线输送了大批军政骨干。枣庄市人民政府于2013年10月10日在此处立碑，该旧址成为山东省人民政府公布的省级文物保护单位，成为著名的红色革命教育基地。

山城街道有着令人豪气的翼云山文化。纳翼云山之灵气，翼云山下走出了许多名人武将。民国时期名将张锦湖和新中国济南军区后勤部部长的沈鸿毅就是翼云山的巨子。

张锦湖(1859～1944)，出生于翼云山下的沈庄村，自幼喜爱武术，练就一身功夫。1892年春，出走南方，在江苏海门投身军旅。1911年5月，受孙中山之约，赴澳门晋谒孙中山，请教江淮地区革命大计，并携孙中山手谕北归，联络志士，积极准备辛亥革命。辛亥鼎革，张锦湖在攻克南京之战中，显示出突出的军事指挥才能，战功卓著。1912年2月，中华民国临时政府委任他为改编后的陆军第八旅旅长，晋授陆军中将，戍镇扬州。

1917年7月6日，冯国璋就任代大总统。张锦湖被任命为从三品的两淮盐运使，此后被任命陆军第76混成旅旅长，通海镇守使，移镇南通。张锦湖在南通任职10年，深受民众称赞。1923年11月14日，张锦湖被北洋政府晋授陆军上将并嘉封勋五位杰威将军。北伐之役，张锦湖毅然愉快地接受了国民革命军第一军军事顾问的聘任，在策动苏皖北洋军的反正中起了别人无法替代的重要作用，从而为自己30多年的军政生涯画了一个圆满的句号！1927年，年届70岁的张锦湖急流勇退，向国民政府提起“年老乞休”的申请。国民政府予以批准并延聘他为国民政府高级顾问，享受中央要员待遇。1944年，张锦湖逝世时，国民政府在重庆设位悼念。

沈鸿毅(1923～2008)，籍贯山城街道沈庄村，年少时他果断抛弃家中优越丰厚的富裕生活，毅然跟随中共地下党走上革命道路。在战火纷飞的年代，在生活极度困苦、战况极度险恶的环境中，他矢志不移，英勇顽强，经受着血与火的洗礼与考验，先后参加了抗日战争、解放战争。在渡江战役中，他带的船成为渡江第一船，他带的战士最先冲进总统府插上了我军的战旗，成为“渡江战役第一船的领军人”！

借助翼云山的灵气，城市规模越来越大。就连翼云山半腰的“穷命庄”，也开发成为3A级旅游景点——翼云石头部落，景点以石头世界的名片把游客拉回到远古的石器时代，她以高、阔、静、真、亲的特色招徕远近游客，展示着翼云山的博大胸怀。

此外，山城街道还有着许许多多的人文历史、古迹名胜、奇闻轶事、民间传说、自然风光、风土民情等历史文化景观，唐王寨、驻驾村、龙王堂、常子渊、刘家大院、夏家庄园、海子奇观、节孝牌坊、孝母碑、透明碑等等，均颇有名气。收编在这部书中的仅是山城历史文化沧海之一粟，依此抛砖引玉。

山城山水壮我威，山城文化利我行。令人骄傲的山城历史文化古老厚重而精美，让我们共同携手把这块瑰宝挖掘好、珍护好、发展好、传承好！

满福友

2016年6月

目　录

历史寻迹

历史人物

文物古迹

往事钩沉

故实传说

逸闻轶事

自然风光

风土民俗

民间艺术

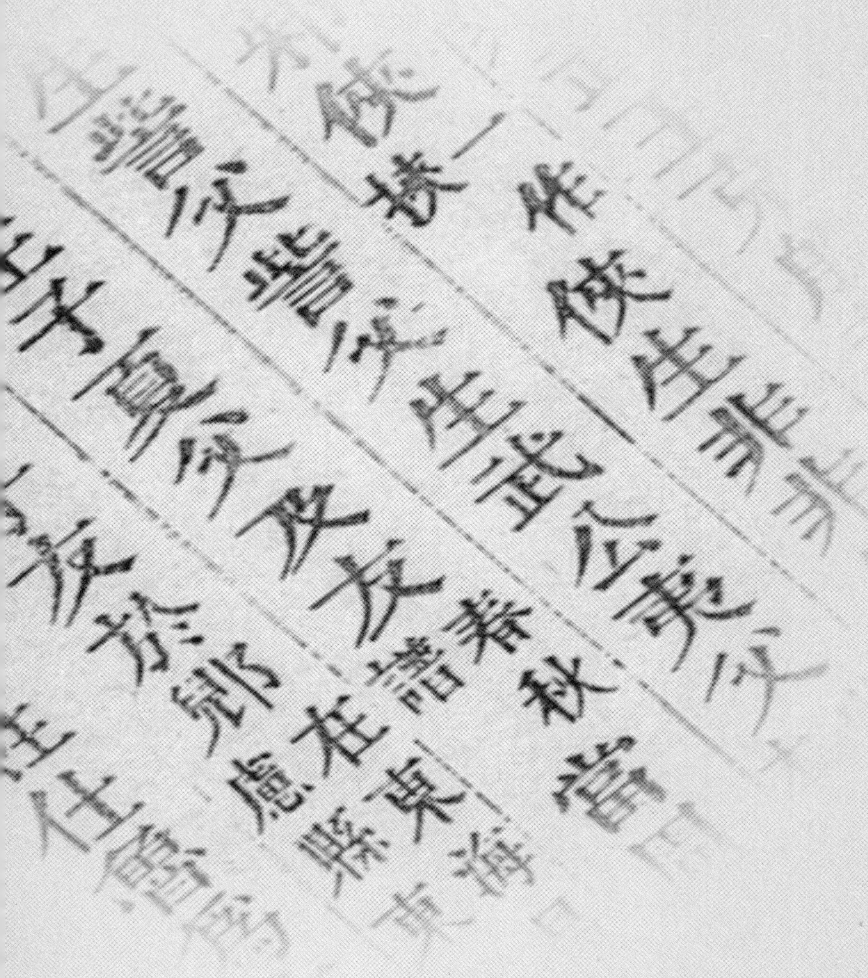

历史寻迹

周代诸侯国小邾(郳)国

沙朝佩

小邾(郳)国是西周晚期建立的东方诸侯国,也是枣庄地区为数不多的古国之一。由于传世史料较少,历史上对该国的建立、国都、国君等情况多存争议,对其经济社会发展状况等更是知之甚少,甚至在很长的历史时期曾经淡出人们的视野。2002 年,考古部门对东江小邾(郳)国贵族墓葬的发掘,引起史学界、考古界对这个东方古国的高度重视,小邾(郳)国的神秘面纱逐渐被揭开。

小邾(郳)国的立国年代

据史料记载,周宣王三十年(前 798),南方强国楚国攻打周境,周宣王派出元臣方叔率领三千战车,直捣楚国,邾国国君夷父颜也带领本国军队参加了征讨楚国的战役,并且立下大功。为奖励夷父颜,周宣王封其子友父到郳地为君,建立小邾(郳)国。

邾友父画像

邾友父(约前 816～?)是邾国第七代国君夷父颜之子,又名肥,小邾(郳)国第一代国君。邾友父建国后,定都东江。他励精图治,积极构建自己的国家体系,经济稳步发展,社会文明进步,这为曾孙郳犁来赢得爵位和小邾(郳)国经济的快速发展奠定了坚实的基础。

郳友父鬲

冏纹罍耳部纹饰

提链罐

小邾(郳)国的母邦国——邾国简介

邾国开国国君邾侠是黄帝之孙高阳氏(颛顼)的后裔。祖先晏安则是高阳氏玄孙陆终的第五个儿子,始封于曹,为曹姓。曹国灭亡,曹侠受封于邾,建立邾国。传 29 世,前 260 年被楚灭亡。

邾国是子爵国,史称“邾子国”,东周时期著名方国之一。邾国的先祖是晏安,晏安的五世孙侠始封曹称曹侠,是曹姓国,晏安的十二世孙是夷父颜,谥号邾武公,是邾国第七代国君。公元前 798 年,周宣王三十年,南方楚国攻打周王朝边境,周宣王派元臣方叔攻打楚国,并取得胜利。当时邾国国君夷父颜也带领本国军队参加了此次征伐,周宣王为奖励夷父颜,将其子友父封于兒地,建立了小邾(郳)国。

郳国原属鲁国的附庸，因齐国推行霸业，夷父颜响应随从，去各国奔走联络，曾夜宿滕国和薛国。鲁国非常愤恨夷父颜的行为，将其视为叛逆，借故向周王诬告夷父颜。公元前 796 年，周王诛杀夷父颜。夷父颜被诛后，周王命夷父颜的同母弟叔术代理郳国君位。叔术名群，在曹姓公族中享有很高的威望，是位贤明有德的人，族人称他为群公子。叔术代位十多年后，夷父颜的冤诛才得以昭雪，谥号郳武公。

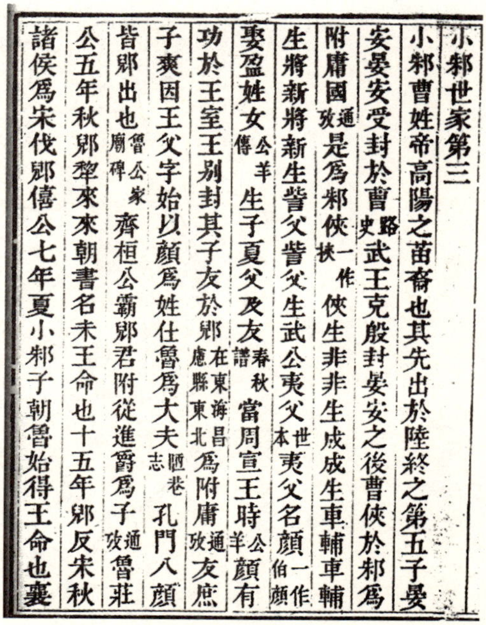

小邾世家第三

小邾曹姓帝高陽之苗裔也其先出於陸終之第五子晏安晏安受封於曹路史武王克殷封晏安之後曹俠於邾爲附庸國通攷是爲邾俠一作挾俠生非非生成成生車輔車輔生將新將新生訾父訾父生武公夷父世本夷父名顔一作伯顔娶盈姓女公羊傳生子夏父及友春秋譜當周宣王時公羊顔有功於王室王別封其子友於郳在東海昌慮縣東北爲附庸通攷友庶子爽因王父字始以顔爲姓仕魯爲大夫陋巷志孔門八顔皆郳出也魯公家廟碑齊桓公霸郳君附從進爵爲子通攷魯莊公五年秋郳犂來來朝書名未王命也十五年郳反宋秋諸侯爲宋伐郳僖公七年夏小邾子朝魯始得王命也襄

左传有关郳国立国记述

这时，代国君叔术又把国君之位，让给了他的侄子、夷父颜的儿子夏父，自己来滥立国，滥在今滕州市东南 30 公里羊庄镇土城村。至此郳国分立为郳国、小邾（郳）国和滥国，这便是史学界所说的“郳分三国”。

小邾（郳）国的疆域

小邾（郳）国建国之初，周围与鲁、邾、滕、薛、偪阳、鄫六国相邻。郳分滥国后，西南又与滥国相邻。因郳国一分为三，故称“郳分三国”。小邾（郳）国南北约 55 公里，东西约 45 公里，总面积约 2470 平方公里。

东江小邾（郳）国故城位于今山东省枣庄市山亭区山城街道南 10 公里处，北依马山，南临东江河（俗名），西面是小面积冲积平原，西面的薛河北支横岭水系在海子村与东江水系交汇注入西江，两河聚气形成天然屏障。

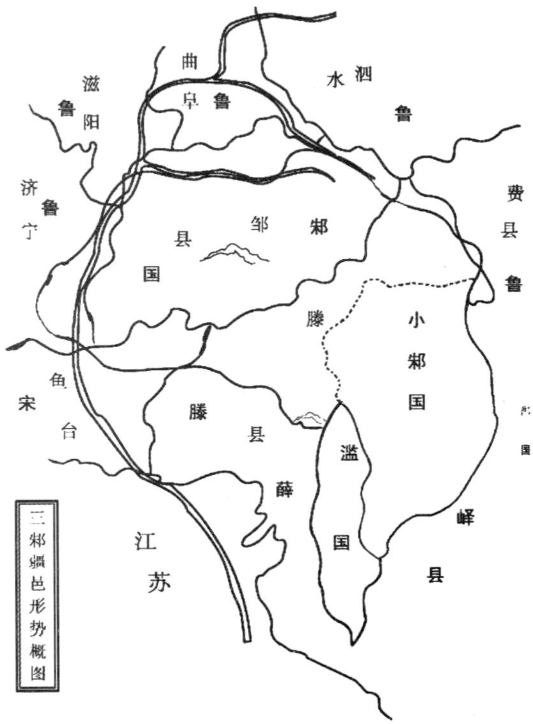

小郳(郳)国疆域形势概图

东江小郳(郳)国故城遗址

东江小邾（郳）国都城城墙剖面，2006 年发掘

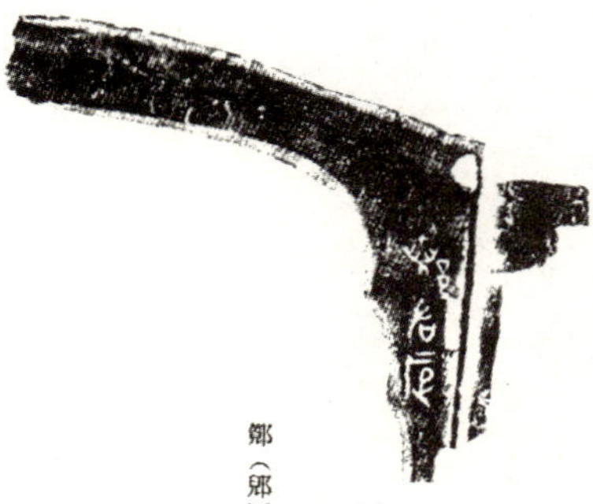

鄉（郳）右庭

带有小邾（郳）国标示的武器和器物，出土于临沂市的兰山、河东、罗庄三个县级区之间，证明小邾（郳）国的东部疆域至临沂

小邾（郳）国一国两名的由来

邾友父受封的郳地，在商代属于兒（音郳）国的疆域，所以小邾国也称

“郳国”。邾友父以后，历代国君铜器铭文多用“皃”（郳）字，不自称“小邾”，“小邾”则是他国和史籍为有别于邾国的称谓。

皃（郳）庆鬲

邾君庆壶

王献唐先生[①]认为：小邾初无国名，为了与邾相别，故在邾前加“小”。但立国没有自称小者，没有哪个国家自愿矮化自己，故小邾亦非其正名。始封君友父由邾国初封到郳地时，自称为邾君。他的后代庆，自称“邾君庆”，或自称“郳庆”。但这就出现了一个问题：同时有两个邾国并存——一个是宗国邾，一个是附庸国邾。当时诸侯几乎年年会盟，两个邾国经常同时参加盟会，各国诸侯为了将二邾加以区分，于是称宗国之邾为“邾”，将由邾国分封出来的邾称为“小邾”。春秋和战国时期编撰的编年体史书《春秋》《左传》在记事时为了防止混淆，依然沿袭诸侯间已形成的习惯称谓，将宗国邾书作“邾”，将附庸邾书作“小邾”或“郳”。《春秋公羊传·庄公五年》说得很明白：“秋，倪黎来来朝。倪者何？小邾娄也。小邾娄则曷为谓之倪？未能以其名通也。黎来者何？名也。其名何？微国也。”这段话的意思是，这年秋季，倪犁来到鲁国朝见鲁君，他是来自小邾（郳）国的国君。既然是小邾（郳）国国君，为何《春秋》书中写作“郳犁来来朝”呢？原来郳国自认为是邾国，其国君也自称为“邾君”，由于是邾和鲁的附庸小国，所以得不到天下诸侯的认可。

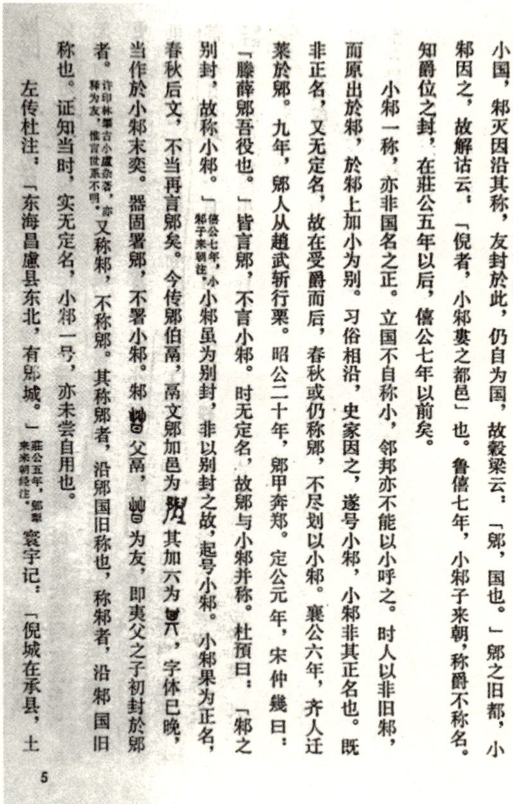

小国，邾灭因沿其称，友封於此，仍自为国，故穀梁云：「郳，国也。」郳之旧都，小邾因之，故解诂云：「倪者，小邾娄之都邑」也。鲁僖七年，小邾子来朝，称爵不称名。知爵位之封，在莊公五年以后，僖公七年以前矣。

小邾一称，亦非国名之正。立国不自称小，邻邦亦不能以小呼之。时人以非旧邾，而原出於邾，於邾上加小为别。习俗相沿，史家因之，遂号小邾，小邾非其正名也。既非正名，又无定名，故在受爵而后，春秋或仍称郳，不尽划以小邾。襄公六年，齐人迁莱於郳。九年，郳人从趙武斩行粟。昭公二十年，郳甲奔郑。定公元年，宋仲幾曰：「滕薛郳吾役也。」皆言郳，不言小邾。时无定名，故郳与小邾并称。杜预曰：「邾之别封，故称小邾。」僖公七年，小邾子来朝注。小邾虽为别封，非以别封之故，起号小邾。小邾果为正名，春秋后文，不当再言郳矣。今传郳伯鬲，鬲文郳加邑为[illegible]，其加六为[illegible]，字体已晚，当作於小邾末奕。器固署郳，不署小邾。邾[illegible]父鬲，[illegible]为友，即夷父之子初封於郳者。许印林攀古小廬杂著，亦释为友，惟言世系不明。又称邾，不称郳。其称郳者，沿郳国旧称也，称邾者，沿邾国旧称也。证知当时，实无定名，小邾一号，亦未尝自用也。

左传杜注：「东海昌慮县东北，有郳城。」莊公五年，郳犁来来朝经注。寰宇记：「倪城在承县，土

5

王献唐有关小邾（郳）国一国两名的论述

① 王献唐（1896～1960），字献堂，初名家驹，后改名王献唐，号王凤生（王凤笙），以字行。日照市东港区日照街道办事处大韩家村人。王献唐是国内著名的考古学家、图书馆学家和版本目录学家，精于文字、音韵、金石、目录、版本，又通典籍，兼长诗文、书画和印章。著述有《炎黄氏族文化考》《中国古代货币通考》《山东古国考》《山左先哲遗书》等50余部，逾千万字。

邾君庆壶和兒(郳)庆鬲的铭文，证实了邾君庆与兒(郳)庆为同一人，同时也印证了兒(郳)与小邾为一国两名。

小邾(郳)国的发展

邾友父受封建国，却没有获得爵位。曾孙郳犁来即位后，积极改善同宋、邾、鲁等国的关系，并依附春秋霸主齐桓公。在齐桓公的帮助下，周天子封小邾(郳)国子爵，附庸关系由原来的邾国改为鲁国。后历经三世，至穆公时小邾(郳)国达到历史上的鼎盛时期。

东江小邾(郳)国出土的青铜罍

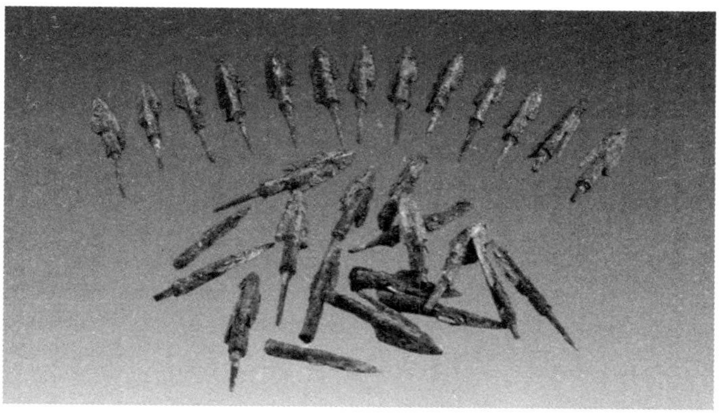

东江小邾(郳)国出土的铜镞(10件)

郳犁来（约前 706～?），郳友父的曾孙，小邾（郳）国第四代国君，约公元前 689 年即位。曾于公元前 689 年、653 年两次朝鲁。郳犁来在位 40 多年，是掀开小邾（郳）国历史新纪元的有为国君。

周僖王三年（前 679），宋、齐、邾三国联合攻打小邾（郳）国，毁其都城。不仅如此，都城一带空间相对狭小，不利于长期发展，于是郳犁来迁都东葴（今山东枣庄西集镇东集村西）。此城被后人称为“郳犁来城”。

郳犁来画像

郳犁来城在《峄县志·舆图》中所处位置

东集郳犁来故城遗址

周惠王二十四年(前 653),小邾(郳)国在齐桓公的帮助下获得爵位(公、侯、伯、子、男五等中的第四等)。东汉贾逵《春秋左传解诂》中曰:“至是所以晋爵者,是服从霸者朝天子。旁朝罢,行进,齐桓公白天子进之。因得其礼,著其能以爵通。”

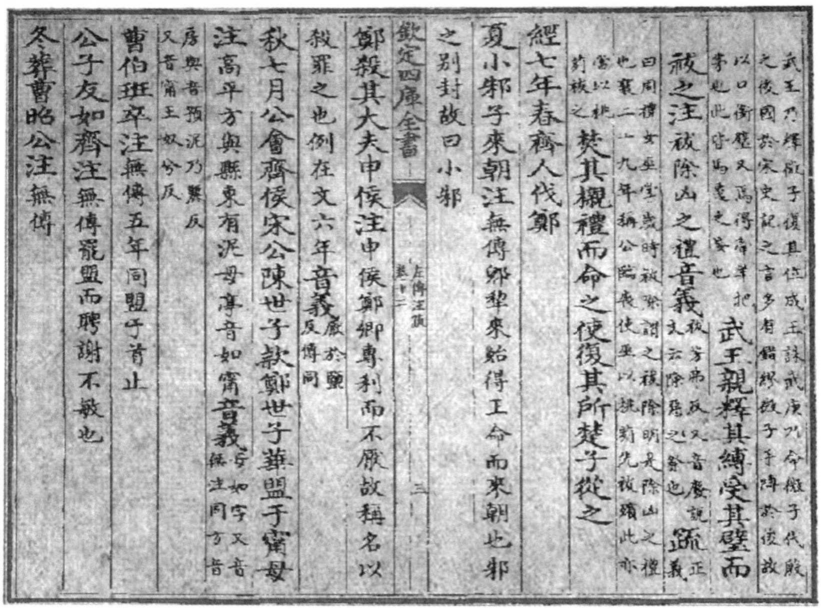

武王乃釋微子復其位成王誅武庚乃命微子代殷之後國於宋史記之言多有錯繆微子手縛於後故以口銜璧又焉得牽羊把茅也此皆焉衰之妄也 武王親釋其縛受其璧而祓之注祓除凶之禮音義祓芳弗反又音廢說文云除惡之祭也 疏正義曰周禮女巫掌歲時祓除謂之祓除明是除凶之禮也襄二十九年稱公臨喪使巫以桃茢先祓殯此亦當以桃茢祓之 焚其櫬禮而命之使復其所楚子從之

經七年春齊人伐鄭

夏小邾子來朝注無傳郳犁來始得王命而來朝也邾之別封故曰小邾

欽定四庫全書 左傳注疏 卷十二 三

鄭殺其大夫申侯注申侯鄭卿專利而不厭故稱名以殺罪之也例在文六年音義厭於豔反傳同

秋七月公會齊侯宋公陳世子款鄭世子華盟于甯母注高平方與縣東有泥母亭音如甯音義甯如字又音寧注同方音房與音預泥乃兮反又音甯王奴兮反

曹伯班卒注無傳五年同盟于首止

公子友如齊注無傳罷盟而聘謝不敏也

冬葬曹昭公注無傳

清代《春秋左传注疏》关于郳犁来封爵后朝鲁的记载

战国楚竹简有“进华孟子以驰于郳廷”的记载，意思是齐桓公和宠幸的女人乘车在小邾（郳）国都城奔驰游玩。这说明当时郳犁来与齐桓公的关系很不一般。

楚竹书“进华孟子以驰于郳廷”

穆公（生卒年不详），郳犁来的曾孙，约公元前 566 年承袭君位。穆公在位期间，与周围邻国关系友善，积极参与诸侯国事务，并与鲁、宋两国通婚，国家发展也达到了历史上的鼎盛时期。

穆公像

穆公一生三次朝鲁。第三次朝鲁（前 525）时，鲁昭公隆重设宴款待他。席间，鲁国大夫和穆公分别吟咏《诗经》中的诗篇。在听完穆公所赋诗篇《菁菁者莪》后，鲁国大夫盛赞他把诗中的意境运用到国家施政上。

菁菁者莪

（一）

菁菁者莪，在彼中阿。
即见君子，乐且有仪。

（二）

菁菁者莪，在彼中沚。
即见君子，我心则喜。

（三）

菁菁者莪，在彼中陵。
即见君子，锡我百朋。

（四）

汎汎杨舟，载沉载浮。
即见君子，我心则休。

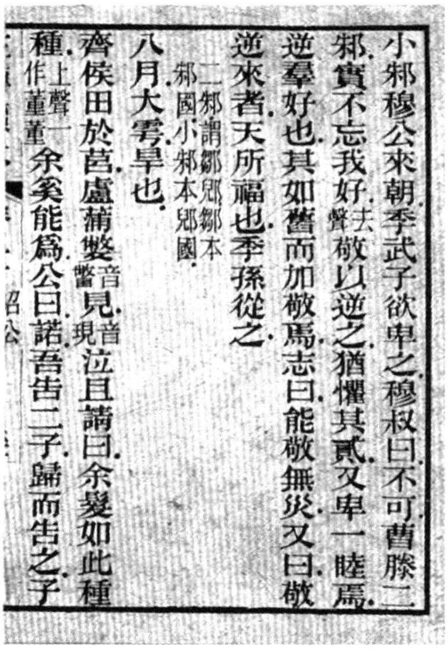

小邾穆公來朝季武子欲卑之穆叔曰不可曹滕二邾實不忘我好(去聲)敬以逆之猶懼其貳又卑一睦焉逆羣好也其如舊而加敬焉志曰能敬無災又曰敬逆來者天所福也季孫從之(二邾謂鄒郳鄒本邾國小邾本郳國)

八月大雩旱也

齊侯田於莒盧蒲嫳(音瞥)見(音現)泣且請曰余髮如此種種(上聲一作董董)余奚能爲公曰諾吾告二子歸而告之子

民国版《左传》中关于

穆公第二次来朝地点记载

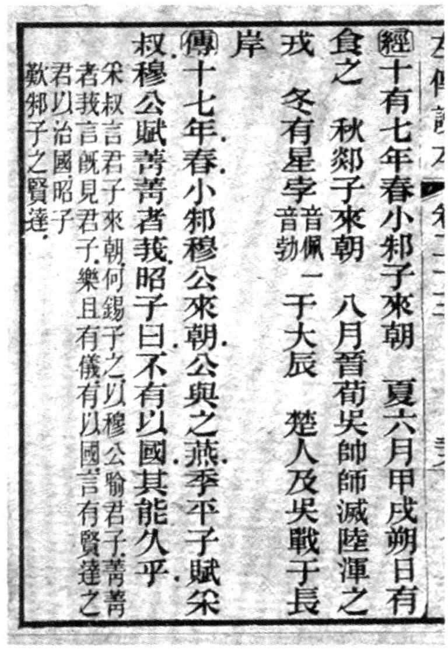

經 十有七年春小邾子來朝 夏六月甲戌朔日有食之 秋郯子來朝 八月晉荀吳帥師滅陸渾之戎 冬有星孛(音佩一音勃)于大辰 楚人及吳戰于長岸

傳 十七年春小邾穆公來朝公與之燕季平子賦采叔穆公賦菁菁者莪昭子曰不有以國其能久乎(采叔言君子來朝何錫予之以穆公喻君子菁菁者莪言旣見君子樂且有儀有以國言有賢達之君以治國昭子歎邾子之賢達)

民国版《左传》中关于

穆公第三次来朝地点记载

小邾(郳)国的衰落

小邾(郳)国从第四代国君郳犁来开始崛起,到穆公达到鼎盛时期,持续了160多年。穆公晚年,历史已进入春秋晚期。此时,大国征伐不断,小诸侯国面临生存危机。进入战国以后,弱肉强食进一步加剧,加上小邾(郳)国再也没有像穆公那样才能出众、治国有方的国君出现,国家逐步走向衰败和灭亡。

穆公去世后,其子恭公承袭君位。此后小邾(郳)国时常被迫接受盟主晋国和其他大国的各种征调,如为周王室修筑都城成周(今河南洛阳)、为周室输粮、出兵攻打别国等等。这使小邾(郳)国疲于应付,自身的发展受到严重影响,国家实力不断下降。

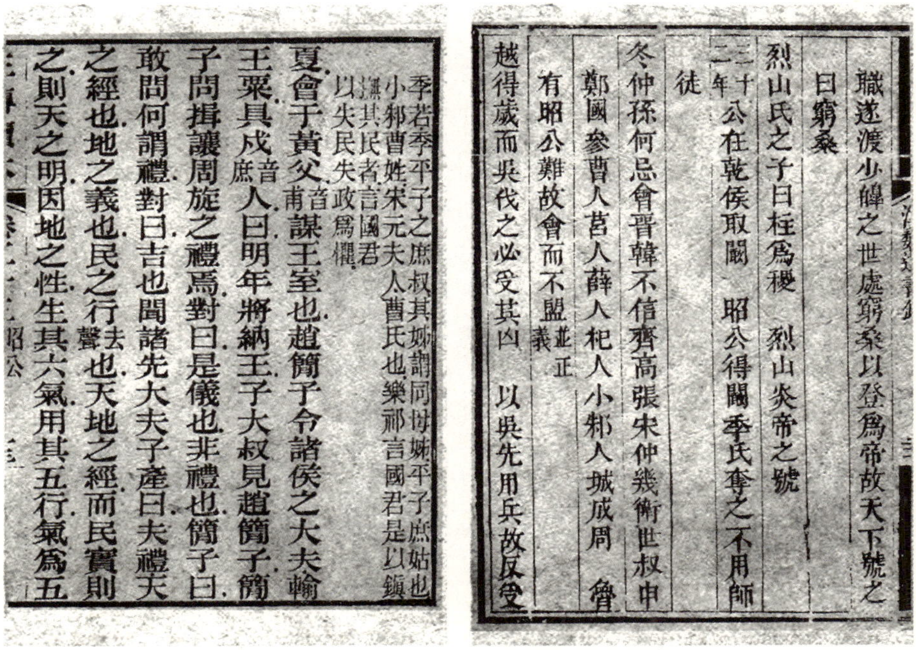
職遂渡少皞之世處窮桑以登爲帝故天下號之
曰窮桑
烈山氏之子曰柱爲稷　烈山炎帝之號
三十二年公在乾侯取闞　昭公得闞季氏奪之不用師
徒
冬仲孫何忌會晉韓不信齊高張宋仲幾衛世叔申
鄭國參曹人莒人薛人杞人小邾人城成周　曾
有昭公難故會而不盟　正義
越得歲而吳伐之必受其凶　以吳先用兵故反受

季若季平子之庶叔其姊謂同母姊平子庶姑也
小邾曹姓宋元夫人曹氏也樂祁言國君是以鎮
撫其民者言國君
以失民失政爲攜
夏會于黃父　音甫　謀王室也趙簡子令諸侯之大夫輸
王粟具戍　音庶　人曰明年將納王子大叔見趙簡子簡
子問揖讓周旋之禮焉對曰是儀也非禮也簡子曰
敢問何謂禮對曰吉也聞諸先大夫子產曰夫禮天
之經也地之義也民之行　去聲　也天地之經而民實則
之則天之明因地之性生其六氣用其五行氣爲五

民国版《左传》中关于小邾（郳）城成周的记载

周敬王二十九年（前491），南面邻国宋国借故将恭公拘捕，史称“宋执小邾子”。这一事件，对小邾（郳）国的生存和发展产生了重大影响。

周景王二十四年（前521），滥国国君黑肱看到大势已去，以本国的土地投奔鲁国，滥国灭亡。加上先前灭亡的鄫国、偪阳国，小邾（郳）国周围已有三个国家相继灭亡。此后，南方大国楚国、吴国纷纷征伐北方中小国家，邻近的宋、齐还时常攻打周围小国。在这种情况下，前481年，大夫射以自己的封邑句绎投降鲁国。这样，小邾（郳）国的国土面积缩小，国家实力受到极大削弱。

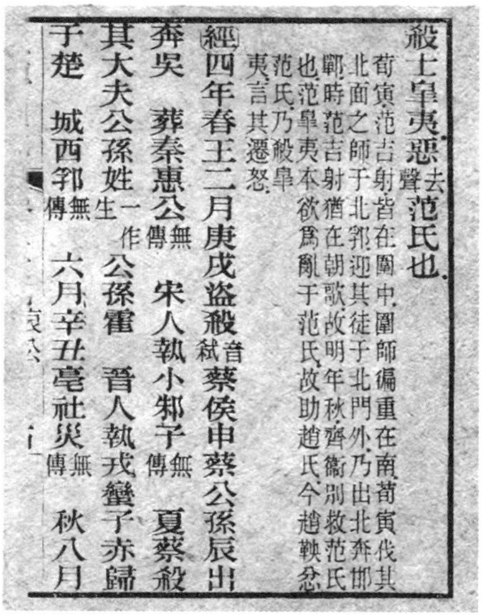
殺士皐夷惡(去聲)范氏也(荀寅范吉射皆在圍中圍師偏重在南荀寅伐其北面之師于北郛迎其徒于北門外乃出北奔邯鄲時范吉射猶在朝歌故明年秋齊衛別救范氏也范皐夷本欲爲亂于范氏故助趙氏今趙鞅忿范氏乃殺皐夷言其遷怒)

經 四年春王二月庚戌盜殺(音弑)蔡侯申蔡公孫辰出奔吳 葬秦惠公(無傳) 宋人執小邾子(無傳) 夏蔡殺其大夫公孫姓(一作生) 公孫霍 晉人執戎蠻子赤歸于楚 城西郛(無傳) 六月辛丑亳社災(無傳) 秋八月

哀公

民国版《左传》关于小邾(郳)子被执的记载

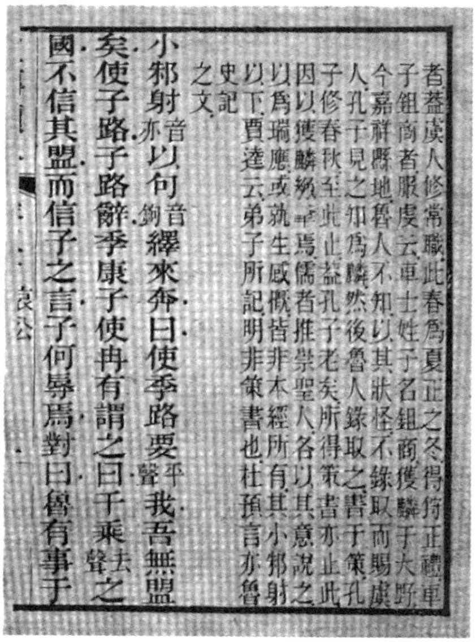
者蓋虞人修常職此春爲夏正之冬得狩正禮車子鉏商者服虔云車士姓子名鉏商獲麟于大野今嘉祥縣地魯人不知以其狀怪不錄取而賜虞人孔子見之知爲麟然後魯人錄取之書于策孔子修春秋至此止蓋孔子老矣所得策書亦止此因以獲麟絕筆焉儒者推崇聖人各以其意說之以爲瑞應或孰生感概皆非本經所有其小邾射以下賈逵云弟子所記明非策書也杜預言亦魯史記之文

小邾射(音亦)以句(音鉤)繹來奔曰使季路要(平聲)我吾無盟矣使子路子路辭季康子使冉有謂之曰千乘(去聲)之國不信其盟而信子之言子何辱焉對曰魯有事于

哀公

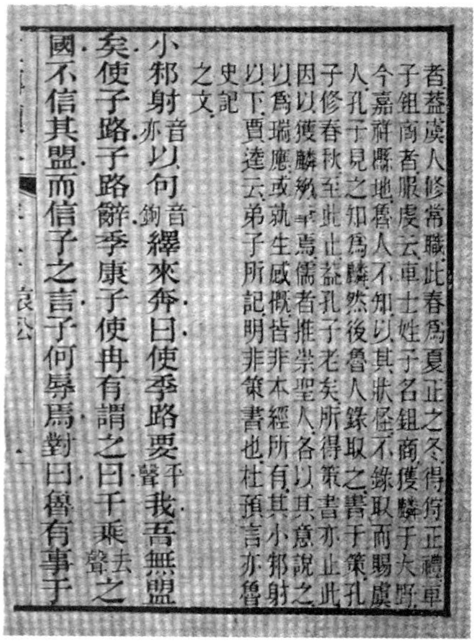
者蓋虞人修常職此春爲夏正之冬得狩正禮車子鉏商者服虔云車士姓子名鉏商獲麟于大野今嘉祥縣地魯人不知以其狀怪不錄取而賜虞人孔子見之知爲麟然後魯人錄取之書于策孔子修春秋至此止蓋孔子老矣所得策書亦止此因以獲麟絕筆焉儒者推崇聖人各以其意說之以爲瑞應或孰生感概皆非本經所有其小邾射以下賈逵云弟子所記明非策書也杜預言亦魯史記之文

小邾射(音亦)以句(音鉤)繹來奔曰使季路要(平聲)我吾無盟矣使子路子路辭季康子使冉有謂之曰千乘(去聲)之國不信其盟而信子之言子何辱焉對曰魯有事于

哀公

民国版《左传》中关于射以句绎奔鲁的记载

战国前期，穆公之孙惠公曾力挽危局，小邾（郳）国有过短暂振兴。为不被大国吞并，小邾（郳）国相继依附南方强国吴、越、楚三国，在相当长时间里，小邾（郳）国受到这些国家的保护。惠公去世后，其子皲父继位。此时，大国兼并进一步加剧，中小国家纷纷被大国兼并。为保全自己的国家，小邾（郳）国也只能继续依靠强国越国的保护，后来又转而投靠楚国，十分谨慎地在大国的夹缝中生存。

周显王二十二年（前 347）后，楚国军队进攻齐国城邑徐州（今山东枣庄薛国故城）。周赧王五十四年（前 261），楚军伐鲁，并攻取徐州。第二年，邾、小邾（郳）国等附近小国被楚国灭亡。小邾（郳）国存国约 540 年，约传 20 代。以后，其疆域被并入楚国版图。

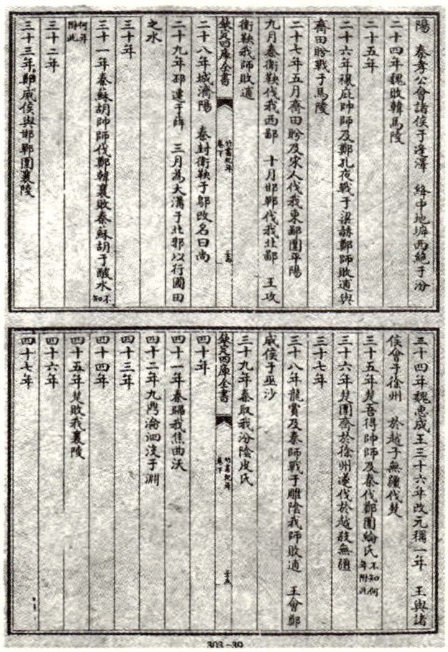
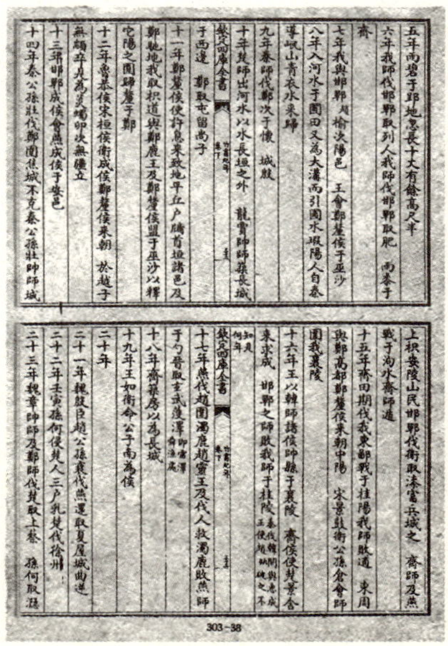

《四库全书·左传注疏》对公元前 333 年楚师围徐州的记载

在风云际会、弱肉强食的战国晚期，小邾（郳）国和其他中小诸侯国一样，也难逃灭亡的命运。国家虽小，但涌现了名垂青史的友父、郳犁来、穆公诸位明君以及左丘明、鲁班、墨子等圣贤。因此，小邾（郳）国曾被时人誉为“东方君子之国”。这个君子之国的气度、风范、美德，一直影响、教育着生活在这片土地上的人们，使这片土地成为人们向往的热土。

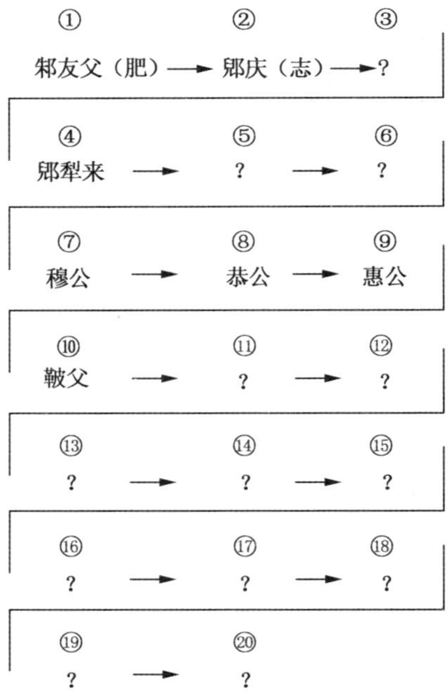

小郳(郳)国世系

小郳(郳)国历代大事年表

小郳(郳)纪年	公元前	郳国纪年	周纪年	大事记
郳友父	约 798 年（以后不详）	郳武公时期至郳夏父时期	约周宣王三十年（以后不详）	郳武公（夷父、颜）有功于周，其次子友父，或称肥，别封为附庸，居郳。
兒(郳)庆				郳友父的儿子，事迹无考。
郳公子害				郳友父的孙子，事迹无考。
郳犁来元年	689 年	郳惠公时期	周庄王八年	郳友父曾孙，《公羊传》作“郳犁来”。秋，郳犁来朝鲁（未王命）。

续表

小邾(郳)纪年	公元前	邾国纪年	周纪年	大事记
约郳犁来三十七年	653 年	邾文公十三年	周惠王二十四年	夏，郳犁来朝鲁，正式得到周王室的任命，从此“郳”改为“小邾国”。齐桓公是霸主，小邾(郳)国依附齐国，后进爵为子，始列诸侯，称为“小邾子”。
郳犁来	576 年	邾宣公七年	周灵王五年	齐灭莱国，把莱国国君莱共公浮柔迁至小邾(郳)国。
约小邾(郳)穆公元年	566 年	邾宣王八年	周灵王六年	史料记载，公元前 566 年小邾(郳)穆公即位。小邾(郳)穆公第一次朝鲁。
约小邾(郳)穆公二十八年	539 年	邾悼公十七年	周景王六年	小邾(郳)穆公第二次朝鲁。
约小邾(郳)穆公四十二年	525 年	邾庄公十六年	周景王二十年	小邾(郳)穆公第三次朝鲁。
约小邾(郳)穆公四十四年	523 年	邾庄公十八年	周景王二十二年	小邾(郳)穆公在位时间较长，前后约 44 年。
约恭公元年	522 年	邾庄公十九年	周景王二十三年	恭公继位，恭公弟弟“郳甲与六子奔郑”。
约恭公三十一年	491 年	邾隐公十六年	周敬王二十九年	宋国以“小邾子无道于民”为借口抓走恭公。这就是孔子《春秋》记载的“宋人执小邾子”。
约恭公四十一年	481 年	邾桓公二年	周敬王三十九年	小邾大夫射以“句绎”土地降鲁，子路反对，不见射。
约小邾惠公元年	480 年	邾桓公三年	周敬王四十年	惠公继位，此时是小邾(郳)国内外交困最为严重的一年，国力严重削弱。面对此困境，惠公励精图治，对外依附南方新崛起的强国吴国，国家实力有所增强。

续表

小邾(郳)纪年	公元前	邾国纪年	周纪年	大事记
皲父	478 年	邾桓公五年	周敬王四十二年	皲父继位后。大国兼并进一步加剧，为保全自己的国家，小邾(郳)国只能依靠强国越国保护，后来又转而投靠楚国，十分谨慎地在大国的夹缝中生存。此年，皲父为觐见驻跸在外的周王而铸镈钟。
				皲父之后国君、时间、事件不可考。 小邾(郳)国亡国时间为公元前 260～前 257 年。

於菟故城初探

沈印骞　张令海

於菟故城位于山东省枣庄市山亭区驻地东南方约3公里处的东山亭村东南遗址内。2011年12月，於菟故城所在地被枣庄市人民政府公布为枣庄市第四批重点文物保护单位。

於菟故城虽然距今已有近3000年的历史，但它并没有被历史的烟尘淹没而无声息。至今在鲁南地区坊间广为口碑流传，如山亭区山城街道东山亭居委会南方隔河相望的山叫“於菟山”，坐落在於菟山东侧村子叫“於菟山村”，山城街道东山亭村东南300米处的一大片高台地叫“於菟城顶”，人们简称“城顶”。更需提及和引起当地百姓极为关注的是，位于於菟故城北，与於菟故城隔河相望的飞云台（当年为於菟城的烽火瞭望台），是一个用人工堆积的大土堆，相对高度18米。因军事功能废弃，后人在此堌堆之上盖庙建亭，庙为玉皇庙，亭为飞云亭，一时成为当地的标志性建筑。20世纪90年代，当地水泥厂因用土逐渐将此土台夷为平地，庙毁、碑碣、亭台也不复存在。后村民们自愿捐款建庙，共有400多户人家捐款，几天的时间就捐了几十万元。重建的玉皇庙，于2009年1月29日落成，并立碑纪念。

不仅如此，“山亭”地名的来历也与“於菟”有关。“於菟”的名字在山亭一带流传甚广，有关於菟的故事大多人也能只言片语地说上几句。但是，究竟为何叫“於菟城”？“於菟”一词怎么解释？於菟城的地标位置究竟坐落在何处？於菟城的建造年代以及建造原因等等，就目前初步掌握的资料来看，还没有一篇见诸文典的探索研讨文章。为此，笔者作为一个土生土长的本地人，决心破解这个难题，笔者查阅了大量的历史资料，求教了许多历史学家，也询问了民间的许多名人贤士，颇有收获。现将所获以《於菟故城初探》为题阐述于后，权作抛砖引玉以飨读者，以期同行以及专家学者赐教。

一、於菟故城的地理位置

“於菟城”在今山东省枣庄市山亭区山城街道东山亭居委会(原山亭镇东山亭村)东南方向约300米处,位于高山(又名“翼云山”)之阳,吴戢山(后因城更名为“於菟山”,今讹为“坞土山”)之阴,古薛河南岸,东西被白龙崮(现“三山”)和观山(现为“朴山”)夹持。居于高地的於菟城扼守着薛河北岸的东西古道,是一处地理位置极其重要的要塞咽喉之地。

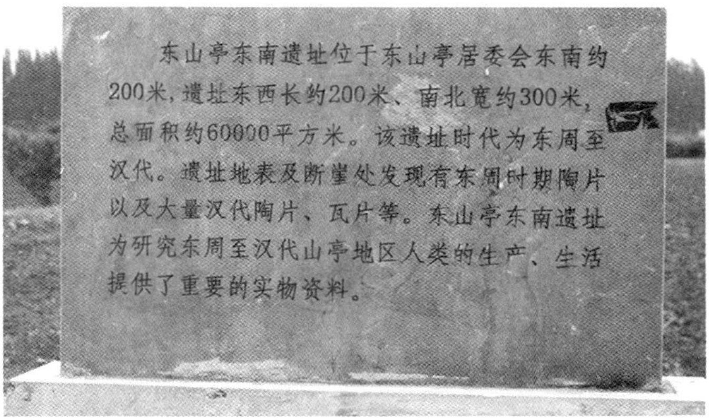

东山亭东南遗址文物保护碑

2013年,枣庄市人民政府在此树“文物保护单位”石碑两通,其中一通碑文如下:“东山亭东南遗址位于东山亭居委会东南约200米,遗址东西长约200米,南北宽约300米,总面积约6万平方米。该遗址时代为东周至汉代,遗址地表及断崖处发现有东周时期陶片以及大量汉代陶片、瓦片等。东山亭东南遗址为研究东周至汉代山亭地区人类生产、生活提供了重要的实物资料。”

现经政府有关部门考究测量,於菟故城应在北纬35°04′,东经117°27′,海拔144米,较河岸周围高7米。该城址为长方形,东西200米,南北300米。四面墙基本相互平行,西墙北段由于开垦,向内收缩约8米。城上是一块十分平坦而被俗称为“城顶”的田地,面积约6万平方米。西墙高于周围1.8米,东墙高于附近的南北路面2.3米,平均城顶高于周围2米。於菟城东墙基全部为石块所砌垒,北面和西面的两墙基部分为石块所砌。城顶上的土壤为红褐色黏土,在田里和城角及其墙基的土层里暴露出很多东周时代的陶片、筒瓦、板瓦、碎砖等建筑残件；有生活用品残件瓮罐、豆柄、陶盘、盆沿及瓦釜等。这些残件除了少数为夹砂陶器残件外，大多数都是细密泥质的，而且青灰色绳纹件多，红色的很少。

现这块土地全部为桃园覆盖。据当地许多老人回忆，旧时的城顶并不是田地，而是山亭地区贸易的集市。当时肆店林立，商贾云集，辐射周边 20 公里，甚至更远，有沟通山里和湖西的“旱码头”之称。

二、有关於菟故城地理位置的文献记载

明万历十三年(1585)《滕县志》载：“於菟城在县东七十里高山前薛河南，或云是於菟将军镇守高山寨之城也，无碑记可据。城后水溃出一石刻所云：‘倒流有无水，有石却无山。银瓶盛翠玉，挂在树之间。’不知何代何人作，其义不晓，殆似异人隐语也。”该志还附有地图，明确标志於菟城的地理坐标。

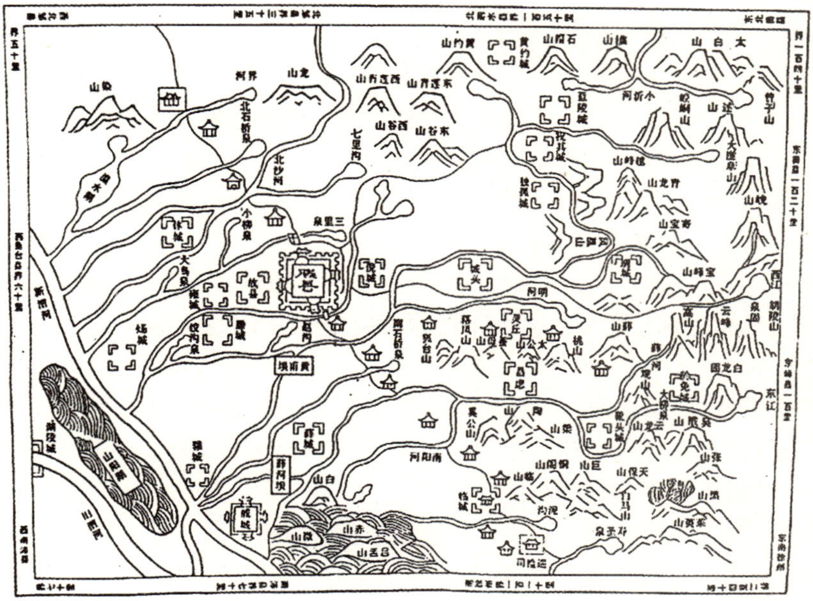

明万历十三年《滕县志》所标於菟城地图

该志又载：“飞云台，见‘山亭’。”“山亭，在高山前，於菟城后飞云台上，

俗传於菟丞相所筑，山亭之名以此，亭废台尚存。”

飞云台，世传为点将台，是於菟丞相点将的地方，也是军事瞭望台，在於菟城正北面，於菟城跨河垂直距离飞云台 190 米。民国年间的军事战略地图上，仍以“飞云台”作为军事地标。

据传，旧时飞云台高 18 米，顶部直径 25 米，高耸入云，时有云彩掠过，上面建有亭子，山亭之地名即由此而得。

台上不知何年何代建有玉皇庙一座，庙外有道士墓地，“文革”时期被毁。20 世纪 90 年代，山亭水泥厂挖掘云台夯土作为水泥生产原料，几年内飞云台被挖掘殆尽，夷为平地。2009 年，当地村民集资，在飞云台残址处新建三开间的玉皇庙一座，中祀玉皇像，并在庙前面建有 1 米高、10 米见方的水泥平台，以作戏台。

於菟故城与飞云台之间南北隔河守望，河段宽度约 65 米，由 20 世纪所建造低矮石砌拦河坝链接，独身人可在此行走通行，旱季村民可在此跨河种地，是最便捷的连接飞云台和於菟城的通道。

清乾隆三十五年(1770)《兖州府志》载：“於菟城在县东七十里高山前薛河南，或云是於菟将军镇守高山之城也，楚人称虎为於菟，山必有虎祠以铸之耳。”

清道光二十六年(1840)《滕县志》载：“於菟城在县东七十里高山前薛河南，或云是於菟将军镇守高山寨之城也。”

於菟城遗址地处“东山亭东南遗址”，2010 年 12 月被枣庄市人民政府公布为枣庄市第四批重点文物保护单位。

三、於菟城名的来历和它的设置年代

根据明清两代《滕县志》的有关记载和民间的典故传说，於菟城得名于於菟将军(或者说於菟丞相)，它的设置年代约在春秋时期的公元前 640 年。

(一)“於菟将军”为何人

“於菟”，古楚语音“虎”，“wū tù”转切连读音“hǔ”。“於菟”即“虎”。

於菟，春秋时期楚国令尹，本名斗谷於菟(生卒年待考)，芈①姓，字子文，斗伯比之子，楚国斗邑人(今湖北郧西)。

於菟在楚成王八年(前 664 年)至楚成王三十五年(前 637 年)，任楚国令

① 芈(mǐ)，春秋时楚国王族的姓。

尹。於菟对楚国的强大及北上与齐争霸，做出了突出贡献，是楚成王时期著名的令尹。

令尹是春秋战国时代楚国执掌政治事务、发号施令的最高官员。其执掌一国之权柄，身处上位，以率下民，对内主持国事，对外主持战争，总揽军政大权。令尹主要由楚国贵族当中的贤能来担任，且多为芈姓（熊氏、若敖氏、蘧氏、屈氏、昭氏、景氏、彭氏）之族，亦有少数外姓之人为令尹（吴起、黄歇、李园），实不多见。因为北方齐鲁之地，没有令尹这种集文武权力于一身的官职，所以乡人多俗称他为於菟将军，或是於菟丞相。

斗谷於菟画像

那么楚国令尹斗谷子文，为何叫“於菟”（即“老虎”）呢？对此《左传》有这样一段记载：“西周末年楚国国君熊仪，始受封于若敖之地，随得号若敖。”他的芈姓子孙们有以他的“若敖”号为氏，遂为芈姓中最大的一个家族。另一个家族为“成”，权势不及若敖氏。楚国国君熊仪若敖在郧国[①]娶公主为妻，生了斗伯比。若敖死后，斗伯比跟着他的母亲被养育在郧国。后来斗伯比和郧子的女儿私通，生了斗谷子文。郧夫人让人把子文丢弃在云梦泽大湖边的草丛里，命大的子文，有母老虎给他喂奶而没死。郧子在云梦泽狩田打猎，看到这个母虎喂乳小孩的场面后，害怕而回到宫里来了。夫人就把女儿私生子的情况告诉郧子，郧子认为孩子不死必有后福，就让人到湖边把孩子重新捡来收养。楚国人把奶叫作“谷”，把老虎叫作“於菟”，所以就把这个孩子叫作斗谷於菟。[②] 郧子还成人之美，把他的女儿嫁给斗伯比做了妻子。斗谷於菟就是令尹子文。

另《左传·宣公四年》云：“令尹子文原名为斗谷於菟。”“楚人谓乳谷，谓虎於菟，故命之曰斗谷於菟，以其女妻伯比，实为令尹子文。”

由此确定，於菟不是春秋战国时期古滕国的丞相。据史料记载，於菟城

① 郧（yún）国：古国名，亦作鄖国。西周时期分封的南方近楚小国之一。统治地域在今湖北安陆一带，与今应山、京山、孝感、云梦、应城、随州等市县接壤。

② “鬭”简化字为“斗”，“穀”简化字为“谷”，所以“鬭穀於菟”又写作“斗谷於菟”。

附近的山亭这个地方，隋代之前和“滕”字没有任何关系，或者说此地从来都不属于战国之前的古滕国、隋代之前的滕县。古滕国在秦汉三国至南北朝时期，应该从来都不会跨越蕃地(今滕州市区附近的蕃地，后来形成蕃县，也是小邾国、古郳国之地)。它的领域，从今洪绪附近向北至今滕州市城西侧，向西最远达到今微山湖的古泗水河畔。只是到了南北朝(北齐)以后，山亭大部分地区尽归滕县。

春秋时期，今枣庄地区东属鄫国，南属逼阳国，西部属薛国，西北部属滕国，东北部属于小邾(郳)国。古滕国之北的邾国是被楚国灭的。《汉书·地理志》载：“故邾国，曹姓，二十九世为楚所灭。”那么其东面的小邾(郳)国也应该没有逃脱被灭亡的命运。战国时期，今枣庄地区东部为兰陵，南部为傅阳，西为齐之舒州(即徐州，古薛城)，西北部为齐之滕邑。公元前254年，今枣庄地区全境属于楚国。

(二)於菟城的设置年代

有关於菟城设置的年代，目前比较普遍公认的说是在春秋时期的公元前640年前后。

1.齐楚之争

楚文王时期，齐、楚已呈对峙之势。楚国因楚文王早死，堵敖在位三年，统治集团内部斗争激烈。楚成王年幼即位，子元乱国，至公元前664年(楚成王八年，齐桓公二十二年)子元乱平，斗谷子文被任为令尹，楚国政局才渐趋稳定。

楚成王、斗谷子文执政后，面对齐桓公这位赫赫威名的第一霸主，他们毫不气馁，一方面立足于实际，巧与周旋；另一方面则捕捉时机，大胆进取。在与齐桓公的争霸中，有声有色，取得了重大的业绩。

公元前671年，楚成王初立。由于齐国强大，楚国采取了尊周亲诸侯政策。公元前666年楚子元伐郑失败后，楚成王、斗谷子文于公元前659～657年三年中连续攻郑。齐桓公为救郑防楚，亦连续三次与中原各国会盟。齐、楚关系极其紧张。

楚成王十六年(前656)春，齐桓公为遏制楚国北进，亲率齐、鲁、宋、陈、卫、郑、许、曹等八国军队南下攻楚。他们打败了楚的与国蔡国后，即挥师突入楚境。面对气势汹汹的八国军队，楚成王、斗谷子文毫不惧怕，沉着应战。齐桓公权衡得失，只得与楚国大夫屈完盟于召陵。召陵之盟是齐、楚双方经武力对峙之后达成妥协的产物。楚成王、斗谷子文在齐桓公亲率的八国军队面前，沉着镇定，文武两手，以战逼和，充分展示了其突出的政治、军事才干。

召陵盟后，楚国继续北上东进，与齐国争霸。楚成王十七年（前655），齐桓公大会诸侯于首止（今河南睢县东），以定周太子之位，周惠王不满，使周公宰孔召郑文公，不与盟。斗谷子文乘隙举兵灭弦（今河南息县、潢川间），弦君奔黄。弦，姬姓国，又是齐之姻亲国。楚首先灭弦，是因为弦的姻亲国江、黄原为楚之小国，齐桓公称霸时，二国叛楚与齐结盟，故楚成王、斗谷子文首先拔掉这颗眼中钉，以挫江、黄，打击齐桓公。

楚成王十八年（前654）夏，齐桓公率齐、鲁、宋等国军队攻打郑国，围郑新城（今河南密县东南），以惩罚郑之不盟与亲楚行为。同年秋，楚成王亲率军北上攻围齐之盟国许（今河南许昌），救援郑国，这就是历史上著名的“围许以救郑”。由于其他各国也出兵救许，楚成王也就退兵了。但他并未回到郢都，而是驻兵武城（今河南南阳市北），观察动静。许僖公恐惧，在蔡穆侯带领下，赴武城向楚成王请罪。面对楚成王咄咄逼人之势，齐桓公也就全力攻郑，以阻止楚国北上。郑在齐等中原国家打击下，只得向齐请和。齐桓公三十五年（前651），齐桓公与诸侯盟于葵丘，郑、许均被迫与盟。在此形势下，楚成王并不急于与齐桓公正面争夺，而是继续东略，以削弱对方。

楚成王二十三年（前649），楚成王以“黄人不归楚贡”为由，攻打黄国（今河南潢川西北）。第二年，又出兵灭黄，楚在灭黄的同时，又攻伐江国（今河南息县西）。灭黄之后，又继续东进，于楚成王二十六年（前646），攻灭英（今安徽金寨东南）、六（今安徽六安东北）。至此，楚国势力已推进到淮河中游一带。

楚成王二十七年（前645），楚成王以为徐国（徐戎所建，今江苏泗洪南）亲齐亲中原诸国，即兴兵讨伐。齐桓公急忙会宋、鲁、陈、卫、郑、许、曹等国盟于牡丘（今山东聊城东北，当时属齐地），决定救徐。各国国君“次于匡（今河南睢县西）以待之”，鲁大夫孟穆伯率各国军队前往救徐。由于各国国君是被迫前来抗楚救徐的，自己却不敢亲临前线。正面抗楚不利，同年夏，齐等国军队又攻打楚之与国厉（今湖北随州东北），企图抄袭楚国后方，以解徐之围。同年冬，宋乘曹军远出，袭其国，楚于是乘机大举进攻，败徐于娄林（今安徽泗县东北）。楚成王二十九年（前643），齐桓公卒，齐国霸势转衰。

当时与齐国联邦的小邾（郳）国，此时很可能归附楚国，成为楚国的附庸国，斗谷子文为加强御齐的力量，便在此设置了与齐国对峙的军事堡垒和重镇。

2.於菟城的命名

查小邾（郳）国历史，从公元前653～前566年的88年间，衔接时间无考，此阶段正是齐楚争霸，楚国北上最鼎盛的发展时期。

至于为什么要用“於菟”为此城命名，可能出于以下两个原因：一是此时的斗谷子文位高权重，声名鹊起，已被楚国作为圣人并到处建庙纪念，用“於菟”为城命名，以示威重。二是楚人称虎为“於菟”，此城为山城，山有虎才能威震四方，故以“於菟”命名“以铸之耳。”

3.於菟城设置的影响和意义

(1)於菟城作为楚国郡县制的试点，在历史上影响深远

於菟城是楚北上争霸、齐楚交错争夺、拉锯式攻守的桥头堡，是楚国为稳定争霸前沿，所设置的如同现在屯兵的建设兵团组织。

於菟城既是齐楚对峙的桥头堡，又是楚国中央集权的代行机构，具有军事和政治的双重意义，是直属楚王的集军事政治于一体地方行政机构，不是卿大夫的封地。这里的军力、财力均由中央调遣。郡县制发端于春秋时的楚、晋，战国时普及列国，秦代时推广，使郡县制完备化。於菟城作为楚国郡县制的试点，在历史上影响深远，以至于到了明清时代，史志仍不断沿承记载，影响之深可想而知。

(2)於菟城的设置与齐楚文化碰撞融合，影响深远

春秋战国时期，是中国历史上分裂割据、战乱频仍的时期，也是社会政治发生剧烈变革的重要时期。周王朝从衰微走向瓦解，诸侯各国通过兼并战争夺取政权。其中受益最大的，莫过于楚国。楚国从局促于丹阳一隅的“蛮夷”之邦，通过南征北战，变成“地方五千里”的战国时代最大国，发展速度是很快的。不断开拓疆土所形成的大范围内的民族融合，无疑是使楚国充满生机和活力的一个重要原因。与爱国主义精神密切相关的，是宽容宽厚的态度和广阔博大的胸怀。楚国吞并了如此众多的国家，纵横跨越今天的11个省，面临的具体情况肯定是极其复杂的。黄瑞云先生在《楚国论》一文中说：“华夏蛮夷濮越，文明程度相差很大，历史渊源各不相同，楚国都能加以安抚。楚国在战争中从未有过像秦军那样，动辄斩首几万，也没有见过大量俘馘[①]的记录。”[②]张正明先生也在其所著的《楚文化史》中说：“对于被灭之国，楚人的惯例是迁其公室，存其宗庙，限其疆土，抚其臣民，用其贤能。

---

① 俘馘(guó)：俘获斩杀。馘，与敌国交战时取得的敌人首级。击杀少量敌人时可以搜集敌军头颅以献功。大规模战役，杀死的敌人如乱麻一般多，搜集头颅就显得力不从心，于是改为搜集敌人左边的耳朵以献功授爵。

② 黄瑞云：《楚国论》，宁波国际屈原学术研讨会论文，2006年6月，转引自刘清河：《汉水文化史》，陕西人民出版社2013年版，第138页。

即使对于蛮夷，也是相当宽厚的。”①正因为如此，楚国才能够得到各民族的拥护，显示出强大的开放性和凝聚力，在横跨大江南北的广大领域，建立起一个强盛的积极进取的多民族国家，并且不断强化其臣民的国家认同的观念，激发他们的爱国主义精神以及强烈的本土意识和民族意识。应该说，这是楚国由小到大、由弱到强、获得迅猛发展的一个重要的内在原因。

於菟城作为齐楚交错的前沿阵地，不管是公元前640年沦为楚国的附庸，还是在稍后的战国时期的公元前260年完全并入楚国，也就将刚刚形成的齐鲁思想文化的小邾（郳）国再次置于楚国思想文化的侵染熏陶之中，进而形成一种全新的小邾文化与民俗风情，概括起来就是：“怀义类鲁，阔达类齐，任气类楚。”

小邾（郳）国文化的原始基因是齐鲁文化、中原文化，於菟城作为楚国的直属边塞城堡之后，南方的江淮文化、吴越文化等便一齐汇集涌入到这里，从而使鲁南文化具有了多样性、开放性、兼容性、传播性和交流性的特点。

乾隆二十六年（1761）的《峄县志》记载：“峄县当鲁与齐、楚之交，英雄战争之地也。……所赖先王礼义之化，洙泗之教，犹在人心，然风移俗易迁染于诸国者亦多有之，其质直怀义类鲁，其宽缓阔达类齐，其轻剽任气类楚。”

人类优秀文化的传承延续，除了通过文字、史料记载下来，主要还是通过人们衣食住行、节庆礼仪等民俗文化，以自然社会的遗传方式，一代代地流传下来。

以鲁南的饮食文化为例：鲁南饮茶习俗多样，但主要是以旗枪龙井为主，至今保持如此。但旗枪龙井茶叶自曲阜以北、费县以东几乎无市场。

民俗文化是一个国家民族精神的重要载体，是民族文化的主要组成部分。由于南北交融、鲁南文化也具有浓郁地方色彩，如唢呐古曲、龙灯、狮子、高跷、旱船、竹马、皮影等也有别于其他地区。由拉魂腔发展起来的柳琴戏为这儿最为突出的地方戏种，生动形象，通俗易懂，深受群众喜爱。许多农民在茶余饭后或劳作之余，都会不由自主地哼上几句“啊哈啊哈呢”。

鲁南民俗文化，内容丰富，特色鲜明，底蕴深厚，兼容并蓄，既是中华民族的根文化，也是南北交融的子文化、新文化，为淮河流域的亿万人民所喜闻乐见，表现出强大的生命力。

---

① 张正明：《楚文化史》，转引自刘清河：《汉水文化史》，第138页。

山东抗日军政干部学校在善堌

沈印骞　张令海

山东抗日军政学校旧址坐落在枣庄市山亭区山城街道善堌村古老的夏家大院内。因历史沧桑，大院几经翻新改造，目前仅有一处偏隅一角的院落还基本保持原有格局面貌。2015年6月18日，《山城历史文化选编》一书资料收集办公室的采访者几经曲折，发现中共苏鲁豫皖边区省委书记郭洪涛等省委领导和山东抗日军政干部学校领导及部住的旧址。

笔者经调查走访并查阅了王见新、王右池、王丹墀等革命前辈的历史资料，结合2003年原国家关心下一代工作委员会主任王照华[①]来山亭重访山东抗日军政学校故地时的回忆，现将山东抗日军政学校来善堌的来龙去脉阐述如下：

王照华

1938年5月21日，中共苏鲁边区特委在山亭区西集镇老古泉村召开扩大会议。[②] 会议决定成立“第五战区人民抗日义勇总队”(简称“鲁南人民抗日义勇总队”)，总队下辖三个大队和一个警卫连，共约800人。滕县人民抗日义勇队编为二大队。王右池担任二大队工作团团长，主要活动在羊庄、西集、木石、善堌一带。其主要任务是做好发动群众、地方党务、统战和战时保障工作，同时兼任带有政权性质的滕县自卫委员会主任一职。因此，义勇总队特别是二大队的军事领导

① 参见 http://baike.sogou.com/v474440.htm。按，王照华的毕业于山东军政干部学校。

② 参见中共枣庄市山亭区委党史研究室编:《中国共产党山亭革命史》，中共党史出版社2012年版，第38～42页。

和重要决策，王右池都参与其中。

6月，特委获悉情报，滕县大地主申宪武（即申从周）暗通日军，纠集一支号称2000人的国民党第七游击纵队，准备包围苏鲁人民抗日义勇队第一总队，企图消灭这支抗日力量。特委立即召开紧急军事会议，分析敌我双方力量的情况，研究决定是打还是撤。

关于打还是撤的问题，存在着两种不同看法。郭子化归纳了多数人的意见。他说："对于申宪武这样私通日军的国民党顽固派不打是不行的，但要讲究作战方法。"为了确保克敌制胜，特委又调四县边区联庄会的常备队、峄县联庄会的田瑶峰大队和董尧卿领导的鲁南民众抗日自卫军协助参战。会议研究了作战方案，决定采用围点打援的战术，以苏鲁人民抗日义勇队第一总队的主力负责进攻敌首脑驻地羊庄，其余部队负责潜伏打援。经过两天两夜的激烈战斗，申部2000余人基本被打垮，申宪武仅带残部逃至冯卯。此次战斗俘虏申部百余人，缴获迫击炮1门和弹药一批。但苏鲁人民抗日义勇队第一总队也付出了巨大代价，政委何一萍在视察战场途中不幸中弹牺牲，这是党的一大损失。

在取得反击地方顽军申宪武部战斗的初步胜利之后，边区特委和义勇总队根据党的抗日民族统一战线政策，从团结抗日的大局出发，释放了申部全部被俘人员，并退还了缴获的枪支弹药，真诚地希望申宪武能够接受教训，改变反共立场。可申宪武毫无悔过之心，反将义勇部队的宽容忍让视为软弱可欺，妄想重整旗鼓，卷土重来。他一面在冯卯、东江一带召集旧部，招兵买马，一面联络文王峪的地主武装韩秀尧、东江的土顽刘广田等人，又聚集起上千人马，凭东江之险，固守待机。另外，峄县、滕县、费县等地的土顽势力，见马卫民、申宪武部被义勇总队消灭或击溃，既怕又恨。这些打着抗日旗号、割据一方的土霸王，为保存自己的地盘和势力，同声相应，沆瀣一气，在申宪武的串通下，纷纷向边区特委和义勇部队驻地逼近，对初创的滕峄边根据地形成四面包围之势。

面对严峻的斗争形势，郭子化召集特委和义勇总队负责人开会研究对策。与会者一致认为，义勇总队要想在滕峄边站稳脚跟，创建抗日根据地，必须向省委请求援助。于是苏鲁豫皖边区特委派王见新北上求援。6月上旬，王见新抵达鲁中，边区省委书记郭洪涛通过与王见新交谈，了解到鲁南抱犊崮山区抗日根据地情况后，认为此地的形势发展不错，是块藏龙卧虎的好地方，同时执行党中央指示，在以抱犊崮为中心的滕（县）费（县）峄（县）一带创建鲁南根据地。6月15日，郭洪涛、省委组织部长兼第四支队第二团政治委员程照轩、第四支队副司令赵杰、第四支队参谋长王彬等率领省委机关大部和第四支队第二团、第三团一个营及山东抗日军政干部学校200人向鲁南进发，支援义勇总队。[①]

部队到达现在的枣庄市山亭区山城街道的善堌一带后，郭洪涛等省委领导、机关人员和山东抗日军政干部学校领导，被当时的滕县人民抗日义勇队二大队工作团团长兼滕县自卫委员会主任的王右池安排在善堌的义勇队二大队的办公总部。随行的山东抗日军政干部学校学员分别被安置在善堌的抗日小学（现为王辉俭家）和前刘庄村。八路军山东抗日游击第四支队部分官兵分驻山亭、南塘等村。[②]

义勇军二大队办公总部为王金榜的宅子，1938年1～3月曾作为善堌抗日农民训练班培训基地。[③] 训练班停办后，其基地便被作为义勇军二大队办公地点。王金榜的宅子原为夏家大院的“暖房”，夏家败落后被卖给沃里村的王金榜（王玉殿之父）。房东王金榜系开明人士，日本侵占滕县前，此房曾典给国民政府作为学校使用。由于战事，学校停课，王右池为举办善堌农民抗日训练班找到他本家侄子王金榜，因此这里就成为农民抗日训练班的基地。1938年3月，苏鲁豫皖农民抗日训练班因日本占领滕县停办，此院又被作为鲁南抗日义勇军总队二大队的办公地点。

此院为南北二进院，大门东南东向，前院四开房，腰屋（即过道屋）为界，穿过腰屋即为暖房大院，院落为四开布局，堂屋为明三暗五式古式标准暖房，东西配房各三间。

夏家大院暖房大门左侧被磨得光滑如镜的拴马的地方依然如故，可以推想当年省委书记郭洪涛以及其他领导人的战马被拴在此门左右的情形。

抗日军政干部学校的学员分两处居住，一部分住在善堌抗日小学，另一部分干校学员被安排到与善堌一河之隔的刘庄居住。当时抗日军政干部学校门旁挂上了“山东抗日军政干部学校”的木牌子，影壁墙还写着“团结、紧张，严肃、活泼”八个醒目大字。进门迎面的堂屋的外墙上写着“勇敢、坚定、沉着，在斗争中学习，为民族解放随时准备牺牲自己的一切”。

学员宿舍两边打着通铺，当中走人，床铺的下面铺着谷秸，上面铺着席子。当时学习条件很差，课堂狭小，大树下就成了课堂；没有课桌，两个膝盖

① 参见中共枣庄市山亭区委党史研究室编：《中国共产党山亭革命史》，第52～56页。

② 参见政协枣庄市山亭区委员会编：《山亭历史名人》，黄河出版社2014年版，第115页。

③ 参见政协枣庄市山亭区委员会编：《山亭历史名人》，第111页。

就是课桌；没有训练场，打谷场就是训练场。早晨的洗漱都需要到薛河。

善堌村村民郭效田在指认当年苏鲁豫皖边区省委书记郭洪涛
和山东抗日军政干部学校主要领导居住的夏家大院暖房

当时部分山东抗日军政学校学员居住和学习的原善堌抗日小学旧址

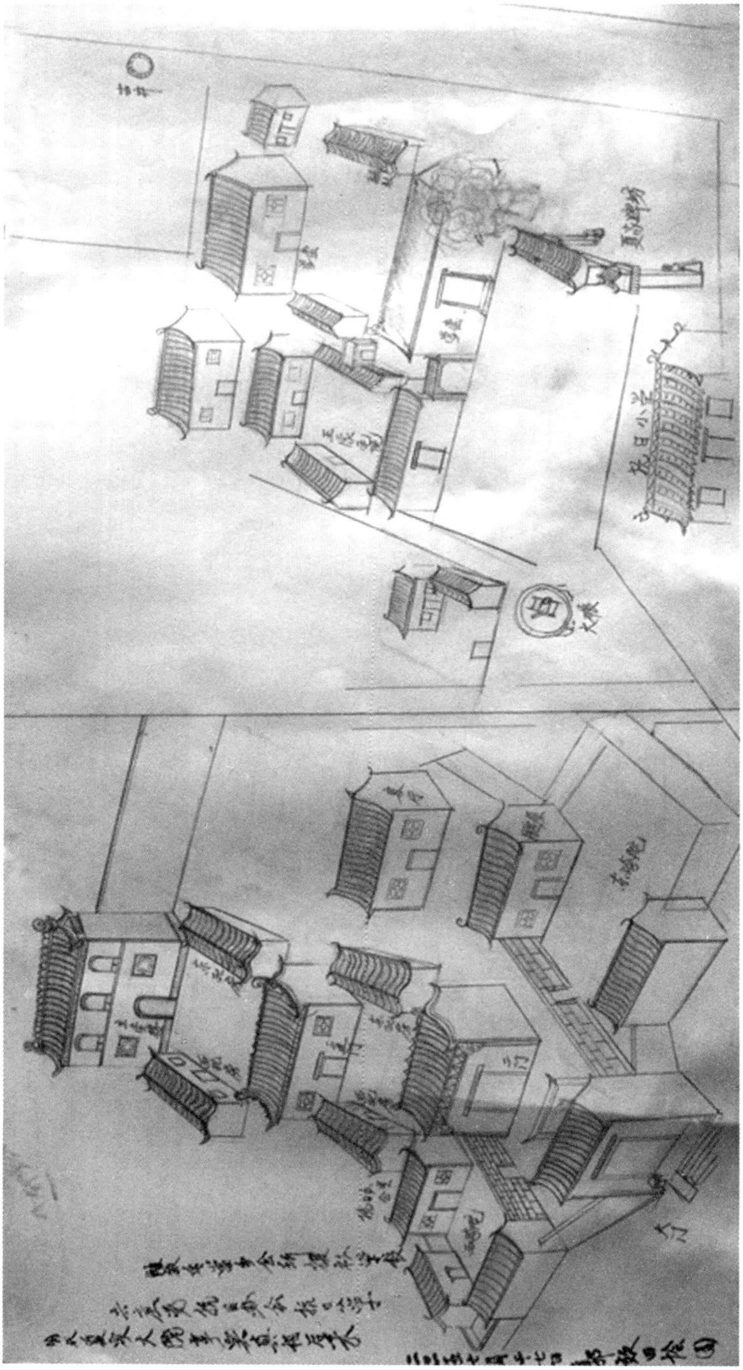

善堌抗日小学和当年山东抗日军政干部学校复原图

据1928年出生的山亭区山城街道前刘庄村雷景法老人回忆：当时他为儿童团员，王右池领导的义勇队经常组织他们到善堌的抗日小学学唱革命歌曲。学校离义勇队办公总部很近，出于好奇，他们经常到这里玩耍，但有人阻拦不让靠近，原因是里面住有“大官”并设有印刷厂印刷报纸，怕小孩进去“弄乱了”。至于印刷的是什么报纸，老人无法确认。据分析，印刷厂印刷的报纸很可能就是《大众日报》的前身。

山亭区山城街道前刘庄村87岁的雷景法老人和妻子
在接受沈印骞和刘学冰的采访

根据后刘庄90岁的老人孙玉琪和前刘庄87岁的老人雷景法回忆，当时的干部学校经常在善堌的古槐下和界于前后刘庄的大柿树下上课，而且还有一个胖乎乎的中等身材的“大领导”前来讲课。他的老师雷殷（原名雷玉田，1915～1985）就是在听了干部学校那个“大领导”的讲课后，才毅然决定弃笔从戎，报考了山东抗日军政干部学校。雷殷毕业后，戎马一生，为新中国的建立立下了汗马功劳。1983年3月，雷殷老人从山东省工艺美术学校书记兼校长的位置上离职休养。1985年7月与世长辞，其骨灰被安放在济南英雄山。

据史料记载，山东抗日军政干部学校创建于1938年6月。

1938年1月1日，中共山东省委领导了泰山徂徕山抗日武装起义，组建了八路军山东抗日游击第四支队。为解决抗日干部匮乏的问题，6月初，边区省委决定建立山东抗日军政干部学校。这是抗战初期山东解放区开办最早、培养干部最多的一所新型学校，直属边区省委(1938 年 12 月改称“中共山东分局”)领导。6 月初，学校开始招生，学员由部队及地方上动员保送，月底入校学员 200 余人。学员在新泰县南鲍庄集中，被编为政治、军事、民运 3 个中队，在费县仲村举行开学典礼，去蒙阴大庄正式开学，后来随苏鲁豫皖省委机关来到现在的枣庄市山亭区山城街道的善堌一带学习了一个多月，于 8 月 13 日毕业。这期学员的学习是在行军和战斗中完成的，既无校址，又无专职教员，讲课的大多是省委负责人，如郭洪涛、程照轩等。

当时山东抗日军政干部学校以遵照民族统一战线，培养党政军干部，发展山东抗日游击战争，创建山东抗日根据地为办学宗旨。以坚持正确的政治方向、艰苦朴素的工作作风、灵活机动的战略战术为教育方针。主要课程除了《抗日民族统一战线》《抗日游击战争》《抗日游击区各项基本政治》《抗日军队中的政治工作》《民众运动》《军事技术》等，还有一些专门课程。课程的内容从实际出发，理论与实际相结合，少而精，学以致用。

山亭区山城街道后刘庄 90 岁的孙玉琪老人(左二)，
在接受沈印骞(右二)、满福友(右一)、张令海(左一)的采访

据被调查的老人们回忆，干部学校生活完全军事化。每天上课号吹响后，学员们便背上背包，整整齐齐地列好队，按中队长的命令，用正步走的姿态，高唱抗日歌曲，雄赳赳、气昂昂地开到村内的大树下听公共“大课”。专业课按中队分头讲解，军事课在空闲的打谷场进行。晚饭后有两个小时的自由活动时间，学员们开展形式多样的文体活动以及不同形式的讨论会，讨论学习收获和课后体会。

善堌村的郭效田老人指着村中的老槐树说，当时山东抗日军政干部学校的学生就是在这棵千年的古槐树下上的课。

郭效田老人指认千年古槐

7 月 7 日，正值“卢沟桥事变”发生 1 周年纪念日，郭洪涛主持在滕东召开干部会议。会上，郭洪涛分析了当时敌顽我友各方力量，并作出部署，决定集中力量打击申宪武的老巢冯卯。在滕东冯卯、高庄附近，第四支队在义勇总队配合下，首先向申宪武老巢冯卯发起突然进攻。经过 7 昼夜 20 余次战斗，先后攻克申部驻地冯卯、高庄等村，毙伤顽军 200 余人，俘 150 余人，缴获长短枪 100 余支。第四支队阵亡 10 余人，副司令赵杰和第二团第一营营长封振武等 30 余人负伤。

苏鲁豫皖边区省委率领的第四支队和苏鲁人民抗日义勇队第一总队一系列军事反击，虽然粉碎了地方顽固势力的进攻，但未能对其给予歼灭性打击。地方顽固派申宪武得到喘息机会后，又联合到滕县活动的国民党复兴社分子秦启荣部，并鼓动滕县的褚汉峰、刘昭汉、孙鹤岭，峄县的梁继璐、黄禧堂，费县的李以锦等地方顽固势力从四面包围滕峄边根据地。加之省委第四支队在反击顽固派进攻过程中，没有很好地执行党的统一战线政策，打击面过宽，致使一部分原与人民抗日义勇队第一总队保持较好统战关系的地方武装，亦纷纷调转枪口，仇视党领导的抗日武装。这样，在滕峄边根据地周围，顽固势力的力量数倍于抗日武装力量，抗日武装随时都有被围歼的危险。而此时滕峄边根据地的人民群众尚未被充分发动起来，没有建立起稳固的抗日民主政权，根据地面积狭小，抗日武装在根据地内回旋余地不大。

8 月 2 日，中共苏鲁豫皖边区省委书记郭洪涛就滕峄边工作问题致电毛泽东，其主要内容是：(1)我部队至滕县后，配合当地义勇队、自卫团进攻顽军申宪武老巢，经几日围剿已完全解决。(2)此地义勇队是在共产党直接领导之下，共 600 人，另有 400 名不脱产的自卫团武装。(3)国民党滕县县长周侗尚好，今后民运工作，计划与其共同进行。(4)最近将滕县工作搞好，再开展峄县工作，最后进行费县工作，创建抱犊崮根据地。从郭洪涛给中共中央的电报可知，省委的意图是先开辟滕峄边工作，然后以此为依托，逐步向东发展，最终创建抱犊崮山区抗日根据地。

边区省委分析了上述形势之后认为，建立滕峄边根据地的时机并不成熟，因此于 8 月中旬决定，省委机关和四支队撤离滕峄边山区，返回鲁中。同时向边区特委发出通知：

> (一)滕峄边区偏处一隅，省委机关须移驻沂蒙山区，指挥全面工作；(二)鉴于特委与张里元有较好的统战关系，省委可在鲁中张里元辖区活动；(三)土顽势力联合向我逼近，形势不利，特委率义勇总队能在当地坚持活动就在当地活动，否则可以转移到其他地区。[①]

这时，原与我有统战关系的韩修彦、崔遽庵等地主武装转变态度，支持申顽威胁义勇队，费县的李以锦部、峄县的梁继璐部也向我义勇军和四支队防区实行包围。此时，鲁南形势对共产党领导的抗日武装极为不利，省委于 8 月 13 日，在善堌的省委和学校总部举行山东抗日军政干部学校首届学员毕业典礼后，省委书记郭洪涛便毅然带领中共苏鲁豫皖边区省委机关、八路军山东抗日游击第四支队以及山东抗日军政干部学校撤离滕峄边区，返回鲁中。苏鲁豫皖边区特委和抗日义勇总队以及 300 余户抗日家属冒雨东撤

① 参见中共枣庄市山亭区委党史研究室编：《中国共产党山亭革命史》，第 54～56 页。

到抱犊崮山区，重新开辟根据地。①

原常务副2003年6月，原中共中央组织部常务副部长、国家关心下一代工作委员会主任、山东抗日军政干部学校第一期学员王照华老人，在中共山东省委组织部部长王克玉，枣庄市市长刘玉祥，山亭区区长董沂峰，山亭区政府办公室副主任王文斗，山城街道党委副书记、办事处主任张壮伟，山城街道党委副书记李尚忠、刘庆东的陪同下，回访了他65年前曾在山东抗日军政干部学校学习、毕业的山亭区山城街道善堌村以及雪山寺故地。王老触景生情，对陪同者回忆述说了他当年在善堌和雪山寺边战斗边学习的经过。这是对山东抗日军政干部学校在善堌的有力佐证。

国家关心下一代工作委员会原常务副主任、山东抗日导政干部学校第一期学员王照华老人(左四)2003年6月来山亭时留影

① 参见政协枣庄市山亭区委员会编:《山亭历史名人》，第114～115页。

雪山抗日农民训练班

韩荣钧

雪山抗日农民训练班亦称“苏鲁豫皖边区抗日农民训练班”，是中共鲁南地方党组织在抗战初期创办的一所重要的抗日宣传训练机构，旧址在今枣庄市山亭区山城街道西南四公里的雪山灵芝寺。训练班亦称“山东小抗大”，于1937年开始筹建，从1938年1月开班到3月17日结束，前后共举办5期，培训学员500余人。学员来自滕、费、峄、邹、沛、铜山等县。“训练班主要讲授党的团结抗日方针和各种军事战略战术及政治、文化课。学员除上好课外，还帮助雪山地区农民搞减租减息，训练班培训了大批抗日武装骨干，对苏鲁豫皖边区开展抗日斗争发挥了重要作用”①，是鲁南人民抗日运动的一面旗帜。

一、训练班的缘起

雪山抗日农民训练班与王见新的到来是分不开的。1937年12月，王见新（山东宁津人）以中共山东省委巡视员的身份，到邹县（今山东邹城）、滕县等地传达省委关于贯彻中央洛川会议精神的指示。同月下旬，省委确定他留滕县工作。“1938年1月，和李乐平等同志在滕县善堌以‘雇工会’的名义办起‘抗日训练班’”②。

雪山抗日训练班的重要发起人之一王右池回顾了滕县党组织转移到滕东今山亭山区的情况：“滕县党的组织原在津浦铁路西侧的五所楼村，檖榛小学是中心联络点。根据时局的变化，我们考虑到，党的组织在那里不便于

① 枣庄市山亭区地方史志编纂委员会编：《山亭区志》，齐鲁书社1997年版，第563页。

② 中共德州市委党史研究室编：《德州党史人物传略》第1辑，德州新闻出版局2004年版，第56页。

开展活动，也不安全，决定将党的文件及联络点转移到山区去。经过酝酿，大家认为设在我家（沃里）比较合适，此地战时联系便利，也有利于今后开展游击战争。于是，党支部将羊庄、樾榛两校的学生党员做了安排，让他们在其本地宣传、组织群众，开展抗日活动，并不定时地到山里取得联系、汇报情况。”[①]这样中共在滕县领导革命的核心便转到今山城街道沃里、善堌一带。

除王见新、王右池外，李乐平是训练班第三个重要领导人。王见新回顾了同李乐平见面时的情况：“王右池同志有一天告诉我，小赵庄有个李乐平，是才从上海出狱回来的老同志。我一听很高兴，便同王右池一起到小赵庄会见李乐平同志。我和李乐平同志虽是初次见面，但一见如故，谈得很投机。原来李乐平同志是我党的一位老党员，在上海以巡捕为职业掩护进行地下工作，后因组织破坏被捕入狱。西安事变后，在国共两党合作的形势之下，才获释出狱。他回到家乡就积极进行革命活动，组织了秘密农会，进行统战工作，宣传抗日救亡。我们全面考虑了李乐平同志的情况，决定先让他回到党内来，党的正式关系以后再说。”[②]

李乐平斗争经验丰富，其所组织的秘密农会已有相当好的群众基础。“在抗日民族统一战线形成的形势下，我们把李乐平同志组织的秘密农会公开，以抗日救国为宗旨，广泛开展减租减息斗争和向地主借粮的活动；组织了雇工会，规定地主、富农雇用短工，必须通过雇工会统一定价，从而发动和团结了更多的贫雇农。”[③]

在王右池、李乐平的领导下，滕东的抗日爱国运动蓬勃展开。李子成回忆道：“（一九三七年）十月二十七日，李乐平、王右池等同志在庄里集上，召开了有五千多人参加的群众大会，宣布成立‘农民抗日协会’，当场就有数百人举手赞成，积极参加。随后，在化固庵庙上召开了‘滕县农民抗日协会’成立大会，推选我为会长，管组织，孙玉殿管宣传，李贵斌管武装。具体工作我们三个做，总的领导还是乐平。此时，大赵庄、宋家屯、小北塘的‘农会’都组织起来了。当时，小北塘就有一百多人。……附近沃里也有‘农会’，是王右池负责，会长叫王运田（党员），善堌徐广泉是会长，也是党员。到三八年一

① 王右池：《善堌农民抗日训练班创办的前后》，《滕县党史资料》1983年第2期。

② 王见新：《善堌农民训练班与人民抗日义勇总队》，中国人民政治协商会议枣庄市山亭区委员会文史资料委员会编：《山亭文史资料》第1辑，枣庄出版准印证(1991)002，第66页。

③ 王见新：《善堌农民训练班与人民抗日义勇总队》，中国人民政治协商会议枣庄市山亭区委员会文史资料委员会编：《山亭文史资料》第1辑，第66页。

月，在善堌开办‘抗日农民训练班’时，不少农会会员也进了训练班。”①

“在训练班创办前夕，滕东、滕西都有‘抗日农民协会’的组织产生；大敌当前，有些有爱国思想的开明地主、绅士也参加了这一行列。这是当时的群众基础和阶级基础。”②共产党人的早期发动为抗日训练班及其以后的抗日武装的建立准备了充分条件。

鲁南的几个忠贞党员针对全国日益高涨的抗日形势和鲁南中共力量弱小的情况，独立自主地作出了创办抗日训练班的决定。王右池回忆道：“当时我们滕县的党员屈指可数，力量是很小的。用什么方法，能够在较短的时间内，培养发展一批党员，作为抗日的政治和军事骨干，更好地宣传、发动、组织、武装群众，适应这种急剧变化的形势呢？与李乐平、孙俊才同志日夜筹思，认为只有采取训练班的形式，才能达此目的。”③雪山抗日训练班成为中共在抗战初期的山东少数几个著名的抗日政治军事训练机构之一，在山东抗战史上具有重要地位。

二、训练班的筹备

训练班是在一穷二白的基础上建立的，人、财、物都十分缺乏。王右池承担了主要筹办人的重任。其本人回忆道：“孙俊才、李乐平认为，我老家在山里，又有较广泛的社会关系，并且在地方上活动的时间也较长，为主筹办较为有利，我也乐于承担了这个重任。”④在王见新、李乐平、王右池等人的努力下，训练班的筹备事宜逐步解决。

第一，关于训练班的房舍问题。王右池通过各方奔走，最后在善堌找了其家侄王金榜的房子。“此房曾典给学校使用，由于战事，业已停课。该处一个院落，十间房。北屋四间作课堂兼学生宿舍；东屋三间作为办公室兼接待来访宾客；西屋三间作领导人宿舍，尚觉宽敞。”⑤

第二，关于物资供应问题。训练班办起来，人员的食粮、菜金等费用是笔不小的开支。训练班筹办者采用了募粮、募款、募物的措施来解决物质供给问题。王右池回忆道：“我们是一无粮，二无钱，这些东西哪里来呢？只有

① 李子成：《我在滕县抗日时期的回忆（一）》，《滕县党史资料》1983年第2期。
② 李子成：《我在滕县抗日时期的回忆（一）》，《滕县党史资料》1983年第2期。
③ 王右池：《善堌农民抗日训练班创办的前后》，《滕县党史资料》1983年第2期。
④ 王右池：《善堌农民抗日训练班创办的前后》，《滕县党史资料》1983年第2期。
⑤ 王右池：《善堌农民抗日训练班创办的前后》，《滕县党史资料》1983年第2期。

靠募捐。在那个时候，募捐可不是件容易的事情。穷人想捐拿不出，只有动员那些有爱国意识的地主绅士，而要让他们拿东西，没有一定的地位和关系也是说不进话的。我不仅发动了在做统战工作时交的朋友，而且连先辈的老亲故友也都利用上了。首先通过段允美、孙文祥两位挚友，找到桑村大地主李幼肃。他同情我们抗日，捐了两千五百斤高粱。当时，有韩复榘住滕县的官钱局负责人辛嘉舟，因县城形势紧张逃到桑村，找到他捐了二百元钱。……大锅、风箱分别是借王金榜和刘庄孙文祥的。一挑碗筷，是由皇殿岗的渠维珠捐献的。”①李幼肃(右须)是滕东有名的大地主，和桑村大地主李维肃是同宗，为抗日训练班捐了不少物资。“王训农受郭子化的指示，去做从天津回到老家桑村的旧友李右须的统战工作，通过做工作，李右须除自身成立自卫团抗日保家之外，还积极捐款捐物，支援人民抗日武装。”②李乐平也谈到训练班的经费筹措情况：“训练时用的钱，是孙仲起去李明扬处要的，李给了两千元钱。但李怕我们搞大了，只给了三百人的抗日义勇队符号。粮食全是从各地募捐来的。当时一些中、小地主及部分上层人物对抗日还是支持的。”③训练班的物资支持者既有革命群众，也有开明的地方士绅。

第三，关于人员、教员问题。王右池回忆：“名义上党的组织移到山里来了，实际上张学周和李叔铭同志由于工作的需要，暂时都没能跟过来，忙里忙外的只有我一个人。后来，李乐平、孙俊才同志相继来了，虽说力量加强了，但是一时还没能建起党的支部。为了便于活动，促进训练班的筹备工作，根据实际情况，我们三人大体上分了分工：孙俊才既是省委巡视员，又有‘平津同学会’的会员证书，在外活动有便利条件。因此，由他负责对外联络；李乐平性情沉静，细致谨慎，负责内部事务，由他主持训练班；由我分管募捐、动员学生及与地方人士的交涉工作。”④训练班早期由李乐平负责教学，后来又增加了于公、于化琪等。

---

① 王右池：《善堌农民抗日训练班创办的前后》，《滕县党史资料》1983年第2期。

② 宋致元、王兵：《滕县名流王训农》，中共滕州市委党史办公室编：《天南地北滕州人》，中共党史出版社2003年版，第389页。

③ 李乐平：《滕县人民抗日武装创建前的一点回忆》，中共枣庄市委党史资料征集研究委员会编：《枣庄地区党史资料》第5辑《人民抗日义勇队专辑》，1987年5月印，第53页。

④ 王右池：《善堌农民抗日训练班创办的前后》，《滕县党史资料》1983年第2期。

三、训练班的开办

1938 年元月中旬，训练班第一期开办，一共办了 5 期，培训学员 500 余人，为苏鲁豫皖地区的抗战做出了重要贡献。

（一）关于学员的招收

训练班早期的学员主要来自滕东、滕西社会基础较好的地方。滕西的中共党组织曾做过大量的组织宣传工作，滕东主要是由李乐平、王右池等发动的农民协会的会员组成。王右池回忆："根据过去的活动基础，首先通知了五所楼学校的杨广立、杨继元、李运田；羊庄学校的朱广泉、孟昭玉；城西望冢的马奉莪，并让其动员盖村、西辛安、徐楼及马家村、李家村热心抗日的学生青年来善堌学习。"[①]很快，城西、羊庄有三四十人纷纷前来，并有大赵庄、善堌及沃里村的农民参加学习。"一九三八年元月中旬的一天，在善堌举行了训练班开学典礼。参加开学典礼的有训练班所有领导和第一期受训学员共四十多人。孙俊才、李乐平和我（王右池）先后讲了话。"[②]《中共鲁南地区党史大事记》亦记载：1938 年 1 月，"中旬，王见新、李乐平、王右池在滕县善堌创办了'农民抗日训练班'，为滕、邹、沛、铜、费等县培养了一批政治和军事干部。"[③]

（二）关于学习生活

第一期学员编为三个小组，组长均由党员担任。学习讨论、军事训练全是组长带领。上午上课，下午讨论，清早、晚上教唱抗战歌曲。夜里规定了值勤制度。起初，全由孙俊才、李乐平和王右池三人站岗放哨，每夜每人值勤 4 个小时。当时正值隆冬季节，天寒地冻。后来，指派学员中的党员同志一块来担任这个任务。

课程的基本内容为政治教育和军事训练。"政治教育的教材是《八一宣言》《抗日救国十大纲领》《什么是帝国主义》、统一战线政策等。军事训练，讲游击战略战术。最初以跑步、爬山、射击为主。到了第三期以后，除上述科目外，还训练运用地形地物进行攻守撤退以及绘制地图、化装侦察和夜间

---

① 王右池：《善堌农民抗日训练班创办的前后》，《滕县党史资料》1983 年第 2 期。

② 王右池：《善堌农民抗日训练班创办的前后》，《滕县党史资料》1983 年第 2 期。

③ 中共临沂地委党史资料征集委员会等编：《中共鲁南区党史大事记（1919 年 5 月～1949 年 9 月）》，山东人民出版社 1991 年版，第 65 页。

作业等。”①

开始主要由李乐平讲课，王右池和孙俊才多在外面联络，筹办物资。“不久，李叔铭、李景黄、刘炳文等同志来了，叔铭能上课。”②王见新到徐州，联系上苏鲁特委，并联系上于化琪、于公来训练班工作。王见新回忆：“（郭影秋）把我的关系交给苏鲁特委的于化琪同志。并派于化琪同志同我一起回滕县帮助我们的工作。……我在徐州时还参加了驻徐平津同学会的一些活动。该会有从八路军随营学校来的两个军事干部：一个叫李洪，随王文斌同志去丰县；另一个叫于公，随我来到滕县。于化琪和于公同志来到善堌，大大充实了我们农民训练班的力量。”③随后，于化琪任训练班政治教员，于公任军事教员，教学力量大大加强。李乐平回忆：“王见新同志到徐州叫来了于公（他是晋南八路军军事学校的学生，在枣庄一带有他认识的好几位同学），带来一些军事地图。于公主要上军事课，讲游击战略战术。开办不久，于化琪从枣庄来善堌，负责教政治课。”④

训练班每期定为7～10天，根据实际情况有的适当延长或缩短。第一期结业时，学员仍回原地开展活动：宣传抗日，发动群众。城西望冢一带，因人多形成了一股力量，由马奉莪负责，分配时任务较具体，即成立农民抗日协会，待有了基础后，组织武装，建立政权。

第二期在春节后，这期好一些，因为人力增加了。西湖边望冢一带来人较多。马仲川、生碧泉均为本期学员。训练班发展到邹县地区、凫山里、深井一带，张迪生也参加了。五所楼那边发展到夏镇、沛县，来了五六人，滕东人数也有所增加。第三期四五十人。办前两期时，每天有百多人（学员、机关人员及来访者）吃饭，募集的钱、粮所剩无几了。“幸好又在刘儒嵩（南塘村）处募来一千斤，张建奎（南塘村）捐五百斤，山亭张殿俊处募了一千斤煎饼，尚可维持现状。”⑤但如果不设别法，定难持久。这时，人员日增，开支愈大，更需事先筹划。训练班领导人听说南塘刘岳如处住有两人：一个是孙修如（当时为国民党员），一个是孙仲起。他二人在国民党五战区第二游击司

① 王右池：《善堌农民抗日训练班创办的前后》，《滕县党史资料》1983年第2期。

② 王右池：《善堌农民抗日训练班创办的前后》，《滕县党史资料》1983年第2期。

③ 王见新：《善堌农民训练班与人民抗日义勇总队》，中国人民政治协商会议枣庄市山亭区委员会文史资料委员会编：《山亭文史资料》第1辑，第70页。

④ 李乐平：《滕县人民抗日武装创建前的一点回忆》，中共枣庄市委党史资料征集研究委员会编：《枣庄地区党史资料》第5辑《人民抗日义勇队专辑》，第53页。

⑤ 王右池：《善堌农民抗日训练班创办的前后》，《滕县党史资料》1983年第2期。

令部以“民运指导部”的名义领到500元办公费。因不是本地人，虽四处奔走，却一时难以筹集到那么多资金，很着急。王右池便与李乐平商议，准备去找二孙，这样一是可以为训练班增加人员，二来能争取些活动经费。李乐平表示同意。一天，王右池和李乐平去南塘找到孙修如、孙仲起，与之商谈。王、李以一般知识青年爱国者的身份，要求与二孙合作，共同抗日，二孙一听很高兴。这样，训练班也就解决了一部分经费问题。

渠玉柏不仅是训练班的积极参加者，而且还是活动骨干。滕县沦陷前夕，他与李乐平、王见新、于公等积极组织滕县抗日武装。“一九三八年三月初，他率三十余人的小车队由善堌出发，回到他的家乡皇殿岗，向地主于允瑞借粮八千余斤，解决了队伍吃饭问题。”①

这时，战局动乱，日寇到了两下店，训练班与驻泰安的山东省委失去了联系。为打听山东省委的消息，训练班决定让孙俊才同志去徐州联系上级党组织。“此次徐州之行，找到了苏鲁豫皖特委，接上了党的关系。从此，滕县党的组织就接受苏鲁豫皖特委的领导。”②

办到第三期时，训练班人数增多，又在位于善堌村西北处的雪山寺增设了部分学员宿舍。1938年3月17日，滕县城失守，外县学员回本地发动群众，组织武装。随着形势变化的需要，在训练班的基础上，滕县党组织拉起了四五十人的武装，任命于公为队长，孙俊才为指导员。部队命名为“农民抗日救国军”。

训练班的开办，曾遭到当地实力人物的阻挠和破坏。“破坏者不乏其人，主要代表人物就是魏棣九和崔遽庵。”③为了取消训练班的存在、限制抗日活动的开展，滕县国民党负责人魏棣九上告到第五战区司令部，说滕县原本是一块干净的地方，现在让王右池等一伙人搞得乌烟瘴气，请战区采取措施，设法制止。“峄县齐村崔翰林的儿子崔遽庵，亲自出面跑到善堌，找到夏宝信（势力人物）干涉说：‘你为什么让王右池这伙人，在这地方搞得乱七八糟的，对你有什么好处！’言外之意，即是让其撵我们走。夏回答他说：‘人家招集一些人，住他们自己的房子，吃他们自己的粮食，花他们自己的钱，与我们村毫无扰害，况且都是些青年学生，为的是抗日救国，我们不能相助，已觉

① 中共枣庄市委党史资料征集研究委员会编：《枣庄地区党史资料》第5辑《人民抗日义勇队专辑》，第181页。

② 王右池：《善堌农民抗日训练班创办的前后》，《滕县党史资料》1983年第2期。

③ 王右池：《善堌农民抗日训练班创办的前后》，《滕县党史资料》1983年第2期。

有愧，怎好出言干涉呢？'所有这些诽谤和破坏，非但没有毁掉训练班，反而使之越办越好，人员越来越多，为后来抗日武装的建立打下了坚实的基础。"①

四、训练班的组织领导

雪山抗日训练班是中共山东省委巡视员王见新来滕之后由滕县党组织的李乐平、王右池等人建立起来的。不久，滕县党组织就与省委失去了联系。可以说，训练班的开办、坚持是滕县地方党组织独立自主领导发动抗日爱国运动的硕果。之后，王见新到徐州，与郭子化领导的苏鲁特委建立了关系。此后，训练班即在苏鲁特委的领导之下开展工作。王见新回忆："我是1938年5月初在张光中同志那里第一次见到子化同志。光中同志介绍说，这是孙俊才（我的化名），他喜出望外地说：'我可找到你了，山东省委把你们的关系转给我了。'从此，我和党正式接上了关系。不久，子化同志和我一同到善堌去，检阅了我们四五十人的小队伍，为我们建立了特别支部。他对我们发展武装不够放手，建党工作有些关门倾向等问题，提出了批评意见，使我们的工作有了改进。当人民抗日义勇队在墓山正式成立时，他发现第二大队长于公不是党员，他郑重地和我说：'军队必须掌握在党的手里。'因此人民抗日义勇队集中起来之后，在他的严格督促之下，一月之内建立健全了党的组织。"②

1938年4月初的一天清晨，郭子化召集李乐平、王见新、王右池等同志在善堌麦地里开会。会上，郭首先传达山东省委关于将滕县党的关系交给苏鲁豫皖特委的决定。"郭子化代表苏鲁豫皖特委，充分肯定了在滕县工作的共产党员在未正式形成组织和与上级党失掉联系的情况下积极发动群众、组织武装、坚持抗日等各项工作所取得的成绩；承认了李乐平、王右池、李叔铭、李景璜、刘炳文等同志的党籍。在此基础上，郭子化提议建立'中共滕县特支'，并确定：由王见新担任书记，李乐平、王右池分任组织和宣传委员。"③自此，抗日训练班即由滕县特支直接领导。

---

① 王右池：《善堌农民抗日训练班创办的前后》，《滕县党史资料》1983年第2期。

② 王见新：《徐州抗战与郭子化》，国家中医药管理局等编：《忆郭子化》，中共党史出版社1991年版，第63页。

③ 宋致元、孙中峰：《郭子化同志与滕县特支》，滕县政协文史资料研究委员会编：《滕县文史资料》第3辑（内部资料），1987年12月印，第35页。

五、训练班的人才培养

善堌抗日农民训练班，为我党培养了一批政治和军事骨干，为在鲁南组织抗日武装——鲁南农民抗日救国军打下了坚固的基础，在苏鲁豫皖边区开展抗日武装斗争中发挥了重要作用。为纪念这一个革命圣地，山东省人民政府于2013年10月10日将雪山农民抗日训练班旧址列为省级重点文物保护单位，建立纪念碑一座，上款为“省级重点文物保护单位”，中间为“苏鲁豫皖边区农民抗日训练班旧址”，下款为“山东省人民政府二零一三年十月十日”。碑文如下：“苏鲁豫皖边区农民抗日训练班旧址，南北170米，东西宽120米，面积20400平方米。1938年1月，由李乐平、张光中、刘炳文、渠玉伯等创办，1938年3月17日结束。训练班一共举办5期，5～10天为一期，共培训学员500余人。训练班为苏鲁豫皖边区培养了一批政治和军事骨干，为在鲁南组织抗日武装——鲁南农民抗日救国军打下了基础。”该旧址是鲁南地区重要的革命活动地之一，也是一处具有代表性的革命文化遗产。

王右池曾回忆抗日训练班培养革命人才的情况：“这个训练班，在短短的两三个月的时间里，为滕县以及邹、沛、峄、铜、费等县培养了一大批政治和军事骨干。仅现在所知道的党政军优秀的领导干部有：杨思德（总参对外联络部部长）、杨广立（南京军区政治部副主任）、张迪生（中共江西省委副书记）、渠维瑛（南京军区后勤部副部长）、朱广泉（海军司令部任职）、朱慕唐（北海舰队后勤部参谋长）、周子韬（福建省军区副政委）、王广立（安徽省军区后勤部政委）、王丹墀（湖北省邮电管理局副局长）、刘金顶（同济大学党委书记）、李子成（四川省万县中级人民检察院检察长）。”①

抗战前夕和初期，中共在鲁南的力量十分薄弱。正是雪山抗日训练班的开办，为鲁南甚至苏鲁豫皖一带抗日运动的开展准备了大量的人才，才有了日后红红火火的抱犊崮抗日根据地的大发展。

六、训练班的武装斗争

训练班主要讲授政治、军事课程，并非常注重军事训练，为以后抗日武装的建立打下了一个很好的基础。在训练班学习期间，滕县保卫战已打响。

① 王右池：《善堌农民抗日训练班创办的前后》，《滕县党史资料》1983年第2期。

川军邓锡侯部驻滕西凫山一带，训练班还组织过运输队去支援川军打日军。当时，训练班组织的队伍路过县城找国民政府滕县县长周侗说明来意，周给写了信，准许去川军驻地为其抬担架、搞运输等后勤服务。“3 月下旬，以训练班为基础，组成‘农民抗日救国军’，共 40 余人枪。4 月，改称‘滕县人民抗日义勇队’，发展到 120 余人枪，于公任队长，渠玉柏任指导员。”①李乐平回忆：“在抗日训练班的基础上建立了武装，叫‘农民抗日义勇队’，仅滕县就有百多人、八十多支枪（有不少是打借条借的）。队长于公，指导员渠玉柏。这支武装力量自建立后就打击敌人，在群众中威信很高。”②

抗日义勇队建立之后，积极进行抗日武装活动。“1938 年 4 月，指导员渠玉柏等率领义勇队，由北辛出发去夏镇活捉了当地汉奸维持会长以下数十人，缴长短枪十余支。”③同月，抗日义勇队在官桥南岗头山伏击日军汽车队，大获全胜。王见新回忆：“我们打着抗日的旗子拉起了队伍，就要有抗日的行动。为了准备打仗，也进行了多次军事演习。经过侦察，岗头山前的那条公路，每天都有日寇的车队通过。而这里地势险要，进可以攻，退可以守。因此，我们就决定在岗头山打伏击。一说真打仗了，队员们都兴高采烈，跃跃欲试。事情一传到群众中去，又有 30 多人报名参加。在 4 月份一天的下半夜，我们 70 多人的队伍，向岗头山出发了。拂晓之前，我们的部队埋伏在公路东侧的山坡上，土造手榴弹埋在公路上。大约 8 点钟的时候，敌人的汽车开过来了。第一辆汽车轧在我们事先埋好的手榴弹上，轰的一声爆炸了，几十支步枪一齐开火，打得鬼子晕头转向。”④这次战斗打死打伤鬼子 3 人。接着李乐平指挥义勇队，顺着十字河向东北山区安全撤走，义勇队无一伤亡，大大激励了义勇队的士气。“1938 年 4 月，李乐平率义勇队夜袭叶家宅子伪据点，俘虏了伪维持会会长，缴获了两支驳壳枪、5 支步枪和日本鬼子的‘膏药旗’。”⑤

从抗日战争开始到 1938 年初，整个鲁南地区在我党领导下，武装斗争已

---

① 《八路军山东纵队史》编审委员会编：《八路军山东纵队史》，中共党史出版社 1995 年版，第 95 页。

② 李乐平：《滕县人民抗日武装创建前的一点回忆》，中共枣庄市委党史资料征集研究委员会编：《枣庄地区党史资料》第 5 辑《人民抗日义勇队专辑》，第 53 页。

③ 宋致元、孙中峰：《郭子化同志与滕县特支》，滕县政协文史资料研究委员会编：《滕县文史资料》第 3 辑（内部资料），第 36 页。

④ 王见新：《善堌农民训练班与人民抗日义勇总队》，中国人民政治协商会议枣庄市山亭区委员会文史资料委员会编：《山亭文史资料》第 1 辑，第 71 页。

⑤ 山东省临沂地区民政局编：《沂蒙英烈》第 4 辑，山东人民出版社 1990 年版，第 61 页。

成燎原之势，并逐渐连成一体。“我们善堌的武装由铁路东向西发展，李叔铭在五福楼、张运海在夏镇都设了指挥部；沛县张光中同志由铁路西向东发展。我们之间有了工作上的接触，也有了行动上的配合，如联合组织的薛城运粮斗争。”①

1938 年 3 月 18 日枣庄失陷后，特委就决定集中鲁南各方面的武装建立鲁南人民抗日义勇总队。1938 年 5 月 19 日徐州失守，郭子化带特委机关到墓山地区，后一同转移至南塘。当时组织的抗日力量骨干主要是枣庄的青年工人和学生，还有由徐州来的一些抗日救亡学生、临沂地区一批抗日救亡人员以及董尧卿率领的一支人民抗战武装——抗日人民军旅，董是旅长。后来还收留邹、滕县溃散路过的一些零散军人，计近千人，“驻南塘一带，列成长蛇阵形，北至徐庄，百丈槐为后方，南到南塘为前线。这里地形有利，便于出击日军。为了统战，利用熟人李明扬的关系，开展工作。当时李明扬任苏鲁游击总指挥兼徐州专员，请他给了我们一个鲁南抗日义勇队番号，作为合法活动旗号。后来为便于扩大武装，我们自己又加上一个‘总’字，打出的旗号是鲁南抗日义勇总队。直属总队的有政治部、秘书参谋处、医务处及供应处等”②。

义勇总队后来进入抱犊崮山区，经过休整，继续开展游击战争。这支人民武装在党的领导下，在人民战争中，逐渐发展壮大。罗荣桓同志率八路军一一五师到鲁南后，义勇总队改编为八路军苏鲁支队。解放战争中组建为山东人民解放军第八师，后为第三纵队。这支强大的人民军队，为中国人民的解放事业南征北战，立下了累累战功。

七、训练班的社会影响

善堌农民训练班吸引了一批有爱国热忱的农民青年。训练班规定一周至十天为一期，由王见新和李乐平同志担任教员，讲课内容主要是当时国内形势、抗日战争的情况，特别是宣传党的抗日救国十大纲领，使广大青年农民看到了光明和希望。训练班还讲述毛主席的游击战术，教唱抗日救亡歌

---

① 中国人民政治协商会议枣庄市山亭区委员会文史资料委员会编：《山亭文史资料》第 1 辑，第 72 页。

② 童陆生：《鲁南抗日义勇队的反顽斗争》，中共临沂市委编：《沂蒙将军颂》，山东文艺出版社 1998 年版，第 246 页。

曲。冷落的山村沸腾了！不愿当亡国奴的热血青年们，学习革命理论，掌握斗争艺术，慷慨悲歌，意气风发，都在准备奔赴抗日战争的前线。

训练班一期接一期地办下去，为我党的武装斗争培养了一批骨干力量。善堌村成为滕县引人注目的地方。王见新回忆："我们则以此为基地，利用各种社会关系，四面八方地进行串联活动，影响逐渐扩大。地方上一些有爱国意识的地主士绅都主动和我们联系，纷纷请我们去开会，商谈抵抗日寇、保家卫国之大计。山亭、东江、南塘、艾湖村的一些地主都召集了许多士绅开会，请我们去讲话。我们就利用这种场合，大力宣传党的民族统一战线政策，同不少开明的地方士绅建立了统一战线关系。"[①]如为抗战牺牲的今山城街道柴林村的韩金恭就是著名的例子。韩金恭，1900年生，长期担任山亭乡的乡长。韩对训练班的开办给予了支持，逐渐走向了跟中共合作的道路，并秘密给中共组织提供物资、情报等。程子显（1907～1945），今枣庄市山亭区桑村镇西坦村人，受党组织委派打入敌人内部，任三区区公所文书，与同在敌人内部的韩金恭单线联系。1940年秋初，韩金恭秘密参加了在辛召西七里河召开的人民代表会议。同年冬初，由于坏人出卖，韩金恭及其弟弟被日寇抓捕，为抗日事业献出了宝贵的生命。

雪山抗日农民训练班是在失去上级党组织领导的情况下，由滕县地方共产党人独立自主地建立起来的山东较早的抗日政治军事训练机构，为苏鲁豫皖抗日运动的发展做出了重要贡献。淳朴勤劳的山亭人民，激于民族大义，不惜生命，纷纷投入了这场民族自卫战争。雪山灵芝寺下的训练班旧址见证着这段催人泪下、促人奋进的历史。

① 王见新：《善堌农民训练班与人民抗日义勇总队》，中国人民政治协商会议枣庄市山亭区委员会文史资料委员会编：《山亭文史资料》第1辑，第67页。

滕县及滕东地下县委在驳山头

沈印骞　杨延标　张令海

驳山头村位于山东省枣庄市山亭区政府驻地西南10公里处。1939年2月至1941年10月，这里先后是中共滕县县委、中共滕东县委驻地。

2015年7月8～10日，《山城历史文化选编》一书资料征集办公室的工作人员沈印骞、张令海、刘学冰、刘西圣以及杨延标同志，来到77年前的中共滕东地下县委驻地驳山头村，采访了村里的多名知情人，找寻到在这里发生过的桩桩往事。

当年的滕东县委所在地——驳山头村

中共滕县县委1939年2月在滕县的大赵庄成立，办公地址设在驳山头村的天主教堂。1939年8月，因形势需要，山东分局指示，滕县以津浦铁路为界，分为东、西两部分，并分别建立滕东、滕西县委。中共滕西县委书记由生碧泉同志担任，中共滕东县委书记仍由王丹墀担任，办公驻地仍是驳山头村。

当时滕东地区全部为日伪占领，因此县委的工作完全是隐蔽性的地下工作。县委书记王丹墀的公开职业是“传教先生”，也是驳山头小学的教师。他以这两个职业为掩护，深入发动群众，带领滕东的抗日志士开展了艰苦卓绝的反对日、伪、顽斗争，在滕东的抗战史上，写下了可歌可泣的历史篇章，为鲁南抗日根据地的建立和巩固奠定了坚实的基础。1941年10月，因斗争形势需要，中共滕峄边工委在滕县上辛庄成立，同时撤销滕东县委。①

一、设在天主教堂内的中共滕东地下县委

1939年2月，根据鲁南特委的指示，中共滕县县委在大赵庄李子成的家中成立。参加会议的有王丹墀、李子成、朱绍庭、生碧泉、马奉莪5名党员。书记是组织决定的，由王丹墀担任；各部部长是经大家商讨确定的。组织部长李子成，军事部长朱慕唐，宣传部长朱绍庭。

中共滕县县委大赵庄成立会议塑像，正中站立者为王丹墀书记，
其他四位分别是：李子成、朱绍庭、生碧泉、马奉莪

会议分析了形势，研究了今后的任务。县委直属鲁南特委领导，王丹墀任县委书记。县委对外名义称“滕县工作团”，机关驻地设在驳山头村。

---

① 参见《枣庄大事记（1900～1949）》，http://www.zzhol.com/forum.php?mod=viewthread&tid=15302。

驳山头村革命老人杨成营(中)在接受沈印骞(左)、张令海(右)的采访

2015 年 7 月 10 日,《山城历史文化选编》一书资料征集办公室的工作人员沈印骞、张令海采访了 1927 年出生的驳山头村革命军人杨成营,老人指着当年的中共滕东地下县委办公地点——驳山头天主教堂说:“当年的天主教堂是一个高 4 米多、宽 6 米多的五间石砌草房,建筑面积 100 多平方米,两个门,一个门向西,门上方悬挂十字架。一个门向南,在房的中间。教堂的最东头是讲经台。当年住着德国、法国、英国的三个神父,大家都叫那个德国的神父‘盖神父’。这个地方地处驳山头村的中部最东端,南北各有一个稍门和炮楼,西面为驳山头村住宅。教堂在名为‘骂人台’的山崖之下依山整平而建,东面没有住家,出门就是驳山的南山头和北山头,如遇紧急情况,非常有利于疏散隐蔽。当年的日本鬼子来到这里一看是德国的教堂和盖神父,他们就不敢‘乱来’了!”

杨成营老人还对采访他的沈印骞、刘学冰、杨延标、张令海说:“当年我跟王丹墀老师上学一直读到四年级,那时我只是个十多岁的孩子,对王老师的革命活动还无法了解,但我看到王老师非常忙,经常与丁一和张勇在一起。在王老师的影响下,驳山头村当时有 48 人参加了革命。”

当时的驳山头村已完全被日伪控制,驳山头村离顽军刘广田的老巢东江村只有一河之隔,朱十英的特务营就住在驳山头村名为“山峪”的大户赵玉英家里。因此,中共滕县县委的活动只能是地下隐蔽活动。凭借天主教堂得天独厚的地理和安全优势，王丹墀把办公室设在天主教堂里边。县委书记王丹墀同志的公开职业是“传教先生”，也是驳山头小学的教师。其他领导同志如组织部长李子成、军事部长朱慕唐、宣传部长朱绍庭都是“传教先生”。

县委建立之初困难重重。如何在敌、伪、顽严密统治地区立稳脚跟，发展组织，壮大力量，这是王丹墀夜不能寐、不断考虑的问题。基于这一点，他制定了“动员群众，发展组织，组织武装，做好统战工作，开展对敌斗争”的政治路线。该路线的制定，为今后全县工作的开展指明了方向。

王丹墀书记为了给县委主要领导干部隐蔽创造更好的条件，批准当时协助滕东县委工作的鲁南特委道会门工作科的丁一同志与驳山头村的吴茂同、张成起、赵明钦、刘振法、张成伦等人拜了把子，将张勇的儿子王现堂认作干儿。这样丁一在驳山头就有了一串的亲戚。因为丁一的排行是老五，老年人都叫他“老五”，青年人喊他“五哥”，年龄小的称他为“五叔”。在群众的掩护下虽然丁一和朱十英的特务营住在一个院子里，经常和他们在一起，但始终没发现丁一的真面目。

1946年王丹墀在滕县的留影

当时县委只有一部油印机，王丹墀白天带着教徒们念经和给学生们讲课，在夜间指挥工作，印宣传品、文件，有时工作一个通宵。

二、驳山头人民对县委的大力支持

驳山头人民，是爱国的英雄的人民。在中共滕东县委的长期工作下，以赵建奎为首的驳山头人民对滕东县委的各项工作给了莫大的支持和帮助。赵建奎是驳山头一带有名的老会长，在群众中享有很高的威信。他生性刚强，看着不顺眼的事就管，对县委所做的一切从心眼里赞成。他不但积极地帮助县委的工作，对革命有利的事他都能去干。他的二儿子赵明钦、三子赵明达都参加了革命，特别是他的三儿子赵明达，个大力大，还有一手好枪法，完成任务坚决，机智勇敢。在赵建奎的影响下，杨继争会长也靠近县委了，他的几个儿子也参加了革命。

2015 年 7 月 8 日，《山城历史文化选编》一书资料征集办公室的工作人员走访了杨继争的曾孙，现任驳山头村文书的杨运广先生，他回忆说："爷爷杨成忠在曾祖父杨继争的影响下，于 1940 年参加了八路军苏鲁支队，一生历经百战，为中国人民的解放事业立下汗马功劳，后在武汉纺织机械厂书记、厂长的位置上离职休养。1973 年 6 月逝世后，遗体安葬在故乡驳山头村。"

驳山头村的大户赵景礼，弟兄几个都参加了革命。伪村长赵玉英积极地帮助县委工作。张勇也夜以继日地为党工作，当时她的三个儿子一个女儿都参加了革命。

一次，丁一从曹王墓陈桂成家回来，下山后，碰上了出来烧杀抢劫的日本鬼子，他们一直追丁一到驳山头村。张勇见到后急中生智，一把将丁一扯到家中，将他打扮成一个庄户老头，假称自己的丈夫，伴着丁一到天主教堂念经。全村人为了逃避日本鬼子，都到天主教堂去念经了。日本鬼子到天主教堂来搜查，群众也不能念经了，当时乱成一团，丁一混在了群众中间。为了掩护丁一，赵明达、刘振发主动出来应付敌人。有些群众回家拿来了鸡蛋，有的拿来了鸡，这些"野兽"大吃一通就撤走了。在群众的掩护下，丁一安全脱险。

三、滕东县大队的建立以及滕东的反顽斗争

1939 年 2 月，在滕县县委成立的同时，在驳山头抗日自卫队也成立了，中共滕县特支成员军事部长朱慕唐任武装委员。由于队伍迅速发展壮大，同年 8 月，根据我党统战工作的原则，县委决定以驳山头村赵建奎领导的自卫团为基础，改编伪顽匪司令王玉申、朱十英部"独立营"，共同商定由王玉申派朱传英任营长，县委派武装委员朱慕唐在营内做政治工作。

朱慕唐

1939 年秋，八路军一一五师东进支队来到鲁南。王丹墀代表县委与一一五师取得联系并共同谋划了消灭滕东土顽的军事行动。县委为了更好地开展滕东的工作，决定召开党员大会。对此，丁一曾有这样的回忆："当时滕东县处于敌、顽占区，工作

又非常紧张，没有时间学唱国际歌（当时开党的会议必须唱国际歌），一天深夜，我们在驳山头的山坡上，用低声学唱了国际歌。”

在驳山头天主教堂召开的党员大会上，王丹墀同志传达了上级的指示，号召全党要学会做道会门的统战工作，因此滕东县的道会门工作就引起了全党的重视。会后，由黄沟党支部书记华明德、木石党支部书记李光湖（李瑞）、朱绍庭、王修镇等，还有县委的道会门干事分别带着丁一科长进行活动。这些人帮助丁一结识了九宫道的吴茂会、张宝田、王宪宝、朱玉哲、陈桂成、高庆森、高庆伦、徐永德、王学一、王学瑞、李相富等人。滕东县委负责道会门工作的干事还冒着生命危险通过沙河据点到津浦铁路西进行活动，这样分化、瓦解、争取九宫道的工作就开展起来了。

1939 年 11 月，中共滕东县委决定，以驳山头的人和枪为基础，将独立营、赵庄、南塘等村的武装合并组成滕东县大队。朱慕唐任大队长，此时他改名为霍先锋。李贵斌任副大队长，杨海娃任教导员。县委书记王丹墀兼任政委。从此，驳山头村这个虽然仅有 200 余户人家的小山村，在敌顽统治区的包围下，却成了滕东地区一个可靠的根据地。

1939 年冬，表面与中共滕东县委合作的王玉申、朱十英撕下伪装，公开反对抗日，坚决打共产党，为此鲁南军区当机立断，由张光中带领一一五师苏鲁支队第三营进驻滕东地区，在孔昭同部二旅（旅长董尧卿）的密切配合下，一举攻克土顽据点文王峪和滕东的山亭。

为配合我八路军消灭朱十英、王玉申这两支国民党土顽游击队，根据中共滕东县委的决定，由鲁南特委道会门工作科科长丁一同志配合苏鲁支队李贵斌带领的一个手枪队具体实施。当时丁一与住在驳山头的特务营同住一个院，平时关系处得很好，结果一枪没放就活捉了敌特务营长，并缴了全特务营的枪。

11 月 20 日，苏鲁支队、滕东县大队分别于东江、驳山头击溃申宪武第七纵队三团朱十英部，国民党别动纵队第五梯队第 43 游击支队王玉申部，缴获步枪 540 支，生俘朱十英、王玉申，后将其枪决于幼鹿山。随后，原滕县二区的羊庄、三区的艾湖一带也得到解放。

在滕东人民的支持下，军地相互配合，消灭了在滕东为非作歹的土顽分子，使滕东出现了团结抗日的新局面。接着，王丹墀抓住有利时机，扩大了解放区，相继建立了滕东第三区办事处及滕东第二区区公所。于依东任三区区长，曹兴中任二区区长。区政权的建立，使祖祖辈辈当牛做马的两个区的人民当家做了主人，壮大了人民抗日力量，受到了人民群众的热烈欢迎，对于创建鲁南抗日根据地起到了重要作用。一一五师派出了两个区长，一个区中队长，一一五师民运部以曹兴忠同志为首的工作组，到滕二区开展工作，成立了二区区中队，王章标任中队长，杨清湖任教导员，给了地方政权和武装建设以有力的支援。

苏鲁支队领导在研究攻打土顽朱十英、王玉申的战斗方案

朱十英和王玉申这两支土顽武装被铲除，扫除了滕东顽固势力，打开了抗日的新局面，从此九宫道就分化了。这给滕东县委的抗日统一战线工作的进行提供了方便条件。县委驻地驳山头村的吴茂同主动与县委靠近。与负责道会门统战工作的丁一科长关系就更加密切了。他的儿子吴庆刚被发展成为共产党员，担任了驳山头村的村自卫团长。西集的九宫道头目，因为和吴茂同是亲戚关系，靠近丁一后，成了滕东县委的敌工联络员。横岭埠的张宝田，入党后成了中共枣庄矿区的敌工组长。小岩头的王宪宝入党后在枣庄矿区敌工工作中做出了出色的贡献，在一次执行任务中光荣牺牲。曹王墓村的陈贵成担任滕东二区抗日动员委员会主任时被敌人杀害。

在这种形势下，国民党顽固派野心不死，派吴长印带了一部分人混进了滕东二区中队，又让巩振标（有名的“淮南大盗”）带着一支60余人的部队，到滕东二区以李子元、陈桂成为首的一支游击队里来。当时，滕东县大队的大队长朱慕唐也带着一个队在这个地区活动。丁一和朱慕唐同志考虑，巩振标这支部队人多、枪好、势大，为什么投到这支小小的游击队来？尽管他们对我们表面上那么尊重服帖，但这里边一定有问题。于是他们二人商定，立即派赵明达同志去请示一一五师师部。师部的意见是让滕东县大队设法解决巩振标这支国民党土顽部队。于是他们选择了滕县洪林村的有利地势准备行动。为移防到这个村，事前先派人安排好了住房，让巩振标的部队住在一个大院大北屋里，这里居住条件较好。丁一和朱慕唐住在另一个院子的西屋里，县大队住在几间小屋里。半夜后，滕东县大队悄悄地占领了那个大院大门的炮楼。这样居高临下，朱慕唐派通讯员通知巩振标说有敌情，来研究行动。实际上，朱慕唐和丁一早已安排好赵明达、梁中函二同志在门后边，他两人个大力足。巩真的没注意，光着膀子就来了。一进门，梁中函就抱住了他的后腰，被巩摔到了门外；赵明达又将其抱住了，尽管巩也身大力足，但是也甩不掉赵明达。接着梁中函急速起身进来，二人将巩振标制服，朱慕唐和丁一一起把他绑上送到山里去了。巩振标的这支部队被解决了一部分，突围出去一部分。

四、设在庄里街的地下联络站——延益堂大药店

2015 年 7 月 8 日，《山城历史文化选编》资料收集办公室的一行人员，来到驳山头村查访当年的中共滕东县委所在地及王丹墀书记，惊讶地发现，这里上至 90 岁的老者，下至 30 多岁的青年，对于当年的中共滕东县委及王丹墀书记都能谈上个子丑寅卯。

王丹墀亲笔书写的开业贺联

刚进村，就碰上了赵建奎的孙子，赵明钦之子赵光朋先生，他夫妻俩开着三轮车正要下地干活，遇见我们后，立即把我们叫到他家，拿出他家珍藏 70 多年的王丹墀亲笔书写给他的祖父赵建奎延益堂宝号开业的贺联，并对我们讲述了王丹墀以及他的仁叔丁一的故事。

赵光朋，现年 63 岁，山东省枣庄市山亭区山城街道驳山头村人。其父赵明钦，1938 年参加革命，与当时在中共滕东县委协助工作的鲁南特委道会门工作科科长丁一同志是结拜兄弟。丁一，原名丁盈舟，淄博市博山区朱家庄人，1915 年生，1936 年参加工作。1938 年入

党，曾先后任省委党校大队长、鲁南军区统战科长、津浦铁路办事处主任等职。新中国成立后，任华东局财办徐济铁路办事处主任、华东铁路总工会秘书长、鞍山铁道工厂厂长。

赵明钦的父亲赵建奎是当年驳山头村老会长，为人正直，处事公道，在村内有很高的威望。王丹墀在驳山头以“传教先生”和小学教师为掩护从事革命活动，得到赵建奎的大力支持，并以统一战线为由，组建了驳山头抗日自卫团。后来，他在此基础上组建了滕东县大队。

1940 年，庄里村被日本人占领并设为大兵营，王丹墀为及时了解庄里的敌伪信息和便于与大赵庄、南塘等村的抗日自卫团联系，决定由赵建奎出资，在庄里街开设延益堂大药房以作为地下联络站。因赵建奎全家都是天主教徒，王丹墀的职业既是“传教先生”又是驳山头小学的教员。因此，开业之际，他与同校教员杨润斋同贺，并亲笔书写对联一副以示祝贺。该贺联引首为“延益堂宝号开张志喜”，上联为“延年增寿岐黄之术”，下联为“益世济人同经银花”，落款为“杨润斋、王丹墀同鞠躬敬贺”。

【附录】

中共滕东地下县委在驳山头资料佐证

一、2012 年 12 月由中共枣庄市山亭区委党史研究室编辑出版的《中国共产党山亭革命史》一书的第 60～70 页，对滕东县委驻地驳山头村以及滕东县大队在驳山头村的创建经过和如何配合苏鲁支队进行反顽，都有记载。

二、2013 年 10 月由中共枣庄市山亭区委党史研究室编辑出版的《山亭记忆》一书，刊载了丁一同志的回忆文章《我在驳山头做道会门工作的片段回忆》(第 163～170 页)，比较详细地记述了他作为鲁南特委道会门工作科科长，在协助滕东县委书记王丹墀工作时与驳山头村民结下的战斗友情和惊天动地的反顽业绩。

三、《王丹墀：危难之时担重任》(http://news. tzzx. net/content-62-15298-1. html)，对王丹墀同志在驳山头的革命经历有比较详细的记述。

四、《朱慕唐口述参与滕县公安局创建》(http://blog. sina. com. cn/s/blog_4a7b517f0101atm4. html)，朱慕唐同志以亲历亲见讲述了他当年在驳山头村组建滕东县大队的经过。

五、1940 年王丹墀亲笔书写的贺联至今仍被驳山头村的赵光朋先生珍藏。这是王丹墀在驳山头村活动的一个实物证据。

喜鹊窝迁民

张令海

“要问老家是何处，山西洪洞大槐树。”这句话在山亭一带民间广为流传。因此，有关明初山西洪洞县大槐树喜鹊窝迁民这一历史事件，峄、滕两县县志及地方各氏族谱、碑刻记载也俯拾皆是。

史载，自从明洪武三年(1370)至永乐十四年(1416)50 多年间，从大槐树大规模移民 18 次，累计上百万人，分散在大半个中国的 500 多个县。

移民背景

早在宋、元之际，贵族公王大臣疯狂地兼并土地，圈占牧场，不耕不稼，光占河北境内良田就达 16.3 万余顷。阿里海牙的一个蒙古将军竟占有 3000 余户百姓，使其成为他的农奴，对人民进行残酷的剥削和压迫。同时在中原大肆屠杀人民，加之宋军抗元屡遭失败，长期战祸持续不息，人民处于水深火热之中。百姓为了死中求生，掀起反元的怒潮。仅元末至正五年到十四年(1345～1354)，山东、河北、湖南等地就有 300 余处起义军。他们前赴后继，英勇奋战，力量越来越大。比较大的起义军有方国珍、刘福通所部，响应他们的有徐州芝麻李等，蕲州的徐寿辉，江北的胡大海，濠州的郭子兴、朱元璋等，起义军与元军在中原喋血搏杀。特别是刘福通的红巾军与元军在两淮、苏鲁豫边区等地决战，广大农民纷纷响应。刘福通曾派毛贵攻取山东，毛贵曾在鲁南一带与元军进行激烈的“拉锯战”。元军亦出其精兵对农民军所据之处极尽杀戮，多是“拔其地，屠其城”。苏北、皖北、鲁南、豫东战乱之地，村庄毁掉十之八九，百姓仅存十之一二，峄、滕两县战祸尤残，真是百里不见烟火，十村有八村找不到人。直到朱元璋出兵江淮，派徐达、胡大海、常遇春北伐，进取山东，收复河南，北定京都，打败山西元军名将察罕帖木儿父子。元帝逃亡漠北，起义军灭李思齐于关中，统一了中国。从此，长达 16 年之久的中原战乱才告结束，战后那种残景真是“道路皆榛塞，人烟断绝”，村庄、城镇荒草齐胸。相传，山亭成了狼豺虎豹、獐子野猪的栖身之处。

同时，水旱蝗疫灾害异常严重。元末 40 余年山东水旱灾害就有 18 次，真是“漂没民房死者众，禾不入土人相食”。从元至正元年(1341)至二十六年(1366)，几乎每年都有特大洪水泛滥成灾，游移百姓多至 46 万余户。大河内外燕、赵、齐、鲁及苏北、皖北等地一片荒凉，济宁、兖州(包括邹、滕、兰陵)、汴梁等地被洪水淹没。大蝗灾 18 次，大饥荒 15 次。随之而起的大瘟疫又多次流行于河南、山东、河北以及南方各省，疫情不知吞噬了多少生灵，幸存者极少。战乱之后明王朝所面临的国库空乏，中原一片荒芜，国政危急，极大地威胁着明王朝政权的巩固。

移民原因

与此相反，元末正值中原地区兵荒马乱、村野荒废之时。山西却是另一种景象。北起石岭关(今山西阳曲东北关城)，南至黄河北岸的晋南地区，山西表里山河，地势险固，土地肥沃，人民生活殷实。山西省在元末名将察罕帖木儿和其子王保保的统治下，很少受到战乱灾疫的波及。他们利用山西的表里山河，屯重兵、筑营垒、修车船、缮甲兵，务农积谷，连年丰实。因此，外地难民也纷纷逃来落户。当时山西省人口总数为 400 余万，是河南、山东、河北的总和。仅晋南人口即是 189 余万，显然是地狭人稠。

1368 年，朱元璋建立了明朝，掌握了政权，他为了维护其统治和巩固政权，深深地认识到：“今丧乱之后，中原草莽，人民稀少，所谓田辟野、户口增，此正中原之急务。”于是有洪武迁民之举。首先是中原“路断人稀”，山西“地狭人稠”的局面，已成为从山西移民鲁南、苏北、皖北、豫东的主要因素。其次，据志书记载，明太祖行事多仿汉高祖。刘邦曾迁徙富户充实都城长安，朱元璋效法刘邦，这也是一大原因。最后，是明初统治者对山西居民的报复惩罚，这是由于元末扩廓帖木儿(即王保保)据守山西抗拒朱元璋，后在奉调抑北反攻大都时，明将徐达才得以顺利攻下山西。于是，明廷认为晋民助逆抗命，因而迁怒报复，强迫其迁民以示惩罚。明政府为了均衡人口分布、发展农业生产、恢复经济，遂于洪武二年在大将徐达的掌握下，在山西洪洞县广济寺内设移民局，委派驻员从事移民业务。由单××(名字失记)负责制定了移民文书，规定每户 15 亩，另菜园 2 亩，有余力者不限顷田，皆免交三年田税，由驻员带队迁民。分别于洪武二年(1369)、三年、四年、九年、二十一年、二十二年六次迁移晋省平阳府之民到苏鲁豫皖等省落户。时定每省移入10万户，后执行中有所增减。

洪洞县是平阳府的一个县，位于平阳府中心，为富庶地区，生民繁众，外省难民游移丛杂。明朝政府在洪洞设移民聚迁点。因古人迷信，洪洞名正合洪武，且有统一天下之吉兆。大槐树高标百尺，盘日拿云，浓荫蔽数亩，广济寺内有佛塔一尊，巍然矗立，上插云际。树、塔参天拔地，目标显著，十几里外清晰可见。所移之民向这集聚时好找，迁走之后，这儿作为各自故土容易记忆。明代迁民并非专迁洪洞县民，也有忻州、太原、临汾等籍人，还有游民和无业难民。不论诏迁、愿迁、请屯，大凡晋境“移徙”之民，皆由迁民当局选定地点，“设局驻员”集中移民，验丁编伍发放“凭照川资”，遣发出境。洪洞县城北二里广济寺左，大道旁古大槐树下，就是这样一个著名的“移徙”迁发点。据传，每当移民登程时，人们频频回顾乡境，恋土难舍，望着大槐树上的喜鹊窝，叹息伤情。自念喜鹊辛劳，窝家可恋，我等此去未知如何！每当一批移徙之民从这里起程，都是由族长、家长牵头，携儿带女，一步一回头，三步一叩首，悲伤地哭泣着，并嘱咐道：“儿孙们，要记住，家住山西大槐树。”自此，大槐树喜鹊窝就成为被迁民惜别家乡的难忘特征了。山亭地区晋民多是此时此地陆续移入的。

移民山亭

枣庄市1980年对全市自然村作了考查，仅滕县1223个自然村就有明初移民建的新村687个。原有的173个村，也大多安插了移来的晋民。还有363个自然村也是后来建的村。当时，山亭区尚未区划，山亭区北部的8个公社隶属滕县，这8个公社又属滕东偏僻山区，人烟稀少，由此看来，山亭区中移来的晋民可能比滕县的比例还要大。从滕州现存户藏425部族谱和碑文中可以看出，有115部族谱记为明初迁入滕籍，有225部族谱记载为明洪武、永乐年间从山西洪洞县(也有记为平阳、临汾的)迁发来滕落户的。数量之大，分布之广，真是“山西洪洞移民遍神州”。从光绪三十三年(1907)所查滕县较大的姓氏来看，黄、王、张、侯、杨五个望族籍，均系山西洪洞县。黄氏谱具体到喜鹊村，迁滕纪年皆系明初洪武年间。

从以上考查事实可以看出，明初移民在今山亭境内定居，均是从洪洞县古大槐树迁徙而来的，时间集中在明洪武、永乐年间。其方式有鼓励移徙，使其自便置屯耕种。有奉徙民之诏发放凭照授田者，也有避兵险逃奔而至者。其中很重要的一项措施就是招诱流亡难民和“移徙”农民、豪民（地主）去风阳、大河南北，屯田垦荒，特别鼓励人民到山东最荒芜的地区，“令其民自便置屯耕种，永不起科”（即永不纳税，实际上若干年后又纳税了）。

《明太祖实录》载：洪武二十一年（1388），明朝发动了第三次移民高潮。户部侍郎刘九皋上言：“今河（黄河）北诸处自兵后田多荒芜，居民鲜少，山东、山西之民国朝生齿之繁，宜令分丁徙宽闲之地，开种田亩，用以养民，而实国储。”朱元璋曾谕：“山东地宽，民不必迁，山西民众，宜如其言。”于是明政府决定，以山西太原、平阳二府潞、泽、辽、沁、汾五州为迁民重点，冀鲁豫皖和南北二京为迁入重点。三年后征其税，仍户给钞20锭，以备农具。洪武二十二年（1389）以河南彰德、归德、卫辉和山东的临清、东昌、济宁诸处土宜桑枣，民少而贵地利，山西民众，地狭故多贫。乃命后军督府佥事李恪等，谕其民愿徙者，验丁佃田，其冒名者罪之。其他记载，诸如军屯、民屯、商屯之制的实施，其高潮经三帝历50年，稳定了封建王朝的统治，解放了生产力，恢复了经济，巩固了边防，安定了社会，促进了明朝封建社会的发展，充分证明了它的历史作用。

后裔寻根

家乡的亲朋在谈起乡土风情，往往互相问起家事来，不论是土生土长的老户，还是从山西迁来落户的人们，只要有外来的外乡人或是干部、职工，听其口音如是山西人，尤其是洪洞县大槐树地方人，就亲切接待，问长问短。谈起移民之事，都津津乐道，都会说出常说的传统话：“问我祖先来何处？山西洪洞大槐树。问我老家在哪里？山西洪洞喜鹊窝。”这说明移民历史牵动着后裔思念山西原籍，思牵寻根问祖。海外还乡，千里寻亲的人们，远离故土时刻眷恋家乡也是会有如此心情的。自1368年朱元璋建立明朝，距今近650年，迁来的人民经过世世代代，但他们却辈辈相传“祖先是来自山西洪洞县喜鹊窝”。这说明人们寻根问祖的愿望何等强烈。因此，全国各地到山西洪洞县古大槐树旅游、访问移民历史、询问村族根底的人民络绎不绝。据洪洞县邑绅景大启著《山西洪洞县大槐树》记载：明初移民山西各州县被迁徙的老百姓，据说指定集聚到山西洪洞县大槐树。大槐树位于洪洞县城北望霍门外1.5公里之坡底村广济寺，寺左有汉槐一株（即古大槐树），树已枯干仅根生幼株已长大，绿枝叶茂，洋溢着勃勃生机。寺已毁于战火，其地被汾河冲毁，遗迹荡然无存，仅有金建石幢（谓佛塔）一座尚存。

在中外驰名的大槐树底下，至今古迹犹存，有木牌坊四柱三门，形制古朴，横额上写“誉延嘉树”四个大字，赫然醒目。行不远处有碑亭一座，斗拱支撑雕梁画栋。亭中有一通高大石碑矗立，其上刻有“古大槐树处”五个大字。还有许多碑刻，分别记载着历次移民的情况，游人的诗词甚多，成为全国重点文物。

除这次移民外，明朝还有一次大移民，就是永乐年间的第二次移民。此次移民也有其深刻的背景和原因。明朝洪武年间移民屯田实行以后，农业生产刚刚有所恢复，接着就发生了“靖难之役”，也就是人们常说的“燕王扫碑”。朱元璋死后，建文帝继位，为了巩固中央集权，采取了“削藩”措施，这就触及了燕王朱棣的利益。于是，他以入京诛奸为名，发动兵变，从北平进取南京，于所经河北、河南、山东、淮北等地，与朝廷拉锯作战。燕军所过之地，抢掠屠杀。中原一些地区百姓，为了安居乐业，自动组织起来，帮助朝廷抗击燕军，燕王对此恨之入骨。因此，当他胜利之后，就大肆屠杀曾帮助朝廷作战的百姓。在河北、山东等地，一些家谱、族谱中，就有“燕军所至，村城成虚”“民非杀即逃”的记载。历时四年的“靖难之役”，进一步加剧了河北、河南、山东等地的荒凉局面。这样一来，明王朝不得不再次实行大移民。据《明实录》等史书记载，从山西洪洞大槐树下大规模移民，明朝洪武年间 10 次，永乐年间 8 次，移民姓氏共 554 个，分布于今 18 个省（市），498 个县（市）。

洪洞县境内有个广济寺，寺内有株“树身数围，荫蔽数亩”的汉槐，这就是亿万移民后裔时常念叨的那棵大槐树。当年，汾河滩上的老鸹，在古槐的树杈间构筑窝巢，密密匝匝，叫声连天，成为当地一大奇观。树下设有移民局，明王朝派官员在此集中给外迁人员发放凭照、川资，办理有关手续。被迁民众在出发前，汇集于这棵大槐树周围，倾诉离情，祭奠故土。他们将大槐树及树上的老鸹窝入于眼而印于脑，当作告别家乡的纪念。因此，洪洞县是“家”，大槐树是“根”，在中原等地广为流传，数百年来成了一个民族的记忆。

传说当年移民时，官兵用刀在每人小趾甲上切一刀为记。至今凡大槐树移民后裔的小趾甲都是复形（两瓣）。“谁是古槐迁来人，脱掉鞋袜验甲形。”你若有兴趣，不妨自我查看。当时，为防止移民逃跑，官兵把他们反绑，然后用一根长绳联结起来，押解着移民上路。人们一步一回头，大人们看着大槐树告诉小孩：“这里就是我们的老家，这就是我们的故乡。”至今移民后裔不论家住在何方何地，都说古大槐树处是自己的故乡。由于移民的手臂长时间捆着，胳膊逐渐麻木，不久也就习惯了，以后迁民们大多喜欢背着手走路，其后裔也沿袭了这种习惯。在押解过程中，由于长途跋涉，常有人要小便只好向官兵报告："老爷，请解手，我要小便。"次数多了，这种口头的请求也趋于简单化，只要说声"老爷，我解手"，就都明白是要小便。此后"解手"便成了小便的代名词。迁民到了新的居住地点，一片荒野，只好用自己辛勤的双手建屋造房，开荒种地。不论干什么，他们都会联想起故乡的山山水水。

曾经的广济寺和大槐树，早已被不断泛滥的汾河洪水席卷得杳无踪影了。但作为故乡符号的大槐树及老鸹窝，却永远地沉淀在了那些移民后裔的记忆深层。自明初至今，民间自发的修订家谱、宗谱活动从来就无暇顾及官方三令五申的禁令，盛行不衰。移民们及其后裔在新的故乡另立族谱，他们每每把家族的源头追溯到那"梦里萦回千百度"的大槐树和老鸹窝。辛亥革命爆发后，激发了人们寻根问祖的热情。从专制桎梏中解脱出来的那些洪洞移民的后裔们，非常希望能找到山西故里仍然健在的亲人。他们悄然掀起了一股寻根祭祖的风潮。一些在移民后裔相对集中地区为官的洪洞籍官员，受到了移民后裔的热情礼遇。

历史人物

郳友父

沙朝佩　朱广平

郳友父

郳友父(约前 818～?),又名肥。郳国国君夷父颜的次子,小郳(郳)国第一代国君。

郳国是周初分封的诸侯国,曹姓。周武王灭商,作为诸侯国的曹国灭亡,武王就把郳地封给了晏安的后人曹侠,为鲁国的附庸。当时,郳这个地方还是以蜘蛛为图腾的一个东方部落。因封于郳地,曹侠以郳为氏,所以又称"郳侠"(也作"挟")。自郳侠起,经非、成、车辅、将新、訾父至七世郳武公夷父颜分封小郳(郳)国。

郳友父鬲

郳友父鬲铭文

郳友父铭文：郳友父媵其子，作曹宝鬲，其眉寿永宝用之

据史料记载，周宣王三十年（前 798），南部强楚攻打周境，周宣王一怒之下，派出元臣方叔率领 2000 乘战车，直捣楚国，获大胜。邾武公也带领邾国军队参加了这次征讨楚国的战役。邾武公在战场上表现勇敢，受到了周王的嘉奖。史载：邾武公有功于周室，周宣王分封邾武公的次子友父到郳地为君。因此，《左传·庄公五年》正义云："郳（古籍中郳、小邾通用）之上，出于邾。"意思就是说，小邾（郳）国是从邾国分出来的国家。

关于友父受封，历史上还有一说是夷父颜自封。从东江考古发掘的邾君庆、兒庆铭文看，应是周王所封。因为邾国当时还没有晋爵，自封只能给友父以采邑。东江出土铜器铭文带有"邾君""兒君"字样，说明是周王所封，如是自封绝不可以称"君"。

东江小邾（郳）国故城墙遗址探沟剖面

邾友父受封后定都东江。因他受封时没有国名，史家称"小邾（郳）国"，以别于邾国；又因分封郳地，所以也称"郳国"。小邾（郳）国分封之初，与邾、薛、偪阳、鄫四国为邻，其疆域大概是山亭区的全部和滕州、市中、峄城的部

分区域，总面积大约 2470 平方公里。

郳友父受封后一直没有爵位，但他励精图治，积极构建自己的国家体系，经济稳步发展，社会文明进步。这为曾孙郳犁来赢得爵位和小邾（郳）国经济的快速发展奠定了基础。

郳友父去世后，儿子郳庆（也称邾君庆）继位。东江小邾（郳）国贵族墓葬有郳庆的青铜器出土，但古代典籍记载郳庆的事迹较少。

小邾（郳）国故城遗址公园文化展示区

张锦湖传略

沈印骞

张锦湖是辛亥革命期间枣庄地区具有重大影响的同盟会会员，因功曾被国民政府授为陆军上将，嘉封杰威将军，是民国初年的显要人物之一。

张锦湖

张锦湖(谱名为景湖，1859～1944)，字仁奎，1859年农历十一月廿五日寅时出生于滕县智四区山亭社沈庄村(今为枣庄市山亭区山城街道办事处沈庄村)。

关于张锦湖的生年，版本甚多。在1933年出版的《清门考源》一书中，张锦湖的门人兰陵庄铸九说张锦湖于“民前五十三年十一月二十五日”出生。张氏族人的《讣窆》称：张锦湖“生于民国纪元前五十三年十一月二十五日，享年八十六岁”。再次是1994年为纪念张锦湖逝世50周年，在美国出版的《张锦湖先生纪念集》中，张锦湖的三子张叔良的《我的父亲张老太爷——锦湖公》也写道：“先君，讳仁奎字锦湖，山东省滕县人，生于民国前五十三年、逊清咸丰九年”。

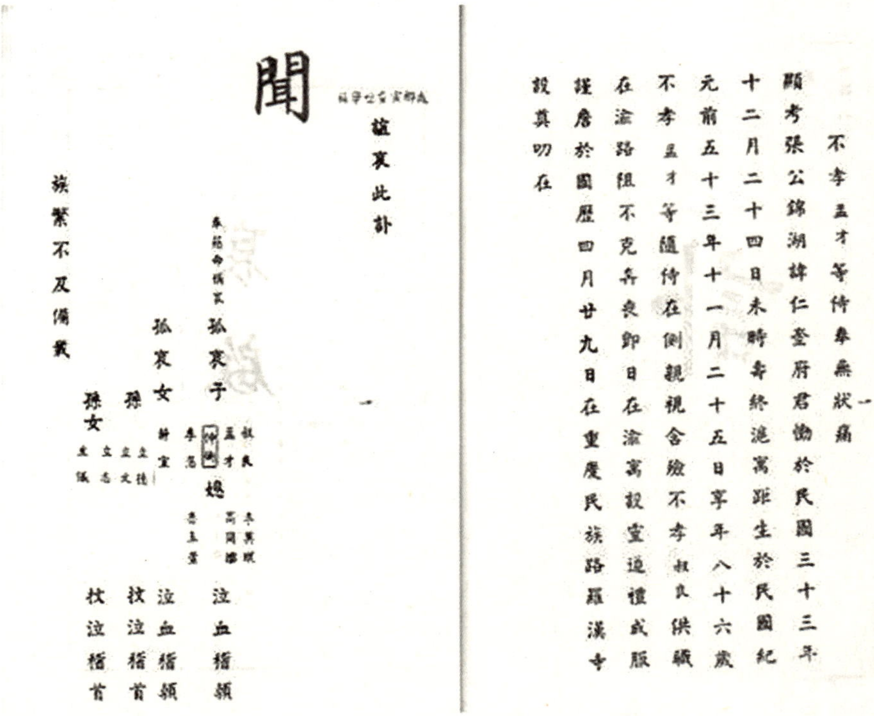

不孝孟才等侍奉無狀痛
顯考張公錦湖諱仁奎府君慟於民國三十三年
十二月二十四日未時壽終滬寓距生於民國紀
元前五十三年十一月二十五日享年八十六歲
不孝孟才等隨侍在側親視含殮不孝叔良供職
在渝路阻不克奔喪即日在渝寓設靈遵禮成服
謹唐於國歷四月廿九日在重慶民族路羅漢寺
設奠叨在
誼哀此訃
聞
孤哀子 泣血稽顙
媳
孤哀女 泣血稽顙
孫 杖泣稽首
孫女 杖泣稽首
族繁不及備載

张氏族人关于殡葬张锦湖的《讣窆》

1945 年由王晓籁、蒋鼎文、杨虎、李培基、钱永铭、杜镛、陈枢铭等 18 人同启的《公祭张锦湖先生启事》明确称，张锦湖“于三十三年十二月二十四未时寿终于上海海格路，享年八十六岁”。

我与张锦湖是同村，按亲戚关系我称呼他为“表老爷爷”，我的曾祖母比他大 2 岁，在张锦湖未出走从军前，同在张锦湖的三舅爷爷家做长工，我曾祖母为内事女主管，张锦湖为“大领”。张锦湖非常体贴与他朝夕相处的那些长工们，与他们的关系非常融洽，因此经常从我曾祖母那里“走后门”，在伙食上照顾那些长工们。我的曾祖母和张锦湖都是 1944 年病故的，当时我的曾祖母 88 岁，张锦湖 86 岁。

张锦湖与我曾祖母关系一直密切，以致张锦湖发迹，衣锦还乡，还登门看望我曾祖母。说来滑稽，此时我曾祖母仍以他乳名“大安”称呼。就张锦湖的出生年月，笔者在 30 年前着手收集张锦湖的资料时，就着意采访了很多跟张锦湖做过事的人，如张殿法、沈智义等，他们有的叫大爷，有的叫表叔，这些称呼都是真实比对长辈的出生年月而确认的，正因为如此，张锦湖的出生年月为1859年是毋庸置疑的。想当年张锦湖为了延长自己的政治生涯，将自己的出生年月改为1865年11月25日，比实际年龄小了6岁，也在情理之中。

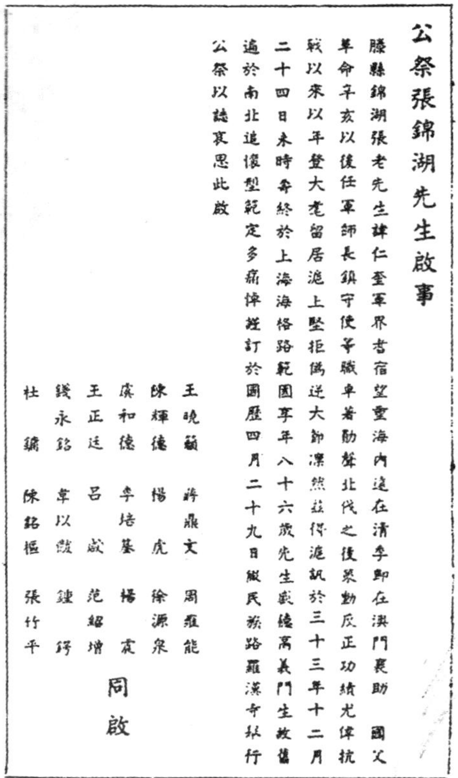

公祭張錦湖先生啟事

滕縣錦湖張老先生諱仁奎軍界耆宿望重海內遠在清季即在洪門襄助 國父革命辛亥以後任軍師長鎮守使等職卓著勛聲北伐之後眾勸反正功績尤偉抗戰以來以年登大耄留居滬上堅拒偽逆大節凜然茲得滬訊於三十三年十二月二十四日未時壽終於上海海格路範園享年八十六歲先生盛德高義門生故舊遍於南北追懷型範定多痛悼謹訂於國歷四月二十九日假民族路羅漢寺舉行公祭以誌哀思此啟

王曉籟 蔣鼎文 周雍能
陳輝德 楊虎 徐源泉
虞和德 李培基 楊森
王正廷 呂咸 范紹增
錢永銘 章以黻 鍾鍔
杜鏞 陳銘樞 張竹平
同啟

《公祭张锦湖先生启事》

张锦湖弟兄三人，张锦湖为老大，老二景元，老三景山。张景湖发迹后，附庸风雅，根据自己的四柱八字，参照“三材配字”和“五行生克”起名规则，便将“景”字改为“锦”字，并把名字“锦湖”与表字“仁奎”倒换为姓张名仁奎，字锦湖，经过改字和名、字倒换的精心包装，使“张锦湖”和“张仁奎”这个名与字在数理上浑然一体，完美无瑕！从字形来看，“湖(氵)”因“锦(金)”而延生；从字义来看，“湖、园、山”因得“锦”而华美；从读音来看，“景”“锦”读音接近，符合五音十二律。事实也是如此，张锦湖发迹后不仅自己锦衣玉食，声播遐迩，而且两个弟弟张景元、张景山也成为滕县东部富甲一方的大户。经查1990年张山湾祖系宗谱，与张锦湖同辈的族人，班辈一律为“景”字。故此家乡人都知道张锦湖，很少知道他叫张仁奎。而在南方，都知道张仁奎，而“锦湖”“镜湖”“镜符”“经扶”则成了他的表字。

张家世代务农，其祖上明初从山西洪洞县迁居滕东荒沟村。其高祖廷献迁至山亭乡张山湾村。张山湾村在沈庄东5里地。道光三十年(1850)，张锦湖的父亲张兴兰随母亲张沈氏迁来沈庄投舅父们谋生。

张兴兰有4个舅父，原来家境一般，后弟兄四人长大成人后因从事私盐和河西的山果贩运生意，逐渐成为沈庄富户。此时，唯一的姐姐因早年嫁给偏僻贫瘠的张山湾村还处在衣食无着的贫困之中，所以就把姐姐迁来沈庄，安置在老三家的“稍门里”南柴院居住。此后，张兴兰在四位舅父的济续下娶西良子口孙氏为妻，相继生下张景湖三兄弟。这都是这个南柴院的荫赐。沈庄至今传言，张锦湖出生时已快入寒冬腊月，但在他出生的1859年11月25日五更时分，天不仅下了大雨，而且还奇异地打了两个响雷。在那个极其迷信的年代，张锦湖的出生给张家带来极度的恐慌。因此，张家便给张锦湖起了个乳名——“大安”。

张锦湖出生的年代，正是清政府逐渐走向衰败的年代。因战事频仍，天灾沓至，社会极不稳定。张锦湖的几个舅爷爷为保境安民，除自己建起高墙大院，四角构筑炮楼之外，还依山傍沟在沈庄的上下两庄建寨自保，组织团练。因此，当时沈庄的尚武精神蔚然成风。张锦湖居住的“稍门里”南柴院，就地处上沈庄寨子的西稍门南侧，这里是团练活动的中心场所（此地至今仍是居民的聚集之地，并开设翼云登山饭店一处，但凡红白之事，都在此典启聚行）。幼年的张锦湖，耳闻目染，自小受到习武之风的熏陶，且因天资聪颖深得时任滕县衙门捕快沈君的赏识。于是沈君将其祖传单刀绝技破例传授给他，及至弱冠，他便成为滕东的武界巨擘。

张锦湖与今山亭区山城街道西王峪村王西魁的姐姐结婚多年后未生育，后经治疗于1891年生下一女。但因王氏缺乏哺养经验，熟睡时无意用乳头把幼婴窒息夭折，致使王氏思女成疯。张锦湖深感在家渺茫无法发展，恰值好友张飞约他去江苏海门当兵。因举家反对此行，张锦湖不得不于1892年农历二月初二深夜携铡刀一把出走。行至家南2公里一块名叫“拆荒地”处（现山亭公安交警队），依恋之情油然而生。回头北望，繁星闪烁下的高山云来雾去，东西两峰白云吐扬，犹如鲲鹏展翅，迎风翱翔。再看那东峰上的泰山行宫，在浮云中若隐若现，宛如虚无缥缈的仙阁琼宫。张锦湖见此感慨万端，便手拄铡刀，双膝跪地，向北连磕三头，一叩父母养育之恩，二谢师傅栽培之情，三求驻跸高山泰山行宫的泰山老母大发慈悲，默佑他张锦湖此行一帆风顺。

张锦湖徒步走到台儿庄，因无钱乘船，不得在此盘桓，后结识马凤山并在他的帮助下，被安排在一南下货船上当装卸帮手，随船南下。他一路走走停停，装装卸卸，迁延月余才到扬州。因一路风餐露宿，加之装卸劳累，在行船期间张锦湖便得了伤寒病。到达扬州以后，他的病情更加严重，他便病倒在扬州城南城隍庙的屋檐下。后幸遇李长发才获得救治。当时李长发靠卖早点面食为生，当他路过城隍庙时偶然看见屋檐下躺着一个蓬头垢面的人。李长发生性胆小，不敢近前去看，便返回家中，将此事告知夫人王氏。王氏一生吃斋好善，听后忙随李长发来到庙中。王氏近前一看，发现躺着的像是病人，再用手一摸，后者额头滚烫。她扼腕切脉，病人脉系跳动忽快忽慢；再看看其脸，后者双目紧闭，脸色苍白。王氏断定他是得了伤寒病。在少医缺药的清末，伤寒病是人人害怕的恶性传染病。王氏不顾这些，急令老伴把张锦湖背回家中。每日三顿流食喂养，又让孩子到城外采挖芦根、菖蒲等草药煎熬。经过精心调养，张终于恢复了健康。张锦湖深感李家的救命之恩，立意要认李长发夫妇为义父义母。李长发认为自己只比张锦湖大几岁，执意不肯。张锦湖深知恭敬不如从命，只好打消此念头。

据《上海帮会简史》记载："早年他（张仁奎）在扬州卖馒头包子，后来弃商投军。"张锦湖来南方的目的就是从军发迹，滞留李家只是出于感恩报德。他最后还是辞别李家，到海门奔好友张飞从军。

经张飞引荐，张锦湖在海门当上了缉私营的税务警。当时青帮"礼"字辈扬州香堂掌门人朱标在苏中一带开堂收徒。据说张锦湖经马凤山介绍，入帮拜朱标为师。

关于张锦湖在江苏入帮拜师之事目前有3种说法。曹志功在《我所知道的张仁奎》一文中认为，朱标是张仁奎的师傅。1986年7月10日，美国《世界日报》（联合报系）上下古今栏目刊载士心先生的文章《民初神秘人物张镜湖》也提及张锦湖的师傅为扬州朱标。经查，朱标曾在徐宝山麾下供职，青帮辈分与徐宝山同为"礼"字辈，张锦湖在扬州、海门辗转10多年，其间与徐宝山分分合合，拜朱标为师应在情理之中。

张锦湖当上税务警后，在一次与盐枭大盗的搏斗中曾力敌10人，遂名声大振，被破格提拔为左队长。此后，张锦湖以刀会友，交结众多江湖名士，被誉为江淮"三把半单刀"之第一刀。故此，朱标谢世后，掌堂便由张锦湖接任。

据张锦湖的侄子张殿法回忆，张锦湖在海门期间，因第二位夫人陈氏家族与当时任海门知县的王家略素不和睦。据说因一只玩鸟之争，张锦湖打抱不平，痛打王家略的公子并怒杀了王家一个护院，因此他无法再在海门栖身，凭借帮会同脉关系，于1905年去芜湖水师任职。在此，张锦湖结识了在芜湖从事革命活动的居正，并由他介绍加入了同盟会。因张锦湖在江浙一带特别是苏中地区威望高，潜势力大。为革命之需要，张锦湖于1908年回苏中，在老上级徐宝山部下担任标统之职。他的主要任务是在扬州、镇江、南京三地新军中传播革命思想，做革命前的组织准备工作，同时以扬州青帮掌门人的身份，加强各会党间的联络和策应工作。

张锦湖的影响，渐为中山先生所注意。1911年5月初，受中山先生之约，张锦湖由镇江乘火轮至上海，再由上海乘船至澳门。经同盟会南方支部负责人吴铁城引见，他在澳门一家教会医院里拜见了孙中山先生。他详细地向中山先生汇报了苏中、浙北、皖北三地同盟会及青帮各香堂的组织情况及苏中地区的具体革命形势。中山先生对此很满意，并对张锦湖的工作给予高度的评价和充分的肯定，并“密授戎机，经三昼夜不辍”。会谈结束后，中山先生任命张锦湖为“国民革命军江淮协调员”，并明令手谕，以示威重。

辛亥革命爆发后，革命浪潮迅速波及到全国。各省纷纷宣布独立，拥护国民革命。张锦湖所在的部队此时正驻守镇江。1911 年 11 月 7 日，在张锦湖的策动下，驻镇江清军宣布起义，成立了镇江军政府，并推举营长林述庆为都督。同时，张锦湖又耐心调解当时的革命军首领徐绍桢、徐宝山和林述庆之间的个人恩怨，使他们捐弃前嫌，并联合各地力量，成立江浙联军，准备一举攻占南京。

攻取南京是一场大战役，各方面安排都很周密。根据分工，张锦湖利用自己在帮会、社团等组织中的影响，联络苏中的各路军事武装，筹集军需粮草；在柏文蔚的支援下，他以协调员的身份与同盟会领导的军队取得联系，让他们协助攻打南京。11 月 12 日中旬，江浙联军会集镇江，由徐绍桢任总司令，到 15 日形成对南京的战略包围。张锦湖率领第一军，负责攻打天保城。他将部队分为三部分：一部分士兵专事运输，昼夜运载用红绫布覆盖的方砖至城下；部分士兵专门筑造工事，架设帐篷，造成一种长期作战的强大攻势；另一部分士兵白天调来城下，夜晚旋即偷偷撤走。与此同时，张锦湖又通过青帮关系，联络驻狮子山的炮兵，让他们相机行事，里应外合，并派人到城里张贴布示，瓦解城内军心。城内守敌不知参战部队有多少，但见辎重堆积如山，帐篷遮天盖地，又为布示所慑，遂军心摇旌，厌战情绪蔓延。张勋见攻城部队兵临城下，清军节节败退，急电袁世凯请求发兵救援。不见回音后，张勋又请求各国驻南京领事馆代他出面求和，议和条件尚未商定，张勋急闻雨花台失守，便匆忙率部渡江逃走。12 月 2 日，南京攻城战胜利结束。江浙联军挥师移驻南京。

攻占浦口后，张锦湖奉孙中山北伐令，开赴宿迁、窑湾一带进击张勋部队，袭击张勋归路。

张锦湖在攻克南京之战中，显示出突出的军事指挥才能，绥定江淮，战功卓著。中华民国临时政府于 1912 年 2 月，委任他为改编后的陆军第八旅旅长。他晋授陆军中将，戍镇扬州。

袁世凯篡权之后，徐宝山被袁以巨款收买而甘为其所用。1913 年刺宋一案发生，袁世凯打算进攻南方军队的总体计划是利用“徐宝山所部(约步一师)为扰乱宁苏内部之牵制队”。1913 年 5 月徐宝山被革命党人陈其美设计的“古董花瓶”炸弹炸死。徐宝山之死，对张锦湖刺激巨大，使他一时疏离了革命道路。张锦湖的发迹，起步于对徐宝山的追随与景慕，幸运于在芜湖结识了居正并加入了同盟会。辛亥鼎革，他一直在徐宝山麾下步步高升，徐宝山被革命党人炸死，不能不影响张锦湖对革命党人的态度，出于江湖义气和个人气节，以及对徐宝山忠心，他一时疏离了革命道路是完全可以理解的！

徐宝山被炸死后，徐宝山之弟徐宝珍(原系缝工)继任扬州第二军军长。5 月 30 日该军被改编为江苏陆军第四师，师长徐宝珍，张仁奎任下属第二十四旅旅长。1913 年 7 月“二次革命”爆发，张仁奎追随北洋军阀参与了对江苏讨袁军的镇压。7 月 15 日，黄兴就任江苏讨袁军总司令职，即令徐州前线部队于当夜向张勋、周自齐部队开火。7 月 20 日凌晨，江苏讨袁军第一师第一旅，与冷通师、刘建藩支队在徐州并力反攻袁军，将敌赶回利国驿一线。当黄兴闻知扬州徐宝珍师欲从六合进攻南京时，急令刘建藩支队撤离前线，回守六合。刘支队撤走，削弱了利国驿前线的兵力，致使作战失利。7 月 27 日，袁世凯致电冯国璋、张勋，分析了徐州之战后的江苏形势，认为讨袁军在徐州新败，镇江空虚，南京混乱，遂作出了分兵两路夹击南京的部署：令张勋率部由运河水路南下扬州，会合徐宝珍第四师进攻镇江；冯国璋率四、五两师由津浦路南下，速取临淮关，再趋浦口，与张勋部会攻南京。8 月 1 日，张锦湖与马玉仁部攻占六合。8 月 5 日，袁世凯的参陆两部致电扬州徐宝珍，传达大总统令：“……旅长张仁奎、马玉仁赏给三等文虎章”，并声言继续猛进，“定予不次之赏”。8 月 7 日，张勋前卫部队抵达扬州，与徐宝珍的第四师会合。两部于 8 月 8 日渡江进攻镇江。驻守镇江的第三十一旅旅长张振发和第三十二旅代旅长卢祥麟弃军脱逃，驻守焦山、象山的官兵稍加抵抗，也慌乱逃散。张、徐军轻而易举地占领了镇江。13 日，张、徐军进抵高资、龙潭。次日，张、徐军分兵三路向雨花台、紫金山和太平门进攻。徐宝珍率部下两旅进袭紫金山。8 月 14 日、16 日，张锦湖等部两次占领紫金山，都被讨袁军勇猛夺回。9 月 1 日，徐宝珍第四师由富贵山南掘地道，用炸药轰开城垣，攻入城内，同张勋军先后攻占狮子山炮台、太平门、富贵山等重要阵地。9 月 2 日，北洋军攻占南京。南京之战战况之烈为“二次革命”之最：“计战事终了，北军之死散者，计张勋之兵二十余营，雷振春之兵五营，刘冠雄之兵二百余人，徐宝珍之兵二旅，冯国璋之兵一营。”徐宝珍部剩下来的兵力只有 200 人，简直拼光了血本。1913 年 11 月，苏皖宣抚使冯国璋奉令将扬州徐宝珍第四师番号裁撤，改编为第七十五、七十六混成旅，张仁奎任第七十六混成旅旅长。1914 年 2 月，革命党人与洪门九龙会准备在苏皖起事反袁。柏文蔚和江北讨袁总司令沙绍卿派孙锡五到扬州活动，拟发动瓜州、六合、天长等地会党同时起事。不料张锦湖早已派密探宋锦荣等打入九龙会，致使起义消息败露。当革命党人发炮起事时，迅即被张部驻军拿获，事终不成。1914 年 7 月，张锦湖等随江苏都督冯国璋赴京觐见袁世凯，正式列入北洋系。1916 年 4 月 6 日，驻防江阴的第七十五混成旅在尤民等革命党人的策动下宣布独立，此举很快失败，该部不复存在。张锦湖部成为徐宝山帮会集团势力的绪余。1915 年袁世凯帝制自为，大搞封官许愿。12 月 3 日，张锦湖等地方军事将领共 70 余人被授予三等男爵，又加授轻车都尉世职。袁世凯死后，北洋军阀分裂，江苏一地成为直系的地盘，张锦湖亦成为直系的一员。

1917 年 7 月 6 日，冯国璋就任代大总统。

根据公孙訇编著的由河北人民出版社 1989 年出版的《冯国璋年谱》记载，“冯国璋在任职的同日就令张仁奎接任淮运使职”。两淮盐运使是国家财政要职，在清朝位居从三品（扬州知府为从四品）。两淮盐运使的主要职责是将两淮盛产的海盐改包、课税发向西北各地，并经长江运往西南各地区。冯国璋将如此肥缺委任给张锦湖，可见张锦湖在冯国璋的眼中地位非同小可。张锦湖从一个普通的农夫，凭着自己的 20 多年的艰苦努力，一举成为从三品的地方要员，不能不说是一个难以解读的异数！

1917 年 8 月 14 日，因通海镇守使管云臣奉调北上，另有差委，张锦湖奉命率第七十六混成旅驻防南通并兼署通海镇守使。

张锦湖在南通驻防 10 年之久，保境安民，励精图治，积极襄助南通地方领袖张謇发展民族实业，实施“棉铁政策”，使南通地区出现“闾里富庶，人庆升平”的偏安局面，成为中国近代实业发展的典范。此时正值第一次世界大战爆发，帝国主义都倾力于战争，暂时放松了对中国的经济侵略。这一时期，中国民族工商业得到了一个发展的机遇。这一时期也被称为中国民族工商业发展的黄金时期。张謇是我国近代史上著名的民族工商业者，他的一生都致力于中国民族工商业。他倡导“实业救国”，而他发展实业的最主要基地就在南通。

张锦湖正好是这一带的地方官员，他全力协助张謇兴办实业。经过几年的努力，特别是随着棉铁政策的实施，南通地区棉花种植业、养蚕业迅速发展，农村面貌大为改观，商业、沿海贸易也进一步活跃，一时治安稳定，百姓富裕，呈现一派经济繁荣的局面，南通成为全国发展近代实业的典范。

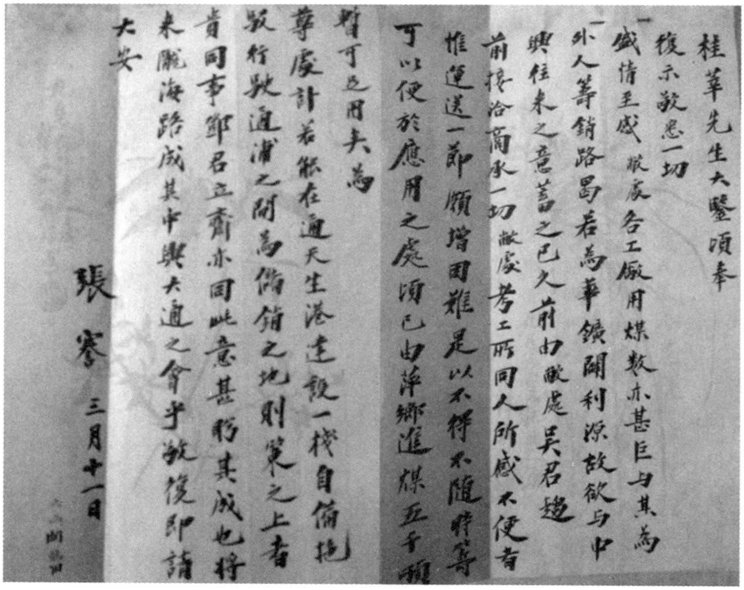
桂華先生大鑒頃奉
復示敬悉一切
盛情至感 敝廠各工廠用煤數亦甚巨與其為
外人籌銷路曷若為華鑛闢利源故欲與中
興往來之意蓄之已久前由敝處吳君趨
前接洽商承一切 敝處考工所同人所感不便者
惟運送一節頗增困難是以不得不隨時籌
可以便於應用之處須已由萍鄉運煤五千噸
暫可足用矣為
尊處計若能在通天生港建設一棧自備拖
駁行駛通浦之間為備銷之地則策之上者
貴司事鄭君立齋亦同此意甚盼其成也將
來隴海路成其中與大通之會才敬復即請
大安
張謇 三月十一日

张謇给中兴公司有关购煤业务的亲笔信

为查询张锦湖在治理通海期间是否因他的三谱弟钱新之任中兴公司总经理一职购买了中兴公司股票一事，笔者曾翻阅中兴公司的部分档案资料并发现了张謇与中兴公司长期保持购煤业务的亲笔信。笔者发现，仅通州大生纱厂和复新面粉2个厂，年需通煤在5000吨左右，从需煤数量可略见通州地方工业发展之一斑。

为此，1923年11月14日张锦湖被北洋政府晋授陆军上将并嘉封为勋五位杰威将军。

张锦湖在南通任职10年，深受民众称赞。1924年张锦湖官方年龄五旬晋九诞辰时，南通各界为其立纪寿碑（碑文为张謇书丹，张謇三弟张詧撰文），褒扬张锦湖政绩，并将纪寿碑树立在南通天生港要口，以示纪念。

是年农历十一月二十五日，南通镇守使衙門由大门直通二堂门户敞开，两旁排满精绣彩缎、万民伞、万民旗，叠架相连五彩缤纷。二堂设寿堂，香烟缭绕，悬灯结彩，喜气洋洋。前来祝贺的军政商巨头、帮会各门派首领有800多人。张謇赠以“江淮知名，濠州旧望；闯井刻石，长孙生平”的嘉联，并亲往贺寿。各地戚眷进入内院拜寿，络绎不绝数日之久。

南通在近代脱颖而出，不能说没有张锦湖的一份贡献。

1923年5月，山东临城发生了震惊中外的孙美瑶劫车案，黄金荣承担了营救被劫的法国姚主教以及入鲁调解的任务。黄金荣入鲁，实际上是仰仗张锦湖威望而进行的有预谋的活动，临行前黄金荣向时任通海镇守使的张锦湖“要了”一张通行证。带着这张通行证，黄金荣在张锦湖的手下干将吴昆山的陪伴下，出发前往山东临城进行了他的斡旋活动。最后仍由张锦湖出面指令他的青帮徒弟——时任徐海镇守使的陈调元，以半私方、半官方的形式了结了此案。由此，一场轩然大波完全平息，剑拔弩张的外交情势随之消弭。临城劫车案是一次以洋人生命为赌注、与北洋政府当局斗智斗勇的政治较量，虽然其过程一波三折、险象环生，但最终达到了“劫车掳票，迫官兵撤围；就抚受编，仿尺蠖之曲”，保存实力、迎接北伐革命的目的。临城劫车案的妥善调解，使孙美瑶联军以山东新编旅招安的形式保存了实力。虽然此后孙美瑶为北洋政府杀害，没等到北伐革命形势到来新编旅即被解散，但临城劫车确实使风雨飘摇的北洋军阀政府受到致命的打击，并使这个政府在外国列强面前尽失脸面，同时也打击了帝国主义列强在中国作威作福的嚣张气焰。因此，临城劫车案是一次以洋人生命为赌注、以打击北洋军阀统治为目标具有爱国主义政治行为的历史事件。张锦湖在平息极端、消弭外交情势中起了不可忽视的作用。[①] 孙美瑶被谋杀后，其散兵旧部有许多逃难南通，均被张锦湖收留、收编。

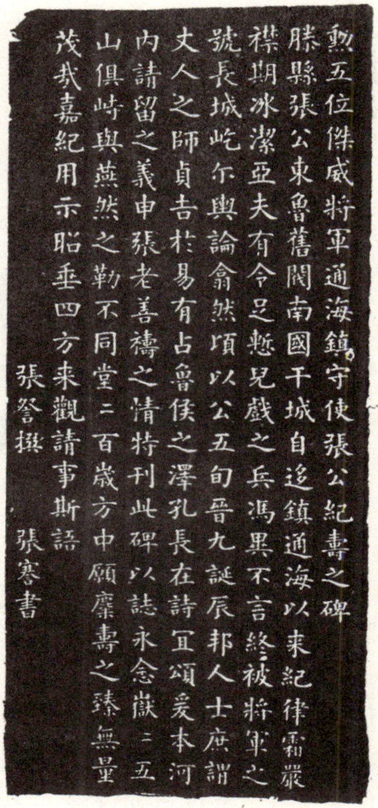

南通天生港
张锦湖纪寿碑文

① 参见沈印骞：《临城动车案性质初探》，《枣庄师专学报》1998年第4期。

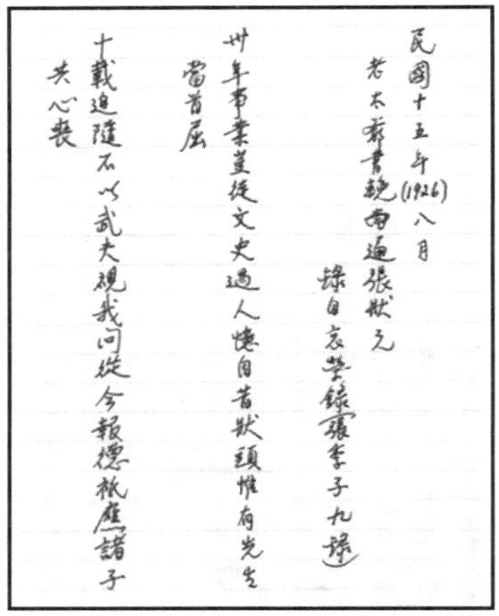

国民政府实业总长张謇

1926 年 8 月 24 日，张謇逝世，这使处在南方革命党与北洋派系政治漩涡中的张锦湖曾一度处于极度的迷茫之中。张锦湖在恭挽张謇的挽联中深表：“卅年事业岂徒文史过人，忆自惜状头，惟有先生当首屈；十载追随不以武夫视我，问从今报德，只应诸子共心丧。”挽联充分表达了张锦湖对老师的敬仰、爱戴之情，其失去老师、挚友的悲痛心情溢于言表。

张謇的离世，不仅使张锦湖失去了良师益友，同时也失去了一位强有力的支持者。不过，张锦湖早年参加辛亥革命的资格以及他与南方革命党人核心人物中深厚的帮会关系，使他受到南方革命政权的高度重视。最后他终于愉快地接受了国民革命军第一军军事顾问的聘任。在策动苏皖北洋军的反正中起了他人无法替代的重要作用，从而为自己 30 多年的军政生涯画了一个圆满的句号！

现摘录张锦湖的三子张叔良先生与笔者在 1992 年的通信内容为佐证：“重庆公祭启事中有北伐之役，策动反正之语，系指当时策动北洋军阀之军队响应国民革命军反正之事实而言。追悼会后，呈请褒扬文稿，经先岳李公培基最后修正时，将策动反正四字删除改为：凡所咨询，颇多献替。”故在国民政府褒扬文中才有“北伐之际，延备军事咨询，尤多赞助”之语。事实上，张锦湖在北伐中，利用自己在帮会中的崇高威望以及在治理通海时卓越的政治影响力，在策反陈调元、王普等苏皖将领中，确实为北伐的顺利进展起到了无人能望其项背的作用，这也是在他退休后一直被国民政府聘为国民政府高级顾问、享受国民要员待遇的根本原因之所在！

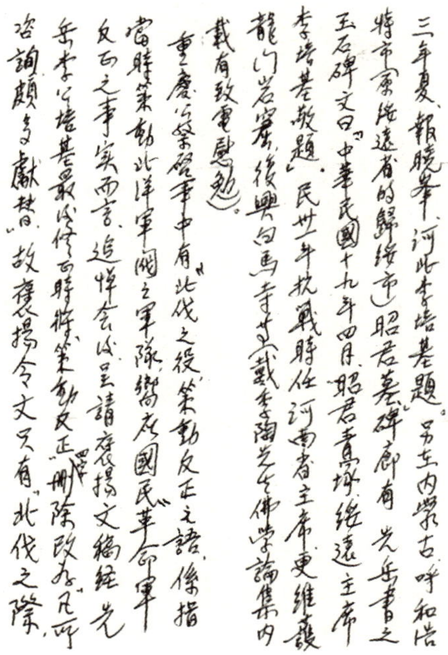

三年夏，報曉峯、河北李培基題。另在内蒙古呼和浩特市（原綏遠省的歸綏市）昭君墓碑廊有光岳書之玉石碑文曰："中華民國十九年四月、昭君青塚，綏遠主席李培基敬題"。民廿年抗戰時任河南省主席，更維護龍門岩窟，復興白馬寺等（載李蒲光先生佛學論集内載有致電慰勉）。

重慶公祭啟事中有"北伐之役，策動反正之語，係指當時策動北洋軍閥之軍隊，響應國民革命軍反正之事實而言。追悼会以呈請存襃揚文稿經光岳李公培基最後修正時將"策動反正"四字刪除，改為凡所咨詢頗多獻替，故襃揚令文只有"北伐之際，

张锦湖三子张叔良 1992 年写给笔者的信

1927 年，年届 70 岁的张锦湖急流勇退，向国民政府提出“年老乞休”的申请。国民政府准予其退休并延聘他为国民政府高级顾问，享受中央要员待遇。

张锦湖退休后，举家从南通迁至早已由张锦湖的三谱弟钱永铭买好的上海范园（上海沪西海格路 628 号）。原本在此过起室心恬淡的休闲生活，但历史却把他领进了另一个房间！他刚走下政治的舞台，却被上海这个风云际会的国际大都市卷进了“民国大佬”“青帮元魁”的巅峰！

由于上海这个国际大都市特殊的政治环境，在张锦湖没到上海定居之前，黄金荣、杜月笙、张啸林就成了气候。张锦湖定居上海后，由于在青帮中居高的辈分、资历以及他在政治舞台上的特殊影响力，他逐渐成为沪渎帮会关注的中心人物。其间，他平息了诸如黄金荣与卢晓嘉、陈光甫与高鑫宝之女徒弟等棘手的帮会纠纷，一步一步地被拥推到“民国大佬”“青帮元魁”的巅峰！

张锦湖当年在上海范园居住的二层洋楼(2011年摄)

1935年5月,张锦湖在上海成立了"仁社"。这是青帮在上海第一个以结社形式公开成立的组织。张锦湖从他的三四千个徒弟中精心挑选了200多人作为仁社成员。据说只有社会上层人物才有资格加入仁社,军界的浙江督军卢永祥、江西督军李纯、山东督军张树元、淞沪和兖州镇守使何丰林等,政界的杨虎、吴铁城、郑介民、钱大钧、许世英、贺耀祖、陈群、俞鸿钧、胡兰成等,帮会的张啸林、陈世昌、王亚樵、高士奎、吴昆山、曹幼珊等,工商界的王晓籁、俞佐庭、秦润卿等,都是仁社的知名成员,故有"一时国内、海外群英并集于夫子之门墙"之说。

上海沦陷后,他领导的"仁社"为抗日做了不少事情。在上海的"仁社"会员大量捐献军用物资,如汽车、汽油、电信器材、衣服、罐头食品等,并将这些物资运往前线。同时他对徒弟晓以大义,劝他们不要做对国家民族不利的事情。尽管有个别徒弟参加敌伪,如夏奇峰、林柏生分别做了汪伪的外交部长、宣传部长等,但大多数徒弟没有像张啸林、季云卿之流那样搞得乌烟瘴气。此时,日伪为稳定上海局势,通过各种手段、不同形式请张锦湖出山,均被他谢绝。

1936年初,日本发生了"二二六"事变,广田内阁迫于少壮派军人的压力,于8月11日召开五相会议,正式决定了"北支"五省的分治方针。从这个肢解华北五省的大政方针中可以看出,日本侵略者是以防共御俄为借口,以帮助巩固国防、扩充交通设施为诱饵,从而把华北五省从中国的版图上分离出去，并以此为跳板，实现全面吞华、组建“大东亚共荣圈”的罪恶目的。为此，日本的政客、特务四处活动，其中最为积极的是土肥原贤二。

是年9月，时任山东省主席的韩复榘，经不住土肥原贤二的利诱，与土肥原签订了拒绝中央军开驻山东、接受日寇经济援助的所谓“韩土秘密协定”。这样，日本帝国主义便达到了控制山东的第一步目的。当时任青岛市市长的沈鸿烈侦知了这个消息，迅速将此事转告戴雨农。戴雨农认为此事至关重大，及时向蒋介石作了汇报，并请求处理意见。蒋介石考虑：韩复榘目前拥有四师一旅之众，虽然还没有达到像北洋军阀那样割据称雄，但也非当时的中央所能绝对控制。况且此事又由日本少壮派直接插手，处理不当，为渊驱鱼，其后果将不堪设想。据此，他对戴雨农说：“此事缺乏佐证，只能隐忍预防，不可公开诘询。”但戴雨农认为，沈鸿烈决不会无中生有，空穴来风，必有缘故，必须迅速采取妥善办法，查清此事，消弭祸端，防患于未然。蒋介石对此茫然无措，最后，还是戴雨农拿出了高招：“司令可曾记否？韩复榘和他手下的四个师长都是张锦湖的门生，要解决此事，非他莫属。”

为尽快查明“韩土秘密协定”的虚实，劝说韩复榘归正，戴雨农急遣张锦湖在南京的高足弟子董显光由宁赴沪，让他邀同当时的上海市市长、张锦湖的得意门生吴铁城及交通银行董事长、张锦湖的三谱弟钱永铭（字新之），一起到张锦湖的寓所范园，请张锦湖到南京与蒋介石面商山东大事。

此时，张锦湖已退休多年，室心恬淡，一般不过问外事。此时，三位要员禀蒋公之命，恳请“屈”驾金陵，张锦湖实在无法推托。尽管时染小恙，他也得满口应允。蒋介石电悉后，特派专车赴沪，恭接“张老太爷”。

在中山陵私邸，蒋介石以师徒礼晋谒张锦湖。尔后蒋介石向张锦湖详细陈述了有关韩复榘和土肥原勾结的情况，并将他拟定的“规劝齐韩，不使满洲国重演”的方针向张锦湖作了详细的说明。蒋恳请张锦湖“移其闲云野鹤之身”，北走齐鲁，宣达政府德意，力劝韩复榘回心转意，并相机釜底抽薪，消弭隐患。同时表示，如韩复榘能以民族大义为重，以国家统一为上，保证自本月起，即刻增拨山东协饷，以示诚意。张锦湖听后满口答应，表示保证圆满完成任务，让委员长放心。

张锦湖答应蒋介石有关遄返原籍、默察“韩土秘密协定”之虚实的要求，使蒋介石甚为感动。蒋急派专车，送张锦湖去山东办理此事。

韩复榘忽听张太爷驾临济南，急派李汉章驱车前往接迎。至私邸彼此叙座后，张锦湖叫韩复榘斥退左右，便海阔天空地纵论起古今大事来。言词间，隐约示意有关“韩土秘密协定”一事，韩复榘也不是那冥顽之人，并请张老代为说项，表明心迹。张锦湖对此也不追究，并以古哲先贤为例，开导韩复榘切不可为一时私利而饮鸩止渴，成为民族的罪人。韩复榘一再表示，一定请“老太爷”放心！张锦湖见他已悔悟，便对韩复榘说：“日寇继侵高丽、占台湾，建立满洲国之后，现在正觊觎华北，进而吞并华夏，以全面实现其五步完成‘大东亚共荣圈’的战略规划。山东沿海地处战略要地，为巩固海防，加强山东的防务能力，蒋公特意让我代他转达，从本月起增加山东协饷，以示慰劳。”韩复榘表示感谢。为消除韩复榘的顾虑，张锦湖表示，他可担保蒋介石决不食言，也绝对不计较。韩复榘对此深信不疑。

张锦湖在济逗留数日。在此期间，他相继会见了众多门生，其中包括韩复榘部下多数军政要员，倾吐自己爱国热情，众门生对此敬佩不已。此做法虽属惯例，但此时此地却起了断韩复榘后路、釜底抽薪的目的。而后他返回南京，向蒋介石作了详细汇报。

蒋介石坚持挽留张锦湖在南京小住，张托词劳顿，一再婉辞，旋即乘车返沪。蒋介石急备酒席，差人赶送车上，以示慰劳。

张锦湖扶病走齐鲁，规劝韩复榘归正，宣达政府德意，克奏阙功，甚蒙中枢嘉勉。[①]

1937 年“七七事变”后，日本侵略军为了占领中国的经济中心，迫使国民政府投降，于 8 月 13 日大举进攻上海。中国守军奋起抵抗，淞沪抗战爆发。国民政府下达全国总动员令，调集 70 万大军投入淞沪战场。日军兵力也增至 30 万。11 月 5 日，日军一部从杭州湾登陆，迂回守军侧后，中国守军被迫撤退。12 日，淞沪陷落。留守沪南的国民革命军第五十五师和某警察大队在完成作战任务后被迫退入法租界，被法租界作为缴械华兵临时收容。在山东同乡会操作下，以山东会馆为中转站，张锦湖等将这批兵警分批移住山东会馆，然后夜间乘车至码头转赴温州、苏北等地，其中一部分投入新四军继续抗日。[②] 这是张仁奎和山东旅沪同乡会十分光彩的一页。

1938 年 3 月，川军王铭章师抗击日军的滕县保卫战，守城司令部即设在盐店街的张宅，此宅在战斗中几乎被夷为平地（原址现为山东滕州市人民医院宿舍）。这也是张毁家抗战的一种表现。

张家大宅子位于现滕州市府前中路青年理发店北府前北区（原滕县衙门之西盐店街）。由滕县西关著名瓦匠崔玉玺负责工程建造，其建筑风格为

① 参见沈印骞：《张锦湖规劝韩复榘经过》，《历史档案》1997 年第 1 期。

② 参见《卢湾区志》编委会编：《卢湾区志》，上海社会科学院出版社 1998 年版，第 1066 页。

清末民初之际具有鲁南地方特色的庄园建筑，艮山兑向，是当时的滕县第一次采用钢筋混凝土的工程。宅子始建于1930年，到建好一共用了3年零10个月的时间，房子占地4000平方米，建筑面积1500平方米，融合了中外建筑工艺，这种建筑风格在当时的鲁南地区非常少见。

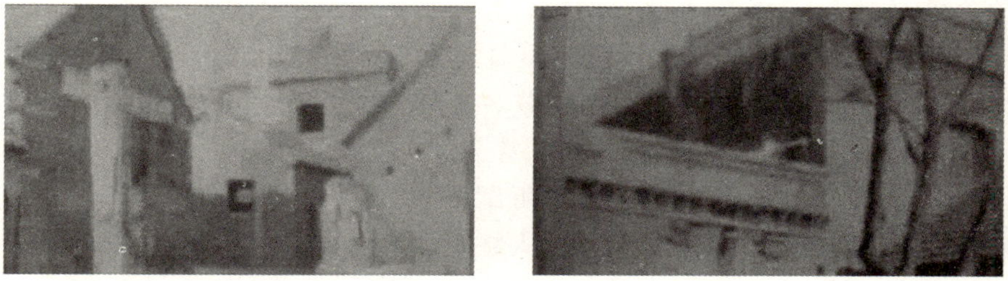

滕县盐店街张锦湖宅府

张锦湖建造此大院的目的是为长子张殿梁（字孟才）与高熙喆之长孙女高炯云完婚用。张殿梁出生于1916年，与张锦湖的二弟张景园的长子张殿俊同年出生。张锦湖晚年（57岁）得子，且一年张家有“二龙“降生（农历丙辰、龙年），张家阖府欢庆。翌年，二子张殿铨（字仲衡）出生于通海镇守使衙门。1919年，三子张殿甲（字叔良）出生于通海镇守使衙门。1926年，四子张殿镇（字季藩）也出生于通海镇守使衙门。张锦湖在任职通海镇守使的10年间，不仅官运亨通，财资充盈，而且不断添丁续绳，这应该说这是他人生最得意的阶段。

自张锦湖的长子张殿梁出生后，张锦湖就特别注意投资和捐助故乡。

首先，他1917年重修了张氏祖坟，把埋葬在沈庄的父母迁葬于张山湾祖茔，并聘请滕县文魁、曾任“赐进士出身，诰授朝议大夫、翰林院编修、国史馆协修、甲午科山西正考官，掌贵州湖广道监察御史，署工科给事中、宣化府知府”高熙喆撰写了三通碑文，以彰显张氏家族的虎贲光环。

其次是1924年，他出巨资扩建了故乡高山上的泰山行宫。

高山又名“翼云山”，海拔高度为鲁南之冠，是绵延八百里龟蒙神祇的西南余脉，素有鲁南“宗山星峰”之称。坐落在翼云山南的沈庄村，具有上风上水的地理优势。后有海拔620.4米的翼云玄武，东有延绵的龙山，西有后官庄村西的虎山，南面地势平坦宽阔，朱、龙、玄、虎四象齐全。自定居沈庄后，沈氏凭着自己勤劳的双手，披荆斩棘开垦出翼云山下的层层良田，奠基了千古家业。此时沈庄建村200余年，人丁兴旺，人才辈出，无论是沈氏族人，还是外姓亲朋，凡落户沈庄者无一例外，足显翼云玄武的荫庇胸怀！采“少祖山”高山之灵气，汲古薛河之膏泽，张锦湖从一个毫无文化底蕴的普通农夫，经过 30 多年的拼搏，一举成为国民政府的陆军上将，从三品的两淮盐运使，不能不说是沈庄的骄傲！

为涵养翼云山的玄武优势，保住高山“少祖山”的风脉，并依此张扬自己的功德，泰山行宫竣工后，张锦湖特聘滕县文豪高熙喆为其撰述碑文。高翰林揣度张将军的心理，借物抒情：“山名翼云，崇高也，山与云连，朝夕往来，烟雾白云与山交会，双峰白云吐扬，故名之曰‘翼云’。”

高先生饱读诗书，善解人意，用“翼云”给山命名，状物、抒情、托物言志，都可谓登峰造极。这正是“山如鲲鹏展翅飞，人在飞黄腾达时”的真实写照。

1924 年重修泰山行宫碑

扩建后的泰山行宫规模恢宏，富丽堂皇，加之从山底到山顶比照泰山模样新修三华里盘山石阶路一条，更增添了该山的气势。“山不在高，有仙则名，水不在深，有龙则灵。”张锦湖将军是翼云山捧出的巨子，人杰山也随之殊荣，从此翼云山香火极盛。每逢正月十五山火庙会，苏、鲁、豫、皖四省边联地区数百家神社纷至沓来，远远超过附近的雪山庙会。故此翼云山又有鲁南“小泰山”之美称。

再次是，他依据自己特殊的帮会地位和政治特权，很快跻入“滕县八大家”的行列，相继在南沙河的西南园购地 600 亩，建造庄园一处，把第一任夫人王氏安排在这里居住，一直到 1943 年王氏病故。因战事频仍，他只能暂时将王氏安葬此处。等待日后张锦湖逝世王氏一并被安葬张山湾祖茔。他在沈庄购地 800 余亩，并在沈庄建造二进院动宅庄园二处，安置其弟景元、景山。此庄园在共产党执政后，先作为乡公所办公场所，后作为沈庄小学校园。笔者 1958 年入沈庄小学读书，1962 年初小毕业，对这位二进四合院的中式庄园建筑至今记忆犹新。记得临毕业离校时，个别外村顽皮的学生竟用石块扔投屋山上的陶制异兽作为毕业留念物相互赠送！

通过政治联姻的形式，张锦湖先后把高熙喆的长孙女高炯云纳聘为长子张殿梁妻，桑村李二泉之长女纳聘为次子张殿铨妻（后张殿铨因抗婚抑郁而死，婚姻未果）。他将鲁寨鲁景龙之孙女鲁玉萱纳聘为四子张殿镇妻。张锦湖在滕县盐店街斥巨资，盖豪宅，就是专为长子张殿梁与高炯云完婚之用。为此，还引发了一桩张锦湖和韩复榘二人戏剧性的交往：

1933年9月13日，星期三，韩复榘为一件紧要公事，临时决定召开全省军政会议，等预定的时间到了，而到会人员却寥寥无几。高级军事人员里，仅到了孙桐萱一个人。政务方面的要员，则十有八九缺席。韩复榘极为生气，会议即无法举行，于是下令究诘原因。始知是日全省军政要员皆麇集滕县另有公干，同时侦得胶济各埠的商会会长和一些士绅们也大都相率前往。韩复榘获讯后，诧异愈甚，以为这批人僻地聚晤，或有不轨之图，这将于己不利。于是急派干员，星夜赴滕密查。原来滕县之集会，并非为别，只因张锦湖老太爷近日返故里为其长子操办婚事，所以全省要人相率赴滕晋谒、请安，并恭贺志喜。

张锦湖退休后寓居上海，后于原籍滕县盐店街斥资建房一处，颇具花木楼台之胜。春秋佳日，张锦湖偶然由沪返里，小作盘桓。因其门人弟子遍布鲁省要津，往往闻讯踵谒，络绎不绝。今日恰逢其子张殿梁先生和滕县望族高翰林（名熙喆）之长孙女高炯云女士合卺佳日，张老太爷又亲自主婚，岂有不去之理。所以省垣内外，知名人士，几乎空群而去。虽知韩复榘召开重要会议，也无法顾及。韩复榘洞悉内情，心中才一块石头落地。但转念一想，自己四师一旅的高级干部，除孙桐萱之外，几乎全是张锦湖的门下弟子，张老太爷潜势力之大可想而知。诸辈擅离职守，事先并不报告，足见其尊师之诚有甚于服从长官。万一有事，张老一言将重若九鼎，我的安危荣辱、兴衰际遇有如他手中之物。想到此，不由周身冷汗直流。

韩复榘虽然出身行伍，举措粗鲁，但是他能独当一面，其头脑也并非简单。经过再三思索后，忽发奇想，即刻从济南发急电一通至滕县，除向张老致贺外，并请张锦湖来泉城一游。电文词意谦抑恳挚，溢于言表。电报发出后，韩复榘立即通知津浦铁路济南站留下蓝钢车厢一节直驶滕县。同时又给驻守滕县的孙旅长拍了电报，让他充任欢迎代表护驾北来。

张锦湖受到如此殊遇，似乎却之不恭，只好降心相从。张锦湖抵达济南之日，韩复榘早已穿了蓝袍黑褂，莅站鹄候。及至相见，执礼甚恭。旋即由韩复榘陪同，张锦湖坐上韩的卧车直抵省府。下车步行到大厅门口，张就见大堂上已经设好了香案公座，蜡炬高烧，香烟缭绕，绣纬锦垫，富丽庄严。张锦湖在韩复榘等陪同下，步刚入厅，顿时厅下军乐大鸣。此情此景，不仅使张锦湖愕然，而且就是那些相随的全省军政要员，也是丈二和尚摸不着头脑。

至此，韩复榘才硬把张锦湖挽入正中座位，自己退到下面去，毕恭毕敬地行了三跪九叩大礼，并且把预先写好的门生大红金帖双手过顶地呈给张锦湖，以资存证。

此一拜师仪式，不可谓不隆重，也不可谓不滑稽，既没有介绍人，又没有引见师，生面别开，自我做主。张锦湖受拒两难，处境尴尬，惟有受之了事。

韩复榘如此做作是有目的的。他是想借“家门一脉”之谊，间接地增厚他与袍泽部属间的联系。至于行动上的不合情理，突梯滑稽，则根本不在他的考虑之列。自韩复榘“执弟子礼，霸王硬上弓”之后，张韩之间的友谊一直不错。韩复榘每次因公南下金陵，他总是从津浦线坐车南下，然后坐船东下，到上海拜望张锦湖后，再从上海返鲁，这已成为当时众所周知的“秘密”。

张锦湖发迹后，不忘养育他的家乡及父老乡亲。他曾三次出粮出款，赈济滕东百姓，解民于倒悬，深受滕县人民的好评。

在日军占领上海之前，张锦湖的生活稳定而休闲。

1932年，时年73岁的张锦湖喜得“千金”。在为这个小宝宝取名上，张锦湖甚是动了一番脑筋，他先后想了十几个名字，最后取名“静宜”。张锦湖第一个女儿系大夫人王氏所生。那时，他和王氏还在山东老家沈家庄过着饥寒交迫的生活，女儿生下来一个多月就夭折了。因此，这个女儿的出生，意义非同寻常。全家人视之为掌上明珠。

随着静宜的渐渐长大，张家的喜事也接二连三，长子、三子、四子相继完婚(二子仲衡18岁时去世)。1939年，长孙立德又来到世上。以后孩子们又生下一男、二女，加上为二弟家收养的两个孙女，可谓儿孙满堂，这正是当时老人们所盼望的。

戎马一生，又在上海叱咤风云的张锦湖与孩子们生活在一起，深感天伦之乐是多么的弥足珍贵。因此，1940年以后，他深居范园，很少参加社会活动，过着比较安逸的生活。

但是，随着中日战争对中国经济的严重摧残，张锦湖一家的生活也逐渐陷入拮据的深渊。虽然张锦湖在扬州时就升任了旅长，在南通又兼任通海镇守使一职，薪水颇丰，积攒了一些钱财，按照有钱买地、将来养老的传统做法，他拿出部分钱财在山东老家直接购买了土地，将一部分放在山东滕县仁大银号用于增值。可让他没想到的是，放在银号里的钱后来陆续被置换成了土地。据他的三儿子张叔良回忆：“先君任职南通时，原籍乡民时以田地作押向仁大银号借款，因田地价值往往高估，每多至期不还，所以田地愈聚愈多。均非丰饶之田地，先君亦不穷究。”据其族孙张计儒说，张锦湖在山东老家的土地最多时有 150 多顷。应该说,这些土地的收益和张锦湖的退休金,加上来自南通大生纱厂的股金收益作为其全家的生活费用是绰绰有余的,但后来情形发生了变化。

张锦湖晚年在范园(摄于 1943 年春)

范园治安状况比较好,日本人也很少到那里进行骚扰,加上张锦湖在上海的名望,一些近亲属为躲避日本人的祸害,或是到上海找工作,就纷纷投奔过来。其中有张锦湖的二弟媳和两个孙女慧敏、慧芬(当时二弟张景元和张慧敏、张惠芬的母亲已经去世),还有大夫人王氏的弟弟王西魁(后在上海当马弁),二夫人耿氏的一个侄子。到 1940 年,投奔到范园来的亲属已有十几人,加上自家 10 多口人,共有 20 多口人在一起生活,吃饭要三桌才能坐下。这样一个大家庭,每月的生活费用有多大就可想而知了。而山东老家本族近门或徒弟没有得到他的照顾、生活又十分困难的,只要他们向他提出想要些土地,他都会尽可能满足他们,几年时间就送去了几十顷。还有几次,家里急着用钱,又处理一些土地,以至于他最后的几年里,张家的土地仅有几十顷了。

土地减少,地租收益也随之减少。可作为生活来源之一的大生纱厂的股金收益,也因为战乱极不稳定,也没有保障。这就促使张锦湖一家要精打细算。当时,张家在山东老家的土地由侄子张殿材负责管理,地租收齐后拿到徐州复兴旅馆,由长子张孟才到旅馆去取。钱财用得急了,就由在上海的侄子张殿骥到山东老家直接拿回上海。生活支出部分,张家也尽量节约,避免浪费。先前经济比较宽裕的时候,张家每天的生活开销并未细算,管家报个账就行了。以后,家里不再用管家,大儿媳高炯云担当了管家的责任。对全家的生活开支，高氏做到日清月结。据张慧敏回忆说："每天晚上俺大娘坐在客厅沙发上，手里拿个专用的账本，厨子站在客厅门口报账。当天支出了多少钱，购进饭菜等物用去多少，第二天准备购买什么，又需要多少钱，天天如此。"这样做，的确节约了不少开支，其他开销也都打得很紧。

张锦湖为人处世有自己的原则，尽管生活比较拮据，但他不像黄金荣等人那样以贺寿等为名发帖请人，敛取钱财。更为可贵的是，在家庭生活比较拮据的情况下，张锦湖依然坚持扶贫济困。1943 年，河南、河北、山西、山东大旱，"济南、德州鬻人肉于市"。当时已是 85 岁高龄的张锦湖和崔景三等在山东会馆内成立"鲁省急赈委员会"，他们将募集的资金和自己捐助的善款共 224 万元寄给世界红十字会济南分会，以救济灾民。可以说，扶贫济困、行善乐施，贯穿了他的一生。

位于法租界的上海范园在当时的上海是最好的别墅区之一，虽然很适合人居住并养老，但那里并不是世外桃源。1936 年，随着日军侵略野心的不断膨胀，中华民族的灾难进一步加深。次年 3 月，日军进攻上海，上海沦陷。上海会战期间，蒋介石曾命戴笠前往接张锦湖离开上海，被他谢绝。在以后近 8 年时间里，张锦湖见证了日军犯下的滔天罪行，也为抗战做出了自己的贡献。同时，他见证了个别徒弟和一些徒孙沦为汉奸的过程，这让他非常痛心。可让他更为痛心和感到愤怒的是日本宪兵竟然闯入家中强行搜查。

国民党政府滕县县长赵景文在徐庄树立捐款纪念碑，载张锦湖捐银 3000 元

事情发生在 1943 年。据当时在场的张慧敏回忆，张殿梁整天在楼上捣鼓他的无线电台，还对着机器发报。有一天，张殿梁刚刚用车把电台弄走，家里就闯进几个日本人，楼上楼下到处翻。张锦湖就问："你们为什么私闯

民宅，乱翻东西？”翻译说：“你家私装电台，搜电台！”日本宪兵没搜着电台，十分恼怒，就要带走张孟才的夫人高氏。张锦湖与日本宪兵理论，可对方并不理会，依然要强行带人，高氏在一旁吓得直哭。最后，张锦湖怒不可遏，把手中拐杖一甩，斥道：“要带，把我带走好了！”日本宪兵见张锦湖动了怒，反被吓住了，几个人面面相觑，悻悻离开。

张殿梁爱好无线电，在家装电台，搞发报，做实验，纯粹是出于对无线电的爱好，并没有进行秘密发报，更谈不上危及日军在上海的安全。

这次事件虽就此平息，但对于作为一个叱咤风云的国民政府上将，一个被称作“青帮大佬”“民国教父”的张锦湖来说，确成为一个挥之不去的阴影，他已深深感受到亡国的屈辱。他曾愤然道：“恨吾年老，不能起而杀贼！”自此事件之后，张锦湖便忧愤成疾，于 1944 年 12 月 24 日逝世，享年 86 岁。灵柩先停厝静安寺。

张锦湖去世后，国民政府于 1945 年 4 月 29 日在陪都重庆罗汉寺隆重召开悼念会。政要蒋介石、宋子文、孙科等分别敬题“海岱硕望”“耆年硕德”“德音孔昭”等挽幛以示彰表。

1945 年 10 月，张锦湖重庆追悼会后组织人员摄影留念

抗战胜利后，张氏家族以及张锦湖的生前好友和徒子徒孙，于 1945 年 7 月 29 日举行隆重的安葬仪式。将暂厝静安寺 217 天的张锦湖灵榇恭移于上海虹桥路番禺路口虹桥公墓内 N 区第 96 号。

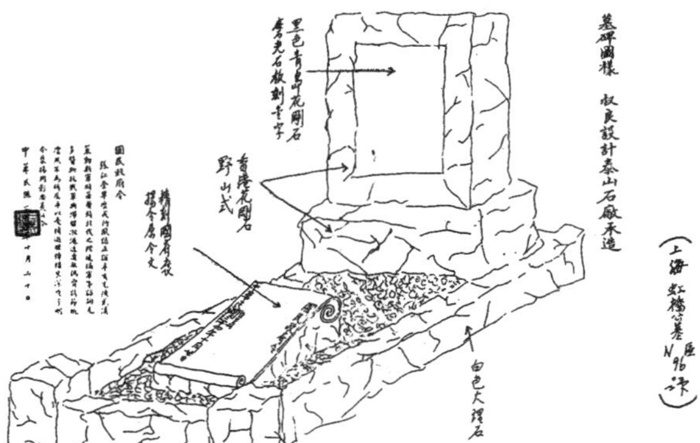

张锦湖在虹桥公墓的墓碑设计样图

1949 年 4 月 3 日，在张锦湖安碣仪式上张氏家族合影

1945 年 10 月 24 日，国民政府发布褒扬令，全文如下：“张仁奎，早历戎行，夙谙正义，辛亥光复武汉，策动新军，颇著声绩。北伐之际，延备军事咨

询，尤多赞助。抗战军兴，滞留淞沪，迭遭敌伪胁诱，节概凛然，不为所屈，卒以忧愤逝世。悼惜良深，应予明令褒扬，用彰忠义，此令。”

上海解放前夕，张锦湖家人迁往台湾。以后，其子孙有的到新加坡或美国发展。张锦湖之孙张立平任美国中南医疗后备军区总指挥官，并于 2005 年 9 月晋升二星将军。

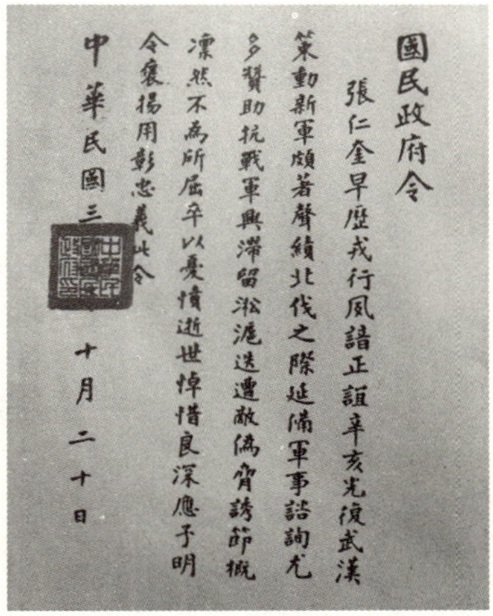
國民政府令
張仁奎早歷戎行夙諳正誼辛亥光復武漢策動新軍頗著聲績北伐之際延備軍事諮詢尤多贊助抗戰軍興滯留淞滬迭遭敵偽脅誘節概凜然不為所屈卒以憂憤逝世悼惜良深應予明令褒揚用彰忠義此令
中華民國三　十月二十日

国民政府对张锦湖的褒扬令

张锦湖早年参加辛亥革命，确系有功于国；镇守通海，励精图治，保土安民，与现代南通地方发展不无小补。作为青帮前辈，他执掌军柄数十年，行政上官至江淮盐运使，成为从三品的地方要员。因此，同时代帮会中人无人能出其右。张可谓连接 19 世纪后期苏北青帮与 20 世纪二三十年代上海青帮的代表性人物，其势力遍及大江南北，声名远播大半个中国。遐迩闻名的上海三大亨都与张锦湖有关系。黄金荣加入张锦湖组织的仁社，是广为人知的。1944 年张锦湖去世时，黄金荣总理治丧事宜。30 年代杜月笙在上海滩的势力如日中天，但杜只是张锦湖的徒孙，对张恭敬有加。张啸林的师傅樊瑾成与张锦湖同属“兴武六”大字派，但名头远逊于张。

颇有意味的是张锦湖与国共两党政要都有密切关系。蒋介石曾是青帮大亨黄金荣的门徒。张锦湖的嫡系门徒韦作民说：蒋介石曾由张锦湖直接收为门徒。不管怎样，蒋介石对张锦湖颇为敬重，并请张锦湖为其排忧解难。中共早期著名人物毛泽民曾加入张锦湖的仁社。张锦湖对毛泽民在上海的活动多有帮助。张锦湖的做法可用“侠义”二字概括，只要对国家、对民族有利的人都是他的朋友。

综观张锦湖的一生，他早年参加辛亥革命，确系有功于国；他晚年以帮会前辈身份名闻上海，在鱼龙混杂的世界里，他持身比较清正，尤其是能忠于民族大义，大节无亏，是应当给予肯定的历史人物。总体来说，他是个爱国、忧民的人物，是翼云山养育成的骄子，古薛河膏泽出的巨人。

点燃翼云山区革命火炬的第一个共产党员王右池

杨延标　沈印骞

王右池

王右池(1909～1995),又名永临、有持。枣庄市山亭区山城街道沃里村人。他是山城街道最早的入党人。他追求真理,始终不渝,早期在滕县以读书、教书为掩护,宣传革命,创建和发展党组织;抗日战争爆发后,他回到故乡山亭,组建农民抗日协会,创办苏鲁豫皖农民抗日训练班;八年抗战期间,他领导滕东抗日力量与日、伪、顽展开了艰苦卓绝的斗争;在三年的解放战争中又为解放东北、建设东北做出贡献。

王右池祖籍滕县城东八里堌堆村,今属滕州市东沙河镇王村。清朝中期,王右池老祖迁居到现在的枣庄市山亭区山城街道沃里村。

王右池兄妹七人,按年龄排第二。王家在村中属大户人家。家族分家时,其爷爷王平光分得老宅一处,土地70亩。由于家庭比较殷实,王右池有条件读书。他继而走上革命道路,是山亭境内最早的中共党员。

沃里村是一个三面环山、一面临水的山村,古老的薛河从村前蜿蜒流过。这里地处偏僻,环境优美,村民一直过着相对安定的生活。但清末民初军阀们的混战、贪官污吏对百姓的欺压盘剥,致使东部山区匪患猖獗,民不聊生。王右池的童年正是伴随着社会的动乱及百姓的苦难度过的,他的求学之路也因兵匪骚扰而时断时续。

为保护村民的财产和人身安全,各村自发成立起五花八门的自保组织,建起村寨围墙，按户摊丁值守。但不幸的是，有一年冬天，还没有成年、正在家读书的王右池还是作为“肉票”被东山土匪绑架。

在官军的进剿中，土匪到处躲藏，先后将王右池带往峄县北部、苍山等地。家人也不知道他身在何处，无处去送赎金。一次，王右池与另一个少年“肉票”一同去河边给土匪取水，两人抬着水罐走在冰面上不慎滑倒，水罐也摔了。二人怕回去挨揍，于是决计逃走。与同伴分手后，王右池用一天一夜的时间才回到父母身边。他的安全回来，使一家人倍感庆幸。

随着年龄和知识的增长，王右池开始思考社会，同时也在规划自己的人生之路。于是，他决定走出大山，继续求学，以便实现自己的理想和抱负。

1929 年，王右池考取滕县乡村简易师范。山东作为“模范省”，各县基本上都办有一所这样的学校。1931 年，王右池在学校认识了中共地下党员教师李叔铭。通过他的介绍，王右池有机会接触到各种进步思想。李在学校组织王右池及一些进步学生组成了“读书会”。“读书会”以研究社会主义学说、探讨中国出路为主旨，活动地点在县城南门里的“国民书店”。其时，国民书店既是中共滕县特支的秘密据点，又是党组织团结进步青年、发展外围组织的场所。正是这一时期，王右池从国民书店或借或购了各种进步书籍。为了掩人耳目，书籍都进行了伪装，以合法的面目示人，如《国民教育读本》《中医大全》等。他生前回忆当时的书目有《三民主义释义》《共产党宣言》《新青年》等等。同时，还阅读了鲁迅、郭沫若、巴金、茅盾等进步作家这一时期的作品。和当年的热血青年一样，王右池选择了革命道路。1931 年，经李叔铭和王临之介绍，王右池秘密加入了中国共产党，并很快成为党组织的中坚。

王右池的老师李叔铭

1931 年底，王右池在乡师毕业，被党组织派往城西辛安小学任教。从此，他以教师身份为掩护开展群众工作，宣传党的政治主张。据他生前回忆，一般只有重大事项开会时才碰头，地点多数在国民书店，也有几次在李景黄家里。平时与同志保持单线联系，一般采用书写密信的方法联络。书信正面是家长里短的琐事，背面用药水密写的部分才是正文。落款所用化名，从“木”者用火烤显影，从“水”者用水浸泡显影。

“九一八事变”爆发后，王右池积极参加了由滕县特支领导的重要活动。

他组织县城学生近千人上街游行，张贴标语，散发油印的日本内阁“田中奏折”传单，揭露日本侵略者吞并亚洲、称霸世界的图谋，呼吁国民政府一致对外。这次活动得到了全县师生和广大人民群众的支持，扩大了我党的影响。

由于党组织经常进行一些组织活动，特别是国民书店已成为团结进步青年和群众的重要场所，这引起反动当局的注意。加之书店生意兴隆，引起书店同行的妒忌，同行们便节外生枝，散布谣言“国民书店已被赤化，有共产党”，并向当局告密。1932 年 10 月 13 日夜，当局派出荷枪实弹的士兵包围了国民书店，从店中搜出《大同世界的共产主义社会》、中共山东省委机关刊物《红旗》和一批党的文件。共产党员渠玉柏、店员雷新修遭到逮捕，国民书店被查封。特支负责人王临之、李景黄等人受到通缉，滕县党组织遭到破坏。王右池得到消息后，回山里老家暂时躲避。

尽管滕县党组织遭受破坏，但散落在各地的党员继续自发地开展工作。王右池在家乡待过一段时间后，经人介绍到滕县城头，在今枣庄市山亭区城头镇西城头村小学教书，利用教员身份向学生灌输进步思想。1934 年 9 月，中共党员张学周在泰安党组织遭破坏后，来到城头学校任教，二人通过接触和交流，彼此了解了身份。从此，两人经常在一起讨论时政，在课堂上传播先进思想，引导和启发学生的阶级觉悟。他们还经常组织进步学生传阅革命书籍。两人商定，尽可能多地联络散落各地的党员，待时机成熟后建立党的组织。他俩的一系列举动引起校方的怀疑，校长华殿选多次跟踪监视他们，并多方打探，曾提出辞退两人。由于进步学生们以罢课相抵触，他俩又坚持了一段时间。1934 年冬，张学周被辞退，王右池也在该校无法立足，被迫辞职，到县城春秋阁小学教学。不久，又转到羊庄小学任教。

为了更好地开展党的工作，王右池四处打探和联络原来的“特支”成员。最初取得联系的就有李叔铭、李景黄等人。这时的李叔铭在滕县张汪五所楼村懋榛私立小学任教。懋榛小学早在 1921 年由当地知名士绅李天仉投资创办。由于该校校风民主，办学严谨，教誉卓著，本县及邻县的学生慕名而来。为进一步壮大党的力量，王右池与李叔铭商量，想把结识已久、目前仍在家中赋闲的张学周介绍来滕县。经过努力，1935 年 9 月，张学周进入五所楼懋榛小学任职。1936 年三四月份在滕县党组织被破坏五年后，中共滕县五所楼村懋榛党支部建立，张学周任支部书记，王右池任宣传委员，李叔铭任组织委员。党支部建立后，他们积极把散落在全县各处的党员团结在自己的周围，开展秘密活动，同时做好党组织的发展工作。

1936 年秋，经张学周介绍，王右池又结识和联络泰安地下党员燕遇明，并把他介绍到自己任职的羊庄小学任教。从此，王右池多了一个有力帮手。

到 1936 年底，王右池和张开文、燕遇明先后在优秀学生中培养和发展了朱广泉、孟昭煜、李瑞、侯以谋等人为中共党员。张学周、李叔铭先后介绍杨广立、杨际元、李运田等入党。这批党员中，多数成为我党、我军的高级领导人。

党支部成立后，身为宣传委员的王右池，为做好宣传工作，特地购买了收音机，订阅了大量进步书刊，以便随时掌握时局变化，适时调整宣传重点。为了更好地发动师生和群众，扩大我党的影响力，王右池和燕遇明还创办了《图存报》。这份油印小报主旨为：宣传抗日救国，动员全社会为抗战出力献策等。小报不定期出刊，每期印制几百份，广为散发，起到了很好的效果。

1937 年 7 月 7 日，卢沟桥事变发生，抗日战争全面爆发。王右池和特支的几位同志多次秘密开会，分析研究国家的形势和滕县特支的工作状态以及面临的困难，他们一致认为：国家形势的危机使我党的生存环境也越来越严峻，特支再不能像以前那样单打独斗，当务之急是与上级党组织取得联系，取得上级党组织的支持和领导。同时不等不靠，放手发动群众，组织抗日救亡运动，以实际行动打开党在滕县工作的新局面。于是，特支决定一面派人与上级党组织取得联系，一面分头组织开展抗日救亡运动。

根据特支安排，1937 年整个秋天，王右池把大部精力放到了在家乡组织农民抗日协会上。他首先从王氏家族成员入手，分别在沃里、善堌搭建协会骨架，然后再由骨干分头动员农民入会。在王右池的广泛宣传和精心组织下，沃里（会长王永田）、善堌（会长许培泉）两个大村率先组建了农民抗日协会，随后以点带面，各村纷纷效仿，整个翼云山区的革命火炬蓬勃盛燃，抗日热情异常高涨！

各村农民协会成立后，王右池将我党《抗日救国十大纲领》等文献和自己编撰的揭露日本军国主义侵华罪行及呼吁抗日救亡的材料在沃里家中油印成小册子和各种传单，作为培训教材发给协会成员，并向社会广为散发。他亲自授课，向会员和群众宣传党的抗日主张，动员每家每户踊跃捐款捐枪。1937 年 10 月 27 日，在王右池的策划和推动下，以沃里、善堌两村农民抗日协会为主，联合附近村农协会在庄里村（今属滕州市羊庄镇）召开了有 2000 多群众参加的“滕县农民抗日协会”成立大会，会议推选李子成为会长。经过王右池的努力，以沃里、善堌为中心的地域成为全县乃至鲁南地区群众动员最充分、我党抗日主张贯彻最广泛、抗战力量最活跃的地区。这为以后创建抗日武装打下了坚实的基础。

同年底，与上级党组织的联系也取得突破。五所楼懋臻小学党支部书记张学周通过曾在羊庄小学教书的党员燕遇明找到泰安地下党员夏辅仁、张北华，顺利与山东分局接上关系。同年12月9日，省委派巡视员王见新（化名孙俊才）来滕县。王见新在五所楼听取了滕县党支部张学周、李叔铭、王右池工作情况的汇报，王见新对滕县特支在与上级党组织失去联系的状态下，仍能独立自主地开展党的工作，给予了充分的肯定。同时他传达了中共中央洛川会议和山东分局关于组织抗日武装的指示精神，不久返回分局。

王见新

12月24日，王见新再次返回滕县并根据分局安排留滕工作。他直接到沃里找到王右池，并带来天津狗肉。至此，王见新基本上吃住在沃里村，长住其三弟王永凤堂屋西间。为了壮大革命力量，王右池将刚从国民党监狱出来不久、与党组织失去联系的大赵庄的表弟李乐平介绍给王见新，为李乐平接上了组织关系。李乐平长期在上海法租界以督查为掩护从事革命活动，地下斗争经验极其丰富。从此王见新、王右池、李乐平三人携手并肩，共同发动群众，组织农会，宣传党的抗日救亡方针，组织抗日骨干，利用逢集日上街散发传单、进行演讲，并走访骨干农户家庭，为建立武装做准备。

李乐平

1937年年末的一天，事关滕县我党独立建立抗日武装的会议在县城北关李景黄家（原址在现滕州人民医院内）召开。参加会议的人员有王见新、王右池、李景黄、李乐平等。会议由省委巡视员王见新主持，根据王右池的提议，会议决定在善堌举办“抗日农民训练班”。为便于开展工作，会议还就训练班的领导作了分工：王见新负责对外联络，李乐平负责内部事务并主持班务，王右池则负训练班的选址、各项物资的筹备和募捐、动员学员及联络等项工作。

由于筹备工作紧张，需要到处跑，王右池光是鞋就跑烂了两双。训练班的地址最初被定在沃里村，因没有合适的房子，最终选定善堌村王金榜（王玉殿之父）的一处半闲置的院落。王金榜的宅子原为夏家大院的“暖房”，夏家败落后卖给沃里村的王金榜。王金榜系开明人士。日本侵占滕县以前，此房曾典给国民党政府作为学校使用。由于战事，学校停课。此院为南北二进院，大门东南东向，前院四开房，腰屋（过道屋）为界，穿过腰屋即为暖房大院，院落为四开布局，堂屋为明三暗五式古式标准暖房，东西配房各三间。

李景黄

训练班所需被褥、粮食全部靠征集、募捐而来。为此，王右池首先动员沃里、善堌、洪山口、黄沟等全体王氏宗亲；其次是发动沃里、善堌两个农民协会会员，还组织起几个募捐小组分头到集市宣传，做一些有爱国心的开明士坤、大户的动员说服工作。最困难的是武器的征集，武器多数是通过各种关系借来的。滕县早期党员、国民书店创办人之一的刘炳文带头捐枪九支。学员动员方面，王右池侧重于联系先期成立的“滕县农民抗日协会”骨干，联络县城、五所楼、羊庄等学校的进步学生和青年。这些人中有些已经是党员培养对象，还有一些参加了党的外围组织。

1938 年 1 月下旬，滕县“农民抗日训练班”在善堌村正式开办。随着训练班影响的扩大，峄、邹、沛、铜（山）、费等邻县的进步青年和学生响应共产党“脱下长衫，到游击队去”的号召，陆续来到善堌参训。自第三期人数增多，训练班又在位于善堌村西北处的雪山寺增设了部分学员宿舍。尽管训练班条件艰苦，但学员们学习热情很高。第五期训练班即将结业时，日军侵占滕县，训练班被迫结束。培训班的举办，为鲁南地区培养了大批政治和军事骨干，为组建抗日武装、建立抗日根据地准备了条件。

李炳文

雪山玄天古洞

苏鲁豫皖边区农民抗日训练班文物保护碑

在举办训练班的同时，王右池经与王见新商量，在善堌村开办了全县第一所抗日小学。他在繁忙工作之余还承担了主要教材的编写任务。抗小授课内容以识字、认数和运算为主，结合当时抗战形势，适时宣讲抗日救国的道理。小学的开课，吸引了周围十里八乡穷苦人家的孩子前来免费入学。每当红日从东山升起的时候，雪山寺练兵场上的口号声、抗日小学的琅琅读书声、妇救会的抗日救亡歌声交织在一起，回荡在山村上空……善堌也由此成为中共滕县地方组织领导全县人民奋起抗日并夺取胜利的摇篮。

善堌抗日小学旧址

1938 年 3 月底 4 月初，中共滕县特支在农民抗日训练班的基础上组建起一支约 50 人的武装，名为“善堌农民抗日救国军”。后来，这支队伍更名为“滕县人民抗日义勇队”，队员很快发展到 120 人。

义勇队建立之初，经费、武器、粮食和被服十分紧张。负责募捐和统战工作的王右池千方百计保障义勇队生存和发展之需。他不仅动员全家族带头捐款捐粮，而且还充分利用世交和宗亲联系，做他们的思想工作，求得他们的支持。桑村的李佑肃、南塘村的刘儒嵩分别捐粮 1250 公斤、500 公斤。王右池等还组织义勇队员到各村募捐。

抗日义勇队成立后，王右池和队员们先后在岗头、羊庄伏击日军，并取得胜利。

1938 年 3 月，日军侵占滕县城后，国民党县政府不复存在。滕县党组织为扩大影响，贯彻党的抗日民族统一战线政策，团结包括旧政府官员在内的社会各界人士共同抗日，成立了“滕县自卫委员会”。王右池任主任，李树勤任秘书长。其职能是：组织抗日武装，搞好统战工作，维持地方秩序。机关设在南塘村。王右池还受组织派遣，单独或同他人一起做原滕县国民党县长周侗的工作。在共产党真诚抗日和统一战线政策的感召下，滕县沦陷最初两年，周一直与中共滕县特支和义勇队保持联系，合作抗日。在后来义勇总队讨顽的战役中，周还派出兵力予以支援。王右池还奉命对会道门和旧自保组织做争取和改造工作。据他生前回忆说：“有时为了做工作，不得不与一些帮会头领‘拜把子’、换帖。不善饮酒的我有两次喝酒过量，硬是醉倒一天一夜。经过反复做工作，羊庄的小刀会首领刘印轩加入到抗日反顽阵营，他曾数次带领本会与小股日伪军作战，表现非常勇敢。后来，刘加入了中国共产党，小刀会的大部分成员陆续加入抗日队伍。”这个时期，王右池在特支的支持下，正确实施党的统战政策，做了大量卓有成效的工作，为推动当地全民抗战局面的形成做出了贡献。

1938 年春末，中共滕县党组织划归苏鲁豫皖边区特委领导。4 月徐州沦陷前夕，苏鲁豫皖边区特委书记郭子化来到滕东山区。在善堌，他检阅了刚刚组建的抗日义勇队，深入考察了解滕县党的组织建设、农民抗日协会、妇女抗日救国会等群众团体发展情况和抗日统一战线工作。王右池作为本地特支的早期成员对上述工作一一作了详细介绍。郭子化对滕县特支取得的成绩给予高度评价。根据现实斗争的需要，由郭提议重建中共滕县特别支部，由王见新任书记，王右池、李乐平分任宣传和组织委员。

通过数天的考察，郭子化和滕县新特支成员逐步形成共识：滕东山区有良好的群众基础和党的组织基础；我党领导的武装和统一战线工作局面已经打开；此地东接抱犊崮山区，西临津浦铁路便于开展敌后游击战，有利于建立稳固的根据地。其间，郭子化还应邀到沃里村王右池家做客，两人促膝长谈。他称赞王氏家族支持抗战、为抗战出力的举动。

1938 年 5 月 21 日，特委在老古泉村召开扩大会议。王右池以滕县特支成员身份参加了会议。会议决定成立“第五战区人民抗日义勇总队”（简称鲁南人民抗日义勇总队）。总队下辖三个大队和一个警卫连，共约 800 人。滕县人民抗日义勇队编为二大队。王右池担任二大队工作团团长，主要活动在羊庄、西集、木石、善堌一带。其主要任务是：发动群众、地方党务、统战和战时保障。同时，兼任带有政权性质的“滕县自卫委员会”主任一职。义勇总队，特别是二大队的军事领导和重要决策，王右池都参与其中。

1938年6月，鲁南人民抗日义勇总队反顽斗争取得初步胜利。尔后，义勇总队又被卷土重来的顽固势力包围。7月上旬，省委书记郭洪涛率八路军四支队部分官兵及省委机关部分人员到达滕峄边进行支援。为了更好地安排好省委机关和部队，王右池带领特支成员和二大队利用各种统战关系借房筹粮，并做好即将打响的反顽战役的后勤保障。郭洪涛等省委领导和机关人员被安排在善堌，省军政干校被安置在善堌的抗日小学和刘庄，部队分驻山亭、南塘等村。

1938年7月10日，四支队在义勇总队的配合下，经过7昼夜激战，克顽匪申宪武冯卯、高庄、万庄村之部，后集中攻打东江刘广田顽匪，数日未克。后因形势发生变化，省委于8月中旬决定撤离滕峄边区，返回鲁中，苏鲁豫皖边区特委和抗日义勇总队东撤到抱犊山区，重新开辟根据地。

义勇总队向抱犊崮以东转移，行至山亭，二大队工作团改为义勇总队政治部民运科，王右池任科长。到达目的地后，王右池将民运科成员一分为二，他随总队到临枣公路以南开展工作，其余留在根据地作为宣传队。一个月后，王右池随部队重返大炉，民运科改称宣传队，王右池任新职。此后，王右池任临费县县委书记、临郯费峄四县边联县委书记、临费工委书记、鲁南二地委民运部长(《中共滕州地方史》载王右池曾担任此职，但起止时间未交代)。

1941～1943年，是我党领导的敌后抗日最艰苦、最困难的时期。1943年初春，王右池接到通知，匆匆赶到鲁南区党委驻地赵镈县(现苍山县)东白山村。区党委敌工部长王少庸与他谈话，让他返回滕县敌占区工作。同时被抽调的有朱慕唐、朱英、王金唐等10多名干部。考虑到在敌占区开展工作的实际，鲁南军区还派出一支30多人的武工队随行。这支队伍是由军区抽调主力部队的连、排长组成，张福昌(又名齐安昌)任队长，靳怀刚任政委。武工队由王右池统一指挥。

王右池一行刚到滕东地区时，环境非常险恶，他们开展工作主要是以鲁南铁道大队活动区域为基础，驻地不固定。他们白天隐藏在野外，晚上分头走村入户联络党员，了解情况，开展工作。通过一段时间的艰苦努力，他们站稳了脚跟。是年5月，根据鲁南区党委的指示，王右池在滕县南部的荼棚村[①]重新组建了滕东县委和滕东县抗日民主政府，王右池任县委书记兼县长，组织部长朱英(原名朱瑞珂)，宣传部长朱慕唐，李子成任敌工部长，后兼二区区长。1943年4～12月，县委先后建立了临城、仓沟、千山头、桑村四个

① 荼棚村今属枣庄市薛城区沙沟镇。

区。伴随区委、区政权的建立，武装斗争全面开展，党的基层组织得以恢复和发展。6 月县大队成立，王右池兼任政委，任振家任大队长，鲁南军区 5 团营长张明贵任副大队长。县大队的活动范围，从最初的临枣路两侧，逐渐扩大到津浦封锁沟①路东侧，向北延续到桑村，向东活动到善堌附近的封锁沟。在整个滕东地区，武工队主动出击，他们袭日军、捉特务、惩汉奸。1943 年下半年，武工队歼灭敌伪两支抢粮队，打死敌伪多名，俘敌 34 人，缴枪 20 余支、粮食 5000 多公斤，迫敌不敢轻易离开据点和县城。

为应对根据地日益严峻的经济困难，县政府在鲁南区党委的支持下，尝试发展公营商业。1943 年秋天，滕东抗日政府战时工商管理局在山亭岩底村建立。战时工商管理局下设秘书、人事、业务三个股。至年底相继建成开业的有庄里、羊庄、欧峪等商店。战时工商管理局以经商的形式团结了一大批爱国商人为我服务。商店经营品种有生活日用品、粮食、山果、中药材等，有些商品销往外地，换回根据地急需的医疗器械、药品、布匹、五金甚至枪支弹药等。

公营商店以北海币为通用货币。为控制货币市场，挤走扰乱根据地货币流通市场的伪币，县政府颁布了《取缔伪钞私票，使用北海币》的法令，限期兑换，过期没收，禁止使用伪币购物，使伪币大幅贬值。

滕东抗日政府创办的公营商业，在很大程度上解决了根据地面临的经济困难，有效地打破了日寇对根据地的经济封锁，为扭转抗战局面做出了贡献。其做法在整个山东根据地得到推广。

正是在王右池担任滕东县委书记期间，他接待并结识了当年在根据地报社担任记者的刘知侠。由于当时敌占区环境险恶，为保证其安全，王右池安排他随同县委活动。据王右池生前回忆：曾有 10 多天两人同住庄稼地里的一个窝棚。刘知侠正是这段时间采访了活动在滕东的由我党领导的各支武装，特别是活跃在津浦和临枣支线的鲁南铁道大队引起他极大兴趣。这为他日后创作小说《铁道游击队》积累了丰厚的素材。

1943 年年底，王右池离开滕东，赴鲁南区党委驻地参加了为期 110 天的整风学习。“这次会议，是鲁南抗日战争胜利前夕的一次关键会议，对从思想上、政治上、组织上动员鲁南党政军民，为巩固和发展鲁南抗日根据地，为在鲁南开展局部反攻和以后的大反攻奠定了良好的基础。会议的不足之处是：在对某些人开展批评时，出现过不适当或过头的言辞，但没有作结论，更没有进行处理。会议过程中，曾错误地抓捕了滕东县委书记王右池，这是与

① 封锁沟，日军为封锁根据地逼迫当地群众开挖的深沟。

会议内容无关的另一类问题，后来平了反。”①

1944 年 5 月至 1945 年 10 月，王右池先后赴山东分局党校学习，并任党校组织部长。1945 年，组织决定王右池任徐州市委副书记，因徐州没打开未能到任。

1945 年 10 月 19 日，中共中央决定，华中局北移山东，和山东分局合并组成华东局。山东和华中抽兵力去东北，争取中国共产党在东北的巩固地位。遵照党中央的指示，山东 6 万余主力部队、5000 名地方干部，水陆并进，昼夜兼程，急驰东北。罗荣桓率领轻便指挥机关离开临沂，由烟台渡海去东北地区，王右池也在其中。

1945 年 12 月，王右池任安东省委②政策调研员。经过一个时期有关土地改革的培训后，他率队到解放区土改一线，参加土改。与他同在一个工作队的有后来成为著名作家的周立波。据王右池自写的简历，两人还在同一农舍住过很长时间。王见新 1980 年 9 月 30 日写给王右池的信后来成为周立波写成的鸿篇巨制《暴风骤雨》的原型。

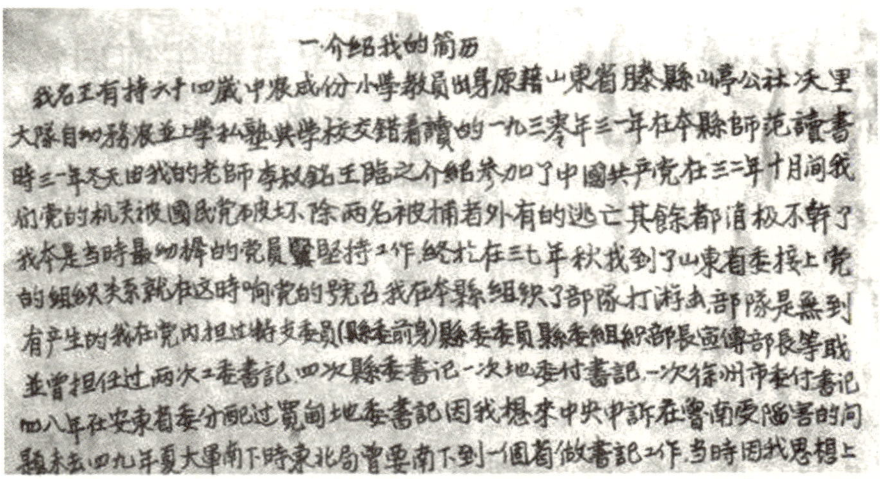

一介紹我的简历

我名王有持六十四歲中農成份小學教員出身原籍山東省滕縣山亭公社[illegible]里大隊自幼務農並上學私塾與學校交錯着讀的一九三零年三一年在本縣師范讀書時三一年冬天由我的老師李叔銘王臨之介紹参加了中國共产党在三二年十月间我們党的机关被國民党破坏除两名被捕者外有的逃亡其餘都消极不幹了我本是当時最幼稚的党員還堅持工作終於在三七年秋我到了山東省委接上党的組织关系就在这時响党的號召我在本縣組织了部隊打游击部隊是無到有产生的我在党内担过特支委員(縣委前身)縣委委員縣委組织部長宣傳部長等职並曾担任过两次工委書記四次縣委書记一次地委付書記一次徐州市委付書记四八年在安東省委分配过寬甸地委書記因我想來中央申訴在魯南受陷害的问题未去四九年夏大軍南下時東北局曾要南下到一個省做書記工作当時因我思想上

王右池自书简历

新中国成立初期，由于种种原因，王右池受到不公正待遇。1984 年中央组织部为他落实政策，让他享受厅级待遇。此后，王右池致力于鲁南地方党

---

① 中共临沂地委党史资料征集委员会等编：《中共鲁南区党史大事记》，第 205 页。

② 安东省委，东北解放战争时期中共在南满地区建立，隶属中央东北局及南满分局。

史的回忆与撰写，为地方党史的研究做出了贡献。他曾是枣庄市政协委员。1995 年在滕州逝世，终年 85 岁。[①]

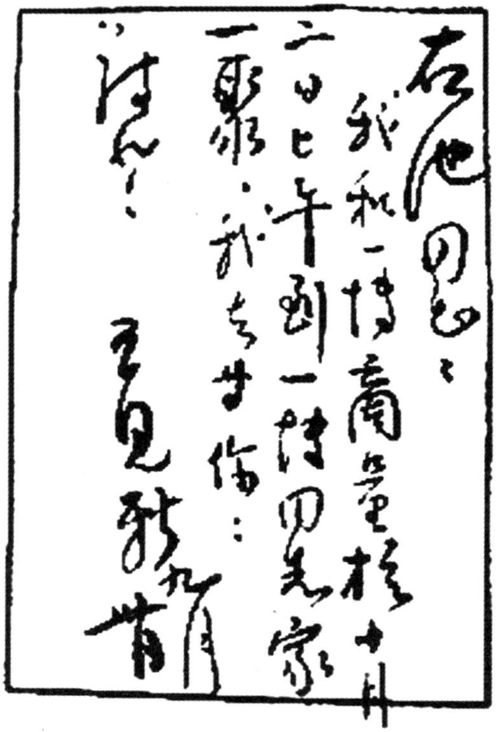

王见新给王右池的信

① 本文的整理成篇，首先得力于枣庄市司法局原副局长王金瓯先生。王右池是王金瓯的二伯父，伯侄曾在一起生活较长时间，对其人生经历较为了解。王右池是枣庄地区较早的共产党员、中共滕东县委书记、中共山东分局党校组织部长，新中国成立后，中共鲁南地方党史文献却很少提及他的名字，一些志书当中连他的简介也没有。20 世纪 80 年代，本着对王右池本人负责、对历史负责的态度，王金瓯请其详细介绍了革命经历，根据其录音整理成文字资料。王金瓯还随其到革命故地寻访，与当事人、知情人座谈，征集了大量极有价值的第一手资料。在此基础上，他查阅了大量党史文献、资料。经过系统梳理，王金瓯最后写成《漫漫蹉跎路》，详细、全面、客观地介绍了王右池革命的一生。1985 年，时值反法西斯战争胜利 40 周年之际，本文作者杨延标曾登门采访了王右池老人，整理的 6000 多字的文稿曾在枣庄广播电台连播 3 日。本文综合了王金瓯、杨延标以及沙朝佩的研究成果，连缀成篇，在此一并表示由衷的感谢！

南京渡江战役第一船的领军人沈鸿毅

沈印骞

伯父沈鸿毅戎马一生，身经百战。在满身的光环中，唯有作为南京渡江战役第一船的领军人是他一生的最大骄傲！经揣度再三，笔者决定撷取伯父一生中最光辉的一页连缀成篇，以慰伯父的在天之灵，以示后昆诸辈的缅怀与恭敬。

沈鸿毅

沈鸿毅（1923～2008），山亭区沈庄村人。祖父是滕东知名士绅，家境殷实。父亲沈玉修排行老五，学识渊博，精于持家。沈鸿毅从小就受到良好的私塾教育，13岁时考入滕州教会学堂学习。学习期间，他接受了许多进步思想，结识了许多进步人士。受其影响，他15岁时（1938）就参加了鲁南抗日义勇总队，主要从事抗日宣传活动，1939年5月加入中国共产党。1939年，八路军第一一五师挺进抱犊崮山区后，鲁南人民抗日义勇总队被改编为八路军苏鲁支队，沈鸿毅历任战士、班长、侦察员、参谋等，参加了鲁南地区历次反“扫荡”及滨海区甲子山战役、鲁南崮口战役及讨伐伪顽申宪武、张里元、王洪九等战斗。解放战争时期，曾任支队、军分区旅和师司令部侦察科副科长、科长和团参谋长，先后参加了解放滕县、邹县战斗，随后又参加了鲁南战役、淮海战役、渡江战役、解放舟山等战役。曾因保障鲁南二地委、专署、军分区机关和部队安全突围，荣立三等功；在南京渡江战役中，率部首先攻进南京，荣立二等功。

中华人民共和国成立后，沈鸿毅始任中国人民解放军第二十二军司令部侦察处处长，曾入华东军区高干班学习。1952 年入第一坦克学校学习，后任学员营营长、校部队列处处长。1956 年 3 月起，先后任装甲兵坦克第二师团长、师参谋长、副师长、师长。1970 年 7 月任济南军区装甲兵副司令员。是年 9 月，奉命赴菏泽地区执行“三支两军”任务，任中共菏泽地区革命委员会核心领导小组组长、菏泽地区革命委员会主任。1971 年 9 月，当选为中共菏泽地区第一届委员会书记兼任菏泽地区革命委员会主任。1973 年 7 月撤回部队任原职。1978 年 3 月任山东省军区副司令员。1981 年初任济南军区装甲兵司令员。1983 年 2 月任济南军区后勤部部长和中共山东省委委员、济南军区党委常委、济南军区后勤部党委副书记。1985 年 6 月离职休养。1964 年被授予大校军衔，曾荣获三级独立自由勋章、三级解放勋章和独立功勋荣誉章。2008 年 6 月 2 日在济南逝世，享年 85 岁，其骨灰安葬在老家山亭区山城街道翼云山的南麓。

渡江第一船——“京电”号小火轮与沈鸿毅英名共存

这是刊载在 2015 年 4 月 13 日新华网上的一篇纪念渡江战役第一船“京电”号小火轮 90 周年生日的文章，题目为《渡江老战士回忆“寻船往事”》现摘录于此，作为纪念伯父沈鸿毅的开篇语：

渡江第一船——“京电”号小火轮

在南京渡江胜利纪念馆入口前的下沉式广场上，“停泊”着一艘船身斑驳的黑色小火轮，它就是有着“渡江第一船”之称的“京电”号小火轮。渡江战役期间，“京电”号载着第一批解放军先遣部队最先渡过长江，邓小平、陈毅也是乘坐这艘小火轮抵达中山码头的。

今年是渡江战役胜利暨南京解放66周年，作为这两大重要历史事件的见证者，“京电”号小火轮也迎来了自己的90岁生日。……

“钟山风雨起苍黄，百万雄师过大江。”1949年4月23日凌晨，人民解放军三野三十五军一〇三师的120名解放军指战员作为渡江解放南京的第一支部队，在“京电”号小火轮上架起数挺机枪，从江北浦口码头出发，冒着南岸射来的密集炮火，单船劈波奋勇向前。这艘20多米长的钢制蒸汽船，由此翻开了最具传奇色彩的一页。

时间过去了60多年，当年为大部队找来“渡江第一船”的侦察员们，依然没有忘记这个立下战功的“老伙计”。

1949年4月，中国人民解放军百万雄师饮马长江，屯兵江北，做好了渡江作战的准备。兵败如山倒的国民党军队为了阻止解放军渡江，将江北稍大的船只全部拖往南岸，小船则就地烧毁。当解放军到达长江北岸时，沿岸已经没有可以渡江作战的船只。

当时战士们四处搜索，好不容易才在江北找到了一艘只能乘坐5人的小木船。船主童达兴听说战士们要过江寻找船只，急忙找来村里的一位老乡做帮手，并提出亲自掌舵送战士们过江。过江寻船的任务，落到了三十五军一〇三师徐传翎、沈鸿毅、何鹏、魏继善等侦察员的肩上。……这个艰巨的任务，决定着解放南京的渡江作战计划能否顺利实施。

魏继善回忆说，首长临行前对他们说：“你们一定要完成任务，党忘不了你们。如果回不来，就在南方打游击。”首长最后问了一句：“你们还有什么交代没有？”侦察员们都没有说话。“那个时候，大家心里已经没有什么好交代的了，就抱着一个信念：一定要完成任务！”沈鸿毅说。

4月22日下午，5名侦察员冒着敌人的炮火抵达南岸，并与下关电厂的中共地下党员取得了联系。几经辗转，运送解放军渡江作战的使命，落在了当时停在下关码头的钢制蒸汽船“京电”号小火轮身上。

船只找到了，但由于当时没有无线电，侦察员们无法与对岸的大部队取得联系。沈鸿毅回忆说，他们无奈之下只能用高声呼喊的方式传递信息。对岸先问：“你们找到船了没有？”侦察员们大声回应：“找到啦！”

23日零时，随着长江北岸三颗信号弹发出，一声开船铃响，下关电厂的6名船工开动“京电”号小火轮，载着侦察员向江北起航了。到达对岸时，三十五军一〇三师、一〇四师的指战员已经聚集在浦口码头，大家争先恐后都希望率先渡江攻占南京。魏继善回忆说，就在大家争执不下之时，部队首长发来指示："谁先找到的船，谁就先渡江。"他们冒着生命危险找来的"京电"号小火轮，让一〇三师成了第一批渡过长江进入南京城的部队。

4 月 25 日，邓小平和陈毅从合肥瑶岗出发，晚上 10 点抵达江北浦口码头。起初，陈毅不肯乘坐"京电"号，坚持要和战士们一样坐木船过江。一旁的邓小平听完"京电"号船工的汇报后，对这艘小火轮竖起了大拇指："了不得！头一个到达对岸，渡江第一船嘛！"于是，两人一同登上"京电"号渡江来到下关码头，"渡江第一船"的名号也从此流传开来。①

受命过江搞到"京电"号小火轮

1949 年 4 月 22 日，三十五军完成了三浦（长江南京段北岸的江浦、浦口、浦镇）战役后，与南京隔江相望，直接威胁南京国民政府。这时南京地下党发来情报，说迹象表明：南京国民政府在做逃离准备，现在南京城内兵荒马乱，建议立即渡江。

当日下午，一〇三师直属侦察连机枪班班长徐传翎在浦口附近小河岔芦苇丛中找到一条小渔船。上级命令立即派侦察员进入南京与地下党直接取得联系，了解国民党撤退虚实，以便实施全军渡江。当时在浦口的一〇三师、一〇四师都争着要乘小渔船去南京侦察，两师互不相让，因小船是一〇三师搞到的，最后军政委何克希决定让一〇三师侦察连派便衣侦察员渡江。

一〇三师接到军部命令后，立即派侦察科科长沈鸿毅具体组织实施。他到侦察连后，命令便衣排副排长何鹏带队，挑选作战勇敢机智的孙晋海、魏继善、尹鸿亮、周建喜同志担任此任务。出发前，沈鸿毅特地交代：一是弄清南京国民党党、政、军撤退虚实；二是在江南最好能搞到比较大的船，大部队在浦口随时接应，万一不行要做最坏打算。

夜幕下，小船颠簸在滔滔长江之中，向下关电厂方向驶去。当小船划过长江中心水域时，远远听到国民党军舰的马达声。我江北炮兵阵地立即炮击，敌舰转头就跑。何鹏等人平安到达与地下党约定的下关电厂附近。很快，一位中年人迎面走来，用暗语接上了关系。

---

① 朱凯、胡彤：《渡江老战士回忆寻船往事　难忘京电号小火轮》，http://www.js.xinhuanet.com/2015－04/13/c_111494 5781.htm。

事后了解，这位中年人是下关电厂的副厂长，是中共地下党员。遗憾的是，我们至今不知道他的姓名。

下关电厂是当时我国最大的火力发电厂之一，是宋子文私人财产，早有我地下党组织活动。这位副厂长是受当时中共南京市委书记陈修良委派，负责接待过江来的我军侦察员的。

在电厂食堂匆匆吃了晚饭以后，他带着何鹏等人到厂房一间小屋里，详细介绍了南京情况及敌军江防重点、巡逻规律。他说："南京现在很乱，国民党兵到处抢东西，政府官员大部分逃走，李宗仁也走了，现在是大军渡江最好时机，你们过来，最好还是在此上岸，我们随时接应。"

何鹏等人从厂区出来，打算在下关码头搞条船回去，发现在江堤上有国民党兵巡逻，还不时听到枪声。码头上也没有船只停泊。走远一点去找船，他们五个人恐怕难以完成。于是他们去找原来的小渔船，当他们走到原来上岸的地方时，小渔船竟不见了！

陈列在渡江胜利纪念馆广场的"京电"号小火轮

正在万分焦急之时，侦察兵魏继善找到了当时的下关电厂，也就是现在的大唐发电厂。当时，其他的船只都被破坏了。唯有"京电"号小火轮放在电厂水泵房的后面，因此幸存下来。战士们欣喜若狂，问那位副厂长可否将此船开回浦口。副厂长告诉他们，船是可以用的，但船老大不住厂区。他马上打电话并派车把老船工陆连云接回来。这时沿江码头到处都听到国民党炸船的爆破声。

陆连云和几名年轻小伙计来到后，有的运煤，有的运柴。小火轮很快就发动起来了。据陆连云回忆，"京电"号是运煤的，不适宜载人，但为了过江，不得不派它上阵。为了保证士兵的安全，他们在船舱底部，放置了10多吨的水泥块。因此，战士们上下船，都得轻轻慢慢的。

何鹏等人立即登船。小火轮快速向浦口方向驶去。当"京电"号小火轮行驶到长江中心水域时，被南岸蒋军发现。蒋军向小火轮开炮，激起层层水柱。

在浦口，师部领导及侦察连同志，一直在江边密切观察着江对岸的动静。我军炮兵立即向江南岸开炮，阵阵炮弹落到蒋军阵地上。“京电”号小火轮很快驶到了浦口。

90岁的陆连云老人和“京电”号同岁

上岸后，沈鸿毅带着何鹏等人乘车直奔军部，向军首长汇报渡江侦察情况。军部决定立即渡江攻占南京，占领伪总统府。

这时，一〇三、一〇四两个师的领导，争着要乘第一船渡江去占领南京。一〇三师领导说，这条小火轮是我们侦察连从南京搞来的，而且与南京地下党同志取得联系了；一〇四师领导认为，原来军部决定由一〇四师首先渡江，应该由他们乘第一船去占领南京。军政委何克希决定由一〇三师侦察连同志携带电台首先渡江①，并命令：“占领南京后，立即攻占伪总统府！”后来，何克希讲起这段历史时说：“那是毛主席、党中央直接下达的命令！”

“京电”号小火轮虽然烧的是煤，在当时还是比较先进的，但它的承载能力小，最多承载四五十人。为了安全起见，沈鸿毅命令侦察连先上两个排的兵力，全部配备轻机枪、冲锋枪等精良武器。

4月22日晚上10时左右，侦察连登船时，何克希政委特地交代，思想上要做好充分准备，可能会遇到各种情况，要大胆果断地处理。到了南京后，首先要占领总统府和国防部保密二厅，后续部队很快渡江，及时用电台联系，只能成功，不许失败。

去总统府途中的三次战斗

在江北浦口，炮兵严阵以待，支援渡江。小火轮很快渡过江开到下关码

① 《渭南日报》多媒体数字报《林毅——华州走出的开国将军》一文载：“1949年4月，渡江战役打响，林毅任三十五军一〇三师参谋长。4月20日，他率一〇三师指战员连夜激战，一举解放江浦县。21日晨，长江两岸，绿草如茵，鸟语花香，林毅忘记一夜作战疲劳，带着胜利的喜悦，即率部急行军向浦口前进，准备横渡长江，解放南京。22日下午赶到浦口码头，林毅立即让师侦察科长沈鸿毅找渡船。天还未黑，沈便找来了一个能坐5人的小划子和一位50多岁的船工。5位侦察员过江后得到电厂工人的支持，开回来了一只小轮船。本来确定一〇四师为渡江第一船，但因一〇三师先搞到了轮船，从而争得了渡江第一船。林毅遂率部渡过长江，与兄弟部队一起解放了南京，推翻了蒋家王朝。”（参见邵拉雄、刘建龙：《林毅——华州走出的开国将军》，2007年10月9日《渭南日报》）

头，在沈鸿毅的率领下，一〇三师侦察连迅速占领江边阵地，电台立即向军部报告，登陆成功。军部命令，立即向纵深发展，以最快速度占领总统府！[①]

南京地下党的那位同志一直在下关电厂附近等候。看到“京电”号小火轮胜利返回并带回那么多人下船，他高兴极了，紧紧地握着沈鸿毅的手，激动地说：“我们日夜盼望大军过江来，现在终于盼到了。”他们已经准备好两辆大卡车。部队立即跑步奔向大卡车停放地方，同时告诉船工陆连云，让他迅速把船开回浦口，运送后续部队……

地下党同志说，现在南京很乱，到处有国民党残兵，为了安全，我们此行可以“万字会”的名义（我地下党控制的外围进步组织，负责南京的巡逻任务）。“万字会”戴的是白袖章，我们的红袖章翻过来，也是白袖章。他们交代说：“你们都要弯下腰，头不要高过车厢板，遇到国民党兵盘查时，由我们出面答话。”大家当时都想以最快的速度去攻占总统府，尽量减少途中的阻挠，但在行车途中仍遇到不少麻烦。

沈鸿毅率队进入南京时的街景

沈鸿毅自带一辆车去占领国防保密二厅，命令邢文禄副连长乘一辆车去占领总统府（何鹏、徐传翎、魏继善、杨守来等都在这辆车上），每辆车有两

① 参见沈鸿毅等：《南京渡江战役第一船的故事》，http://www.infzm.com/content/26994。

名“万字会”的人员带领。何鹏、徐传翎、魏继善、杨守来等进入挹江门[①]行驶至中山北路口时，看到国民党兵正在装运物资准备逃走。看到大卡车驶来，一个国民党兵前来拦车。何鹏、徐传翎、魏继善、杨守来等没有理睬他，继续行驶。敌人先开枪，我侦察连同志怒火心中起，拿起机枪、冲锋枪一阵扫射，打得国民党兵死的死伤的伤，然后跳下车，把枪口对准他们，大声说：“我们是中国人民解放军，缴枪不杀！”国民党兵乖乖地缴了枪。何鹏、徐传翎、魏继善、杨守来等把他们集中在房子里，派几个战士看管起来，然后继续前进。在新街口附近，他们又发现一股国民党兵在夜幕下抢东西。看到何鹏、徐传翎、魏继善、杨守来等的车开来：国民党兵又开枪了，侦察连同志拿起冲锋枪扫射，打死打伤多名国民党兵。

南京城内到处是枪声，国民党兵根本没有想到人民解放军先头部队已经渡江。有一个俘虏说，4 月 22 日我们接到命令撤退，你们晚上就过来了。你们没有海军，没有空军，难道是从天上降下来的？他感到奇怪。驶往总统府的大卡车开到一个路口时，有两辆军用吉普车迎面开来：第一辆吉普车气势汹汹地让我们让路，侦察连战士看到这副样子，拿起冲锋枪一阵扫射；另一辆一个急转弯逃走了。事后得知，这两辆车是大特务头子毛森的卫队。

在从开车到总统府途中经历三次小的战斗中，侦察连共俘虏国民党兵 70 余人，晚上 12 点左右到达总统府。

开车途中，突然路灯灭了，全城一片漆黑。开始何鹏、徐传翎、魏继善、杨守来等认为是哪位战士打断电线所致。事后他们得知，这是国民党潜伏特务有意破坏。

在“委员长”座椅上坐一坐

到达总统府大门口，何鹏、徐传翎、魏继善、杨守来等立即下车，做好战斗准备。何鹏、徐传翎、魏继善等人潜伏到总统府大门口，仔细观察了动静，发现没有国民党兵守卫，一扇大门半掩着。于是他们猛推了一下，发现静悄悄的，没人，遂推开大门，潜伏到大门北侧，发现还有两个大门。他们大声

① 挹江门，位于江苏省南京市下关区中山北路 398 号，坐落于下关黄土山与八字山之间，是目前南京较为完好的城楼之一。挹江门于 1921 年开辟，称为“海陵门”。1931 年扩建为三拱门，易名“挹江门”。1949 年 4 月 23 日解放南京时，中国人民解放军就是从这里入城的。1984 年 4 月 23 日（南京解放 35 周年纪念日），在此城楼建立了渡江胜利纪念馆。

喊:“里面有人吗?”一个50来岁的人走出来说:“你们是什么人,这么晚了来干什么?”“我们是中国人民解放军,不许动!”那个人哆哆嗦嗦地说:“长官,我是看门的。李总统昨天就走了。那些当官的都走了,只留下我们这些看门、打杂的。李总统走时长官对我们训过话,要我们一定保护好总统府,过几天他们要回来的。”“你说的是实话?”“长官,我说的句句是实话。”“还有的人在哪里?”“他们都在里面睡觉。”“你把他们都叫起来。”于是,在战士监督下,人员都集中在走廊里。

侦察连经过审问留守人员和周密侦察得知,整个总统府已人去楼空,只留下十几个留守的勤杂人员,他们也准备第二天离开。副连长对全体侦察员进行分工,有的警卫,有的看管,有的去搜查总统府。其中徐传翎带一个组,挑选一名留守人员带路,到蒋介石办公的地方去。

总统府很大,一个长长的走廊铺着红地毯,从走廊走到一个小礼堂时,带路的人说,这是蒋介石就任时的地方。徐传翎等人从窗外张望了一下,里面黑黑的,只看到一些桌椅、沙发。然后他们走进一座大楼,上楼梯,楼道里都铺着红地毯,带路的人指着一间办公室说:“这是蒋总统办公的地方。”徐传翎等人走进蒋介石的办公室,打开电灯,发现办公室非常气派,室内一尘不染,非常整洁。徐传翔记得有两三间房子,连办公桌上的茶杯、笔筒都没人动过。桌上放着一本精制的大画册,题为“悼念黄将军伯韬”,画册内有蒋介石的悼词,说黄伯韬将军在徐海大战中如何英勇,消灭多少共军……最后为党国献身等等,这简直是一派胡言。

黄伯韬在淮海战役初期,被我军围堵在碾庄地区,最后逃到小费庄时,被我军击毙。何鹏、徐传翎、魏继善、杨守来等知道黄伯韬是怎么死的,看到蒋介石骗人的悼词,十分气愤,当场就把那本画册撕毁了。

我们的战士大多是从乡村来的,从来没有见过这样豪华的办公室,现在以一个胜利者的心情,轮流在蒋介石的座椅上坐了一坐,享受一下总统的“待遇”。战士们严格遵守入城纪律,对其他物品不损分毫。

搜查完蒋介石办公室,侦察连战士又去搜查一个很大的会议室,室内的桌椅摆放得很整齐,墙上挂着孙中山先生肖像和蒋介石一身戎装的肖像。战士们看到后,怒从心起,指着骂道,这个独夫民贼,双手沾满多少共产党员和革命人民鲜血!战士们七手八脚把它拉下来,有的用脚踩,有的吐唾沫,大家建议把它拿到外面烧了。侦察员杨守来建议,这个蒋该死,拉上大便涂在脸上让它遗臭万年!徐传翎等人不同意这样做,说蒋介石背叛孙中山,我们应该把他的像倒挂起来,让后人知道,他是背叛孙中山先生的。大家一致赞同这个办法。以后后续部队进驻总统府时，蒋介石的肖像倒立在孙中山先生的肖像之下，这就是一〇三师侦察连同志首先占领总统府时留下的“杰作”。后来一〇四师有人写回忆录，说他们首先占领总统府，看到蒋介石画像是倒挂着的，因为不知道缘由，说是什么进步人士所为。

我们的指战员个个自觉遵守入城守则，只轮流在走廊的地毯上打了个瞌睡。但有些战士搜查时凡发现有国民党标记或蒋介石肖像的报刊文件，出于气愤都将它们撕得粉碎，满地乱扔。

1949 年 4 月 23 日，东方红日冉冉升起的时候，何鹏、徐传翎、魏继善、杨守来等发现总统府的门楼上，青天白日旗还飘扬。有的战士拿起冲锋枪扫射，旗被打破了，却没有降下来。于是战士卢秀登、王安滋等人爬上门楼，用刺刀割断旗绳，拉下来用脚踩了几下。

后来中央历史纪录片中有这样的镜头，几个战士走上门楼，降下青天白日旗，把我们的五星红旗升上去，宣布蒋家王朝的覆灭。这是四天后，重新举行入城仪式时补拍的镜头，那天降下青天白日旗的是一〇四师三一二团的战士。其实一〇三师侦察连已占领总统府，一〇四师是 1949 年 4 月 23 日下午接防的。

1949 年 4 月 23 日上午，新华社向世界发布消息，长江天险已被我军突破，南京已被我军占领，宣告蒋家王朝灭亡。

离开总统府之后

4 月 23 日上午，侦察连占领总统府的部分指战员接到命令，被要求迅速赶到国防部保密二厅集中，另有重要任务。这样，他们就离开了总统府。

当时南京机场附近有国民党军一个团，找我军谈判，准备起义。沈鸿毅带领部分侦察连同志，包括徐传翎、魏继善等人都去了。到了南京机场国民党军驻地以后，有一个团副前来谈判，他讲到愿全团起义。沈鸿毅告诉他，现在不存在什么谈判不谈判了。命令他把全团集合起来，放下武器，等候处理。

处理完这个团投诚后，沈鸿毅等又回到伪国防部保密二厅。这时三十五军的后续部队陆续进入南京市区。首先占领南京的一〇三师侦察连同志，为了防止潜伏特务的破坏，分成几个组，前去占领敌军军火仓库、邮电总局等重要部门。

第三天，南京临时军管会成立，军官会指定一〇三师侦察连担任全市区巡逻任务。

刚占领南京时，城内十分混乱，商店关门，工厂停工，学校停课，潜伏特务制造谣言，说什么“共产共妻”“没收私有财产”等。同时为了扰乱人心，制造枪杀事件，嫁祸于人民解放军，一些不法分子到处抢商店，有的潜伏特务躲在阴暗角落放冷枪，打死打伤我军官兵多人。

为了保护南京人民的生命财产，维护南京城内秩序，侦察连同志一方面在城内张贴我军“约法八章”布告，另一方面深入群众进行宣传活动，组织学生护校，组织工人护厂，在全城实行戒严，狠狠打击潜伏特务，加强主要街道的巡逻，使南京很快恢复平静。

那艘帮助我军渡过长江的小火轮，先保存在江苏省灌云县盐河爱国主义教育基地，上面写着“渡江第一船”5 个大字。2015 年 4 月，移放至南京渡江胜利纪念馆入口前的下沉式广场上。

解放南京，三十五军是做出重大贡献的，尤其是一〇三师侦察连，是他们在浦口南京方向渡过第一船、首先占领总统府及国民党国防部保密二厅等要害部门。因此，侦察连荣立集体二等功，首先渡江占领南京的几位同志荣立特等功。

原中国人民解放军第一〇三师“渡江第一船”和率先占领国民党“总统府”的勇士们在杭州合影（左起：师侦察科长沈鸿毅、侦察排副排长何鹏、侦侦察一班班长孙晋海、侦察二班副班长魏继善、机枪班班长徐传翎、侦察员杨守来）

巾帼英雄张勇

徐春晖　翟博文

在枣庄市山亭区山城街道(原山亭镇)驳山头村西南 2 公里的回山东北脚下,长眠着一位声播鲁南的巾帼英雄张勇烈士。在她的墓碑上,清楚地镌刻着“赤胆忠心全家革命为解放,伟志志远壮烈捐躯继后世”的碑文。虽然墓前杂草丛生,但仍掩盖不了她斐然的功绩。

张勇烈士碑

出色的地下女交通员

张勇(1901～1947),1901 年 5 月出生于山亭区山城街道(原山亭镇)驳山头村一户贫苦农民家庭,自幼跟随父母逃荒要饭,18 岁嫁给本村农民王文香。

1938年，张勇在时任中共滕东县委书记王丹墀的教育影响下走上了革命的道路，参加抗日救亡活动和我党的秘密联络工作。她先后引导16岁的长子王现密和14岁的次子王现田参加革命，以后又动员三子王现堂和女儿王建华参加了革命。1944年张勇光荣加入共产党。

这期间，她以卖"针头线脑"为掩护，常挎个筅子。筅子上层放着针线等物品，下层放着手枪。她秘密侦察敌情，做秘密联络工作。曾担任过妇救会长、县合作股股长等职，是一名出色的地下女交通员。

1939年8月的一天，我鲁南特委道会门工作科科长丁一，被鬼子追赶到驳山头。张勇急中生智，一把把丁一扯到家中，将她打扮成一个庄户老头，假称是自己的丈夫，伴着丁一到驳山头村天主教堂念经，并最终保护了丁一的安全。1944年，为了拔除西集日伪据点，组织决定派张勇去西集侦察敌情。当时敌人戒备森严，张勇很难进去，她不顾个人安危，身着重孝，假装哭哭啼啼，进入到日伪据点西集大寺庙"烧香还愿"，借此对敌情进行侦察。在摸清敌情后，她机智巧妙地逃出虎口，为我军拔除西集日伪点再立大功，圆满完成了这次侦察任务。

1944年10月，张勇在华东英模大会上与战友合影

宁死不屈

1946年，张勇参加了滕县武工队，仍继续做侦察敌情工作。1947年春，国民党大举进攻鲁南根据地，组织上让她随军北撤，但她坚决要留下坚持斗争。由于她的一再坚持，组织上只好决定让她留下继续从事地下秘密联络工作。1947年4月8日，张勇受命将机密文件送达住在山亭区徐庄镇(原辛召乡)米山顶村"三地委"。当走到辛召七里河南山坡时，她不幸被隐蔽在那里的还乡团发现。子弹向她射来，打掉了她4个手指，打伤了她的左腿。她机智地滚下山坡，忍痛把机密文件撕得粉碎，吞到肚里。还乡团的成员，在山下将张勇抓获，其中有人认出张勇是我党秘密地下交通员，并从张勇卖针线的筅子里搜出一把手枪。被捕后，敌人对张勇实施了严刑拷打，逼迫她说

出我党机密。她宁死不屈，就是不肯吐露半个字。凶狠的敌人，先用刺刀割掉了她的乳房，然后又割掉她的耳朵。在敌人面前，她大义凛然，无所畏惧，视死如归，守口如瓶。得知她把文件吞进肚子里，敌人用刺刀剖开了她的腹部，最后张勇倒在血泊中壮烈牺牲，时年只有46岁。就义前她还高呼："共产党万岁！毛主席万岁！革命一定会胜利！"

新中国建立后，滕县县委和县人民政府追认张勇同志为烈士，在滕县烈士纪念堂为张勇立位悬像，供后人瞻仰。1953年3月7日，中共滕县县委和县人民政府在山亭人民公社驳山头村村西南2公里的山脚下为其建墓立碑，永昭后世。

创造东江奇迹的王现田

徐春晖

王现田，男，1924 年 3 月 6 日出生在山城街道驳山头村，是革命烈士张勇的次子，其兄是王现密，其弟为王现堂。

王现田

王现田于 1938 年受母亲张勇的影响参加抗日救亡工作，1940 年参军，1942 年加入中国共产党，历任苏鲁支队战士、排长、八路军一一五师教导旅五团侦察连连长，在 1949 年战斗负伤被定为二等乙级伤残军人后退伍回乡。他 1950 年后任东江村党支部书记，1959 年后兼任山亭公社党委委员，1973 年后兼任山亭公社党委副书记、管委会副主任。1983 年当选枣庄市第九届人大常委会常委、政协山东省第五届委员会常委。

王现田先后荣立战功多次，1952 年被评为全省退伍军人优抚工作模范，1953 年出席全省治保模范代表大会，1955 年出席全省社会主义农村建设积极分子代表会议，被授予“山东省劳动模范”称号。1956 年他又出席了全省农业生产积极分子代表大会，1959 年被评为全省退伍军人社会主义建设积极分子。1960 年，他出席全国民兵代表会议。毛泽东主席、周恩来总理委托会议授予他半自动步枪一支和金质奖章一枚。

一、东江奇迹

1977年5月18日，是山城街道东江村极不寻常的日子，山东省县委书记现场会会议在东江村召开。会议的议题是，树起东江这面农业战线的旗帜，在全省学习推广该村农田水利建设和农业生产的先进经验。

陈永贵等视察东江村

同年5月26日，也是东江村民难忘的日子，时任中央政治局委员、国务院副总理的陈永贵，带领农林部长沙风，在省委领导的陪同下，到东江村视察，提出学习推广东江村的先进经验的号召。

《人民日报》《大众日报》分别以“山区明珠”“改天换地创奇迹”为题头版头条报道了东江村改天换地创奇迹的先进事迹。东江村破天荒地出了名。这时，人们不能不将东江村的奇迹与创造奇迹的东江人和他们的带头人村党支部书记王现田联系起来。

二、参军报国

1938年，刚满14周岁的王现田，在母亲的熏陶和原滕县地下县委书记王丹墀书记的教导下，走上革命的道路，主动跟随母亲传送党的情报，侦察敌情，协助母亲做党的地下工作，有时跟随原滕县地下武工队，同日本侵略军战斗。因年龄不足，他曾多次被武工队劝阻，但他仍然在武工队后面尾追参战。1939 年，日本兵盘踞山亭村，武工队侦察敌情犯难。此时，他主动请战，只身一人以投亲为掩护进入山亭村，了解敌情后回来报告，使武工队攻打山亭据点获胜。当时，武工大队短枪队长赵明达说："王二麻子铁心参军，劝也不回，暂为编外兵。"1940 年，刚满 16 周岁的他，因多次要求，被时任中共苏鲁支队连长的沈鸿毅批准参军。他骑大马，戴红花，在母亲及乡亲们的欢送下，到了部队，成为沈鸿毅连长的警卫员。在对日作战中，他冲锋在前，同敌人拼刺刀，扔手雷，并多次主动请战，深入敌占区开展侦察活动。由于作战勇敢，先后被任命为班长、排长、连长。1947 年，国民党进攻鲁南解放区，王现田的母亲为保护滕县县委文件和党员名单等秘密，向沂蒙山区鲁南党工委报送文件，在途中被国民党兵发现，她随机应变，口吞文件资料，保护了广大党员名单机密，后被国民党兵残忍杀害，壮烈牺牲。母亲牺牲后，王现田怀着复仇的怒火，在作战中异常英勇。1949 年作战负伤，他肋骨肠子被打断，脊柱受损，被评为二等乙级伤残军人。1949 年 10 月，他穿着铁背心腰箍复员回乡。

三、主动出山

王现田的家乡驳山头村是红色堡垒村，中共滕县县委最早隐蔽在驳山头村的教堂里。该村参加革命的多，党员多，党布置的任务落实得快。1950 年，全国推行土地改革和农业互助合作社制度，与驳山头村隔河相望的东江村，因为党员少、无支部，工作难以开展。当年流传的"铁打的东江，铜铸的格上"的顺口溜，也不是空穴来风。新中国成立前该村刘姓大地主成了说一不二的土皇上，全村老百姓几乎都是他的佃户，被他控制得死死的，针插不进，水泼不进，老百姓的思想一时难以解放。面对这种局面，退伍回乡的伤残军人王现田主动请缨到东江村开展工作。被组织上批准后，他第二天就拖着伤残的身体，脚淌河水，进入了东江村。

王现田走家串户做深入细致的群众工作，经过半年的努力，在东江村建起了 5 个农业互助组，一年内发展党员 5 名，建立了东江村党支部，王现田担任党支部书记兼治保主任。任职后，他充分发挥党支部的战斗堡垒作用，组织带领全村群众积极开展农业合作化运动。互助组变成了合作社，农民的收入显著增加。工作中，他忍着腰伤，时时处处以身作则，与社员们一起带头实干，在群众中树立了共产党员的良好形象。尝到了甜头的老百姓，大生产的热情更加高涨。昔日的"铁板村"很快变成了红旗村。

四、经受考验

1954年东江村组建了高级合作社，王现田当选为社长。他带领广大社员推行科学种田，粮食亩产由原来的200斤提高到400斤，翻了一番。东江村当年向国家交售粮棉12万斤，首次为国家做出重大贡献。之后，该村实现粮棉稳步增产，1959年在完成国家粮食交售任务基础上，又无偿向国家交售地瓜干40万斤，支援兄弟单位粮食12万斤，为国家渡过难关做出了重大贡献。

三年自然灾害时期，针对国际、国内形势动荡不安的局面，王现田在抓好农业生产的同时，大力加强东江村民兵连建设。他亲自任民兵连连长。他把适龄青年组建起三个民兵排。他发挥军人特长，亲自指导练兵，开展技能比武，带领民兵既参加生产劳动，又维护社会治安，让民兵处处发挥了主力军作用。

1970年，他回到党支部书记的岗位上。重新出来工作的王现田，振作精神，加倍努力。由于他身上旧伤复发，腰疼得厉害，大夫为他做了个铁背心。只有穿上铁背心，他才能直起腰杆。身上的伤痛丝毫没有影响他的工作干劲，他拖着病体，昼夜奔波在田间地头，规划着建设蓝图。上级领导和全村群众都知道，要想找到王现田，千万别到办公室。群众在哪里，他就出现在哪里。每天下班回家后，他卸下铁背心必须喘息一会才能吃饭。家人见状心疼地说："你就不顾老命啦？"他说："党员嘛，活着干，死了算！"

五、改土造田

1970年后的三年间，东江村的主攻目标是改造现有土地：将全村3600多块小地，合并成了820块大田。把大田里的坟头，采取迁坟上山和向下深埋的两种方式分别处理。

1974年，其目标转向开荒造地，东江村实施了"炸平小东山，搬走火石岭，覆盖马山前"的造地规划。为了实现这一宏伟蓝图，他提出"扒皮、剔骨、抽筋"的措施。所谓扒皮就是把上面的土扒下来留下；所谓剔骨就是把一块块的石头炸掉；所谓抽筋就是将一道道火石筋挖走，找平基础后，再覆盖1米厚的土层。当时全村9个生产队，除了小孩以外，组织男女整半劳力1000多名进行大会战。拼命干了整整一个冬天，全村把小东山平均下挖3米，覆盖土方用去东围子高地的一半，造出400多亩良田。当年用土如果再向前推进10米，小邾(郳)国国君墓葬就会被挖出。

1974年的腊月没有年三十。全村劳力一直干到腊月二十九天黑，装了200眼炸石土炮，依次点燃。村民用这种特殊的方式迎接新春佳节的到来，人们对此至今记忆犹新！

1975年，东江村转向改河造地，建顺河堰2000多米。顺河堰底宽1.5米，上宽1米，高2～3米，浆砌料石7000多立方米。全村在南河湾造地220亩。1976年春，东江村在东河湾造地300亩。1977年春，在西河湾造地90亩。加上后来搬房造地230亩，东江村优质良田达到2800亩。这些都是吨粮田的标准。

六、兴修水利

兴修水利工程更是硬仗。1976年冬天，东江村开始转向大规模的水利工程建设。王现田每天早4点起床，5点开响广播，动员群众上工。然后他往返各个工点，现场督导。天黑下班，他是最后一个收工。

1976年冬天，东江村实施截潜流工程。东江村前的沙河漏水。虽然沙河表面无水，但是水都在河沙的下面流走。该村先后建起两条拦河坝，清基到河沙以下的硬地，从底到上，灰满浆砌，拦住潜流。拦河石坝底宽30米，上宽5米，高约13米，每条石坝长100米，浆砌石方45500多方。最难的还是开挖清基，由于流沙下滑，开口宽80多米，最深13米，流沙全靠人工一筐筐抬出来。河流截潜流蓄水的成功，不仅解决了灌溉用水问题，而且还有效提升了辖区地下水位，使全村182眼机井、16座提水站、1处排灌站常年有水。这些蓄水工程从来没有被抽干过，全村实现了水利化。遇到大旱之年，东江村井中挖井，泉中挖泉，建设二级提水站6处。东江村的顺口溜是："气死龙王憋死天，二级提水爬上山，沟沟渠渠连成网，想浇哪边浇哪边。"到东江村视察的副总理陈永贵高兴地对王现田说："调水如此游刃有余，你简直成了东江村的活龙王！"

当年的东江村，推行小段包工，责任到人，按量计分，按劳分配。搬动土方要计方，运送料石要过磅。东江村要求浆砌质量达不到标准的坚决返工，严格奖惩，毫不含糊。这样的责任制既确保了工程质量，又保证了工程进度。这样既体现了多劳多得的分配原则，也调动了村民劳动的积极性。被称为铁姑娘的梁志荣、刘春花、孙常巧，用独轮车一车就推1500多斤料石，她们浆砌石头垒坝堰，个个赛过男子汉。当时流传着“想吃东江饭，得拿命来换”，“端起碗来想现田，干起活来骂现田”的顺口溜。

七、增加机械

王现田十分重视农业机械化，他恨不得1分钱掰成两半花。他把交公粮、卖余粮积攒的钱重点投入到购买农业机械上。到1978年全村2800亩农田，全部实现了机耕、机耙、机播、机收和机浇。据统计，当时全村有195型12马力柴油机10台、295型24马力柴油机4台、12型拖拉机30部、25型拖拉机12部、35型拖拉机1部、50型拖拉机6部、大小电机80台、脱粒机60台，还有跃进牌汽车1辆、依维柯面包车1部。村成立农机、农技、水利3个服务队，实行耕作、播种、浇水、收割“四统一”。三秋期间大小机械齐上阵，全部开进田间地头，不分昼夜作业，7天时间完成耕翻，再用7天完成秋播。三夏期间大小收割机、脱粒机全上阵，12天完成夏收夏种。遇到天旱，机器5天完成一遍浇水。被老百姓深感劳累的三秋三夏，对东江村的村民来说却异常轻松。

八、科学种田

王现田十分重视农业科技的推广。村里成立常年不垮的农业科技队，建起100亩科技试验田，专门进行农作物试验栽培和良种繁育。引进的优良品种，都要经过科技试验田种植成功之后才能大面积推广种植。东江村采取走出去、请进来的措施，培训技术人员，常年聘请科技顾问驻村指导，与济宁农校挂钩，结成校村共建对子，将科技队员送到济宁农校轮流培训。工业技术人员先后被送到济宁4个工厂学习培训。该村两次向滕县争取指标，保送2名大学生到山农大和济宁农校学习农业技术和经济管理并回村服务。1976年村里最早办起农业中学，村民轮流入学。村里聘请农技专家担任教师，村民边学习边实践，理论联系实际，在干中学、学中干，学以致用。村民人人都有科技特长，个个都是种田能手。村里办起科技夜校，让不能到农中学习的村民进入夜校学习。全村大沤绿肥，大造土杂肥等有机肥，实行科学施肥，增加腐殖质，增厚熟土层，增强地力。1976年全村小麦亩产过千斤，玉米过千斤，实现粮食亩产双过千的目标，当年向国家交售小麦63万公斤，玉米过50万公斤。当年国家分派给山亭公社的小麦征收任务是120万公斤，仅东江村就完成全公社任务并超过3万公斤。

东江村正确处理国家、集体、个人三者利益关系，每年交完公粮卖余粮，将剩下的交到粮管所作为村里的储备粮。村里有一本粮食存折，最多一年东江村存了100万公斤。有时不等新的粮食下来，该村就从粮食存折划拨过去交了公粮，提前完成了公粮交售任务。

九、建设新村

王现田的口号是："先治坡，后治窝。搬村上马山，腾出吨粮田。"1978年东江村开始了社会主义新农村建设。结合搬村造地，至1980年该村利用三年时间完成了老村搬迁，共新建排房570户。每户4间房，主街宽12米，副街宽6米。该村聘请滕县城建部门统一规划设计，院内生活设施一应俱全。

东江村农林牧副全面发展，对机械化腾出的富余劳力作了细分工，该村分别成立了农业科技队、林业专业队、工业专业队、运输专业队、畜牧业专业队等，选拔能工巧匠兴建村办工厂，组建各种养殖场。村办工厂有车床刨床车间、电焊红炉车间、木业加工车间、面粉加工车间、榨油加工车间、饲料粉碎车间等，还有农具厂、水泥预制场、磷肥厂。畜牧业有养猪场、养鸡场、养貂场等。

在群众基本生活设施方面，东江相继办起了敬老院、幼儿园、卫生室。幼儿全部入园，学龄儿童全部入学，60岁孤寡老人全部入敬老院。全村群众有病到村卫生室一律免费就医，大病者由村卫生室开条到山亭医院看病，一律记账，年底由村统一结算支付。

东江村村外山头全绿化，山腰苹果园，山下米粮川，美丽如画。村内居民区新房排排，工业区机器轰鸣，全村呈现社会主义新农村的一片生机。对此，周围村十分羡慕，很多人都想把户口迁到东江村，梦想成为一名东江人。但是这个口子绝对不能开，否则将会一发不可收拾。王现田对此一直卡得很紧，后来就出现了"姑娘嫁本村，外村招婿来"的现象。其中有一个姓李的招婿来到东江村过了7年才落下户口。

十、尊师重教

王现田吃够没有文化的苦，不论说什么也要办好教育。东江学校历经三次搬迁改貌，任何时候都是最好的房子。1962年第一次搬迁是草房变瓦房，1970年第二次搬迁是瓦房变平房，1984年第三次搬迁是平房变排房。

每次搬迁都是面积一次比一次大，设施一次比一次好，学生一次比一次多，老师一次比一次强。

1984 年第三次搬迁及新校建起后，东江村委托山亭区教育局面向全枣庄市公开招考教师。区教育局在《枣庄日报》刊登招聘简章，公开教师招考条件、待遇等内容。参加应考的有 88 人，经笔试、面试、政审和签订合同等程序，区教育局择优录用 13 名。暑假后他们正式上岗。村里补贴教师工资，率先实行公民办教师同工同酬。教学质量明显提高，惠及全村下一代。同时，该村吸引周边村甚至滕州羊庄的学生，邻村学生纷纷托人前来就学。如今那一地域文化水平的提高，无不得益于当年的尊师重教。

十一、率先垂范

王现田的工作作风是亲临现场。一次他到新建的氨水池检查试水情况。由于水泥没有凝固好，墙体坍塌，站在墙上的王现田不幸落水。大家正在手忙脚乱施救时，正好李家的女婿赶到，他急忙跳入水中将王现田救了出来。

王现田对自己一直是严格要求。他早出晚归，加班加点，从来没有多计过工分。他两儿四女结婚，他从没有大操大办，一桌酒席不办，一个喜礼不收，一挂鞭炮了事。这实在难能可贵。后来他担任山亭公社、山亭镇党委副书记、管委会副主任、枣庄市人大常委会常委、政协山东省第五届委员会常委，但是他一直没有脱离东江村的劳动。外出开会的路费，他也不到村里报销。1976 年组织调他去泗水县担任专职脱产副书记，让他分管农业。他舍不下东江村，也不想到外地当脱产干部。

1986 年 7 月 19 日，他耗尽了最后精力，突发心梗，倒在了他心爱的东江村的大地上。当日，大雨倾盆，苍天垂泪，好像倾诉着他的传奇人生……

（整理自梁春先、刘春生、王修平等的口述）

老百姓的好医生李光耀

张令海

1980年11月27日下午2时，山亭人民医院退休的中医大夫李光耀与世长辞的消息像长了翅膀，不胫而走。人们惋惜地念叨着："李大夫，你给别人治病是那么的神奇，有本事，怎么就先走了呢？咱们这一带的老百姓离不开你啊！你行的那些好，俺什么时候也忘不了……"

李光耀

李光耀是鲁南地区妇孺皆知的一代名中医。《李光耀医案》成为国人研究中国医学的瑰宝。新中国成立后，他曾当选1949年12月～1954年2月滕县人民代表大会代表及滕县1955～1980年的历届政协委员。

老百姓的儿子就要为老百姓学本事、干事情

李光耀（1905～1980），祖籍山亭区水泉镇长城村，出生于山城街道前刘庄村一个农民家庭。他这个家庭有着许多故事，这要从他奶奶说起。李光耀的奶奶孙氏年轻时从刘庄嫁到长城村不久，年仅22岁的爷爷李文芝早逝。怀着身孕的奶奶，无依无靠，万般无奈，不得不回到娘家居住。李光耀的父亲李德起自幼腹里无爷，是在刘庄出生长大的。母子相依为命。他的奶奶终生忠贞节孝。当朝皇帝为褒奖其人而下圣旨，在刘庄村头立节孝碑。翰林高熙喆亲笔题写碑文，其对联是"人仰懿行与槐山比俊，天全苦志与薛水同清"，中间四个大字是"敕褒节孝"。他的父亲饱受苦难，为人正直，与邻为

善，耕读当先，开办私塾，体贴百姓，被当地人传为佳话。更让人敬佩的是李德起能严厉地教育儿子，把“老百姓的儿子就要为老百姓学活干事”当作口头禅。李光耀心领神会，在幼小的心灵扎下了为老百姓学活干事的根基。

李光耀发愤学习，自幼读私塾，16 岁进滕县东部有名的桑村“泰益堂”药店当学徒，师从名医葛天和先生，后又参加天津国医函授学院学习 3 年。学习期间，他不怕吃苦，白天料理店务，加工炮制丸、散、丹、饮、片、炒、制剂等，夜间挑灯苦读。

李光耀在桑村习医十余年，深得老师的喜爱。父亲对他的进步也深为骄傲。在一次春节休业度假期间，他向父亲汇报学习情况时，提到上海《申报》有篇广告，广告说商务印书馆新出版了两部新书，即《中国医学大辞典》和《中国药学大辞典》。两部各分上、下册，是中医药学最新、最全面的习医必备好书。老师对这两部书大加赞赏。只是太贵，他买不起。两部书共计大洋 24 块。父亲知道他想买书，毫不犹豫地说：“买，再贵也要买！只要行医必需，没钱就卖地。”于是他父亲卖了家前的四亩地，卖地所得的 24 块大洋正够书价。这满足了李光耀的心愿。同年他父亲又卖了东岭的三亩地，让他买了施今墨主编的全套《中国医学顾问大全》，圆了他的读书梦。这几部书跟随他一生，也是他探索和追求丰富中医学事业的宝贵精神食粮。

李光耀对这些经典药书如获珍宝，爱不释手。从基础的经络、脉诀、汤头歌、药性赋，到《伤寒论》《内经》《素问》《医宗金鉴》《金匮要略》等，他都能熟记在心，随口背诵。他善于广采博览，悉察名家医案，细心总结、提携要领，随时将心得记录在案。凡读过的医书上，他随处都记满了心得笔记。到了 30 岁，他遵师意在桑村开设“天和堂”药店，开始坐堂行医。这时，他更是业精于勤，不辞辛苦。经过几年医学基础理论基本功的充实和临床实践的磨炼，他对《施今墨医案》及《中衷参西录》等当代医学名著，更是心领神会，融会贯通，尤其是对内、妇科及伤寒温病诸多疑难杂症造诣颇深。在滕东一带闻名遐迩，就医者络绎不绝。他遵循家训和老师遗教“为医者重艺勿重利，医者仁术也”，做到了一生不计个人得失，这让山区的百姓有口皆碑。他医德高尚，不分男女老幼、贫富贵贱、怨亲善友皆一视同仁，诊务再忙从不推辞，并热情接待，细心察看。遇贫苦患者，他施医舍药，慷慨解囊或免费诊治。受惠者不计其数，至今在鲁南一带仍有不少人对他念念不忘，传诵着他感人的故事。

让病人不花钱、少花钱也能治好病

他一生总是随身携带几十根长短不一的银针。这些银针一是用于急危病人的即时抢救,二是能扎针治好的病就不用花钱抓药。滕东山多,生长着几百种中草药。每当为病人处方后,他就把病人自采不到的药抓好,其余的安排病人回家自己采。这样能为病人省出好多钱。

他善于积累各种单方、验方为山区贫苦百姓治病,让百姓少花钱甚至不花钱也能治好病。

如用雄性麻雀粪治疗鼻窦炎、蓖麻油炸花椒治疗胆道蛔虫等验方,让病人在家自己就能治好病。至今,山亭民间还流传着许多李光耀的单方、验方。他还毫无保留地把一些在别人看来是绝不外传的秘方、验方,多次在县政协会上及中医药工作会议上介绍推广。

养子峪村 55 岁的农民老王,嘴巴正下脖子上腐烂了一个像猪大肠头一样的窟窿,气味难闻。一天,他呻吟着来找李光耀医治。李光耀问他:"怎么烂成这个样了才来治?"老王回答:"南里北里都看了,钱花光了,就是不见效,今天来找你看看,再不行就只有等死了。"李光耀说:"我给你处个单方,一分钱不用花,就能治好。你到集上鱼市里,捡四两人家杀鱼扔掉不要的鱼鳔,分 4 天,每天用一两鱼鳔炒两个鸡蛋吃下,四天就能治好。"四天过后,真的好了,老王高兴地说:"李大夫,我花光了钱没治好,找到您一分钱没花治好了,我该怎么感谢您?"李光耀笑着说:"不用谢,这是我的本分! 不光你,用这个方子治好了好几个人了。"

1962 年春天,费县的一位病人到山亭医院就诊。据说病人因生气后四肢抽搐,说不出话来,西医治疗几天无效后,急转滕县人民医院,又医治三天也未见好转,随后转入北京协和医院,又经过一周的治疗仍不见效。全家人绝望了,只好回家准备发丧。家人请来了木匠打棺材,也把送老的衣裳穿好让他等死。亲戚邻居闻讯都来看望。有人说:"山亭李光耀单方甚多,去问问他还有法吗?"于是家人又找到了李光耀。他详细询问了病情后说,把病人抬来吧,一分钱的药不用吃,一针不用打,就能治好。第二天一大早他们就把病人抬来了。只见李光耀在病人的下颚处抠了一下,就听病人大呼一声:"可把我闷死了。"立马好了。喜出望外的家人,一齐跪下给李光耀磕头感谢。

1963 年农历腊月初四,东山亭村刘姓 7 岁的儿子因脑炎抽风,发高烧 40

度，脑缺氧导致昏迷，三天眉眼不睁，不能说话。他在医院经多位专家医治无效，急转中医科。李光耀到中药房配一个单方“牙皂散”，往鼻孔内一吹，病人马上打了个喷嚏后，双目睁开，语言清晰如常。家人们惊呆了，怎么还没顺过眼来，就像孙悟空“吹法气”一样，一吹就好了，真是有神气儿了。

治疗疑难杂症，人们把他称为手到病除的神医

1957年，山亭一带有着“神医送瘟神”的传说。当时，鲁南一带乙型脑炎大流行。李光耀以温病学说为基础，结合当地气候偏温偏热的特点，运用中药“白虎汤”加重剂石膏治疗乙型脑炎，取得了可喜效果。此经验在全县推广应用。与此同时，他在运用中医治疗阑尾炎、乌梅汤治胆道蛔虫等病方面，也积累了丰富的治疗经验。

1960年农历四月初四，山亭逢古会，李光耀就诊了一个外伤病号。患者是徐庄公社柳泉村一名12岁男孩，三天前在山上割草时镰刀割伤了脚，鲜血直流。在野外无法包扎治疗的情况下，他们只好抓把土捂上伤口止血，却被破伤风菌感染了。三天后，病人高烧抽风，颈项强直，脚弓反张，眼皮上翻，神志不清。西医科的专家们束手无策，都说去问问李大夫还有法么，要不然……

李光耀仔细诊断后，决定用单方治疗。他喊了几个人到山亭古会上，建议路过医院门前的人，都把手指甲剪下来。一天时间，共剪手指甲35克，回医院后，李光耀用火烤焦碾碎，让男孩分四次冲服。两天后患者痉挛缓解，抽风停止。继加服几副“归参养荣汤”加减中药，一周后患者痊愈出院。

事后，医院的大夫们都说，幸亏李大夫有绝招，要不然患者就没命了，因为破伤风的死亡率很高。

有一年，小河崖村王某某之妻从咽喉中伸出一个像白花蛇样的动物。全家人惊呆了，村里人都说没听过，没见过。也有人说是怪物钻进了她的肚子。家人找了神老妈子、神老头子下神，结果其病越治越厉害。家属急求李光耀医治。李光耀一看便知，患者咽喉中伸出的动物就是现在所说的“猪绦虫”。他找来了一把刀子，将其放在磨石上磨得蹭亮锋快，一只手用钳子套夹住“白花蛇”的头，另一只手拿刀。“呲楞”一声，他把“白花蛇”伸出咽喉的部分割掉，紧接着抓了半斤“大黄”让病人水煎服下，第二天就把剩下的“猪绦虫”下半个身子给泻下来了。老百姓都说：“李光耀就是活神仙！”

要说他看病神奇，还有一个听起来像是笑话，然而又是真人真事的故事：

一天，李光耀下班回家，半路上遇见山亭公社巩志英。她跑得气喘吁吁地说：“李大夫，麻利点，俺娘不行了。”李光耀赶快跑过去一看，巩母患的是急性心梗，情况十分紧急，一没药，二没针，怎么治？李光耀问：“您家有咸菜汁子吗？”巩志英说：“有，在瓷缸里。”“赶快舀半碗来。”李光耀说。

说时迟，那时快，顷刻间，李光耀就把咸菜汁往病人嘴里灌了半碗。

不大一会儿，病人好了。巩志英奇怪地问：“李大夫，咸菜汁子还入药？”

李光耀笑着说：“虽然不入药，但是它就能治你娘的病。”

怪不得，现在一些研究《李光耀医案》的专家、学者说：“他的许多方子，其原理至今研究不透。”

有一次，忙碌了一天的他刚回到家躺下，就听大门外有人叫门：“这是李先生的家吗？”他开门一看是个老太太。老太太自己介绍说，她家住冯卯公社岩马庄，今年 82 岁，常年有病，经多方诊治无效，慕名前来求医。因迷了路，她走了一天才来到。李光耀给她看完病，让她在家吃了晚饭并安排她住下，第二天她才回家。老太太激动地说：“常言说，人过六十不留宿，我都八十多了，还一身的病，不知早上有，晚上无的，可不能住在您家。”李光耀说：“您这么大年纪，又没有钱住旅店，到哪里去，别不好意思。”第二天他又把老人送上了路。

诲人不倦，热心培养年轻人

他一生执著追求祖国医学事业，更希望祖国的中医药事业后继有人，发扬光大。一生中，经他手把手教出来的高徒有几十个，像马登朝、马登云、张焕鼎、张焕美、王子栋、刘锦祥……现在，他们大都是医疗、药材部门的骨干，名震一方。此外，常有中西医院校实习生、乡村医生及远来慕名求教者。他都不厌其烦，热情传授。20 纪世 50 年代，滕县曾有一罗姓乡医家境贫寒。该乡医景仰其医术，前来求教，他欣然接收并资助其食宿衣被。后来，这位罗姓的乡医成为名扬一方的庄户医生。

他一生自学不厌，善于汲取先人医学知识精华，将其应用于医疗实践并加以辨证总结，随时将辨证施治的经验心得总结记录在案。目前尚有遗存数以百万字的手稿资料待后人整理。李光耀生前已整理脱稿的《华佗验方》和《华佗验方实验录》在临床实践中正在发挥作用。

在他的言传身教下，其次子李方杰、四子李方岱、女儿李珍芳、李桂芳四人秉承父业，走上了从医之路。

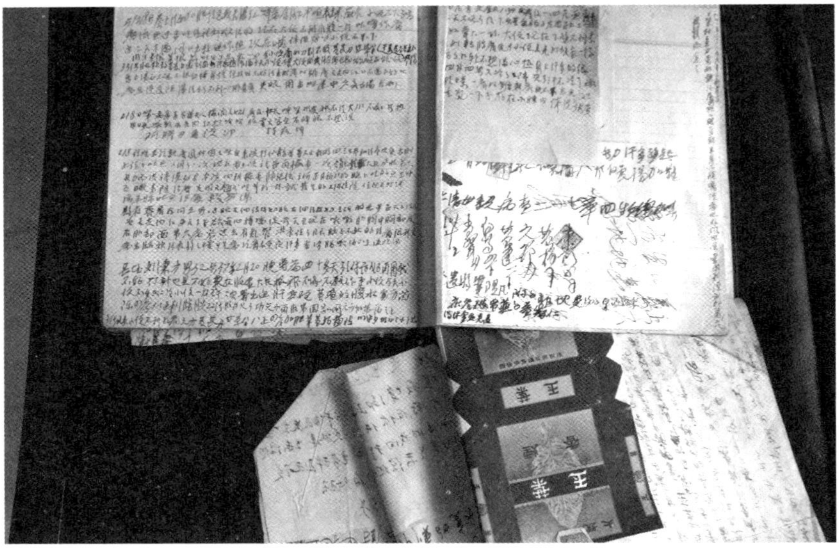

集腋成裘，天道酬勤——李光耀临床心得随记

忍辱负重，服务于山区百姓

1952 年 1 月 16 日，他夜间摸黑从桑村去 5 公里外的峭村出诊，午夜返回迷失了路，不慎掉入深沟，摔伤致肺出血，多日治疗未愈，肺部形成空洞结核，他落下终身残疾。

1957 年，他被分配到山亭人民医院工作。自此，他更加敬业，不断探索，努力施展自己的才能，为山区人民群众服务。可是，没有想到的灾难的“文化大革命”开始了，他被强加一些莫须有的罪名，并被取消了处方权，只能为医院清理厕所，打扫卫生，洗带浓带血的产包、纱布、棉球。

他面对冤屈，忍辱负重，泰然处之，仍一如既往满腔热情地服务百姓。

1974 年，年届 70 退休的他，生命之火也即将燃尽。但他退而不休，以急切的心情将其一生的临床经验整理归卷，留给后人借鉴。他奋笔疾书，用了一年时间，将收纳近千例病案 20 万字的汇编资料提交给滕县卫生局。滕县医科所出版了他的专辑《李光耀医案》，了却了他终生的心愿。但仍有大宗病案记录在存，由于力不从心，只得留给有志于医药事业的后人研究整理。

老年的李光耀积劳成疾，体质日趋恶化，心病、结核等病魔长期缠身，精力已消耗殆尽，甚至生活也无法自理。虽然他无力再为所热爱的中医事业奋斗了，但山区人民需要他，他每天仍为前来求医者应诊。诊室距他的宿舍不足40米，他总要歇上两三次，20多分钟才能走到。一次去厕所，他中途倚靠一棵小树支撑喘息，因树小承受不了他的压力而折，他摔倒在地，从此就再也没能起来。造成他脑出血昏迷，经过一周的抢救他才苏醒过来。

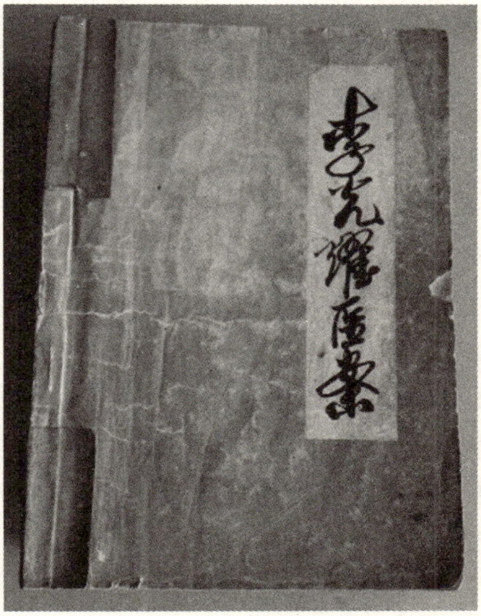

李光耀医案

1980年11月27日，费县一老农慕名前来求医，被家人及医院工作人员婉拒门外。病家的乞求声被他听到，他却坚持要为远路而来的病人问诊处方。身边子女把他托起半卧位，他为病人把脉处方，一张处方还没有写完他又昏了过去。笔和处方从他手中滑落下来，从此他再也没有醒过来。就这样，他走完了一生的从医之路，无怨无悔地走了，带着对祖国医学事业的眷恋走了。

值得欣慰的是，在老人即将走完人生旅途的前夕，党和政府给了他一个清白和正确的评价。

1980年12月4日，滕县政协在他的老家山亭公社刘庄村召开追悼大会。时任滕县卫生局局长王健主持大会，滕县政协主席于庆丰致悼词。于庆丰代表滕县政协对李光耀的一生给予了高度评价。他悲伤动情地说："李光耀大夫一生中没有向单位和组织提过任何要求，始终履行一名大夫的职责，然而，在"文革"期间，我们错把外地一个同名同姓人的罪名强加在他的头上，使其遭受不白之冤达数十年之久。他忍辱负重，泰然处之，仍一如既往，满腔热情地服务于山区百姓。他的一生，是刻苦学习钻研的一生，是全心全意为老百姓服务的一生，是毫不利己、专门利人的一生，是无私奉献社会、奉献祖国医学事业的一生！他的精神将永远活在老百姓的心中。"

参加追悼会的人，有滕县政协、滕县卫生局、防疫站、各乡镇卫生院的领导同志，有本村的、邻村的、从四面八方赶来的群众，有各医疗卫生单位的同事同仁等。许多人痛哭失声。李光耀临终前看病的那位病人，泣不成声地说，"李大夫，李大夫！你最后一口气也用来给俺看病，你这样好的人怎么能死呢！"

埋葬了李光耀几天之后，一个30多岁的男人，还默默地来到李光耀的坟前，双膝跪地，一边摆上果供、燃香、祭酒、烧锞，一边哭诉着："李大夫，您还记得我吗，我是徐庄柳泉的，那年我得了破伤风，是你给治好的。要不然我就没命了，我今年32岁了，您老人家怎么就走了呢！山里的老百姓还要您看病呢！"之后，他围着坟墓走了一圈又一圈，抓起一把坟土，看了又看，攥了又攥，把它紧紧地贴在心窝上："李大夫，俺全家永远忘不了您，也像您一样，一辈子行好事，做好人。"

李光耀的一生，没有什么惊天动地、丰功伟绩，只是行好事，做好人，但老百姓把他当成高尚的人。他的一生，是全心全意把健康和幸福送给老百姓的一生；他走的路，是坚守职业道德的路，正像鲁迅所说的是"将血一滴一滴地滴过去，以饲别人，虽自觉渐渐瘦弱，也以为快乐"的路。他这种看似平凡、不以善小而为之的高尚精神，将永远激励着后人。

山亭的中医外科达人刘德恒

张令海

山亭刘氏家族中医传承历史悠久，代代相传，从未间断。迄今，已传承9代，250多年。这在鲁西南广大区域，是很少见的。一代又一代刘氏传人，不但继承了高超医术，而且还继承了前人的品质，施以仁德，真正做到德医双馨！

刘德恒先生作为刘氏中医第六代传人，是最有影响的一位了。他不仅传承了刘氏医宗，而且他还光大和发展了刘氏中医外科医术，并以此成为山亭乃至鲁西南一带的中医外科达人！

刘德恒先生不仅医术精湛，而且医德可风。1958年，他蒙受冤屈被错打成"右派"，直到1984年才得到平反。在长达26年的冤屈生涯中，他仍以"心底无私天地宽"的人生座右铭严格要求自己，并没有因此放弃悬壶济世、救死扶伤的人生追求，他为老百姓解除病痛的故事至今在世间广为流传。

刘德恒(1921～1987)，字旭如。祖籍山亭区山城街道东山亭村，出身中医世家。先祖刘芬，字馨廷，于乾隆三十年(1765)在山亭区山亭镇东南庄设堂行医，时为当地清代名医，医术精湛，广施仁慈，德医双馨。求医者，门庭若市。刘芬乃刘氏中医创始第一人。第二代传人刘维纪，字伦修。第三代传人刘溪，字濂川。代代相传，从未间断。先生的祖父刘登相，字辅臣，是刘氏中医第四代传人，天赐勇智，文武双修，志存专世，业著岐黄，秉承祖传，精通内外两科，名震四方，博施济众，乃清末民初一代名医。先生的父亲刘金钺，字威堂，人称"刘五先生"，继承祖业，得以真传，是刘氏祖传第五代传人，颇具始祖遗风，宽厚仁慈，医术精湛，擅长中医外科，专治危重疑难病人，号"苏世堂"。刘氏中医嫡传至今已9代，已有250余年的历史。刘氏后裔人丁兴旺，中医事业发扬光大。而今刘氏家族里从事中医者，达19人之多。2010年，先生的后人们填写了以《满江红》为词牌的"中医世家"：

刘氏祖传，二百年，中医世家。追往昔，馨廷芬祖，从医生涯。求医百姓门若市，救死扶伤医术佳。贫病急，施治供药饵，传佳话。

祖碑载，史可查，世相袭，传代八。中兴祖，发扬光大最精华。历代先祖苦心志，子孙后裔更发达。倾满腔热血，真潇洒！

刘德恒先生，继承了历代先人的中医学术，其医术可谓底蕴深厚，源远流长，秉承真谛。先生自幼聪明睿智，1935 年就读于滕县书院高小，1937 年考取滕县简易师范。半年后，因“七七事变”爆发，日寇入侵华北，全民抗战，他辍学回家，随父习医，研读中医经典《黄帝内经》《伤寒论》《金匮要略》《温病条辨》《本草纲目》《医宗金鉴》等，掌握了丰富的医学知识，奠定了中医基础，继承祖传中医事业，成为刘氏中医的第六代传人。1941～1943 年，先生就著有刘苏世堂记《外科医案宝藏》两卷，现存第二卷（有影印资料），可惜第一卷因战乱遗失。保存完好的《外科医案宝藏》原件，全部用毛笔书写，字体为蝇头小楷，工整清晰，共 84 页，记录了 100 例病案，每例病案都详细记载了病人的姓名、性别、年龄、住址、临床症状、施治处方、复诊情况，以及愈后总结的临床经验和理论评说。由此可见，在青年时期，刘先生的中医理论知识及临床实践经验达到了相当水平。

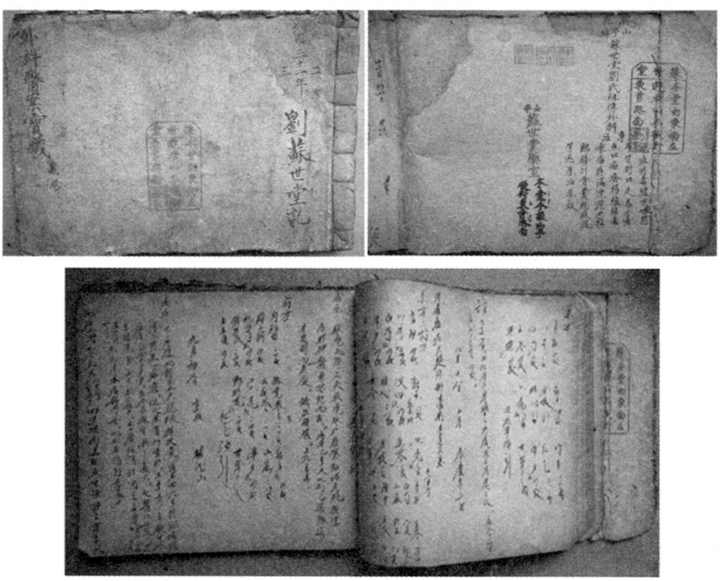

刘德恒《外科医案宝藏》部分影印件

1952年6月，病人陈某某，男，70岁，家住滕县羊庄镇南安上村，患脑疽(生于脑后项部)。此病被现代医学称为“蜂窝组织炎”(民间称“截头疮”)，十分凶险，其溃烂面积大，左右已超过两耳根，上至脑后枕骨，下至颈后大椎，腐臭无比，加之病人年已古稀，灼痛呻吟，生命垂危。刘先生依据祖传医术，发挥专门外科的特长，内外施治，即刻手术，切开长7厘米、深2厘米的9道切口，分别插入“降丹丸”。刘先生让他内服“清热解毒承气汤”三剂(每剂重用大黄分别为150克、200克、250克，剂量超常)，泻下病人体内淤积的湿毒，对湿毒釜底抽薪，经过四次诊治就彻底解除陈某某的病痛。后刘先生用铍刀清除溃疡所有烂肉，撒上“去腐生肌散”，外敷“生肌红玉膏”，陈某某终至痊愈。

1954年2月，城头镇东寨子村，张某某，男，36岁，患“锁口疔”，就诊时已“走黄”。病人正处于半昏迷状态，右嘴角(地仓穴)处，突起红肿如钉丁之状，嘴不能张，故曰“锁口疔”。此疔长在面部的危险三角区，疔毒极易通过面部静脉进入大脑。根据现状，病人疔毒已经扩散至脑部，极有生命危险。刘先生接诊后，当机立断，首先用铍刀作“十”字形切开疔疮，插入“降丹锭”，外敷“红玉膏”，内服“犀角地黄汤”合“黄连解毒汤”加味。刘先生用犀角、羚羊角各2克磨汁，用汤匙撬开病人嘴巴，将煎好的解毒汤徐徐灌入。对于如此危重病人，医生要分秒必争。病人每天服用一剂，连用七日。一周之后，患者脱离危险，逐渐康复，两周后痊愈。

1985年中秋节，先生在丹桂花盛开之时留影

刘德恒先生，一生喜爱养花，陶冶情致，以放松日常紧张医疗工作带来的疲劳。他生前在家中有各种各样花卉，亲自施肥浇水。在他所有培植的花草中，他最喜欢那棵桂花。每到中秋，丹色花朵开满枝头，先生特别珍惜。后因丹桂长大，他就把桂花从花盆移栽到庭院里。

刘先生曾对儿女们说过“丹桂”的来历。那还是新中国成立前的事，

1946年仲夏时节，城头镇小宫山村的村民杨某，男，50多岁，患“背痈”，来诊时病人奄奄一息，呻吟声微，病情严重。当看到背部痈毒时，所有人无不惊讶。患者整个背部全部溃烂，腐臭异常，爬有蛆虫，病情凶险。必须立即手术，但病人体力不支，当时刘先生先用西洋参，捣碎煎汤让患者服下。静观1小时后，刘先生发现病人精神、体力尚好，才开始手术，用铍刀作“井”字形切开，排出患者背部脓毒，插入祖传自制的“降丹锭”，在患者的疮疡表层撒上“降丹粉”，外贴红玉膏，让患者内服药方。五天后，二诊时，病人病情大为好转，精神大振，气脉平复。刘先生再看患者背痈的腐肉，用铍刀一拨就脱落了，腐肉下面露出肉芽。这是毒去腐脱、气血旺盛的好现象。原来病人未病之前，身体非常健康，从来不生病，所以恢复极快。经过进一步调理，病人痊愈。病人非常高兴，为表感谢，把他家养了30多年的“丹桂”，赠送给他的救命恩人，从此先生与“丹桂”结下不解之缘，直至去世。这棵桂花在后人们细心关照下，20年过去了，已经长成硕大的桂树。每年中秋时节，鲜艳的丹色桂花开满枝头，异香扑鼻。儿孙们围着赏花开，闻花香，摘取桂花放入酒里炮制“桂花酒”。每到节日，儿孙们斟满桂花酒祭拜祖先，饮酒思缘。家人早就把这棵超过100年的桂树，当成先生的精神化身。去年中秋节，全家人一起祭祖，喝桂花酒，填写了一首词《卜算子·咏桂》：

中秋艳阳天，桂花满枝丹。幽幽馨香沁心扉，洒酒敬桂仙。

丹桂父遗物，风雨越百年。代代相传永纪念，天国有笑颜。

1956年春，刘德恒先生离开了在城头镇东寨子村开设了14年的中医诊所，来到山亭区辛庄医院工作，任中医师。他自动放弃私营，参加公办医院工作，积极热情，曾经申请入党。时隔两年，风云突变，1958年“反右”斗争扩大化，他被错打成“右派”。一直到1984年彻底平反，经过26年，他最终证明了自己的清白，冤屈被洗净。在这漫长的岁月里，先生的身心受到极大摧残。但他没有心灰意冷，始终相信党和人民群众，坚信真理，等到了真相大白的一天。

先生在1958年时年龄37岁，这正是人生的黄金时期，他背负冤屈仍然积极做好医院本职工作，念念不忘刘氏祖传中医事业，期望后继有人，培养了(次子)开元、(三子)开勋、(四子)开良等一批中医后备人才。1963年1月，刘先生被调到滕县山亭医院任中医师。先生在日常门诊和病房工作中，任劳任怨，兢兢业业，发扬医术特长，不断潜心钻研医学知识，热心为广大群众服务，在中医临床上，获得了不俗的业绩。现选载几则典型病例如下：

1964年2月，流注(多发性深部脓肿)。患者段某某，男，18岁，家住山亭镇磨山后村，全身先后共发生6处深部脓肿，上肢2处，下肢3处，胸部1处。

患处皮色正常，看不出明显肿胀，而脓肿深达骨骼，体温37.5～39.5度，发热朝轻暮重，正处于化脓期。刘先生一方面给病人煎服祖传的“托里消毒散”秘制汤药，一方面用铍刀分5次，切开上下肢的5处脓肿引流。当时病人非常虚弱，浑身瘦得皮包骨，还有一处脓肿是在左胸直透左后背肩胛部。因患者脓肿深及胸腔，西医外科大夫恐怕伤及患者的肺部而不予手术。故先生用100毫升注射器，安上粗大针头，让病人侧卧，让患者的左胸向上。用消毒后的针头沿左肩胛骨下，向上斜刺7厘米，抽出大量脓液，脓液的颜色呈绿灰色。刘先生对患者隔天抽一次，连抽三次，此后为防病人虚脱，停止抽脓，施以中药。外用万应膏贴敷，红玉膏敷盖疮口。

病人家庭贫穷，缺乏营养，康复缓慢。其母杀了一只老母鸡熬汤，为其补充营养。三天后，病人出了几次大汗，汗液有脓臭味，体内残留的脓毒随汗液排出体外。一年后病人身体康复，体检合格参了军，随军开赴越南前线，参加了“抗美援越”的战斗。

1964年春，山亭镇小河崖村的孙某某之子，3岁，突然十指紫黑，发展很快。患儿高烧三天，出现手指头紫黑，急来医院住院治疗，被诊断为“脓毒败血症”。治疗5天，病情不见好转，医生建议截指，患者急转中医。先生接诊后，仔细观察发现，患者十指紫黑程度不同，轻者1节，重者2节，并且两臂有大小不一的多处紫黑斑块(大的2×2厘米)，初诊为阳毒症(炭疽)。现代医学证实这是由炭疽杆菌引起的急性传染病，可造成人体组织急性坏死。如治疗不当，炭疽杆菌扩散，感染至人体内部器官，严重的可危及生命。先生立刻处方，犀角地黄汤加味，患者服用一剂好转，二剂停止坏死，五剂出院。事后家访，病人十指痊愈，无后遗症，臂部最大斑块自动脱落，全家满意。1985年，患儿长大成人并于正月结婚。

1981年2月，桑村镇桑村街，王某某，男，35岁，患脉管炎(脱骨疽)后期。来诊时，患者的左足第一、二趾已溃烂，流污血水，臭气难闻，彻夜灼痛。患者在济南市立医院住院治疗，医生要施行手术截去其溃烂足趾。当时病人正是青壮年，不愿意截趾，来请求刘先生诊治。此病是由于血热湿毒引起动脉血管发炎并造成动脉堵塞以至坏死，病人足趾的皮肉筋骨一节一节烂掉脱落，中医称之为“脱骨疽”。先生曾治愈过多例脉管炎病人，他完全采用中医中药疗法，水煎服，隔日一剂，十剂为一疗程。两个疗程后，病趾溃烂停止，溃疡面清除，有新生组织生长，外用生肌散，红玉膏贴敷，一天一换药，一天一清洗(熬浓花椒水加盐)，10天后疮口愈合。王某某赠送牌匾感谢先生的高超医术，这使他避免了截趾致残，恢复了正常的生活。

1963年春，鲁西南地区爆发流行性脑脊髓膜炎（流脑）。枣庄、滕县处于流行区域，发病率相当高。山亭医院流脑患者人满为患，许多危重病人陷入深度昏迷，需要中医发挥特长，进行抢救性治疗。当时在吕守伦院长（中医）领导下，刘先生积极主动工作，一起开发研制特效药“雷击散”。该药通关开窍，辟秽解毒。再严重的“流脑”深度昏迷病人，只要用少量“雷击散”吹鼻孔，病人立刻打喷嚏，从昏迷中苏醒。紧接着对病人采用研制的中药方剂。因药汁过于黏稠，需用两层纱布包裹压挤出汁，凡不能口服的，一律鼻饲。此疗法效果特别好，治愈率达95%，在流脑流行期发挥了很大作用。

先生在中医临床工作中，总是遵循着中医理论精髓。

（一）人体的整体概念

人是一个统一整体，某一部分生病都关系全身。医生诊断施治要有全局观点，要深入分析人体内部的五脏六腑以及生理病理内在关联和相互制约。人生活在大自然中，是大自然的一部分，与大自然有千丝万缕的联系。因此，人与大自然是一个统一整体（天人合一），大自然千变万化，无时不在影响着每一个生活在自然界的人。我们呼吸的空气、饮用的水、吃的食物、居住的环境污染，以及风、寒、暑、湿、燥、火等，长期影响着人体健康。中医掌握了“整体概念”，不但能正确诊断治疗疾病，而且还能预防疾病，防病于未然。

（二）辨证论治

先生在临床医疗中总是遵循着“辨证论治”的原则，通过病人的病状表现，分析出人体内部病理变化的本质，然后采取恰当治疗原则和方法。先生在诊治病人过程中，时刻掌握理、法、方、药的临床基本原则，治病必求其本。在长期临床实践中，先生发现一些疾病发展的内在规律。在学习古籍经典中，先生不拘泥于古人的论述，而是活学活用，古为今用。在辨证论治中，先生可以应用“同病异治”“异病同治”“一方治多病”“一病用多方”的经验。对于临床中患者的病情的千变万化，先生主张辨证论治，机动灵活，随机应变。

刘先生1978年退休之后，东山亭村委会聘请先生去村卫生室任中医师。虽然岁数已高，体弱多病，先生还是甘愿为家乡父老服务，发挥余热。先生在村卫生室同在医院工作一样，兢兢业业，一丝不苟，不计报酬，每天都详细记录门诊医案。这些医案保存至今，后人正在整理。

1987年中秋节前，先生正在为病人切脉诊病时，突发“中风”（脑出血），病倒在诊断桌前。先生是因为长期积劳成疾，得此重病，这一年先生66岁。

经过中西医结合治疗后，先生落下半身不遂的后遗症，进入了漫长的康复治疗期。在此期间，先生每天坐在轮椅上，练习用左手写字。在生活不能自理、艰难痛苦的情况下，先生对于远道而来的病人，施行“义诊”，无偿为病人服务。当时有记者采访，并在《枣庄日报》上发表一篇题为《轮椅上的华佗》的文章，报道了刘先生的高尚医德和妙手回春的医术。此后，闻讯赶来的病人越来越多，先生仍然耐心坚持义诊。

1996 年 1 月，先生再次“中风”，深度昏迷，在住院一周后，与世长辞！享年 75 岁。

最近发现了刘先生在 66 岁生日时创作的一首五言祝寿诗，诗中抒发了先生一生的情怀，表达了先生豁达开朗、热爱生活的性格。

六六祝寿歌

活到六十六，人生大丰收；子孙聚满堂，天伦享不够。
仰首向天笑，欣喜乐悠悠；放歌声震宇，世间一老叟。

回顾六十六，思绪满心头；六十六冬夏，六十六春秋。
几遇风和雨，几多忧和愁；几跨艰与险，几度浪中舟。

操劳力出尽，精髓易枯槁；身倦神气衰，力薄难抖擞。
天年过大半，星月神鬼愁；胆敢问上苍，凡夫几多寿。

六六大顺年，六六何所求；愿天降吉祥，愿地变绿洲。
我以养天年，我以多延寿；老骥在伏枥，壮志雄赳赳。

人本自然来，归去回宇宙；人间长轮回，世代永不休。
不要因和果，不把长生求；来去如风雨，尘埃落成就。

暮年有余热，经验更丰厚；发白心火热，医术更优秀。
蚕老自作茧，医籍要著就；和谐逢盛世，夕阳照九州。

文物古迹

小邾(郳)国贵族墓地和小邾(郳)国故城

沈印骞

东江小邾(郳)国贵族墓地和小邾(郳)国故城遗址,位于枣庄市山亭区山城街道东江村东南地名叫"东围子"的方位上。2002 年夏,枣庄市文物部门对此进行抢救性挖掘,相继发现六座贵族墓地和小邾(郳)国故城城墙一段。

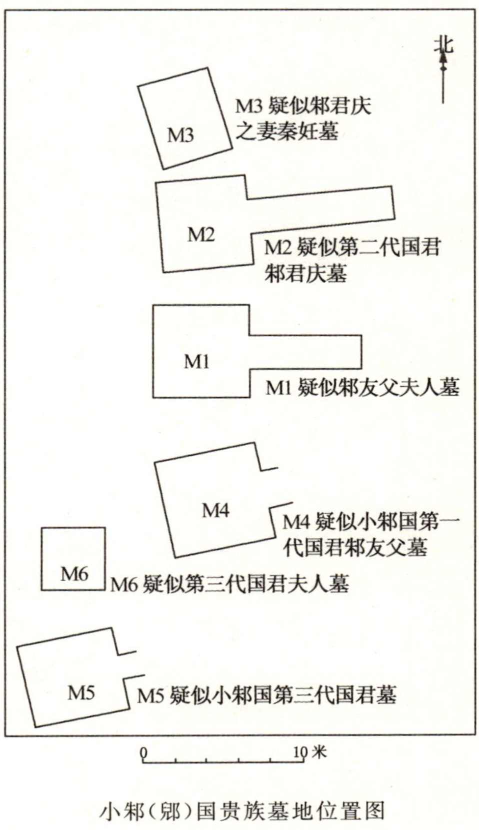

小邾(郳)国贵族墓地位置图

一、小邾(郳)国贵族墓地

小邾(郳)国的六座贵族墓葬均为土坑竖穴墓并带有墓道。墓葬内出土文物233件,其中青铜器203件,24件有铭文。对出土文物的研究,为颜氏、倪氏的寻宗提供了可靠的实物资料。这一重大发现,为我们揭开小邾(郳)国的神秘面纱提供了佐证。

小邾(郳)国贵族墓地

二、小邾(郳)国故城城墙

2003年5～8月,对小邾(郳)国贵族墓地进行全面考古勘探中,在墓地的西、北发现了土筑城墙遗迹,初步证实了西周晚期至春秋早期小邾(郳)国贵族墓地和早期都城所在,彻底揭开了小邾(郳)国的神秘面纱。同时,在发掘夯土墙体的过程中,出土了15件细石器,这些细石器距今约15000年,是枣庄地区有人类活动的最早实物证据。由此,把枣庄的历史向前推进约8000年,填补了枣庄市细石器时代考古的空白。

小邾(郳)国故城城墙横截剖面

东江遗址发现的细石器

三、小邾(郳)国贵族墓地和故城城墙发现的学术价值

小邾(郳)国贵族墓地和故城城墙发现及其研究受到了国内外专家学者的高度重视。山亭区人民政府和枣庄市文物部门先后于 2004 年和 2013 年举办了“中国山亭——小邾(郳)国文化学术研讨会”“小邾(郳)国疆域学术

研讨会”，来自全国部分高等院校、科研院所以及海外的 40 余位专家学者就东江贵族墓葬的族属、年代、疆域、都城、对外关系以及墓葬形制、墓主身份等诸多学术方面的问题进行了深入的探讨。与会的专家、学者对枣庄山亭东江贵族墓葬的发掘及研究给予了高度评价，认为这是山东先秦时期考古最重大的发现之一。

小邾（郳）国贵族墓地的发掘和早期都城的确立，首先解决了史学界长期争论不休的小邾（郳）国的地望[①]问题。在此之前，关于小邾（郳）国的确切地望使学术界久存争议。此次发掘证明，小邾（郳）国早期的经济政治文化中心在今山亭区东江村[②]，而后迁都至郳犁来城，即今山亭区西集镇的梁王城。

东江遗址文物保护碑

其次，从考古学角度印证了邾分三国的历史事实，由青铜器铭文已表明小邾国、兒（郳）国乃是一国两名。

再次，在此次发掘所出土的 24 件青铜器铭文中涉及的诸多国名再一次证明了先秦时期鲁南地区古国林立，相互雄长的历史画卷，在出土的青铜器铭文中共出现了 5 个国名，分别是：鲁、秦、毕、昆、胙等。

---

① 地望，指地理位置，又称“郡望”，是名门大族（即汉末开始出现的门阀士族）所特有的标志其身份的籍贯，如弘扬氏、汝南袁氏、陈郡谢氏等。

② 参见贾广灿、张莺燕主编：《山亭史略》，中国文史出版社 2013 年版，第 43 页。

郳君庆壶:二号墓出土,
春秋早期,盛酒器

兒(郳)庆鬲:二号墓出土,
春秋早期,饪食器

最后,这批墓葬的规格之高,再次表明古薛河流域在先秦时期具有较高的文明程度。

小邾(郳)国贵族墓葬(二号墓)

小邾(郳)国是个小国,国家的地域版图就是现在一个县的规模。如果比照人口的大致情况,国家控制的人口大约也就是今天的一个乡镇的规模。虽然小邾(郳)国国小势微,大国环伺,地处齐国、鲁国、宋国、楚国和吴越之间,战争频繁,生存在大国或者重要国家的缝隙之中,立国艰难,但仍存国 540 余年,其立国时间之长超过许多强大的诸侯国。春秋时期小邾(郳)国达到了鼎盛,在征战、会盟、重大国际关系商讨等,无不参加,并时常参与大国间的争雄角逐,对平衡大国之间的政治、军事力量起着相当重要的作用。因此说小邾(郳)国是非常神奇的,说明当政者必有过人见识和极强的掌控能力,有合理的外交政策,内修政治,外联诸侯,战略战术运用得当,才使国家在相当长的时间内国泰民安,经济基础较为殷实,足以抵挡外来入侵。

郳公镈①（春秋晚期乐器，现藏于上海博物馆）

王正九月元日庚午，舍（余）有螴（融）之孛（逆）孙郳公鈘父，愓（惕）懋大命，保朕邦家，正和朕身，乍（作）正朕寶（宝），台（以）共（供）淖（朝）于王所

受貤（施）吉金，刑（型）铸和（龢）钟，敬监䵼祀，乍（作）朕皇祖龏（恭）公、皇丂（考）惠公彝。再（称）䵼堂（堂），用旂（祈）寿考，子之子、孙之孙永耆（祜）是保。

郳公镈铭文

小郳（郳）国的宗族国邾国本身是一个历史悠久的东夷古国。邾分为三国时，邾友父即利用了兒（郳）地雄厚而悠久的文化传统作为其立国的基础。

① 镈（bó），是一种形制接近于钟的乐器。

小邾(郳)国地处齐、鲁、宋、滕、薛、楚、吴、越之间,与周边列国交往频繁,其文化既从东夷文化发展而来,又深受周文化、鲁文化、邾文化的影响,兼容并蓄齐文化、楚文化,国家重视文化教育,人民勤奋智慧,创造了灿烂的独具特色的小邾(郳)国文化。

2004 年小邾(郳)国文化学术研讨会

四、小邾(郳)国文化的保护与展示

历经 2800 多年的岁月沧桑,如今"小邾(郳)国"已成为山亭区极具穿透力和震撼力的文化遗产而备受世人关注。2012 年 6 月 17 日,中共山亭区委书记、区人大常委会主任王常胜调研了小邾(郳)国故城遗址,并就遗址的保护性展示工作进行了细致的安排部署。6 月 19 日,中共枣庄市委副书记、市长张术平,在中共山亭区委书记、区人大常委会主任王常胜陪同下调研小邾(郳)国故城遗址,对小邾(郳)国故城遗址的保护与展示作了重要指示:要尽快启动小邾(郳)国故城遗址公园建设,弘扬小邾(郳)国历史文化,保护好、利用好优秀的文化遗产。

小邾(郳)国故城遗址公园

山亭区于2012年11月规划建设小邾(郳)国故城遗址公园项目。该项目按照"保护为主,抢救第一,合理利用,加强管理"的文物保护工作方针,分两期实施:一期项目,主要是在东江遗址东南部,其范围南北125米、东西60米,总建设面积7500平方米;园内由南向北依次建有阙门、神道、追远殿、小邾(郳)国历史文化陈列馆、接待中心、墓地保护区、绿化带等等,既能满足颜氏倪氏祭祀的需要,也能作为陵园景观供游人参观。二期项目,在进一步进行勘探的基础上,复原建设故城城址,再现小邾(郳)国历史风貌。经过半年多的努力,该项目一期工程于2013年6月全面竣工并对外开放。

小邾(郳)国故城遗址公园的建设是打造展示山亭厚重历史文化的窗口,以小邾(郳)国故城、小邾(郳)国贵族墓地为支撑点,充分利用小邾(郳)国已有的历史文化资源,结合大汶口文化、龙山文化建立贯穿山亭历史文化的经线,健全民俗资源、独有产业、文化品牌等文化发展纬线,有效整合资源,对于以文化旅游打造山亭文化品牌、推介山亭、开创山亭社会经济发展新局面具有十分重要的作用。

千年名刹，胜地雪山

郭启源

雪山坐落于山东省枣庄市山亭区山城街道善堌村，为鲁南地区著名的佛教圣地和风景名胜区，其宗教活动可追溯到南朝。山上风光旖旎，青峰翠峦，树木丰茂，寺塔崖刻，幽幻独特。山下薛水环带，山水辉映，古刹琳宫，梵音泉声，皆充满佛国神秘色彩。雪山现有灵芝寺、万寿宫、观音台、玄天古洞等名胜古迹，名胜古迹皆与佛结缘，流传着美妙动人的传说。它们各呈奇姿，引人入胜，或险峻，或幽幻，或奇特，给人以无限遐想。

雪山古名“薛山”，“因释氏附会梵王太子之事，故以改为雪山”。据史料记载，薛水因薛山名曰“薛河”，古薛因薛河而名“薛国”。因此这座富有神秘奇幻的山峰又是古薛文明的象征。

明万历十三年(1585)《滕县志·山川》载：“城东四十里为榆山，稍东为薛山，国名因于水，水名因于山。通志为雪山，益因释氏附会梵王太子之事，因而改薛为雪耳，通志亦误。东边皆削壁，薛水走其下者名悟真岩，水潺湲涟漪，晴霁则岩拥朝霞，倒插其中如濯锦。岩有夫子洞，传夫子鲁游此。安阳洞、黄龙洞俗传黄龙祖师居此。丹阳洞，传马丹阳修真所，考之乃马了，道号小丹阳也，碑有雷王马三真人象赞，下有茶泉。”清道光二十三年(1843)《滕县志·山川》中也有同样的记载。清乾隆三十五年(1770)《兖州府志》载：“薛山在县东四十里，一名雪山，岩洞殊多，胜迹有泉曰茶泉，流而入于薛水。”

在当地民间流传着这么一句话：“俯瞰雪山景讶然，水灵珠子化雪山。”传说孙悟空大闹天宫时，将西天王母莲花座前的一颗照明珠震落到天河中，被天河中的青龙、白龙接之争戏时不慎将此珠掉落凡间，二龙穷追不舍，当快追至凡间时，此明珠竟化成了一座秀丽充灵的小山——雪山。由于二龙没有追回明珠，无法再回天庭，于是在雪山旁边化成了两座连绵 5 公里的大山。白龙化成的山叫“白龙山”，南起山亭区山城街道沃里村，西北至山亭区桑村镇程山口村；青龙化成的山叫“青龙山”，南起山亭区山城街道养子峪村，东北至山亭区山城街道东山亭居委会。两山绵延起伏成“八”字形，将雪山护于中间，呈“二龙戏珠”状。二龙化山摆尾时，不慎将龙胆甩出，亦各化作一座小山，也就是雪山之北的东、西库山。库山北面有一座小山名曰落凤坡，此山是青、白二龙变成大山后，神鸟凤凰被美景所吸引，落地羽化所成。雪山就在这“五魁”（五座山）的保护中跨越了亘古时期，至今留秀色于人间，故有“五魁护宝”之说。因此，雪山被后人尊为神山宝地。

灵芝寺位于雪山南麓，创建于南朝刘宋时期，兴于唐朝。此寺于金天会八年（1130）、金天德年间（1149～1153）、金大定年间（1161～1189）、元至元年间（1264～1294）、明万历二十八年（1600）、明天启十二年（1632）、清乾隆四十五年（1780）、清光绪二十四年（1898）、1927 年以及 1937 年间都有不同程度的修建和维修，“文化大革命”时期遭受破坏。今寺观为现代建筑。

明万历十三年（1585）《滕县志》载：“灵芝寺在薛山，其创建不知何时。按元碑云：周唐奉旨存留雪峰山，寺有古碑，是唐以前有之。以薛为雪。附会梵王太子出家修道于此。山下有泉名为太子跑马泉。创经堂为太子歇驿亭。名西山为马伏山，其母寻之而伏匿于此也。东西小山为哭山，其母寻之不见而哭也。事极怪诞，其后俗僧愚民深信之。金大德元至元间重建，殿廊方丈香厨钟鼓楼山门规制极宽敞壮丽，岁以四月八日醮会，奉之甚谨。”清乾隆三十五年（1770）《兖州府志》载：“灵芝寺在雪山，金大定间修，岁以四月八日醮会。”

灵芝寺以每年四月八日醮会，这是因为此日是佛诞日。自宋代以来，我国汉族地区的佛教徒以四月八日为释迦牟尼的诞生之日。按照佛教宗教仪规，这一天要举行法会，以香水灌洗佛像、施舍僧侣、供养花卉等。

关于灵芝寺的创建年代，史载为唐代以前。据考，道光二十三年（1843）《滕县志》古迹补中记述：“雪山灵芝寺有唐碑二，其一为天宝十二载岁次癸巳，文半可识；又天会八年、至正二十年石俱完固。”又据民国三十三年（1944）《续滕县志》（滕县金石志）载：“唐善堌村造像碑，天宝三载十一月立，正书，上为佛像三尊，下载文二十行、行九字，下载当阳主、菩萨主、碑主、施主姓名，碑侧碑主、施主姓名五行，下有沂州丞县檀山乡江青村善堌疃信佛弟子王全会创立记，高约五尺，广一尺三寸，侧高四尺一寸三分、侧广四寸六分，在城东五十里善堌村。”碑文曰：“维大唐天宝三载岁次甲申十一月庚申朔八日丁卯琅琊丞县安城乡善堌村一百三十余户□□大小一千五百余人

□□□建立齐廊主孙法□随力营三面□并建造佛堂一所铜钟一口佛像建立幢□□□诸□身皈涅槃其时村中同结□缘卅三人等各咸净财施用助成功德今庄严圆满上为国王帝主下及师僧父母法界苍生并及合村户众普沾斯福恐后无凭敬造碑一所镌名于后同传万世。”

万寿宫，又名“云峰观”，位于雪山东北隅悬崖峭壁处丹阳洞（玄天古洞）。明万历十三年(1585)《滕县志》载：“万寿宫在薛山东北隅丹阳洞，元时建。沂州教授阎芳记略：善堌有山曰雪山，山川明秀，泉水明吟，真颐神养性之所，祝圣祈年之境也。昔灵真子马真人，号小丹阳，始于兹山结庐其上，号曰静居。后长春掌教真人改为云峰观。自兹道众云集，昼经夜营，创建三清五祖殿，七真堂东西云峰，左右寮库，香厨静室靡不毕具。丁巳复改号曰云峰万寿宫。”

清乾隆三十五年(1770)《兖州府志》载：“万寿宫在薛山东北隅丹阳洞，元时有马真人改名为云峰观。”洞内布局三洞一走廊，中有石桌，可聚百人。洞内有多道石门，下行通至悬崖中部，再行可通山下茶泉。洞前门题刻“西佛真阳”四个字。抗日战争时期，这里曾是善堌农民抗日训练班所在地，时称苏鲁豫皖边区农民抗日训练班，亦称“山东抗大”。1938 年 1 月，由中共山东省委巡视员王见新和共产党员王右池、李乐平等人创办，规定学员培训 7～10 天为一期，授课内容主要是党的方针、抗日形势、游击战术、革命歌曲等。农民训练班先后举办过 5 期，共培训学员 500 余人。1938 年 3 月中旬，在训练班的基础上成立了一支 40 多人的“农民抗日救国军”。3 月底，被编为苏鲁抗日义勇军第一总队的第二大队。

梵王宫，又名“长春观”，位于雪山祥云顶南临，有一主殿，主殿东西两侧有古式厢房，形成端庄古朴的四合院落。梵王在雪山周边地区信奉者众多，关于梵王，民间有多种传说。一说天名，指色界初禅天的大梵天王。再一说梵王为三皇五帝时佛西氏（南佛）的儿子，抛弃荣华富贵来雪山修炼成正果后，乐善好施，普度众生。另一说梵王乃是西汉末年赤眉军领袖樊崇。

茶泉，又名“梵王跑马泉”。明万历十三年(1585)《滕县志》、清乾隆三十五年(1770)《兖州府志》、清道光二十三年(1843)《滕县志·山川》均有载。茶泉至今流势依然，泉水常年自雪山东崖下端涌出，常涌不竭，质纯甘洌，滋花润木，哗哗泻下，注入薛水。因水质甘美，烹茶最宜而得名。

雪山南麓灵芝寺内有石制僧塔一座，塔高 8 米，直径 1.1 米，塔基为佛教建筑通常采用的莲花盆状，塔身呈八棱形，覆于塔顶，上面饰以浅浮雕精美花纹图案，造型玲珑别致，充分体现古代的建筑技艺和宗教艺术水平。据铭文记载:“明天顺三年三月二十三日,灵芝寺住持悟善大师圆寂后,其孝徒本暹、本真为纪念悟善大师于天顺四年四月吉日所立。”

雪山自古繁华,人文璀璨,历代名人雅士、文人墨客,或吟唱,或赋诗,留下了大量珍贵的诗文佳作。靖元道人诗云:“洞口年深藓尚斑,是谁仙子避尘寰。何时我一居公暇,也向云房学坐团。”明总督漕运参将淮阳汤节有诗云:“雪山千古梵王家,宝殿辉煌静不哗。涧引泉声鸣珮玉,窗涵禅榻卧烟霞。题诗客乡龙归洞,飞锡僧来月满裟。行到如来修道处,盘陀石上涌金芽。”雪山的佛教历史悠久,佛事活动颇丰。自开创以来,雪山凭借其特有的山水风光与神秘幽邃的佛教文化,很早就吸引众多文人雅士来山隐居、修炼、游览。据史书记载,早在 2000 多年前,雪山即为道人修炼之宝地。

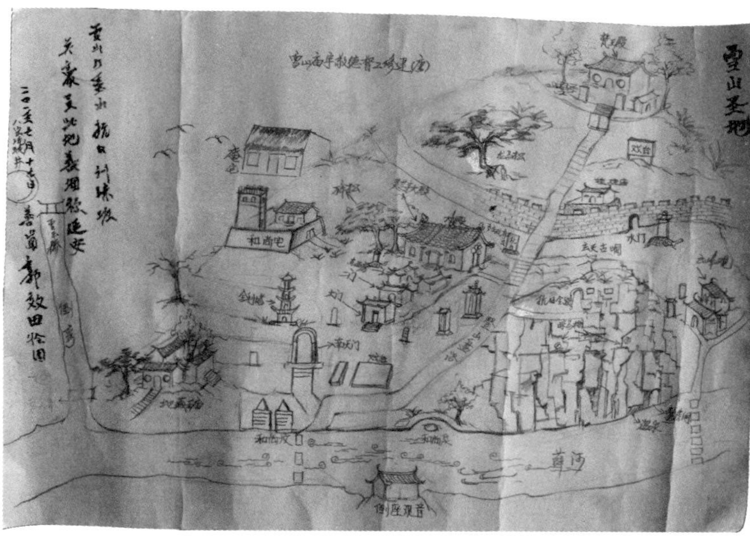

善堌村郭效田绘制的《当年雪山胜景图》

雪山庙会为每年农历三月三。相传在江苏沛县一带土地肥沃,稻田飘香,5 月前后是抢收、抢种的时节,麦黄该收时,恰逢阴雨频繁而至。为保证粮食丰收,颗粒归仓,梵王为助百姓一臂之力,使用泥捏成马,在凉马棚内晾干后变成真马,便带到河西一带,把马卖给百姓,帮百姓收割打场,并再三嘱咐百姓只准喂草,不准让马喝水,等收割完后再来收卖马钱。走时告诉买马百姓,自己姓梵,住雪山。百姓收割完,十分心疼马不喝水会渴死,忘记了梵王的一再嘱咐,竟给马喝了水,随后马就变成了泥,百姓才知道是神人显灵,得到仙人帮助。随后河西沛县一带百姓到雪山打听梵王的消息,当地人也没有见过，他们为感激神人帮助，每年三月三庙会都到雪山烧香报恩。雪山庙会沿袭至今，每逢农历三月三，四方信众聚缘雪山，诵经礼佛，热闹非凡。绵延千余年的佛事活动，使雪山这方钟灵毓秀之净土，积淀了深厚的佛教文化底蕴。雪山上至今还遗存着与梵王有关的梵王观马像、梵王凉马棚、梵王跑马泉等景观。

玉泉宫道正通义大师

沙朝佩　郭启源

通义(1236～?),姓蔡,俗名不详。生活在南宋后期至元代前期。玉泉宫大师、道正①。

玉泉宫,位于今山亭区山城街道龙堂村西,南依云龙山,北临东江河,河对岸即小邾(郳)国故城。玉泉宫西,有泉喷涌,名“玉泉”。传有神龙,“旱祷辄雨”,后建龙神庙,改名“玉泉观”。此观始建时间不详。至元②初,玉泉观已成为著名道观。通义大师担任道正后,玉泉观由观改宫,其地位显著提高,影响已不止于当时的邹、滕二县州。

通义大师的生平事迹,史籍缺载,仅见于元代三山进士林应开撰写的《玉泉宫记》碑文。碑文称:“(通义)聪慧温雅,好恬淡。”

南宋淳祐③十年(1250),十四岁的通义来到玉泉观,拜虚妙大师阎某为师,又随睿义大师学道8年,后担任玉泉观住持。

至元二十一年(1284),邹县、滕州道众以通义德高望重,共推其为玄门领袖。至元二十三年(1286),长春宫玄逸真人张志仙察知后,为其赐号“通义”,并任命其为滕州道正。玄逸真人还为玉泉观赐额“玉泉宫”。自此,玉泉宫成为邹、滕两县州的道教中心,香火盛极一时。

大德元年(1297)春三月,通义大师以年事已高和“以居职岁久”,请求辞去道正职务,虽邹县、滕州道众挽留再三,但通义还是辞去了职务。林应开在《玉泉宫记》中写道:“(通义)在职十一年,玄门肃整,道侣归依。一有科征,秋毫无犯,众皆悦服。……居是宫阙,春秋五十载,凡殿堂、厨、廪、田园、

① 道正,州属掌管道教事宜的机构道正司的长官。

② 至元,元世祖忽必烈的年号。

③ 淳祐,是宋理宗赵昀的年号。

什物，曾修续置，视昔为有加。”通义大师辞职后，在玉泉宫颐养天年，直至寿终。

大德三年(1299)秋九月二十八日，奉训大夫益都路[①]、滕州知州兼管本州诸军奥鲁[②]、劝农事张维、承直郎益都路滕州达鲁花赤[③]兼管本州诸军奥鲁劝农事老撒、进义副尉滕县达鲁花赤兼管本县诸军奥鲁劝农事□□、中顺大夫同知吉州路总管府事李可忠，以及继任道正时志通等在玉泉宫立碑，彰表通义大师的功德。碑身高 2.2 米，宽 0.87 米，碑额题“玉泉宫记”，通高 3.2 米，上刻《玉泉宫记》。作者林应开用优美洒脱的文字描写了玉泉宫及其周围的景物、记述了通义大师的事迹。后来，玉泉宫的道士们又在碑的背面刻上了本宫大师的世系。为保护这通珍贵石碑，元后期专门用青砖建造了碑塔，将石碑罩在塔内。

从元代至 20 世纪 60 年代，玉泉宫香火一直不断。2008 年 2 月(春节期间)，砖塔南半部被盗贼拆除，石碑被盗走。

【附录】

玉泉宫扩建碑记及释文

前太学进士三山[④]林应开撰并丹书

玉□□提□□□第建赵壁刊

圣天子改元之冬十有一月朔，滕州[⑤]玉泉宫通义大师蔡公遣其弟子苏道瑞过三山稽首而致言曰：“惟本宫旧名玉泉观先二十九年秋时，通义大师有

---

① 益都路，元以益都府改置，治益都县(今山东青州)，属山东东西道宣慰司。辖境相当于今山东省寿光、昌邑以南，即墨、高密以西，日照、临沭、郯城以北，滕州、邹城、新泰、淄博、博兴以东地区。明洪武初改为青州府。

② 诸军奥鲁，元代官府管理制度。蒙古国时期，男丁充军出征，家属和童仆按千户在后方或随军从事生产，经营畜群和其他产业，供应前方，称为奥鲁。蒙古灭金以后，在江淮以北逐渐形成具有汉地特点的奥鲁制度。军户都归各路奥鲁官府管领，凡签发丁壮，替换老弱，供应军需，赡养征戍军人老小，处理军户间的民事纠纷等，都由奥鲁官府直接管理，不受地方路府州县管辖。各路奥鲁官府自成系统，受枢密院节制。至元元年(1264)以后，逐步改由地方路府州县长官兼领诸军奥鲁，管理军户。元末，奥鲁制也走向崩溃。

③ 达鲁花赤，官名。蒙古语镇压者、制裁者、盖印者之意，转而有监临官、总辖官之意。元时，汉人不能任正官，多数行政机关及府州县均设置达鲁花赤，主要由蒙古人充任，亦常参用色目人，以掌印办事，把握实权。

④ 三山，今山城街道三山村。

⑤ 滕州，金大定二十四年(1184)改滕阳州为滕州，元因之。

元大德三年玉泉宫碑

请于大长春宫玄逸真人乞改观为宫,蒙赐宫额,仍名玉泉。口欲勒石以侈嘉号,记岁月,敢有请。倘能躬诣,亦得周览山间奇胜,愿毋辞。”余曰:“诺。”越翌日偕往即至,通义师迎门,抖口入座。有顷,郡人李公至,盖不期而会,师如前嘉礼,话及山泉事迹。公曰:“泉固已知,请闻山之名。”曰:“昔有名而不著,公能为我名之,非独山之幸,抑亦宫之幸。曰:“山以云兴,水以龙灵,是山能出云致龙,润泽及物,宜以云龙为名可也。”师曰:“善。”乃起执卮[①]荅[②],公俾三山叙其事以记。宫距滕阳[③]二舍[④]地。曰“东江”,江东南有山,山之背旧有观。去西南二十步即山之根,有泉,平地涌出,向西北流,迤逦西南而下,曰“玉泉”。洁白而温润,清泠而不汙。其取象乎源头,活泼混混而不舍昼夜,其有本乎?赤日烈烈,六合如窑,大旱而不枯,有祷而必雨,其有龙乎?龙,吾知泉其果有也。泉之上有山,如并蒂青莲华而秀,高而不危,其为体也。静烟云忽而不可俄,度其为气也。神而变,空明寥泬,紫翠葱茏,或羽衣翩蜷,如舞鸾鹤,而披云霓;或金童攀缘,如踞虎豹,而登虬龙;是为群仙之洞府,东江之名山也。宫者今通义师所居。师本学睿义,历八年。十四岁拜虚妙大师阎公为师。聪慧温雅,好恬淡;不茹荤食,肉纷弃;目不赭,足不履[⑤];是非耳不闻,口不道,盖其天性。居是宫阙,春秋五十载,凡殿堂、厨、廪、田园与老口用什物,曾修续置,视昔为有加。至元二十一年,邹滕二邑道众以公年高德邵,宜为玄门领袖,列衔举荐。真人察知,实行韪所举,赐号通义。大师劄充滕州道正。大德元年春三月,师以居职岁久,且年逾,从心丐闲勇退。在职十一年,玄门肃整,道侣归依,一有科征,秋毫无犯,众皆悦服,惟恐拂袖而去,请留再三,终不听。自是养浩,以寿天年,是其所欲也。

老子曰:“功成、名遂、身退。”师其有焉。今皇上尊道,口德以清净,富邦

---

① 卮,古代盛酒的器皿。

② 荅(dá),同“答”。

③ 滕阳,北宋时滕县置滕阳军,金大定二十二年(1182)置滕阳州。作者沿用旧称,称滕阳。

④ 舍,古时三十里为一舍。

⑤ “目不赭,足不履”,指不近女色。赭,红褐色。

家，阜民俗，百官佐治，四海归心尔。道家者流，念澄方寸，晨香夕灯，诵道德五千言祝：皇帝万万岁，藜羹饱飡，卧青山之白云，竹杖挑来酌玉泉之明月，优游无为之场，逍遥自得之境，当有肩五祖踵七真而作者。如是，则其无负圣天子振励玄风之美意，真人宠赐宫额之诚心。仙灵奇迹圣地嘉名等，玉泉而不竭，与是山而久存也。若猍事创始图宗派，则具载于玉泉观记，兹不复赘其口。

太极肇判分坤乾，天运日月行星躔[1]。
地载草木根山川，东江地接滕东偏。
有山并蒂如青莲，洞中仿佛小有天。
平地涌出泉口渊，龙骊稳抱明珠眠。
上有古观居群仙，郑阎二师开厥先。
至元二十有九年，通义大师比入燕。
请与玄逸真人前，改观为宫名玉泉。
金篆辉赫口昭悬，宫前山色紫翠连。
云龙名胜河崭然，神峰未让蓬莱巅。
苍鸾皓鹤来翩翩，眼底长见升云烟。
伟哉通义师仁口，弃印还赋归来篇。
功成身退名独全，槐安大梦同蜕蝉。
荠味道德言五千，默叹口奥玄又玄。
篆罅一炷沉檀栈，仰祝圣寿长绵延。
本支万世承正传，阴阳调序无伏衍。
兵寝刑措人息肩，年登谷熟珠满田。
春风和气生八埏，南山有石石可镌。

作文具□同□□。

登侍郎益都路滕州判官胡　　吏目高兴□

秦训大夫益都路滕州知州兼管本州诸军奥鲁劝农事张维

敦武校尉滕县尹兼管本县诸军奥鲁劝农事裴□□

承直郎益都路滕州达鲁花赤兼管本州诸军奥鲁劝农事老撒

进义副尉滕县达鲁花赤兼管本县诸军奥鲁劝农事□□

中顺大夫同知吉州路总管府事李可忠

---

① 躔(chán)，天体的运行。

滕州道正时志通 道判刘□□ 宫门提点萧道宁 知宫吕道忠 副知宫郝□□

大德三年秋九月二十八日(沙朝佩 识读)

玉泉宫碑亭

明故滕县僧会悟善

沙朝佩　郭启源

悟善(约1400～1459),姓马,俗名不详。山亭区水泉镇堌城村人。雪山灵芝寺住持,滕县僧会①。

少年悟善,天资聪颖,博览群书,成年后,屡次科举不第,后看破红尘,于永乐二十二年(1424)投奔灵芝寺,拜定昌和尚为师。

灵芝寺位于雪山南麓,据考创建于南朝刘宋时期,兴于唐朝,是鲁南地区的著名佛寺。拜师后,悟善却七情,苦心修行,深明佛理,故《悟善圆寂塔铭》说:“悟善学该性通,彰彰了然。”10余年后,悟善升任住持。以后,灵芝寺名气渐大,到正统年间,灵芝寺已是“十方香火,气焰之盛,不次泰安,久而弛甚”。灵芝寺一度僧众云集,多时百人,以致“常储不给,募施以赡之”。当时灵芝寺虽然香火很旺盛,但寺庙已经破旧,与寺庙的名声极不相称。于是,悟善决定募众修缮,许多信众听到消息后,纷纷捐款捐物,很快“殿堂门庑、阿罗汉殿、栋梁挠屈,丹圣漫漶,瓴甓剥缺,一一新之。以至佛、菩萨、天人之像,钟鼓、芗镫、旛盖之具,雪山悟善寂塔悉皆庄严如法”。

由于悟善对灵芝寺的突出贡献,以及在滕县佛教界的影响,景泰七年(1456)拜僧会,官府还对其进行了褒扬。

天顺三年(1459)三月二十三日,在灵芝寺修行长达35年、滕县一带著名僧人悟善圆寂。他的徒嗣本暹及僧众,“聚而熏沐,既以法火,炳其慧体,然后造为寂塔,以安奉焉。适以塔志”。悟善的生前好友滕县儒学训导张凤峻撰写铭文,盛赞悟善多学和对佛教的功绩。铭末诗云:“塔之最上,穹穹乎天。塔之最下,茫茫乎泉。塔中者何,悟善俨然。”

---

① 僧会,管理一县僧尼事务的僧官。《清会典·礼部十一·祠祭清吏司》“凡僧官、道官皆注于籍”原注:“直省僧官,府曰僧纲,州曰僧正,县曰僧会。”

雪山悟善寂塔

悟善的孝徒本暹、本真募集资金，费时1年，在灵芝寺偏西南建造了一座造型极为别致且十分罕见的石制寂塔。塔高8米，直径1.1米，塔基呈莲花盆状。塔身呈八棱形，覆于塔顶，上面采用浅浮雕技法，刻有精美的花纹图案。寂塔造型玲珑别致，装置牢固，充分体现了古代的建筑技艺和宗教艺术水平。塔身用高浮雕镌刻“故滕县僧会悟善归府墓铭”。此塔被公布为市级文物保护单位。2008年，开发商东移悟善寂塔约80米。

【附录】

明故滕县僧会悟善归府墓铭

故滕县僧会悟善归府墓铭拓片

山东兖州府滕县儒学训导鸡丘张凤峻撰

佛法至于中国愈传而愈盛，由其度门广大，故有辨才福德兼备之士出乎其间，以任负荷之寄。时遇缘合，逐能以废为兴，续佛慧命于无穷也，若滕阳悟善，盖其人焉。

悟善，邑之安乐堌城马氏之裔也。于永乐[①]二十有二年于本寺投礼[②]，师

① 永乐为明成祖朱棣的年号(1403～1424)。

② 投礼，佛教用语，就是“归投礼敬、出家学习禅宗”的意思。

定昌授禅宗教。悟善为人，自蚤岁[①]性敏颖悟，自适[②]释来，宿植[③]心田，六贼[④]严，却七情，灭炽破其尘偖无其滞，碍（凝）存菩萨心，是以造道深也。然造道深而后性理明，性理明时谓之悟善。然所悟者何善，盖善者，乃无上甚深妙法也，悟之者可指陈焉，是悟明、悟达、悟通、悟恒、悟圆、悟了、悟觉者矣。或者又曰：太古结绳[⑤]而治，将何所传而后悟哉？盖性与理一也，初未尝假文字而后明也，苟非学识之博不能悟焉。且悟善一人也能事佛，出家一念始终空空，性理湛湛，本来无不究竟，所谓悟善是也。且悟善学该性通，彰彰了然。

于正统[⑥]年间，雪山灵芝寺迺[⑦]佛祖钟英[⑧]起身之所，十方香火，气焰之盛，不次泰安。久而弛甚，悟善住持多方知其有道，徒拜云集动至百指，常储不给募施以瞻[⑨]之。施者向风而至，乃事兴起，殿堂、门庑及阿罗汉殿栋梁挠屈、丹圣漫漶、瓴甓剥缺，一一新之，以至佛菩萨天人之像，钟鼓、芗镫、旛盖之具悉皆庄严如法。此外，悟善之功而何哉？景泰[⑩]七年，寻拜僧会官以褒焉。天顺[⑪]三年三月二十三终厥，徒嗣本暹与其比丘之贤者，聚而熏沐，既以法火炳其慧体，然后造为寂塔以安奉焉。适以塔志，请予：谓佛性难晓必欲尽，空五蕴三身，然后诸相皆离，方能唾手了当，若我儒经邦治国道固大矣，然穷理尽性，其归一揆亦不外乎此也。余一则喜其悟善之多学，二则喜其有

---

① 蚤岁（zǎo suì），即早年，指年少之时。蚤，通“早”。

② 自适，悠然闲适而自得其乐。

③ 宿植，佛教用语，指过去世所植下的善根。

④ 六贼，佛学用词，指六根，即：眼，能见色者是。以能对色而生眼识，故谓眼根。耳，能闻声者是。以能对声而生耳识，故谓耳根。鼻，能嗅香者是。以能对香而生鼻识，故谓鼻根。舌，能尝味者是。以能对味而生舌识，故谓舌根。身，能感触者是。以能对触而生身识，故谓身根。意，能知法者是。以能对法而生意识，故谓意根。“色、声、香、味、触、法”为六尘。此六尘能以眼、耳等六根为媒介，劫掠“法财”，损害善性，故称眼、耳、鼻、舌、身、意为六贼。

⑤ 结绳，将两根绳子扎接起来（将绳子的两端连接在一起）。文字产生之前人们用来记数记事和传递信息的方法。相传大事打大结，小事打小结。现在某些没有文字的民族还有用结绳来记事的。《周易》记载：“上古结绳而治，后世易之以书契。”《老子》一书中也有“使民复结绳而用之”的说法。据此估计古代先民确曾采用结绳的方法来记事，详细情况现已无从考证。汉代学者郑玄为《周易》作注解时说：“事大，大结其绳；事小，小结其绳。”也只是一种推测。

⑥ 正统（1436～1449）为中国明朝第六个皇帝明英宗朱祁镇登基后的年号，前后共14年。

⑦ 迺（nǎi），同“乃”。

⑧ 钟英，极其优异。

⑨ 瞻，同“赡”。

⑩ 景泰为明朝皇帝明代宗朱祁钰的年号（1450～1457）。

⑪ 天顺（1457～1464）为明英宗朱祁镇经“夺门之变”后二次登基后的年号。

功于释教，因志而纪之以张本焉。

铭曰：塔之最上，穹穹乎天。塔之最下，茫茫乎泉。塔中者何，悟善俨然。在生行道，在世寂安。相劝后学，宜加勉焉。

天顺四年岁次庚辰夏四月吉日，孝徒本暹、本真立。（郭启源　识读）

雪山地藏王庙

张茂海

在佛教圣地雪山灵芝寺的东南方，有一占地30余亩的土台，土台呈宝塔式三层堆积，最高处约500平方米的土台上至今留有庙宇地基。地基东西长16米，南北宽7米，有用青石刻凿的圆形石柱底座，底座直径半米，内有八角凿孔。残留各处的石柱做工精细，当地人称之为“孤堆庙”。据附近老人指认，此处即为地藏王庙旧址。

按佛教说法，在无量劫前，地藏菩萨受释迦牟尼佛的托付，在释迦牟尼圆寂未来佛弥勒降生前，这一段无佛世界里，担当起教化六道众生的重任，其地位相当于“代理佛”。《地藏本愿经》又说释迦佛召地藏大士令其为幽明怙主，使世人有亲者，皆得机本荐亲，共登极乐世界。地藏受此重托，遂在佛前立下宏达誓愿：“为使罪苦六道众生广设方便，尽令解脱，而我自身方成佛道。”也曾说出“地狱未空，誓不成佛，众生度尽，方证菩提。我不入地狱，谁入地狱”等坚定佛语。因此地藏菩萨又被称作“大愿地藏”以与观音菩萨的“大悲”、文殊菩萨的“大智”、普贤菩萨的“大行”相呼应。

唐代的中国佛教如日中天，吸引了一些来自日本、新罗、高丽、百济等国的僧人来华求法。唐高宗永徽四年(719)，24岁的新罗国王子金乔觉(696～794)出家剃发为僧，携白犬善听航海来华。至安徽省池州府青阳县九华山，见山峰状如莲花，峰峦耸秀，遂在此山参悟修行，后得山主闵让和捐助山地建寺，成弥扬佛大道场，并令其子出家，法名道明。后均修成正果，舍俗离尘。金乔觉被认为是地藏菩萨的化身，故地藏菩萨也被称作是地藏王菩萨。

后来，地藏王菩萨被信徒广为供奉，雪山地藏王庙应该也是建于唐朝以后。据多位老人回忆，该庙为三间大殿，前后有12根多棱石柱支撑，红砖青瓦，斗拱飞檐，南瞰薛河，西邻深沟，后依雪山，蔚为壮观。庙西侧的原木门柱上刻着“明珠照破铁围城，金锡振开地狱门”的金色对联，大殿内正中塑有地藏菩萨金身，头戴毗卢冠，身披袈裟。他一手持锡杖，一手持宝珠，法像庄严。座下为一头形似狮子的狗，其名号曰："善听。"两旁侍立一比丘道明，一长者闵公像。东西两边为十殿阎君像，两山壁为二十四孝敬父母的典型故事像。壁画画工精细，栩栩如生，使后刘庄村90岁的老人孙玉琪至今记忆犹新。他说："墙上的一只神鸟看似真鸟，眼睛活灵活现。进香的人都不由得上前去抚摸，方知是壁画，走遍大江南北，未见过如此精妙的画工。"

地藏王庙四周均有三人围抱粗的柏树，四季常青，树冠相连，将大殿掩映其中，更显得幽静神圣，更让周边村民觉得神奇的是每到雨季，大雨磅礴，山洪暴发，其他地方流出的水都是伴有泥土的浑水，而高地面数米的孤堆上流下的水始终清澈，历经千年风吹雨蚀，土台孤堆仍如当初。

每逢农历三月三雪山庙会，方圆数百里的信众到雪山进香时，也不忘到山脚下的地藏王庙进香还原。相邻的村庄在殡葬老人时，有一风俗叫"擢汤"，意思让逝者升仙的路上别让鬼怪挡道，在下葬的当天，孝子孝眷在鼓乐礼炮的引导下来到孤堆庙将用五谷煮成的汤洒在庙前，虔诚叩拜，乞求地藏王菩萨保佑先人一路走好。此风俗到20世纪60年代还有，现在周边人们简而代之，只是在庄外对着孤堆庙方向叩拜，也算是心到神知了。

白驹过隙，岁月如梭。地藏王庙虽然在20世纪60年代被毁，但留下的青瓦残片、石柱仍散放在高高的孤堆土台上，仿佛向人们诉说着往日的繁华景象，见证着历史的沧桑。1983年，山亭区政府将其遗址确定为区级文物保护单位，使其得到了妥善保护。

往事钩沉

高熙喆与山亭

沈印骞

作为《山城历史文化选编》一书的主编人之一，在筹划组稿时曾反复考虑过高熙喆先生能否编入此书这个问题，权衡再三，最后决定还是把高熙喆老先生与山亭有关联的人和事以及至今能收集到的碑文楹联整理成篇刊印于兹，以表示山亭人对高熙喆老先生的怀念之情。

高熙喆

一、民族节操可与翼云山同峻

高熙喆(1854～1938),字仲瑊。滕州市城关镇人,祖籍浙江会稽。出身于士绅家庭,自幼精读经史。光绪九年(1893)考中进士,由于清朝历史上有高熙喆少年告状的记载,光绪皇帝人尽其才赐予他“朝议大夫”(御前提意见、议朝政的官员)和监察御史(代皇帝下基层巡视和监察的官员,俗称“钦差大臣”)。

清史有关高熙喆少年告状是这样记载的:高熙喆自小性格耿直刚烈,19岁刚考取副贡生时,高家遭遇到一桩冤案,他的叔父高文保被强人杀害。高文保是当时公安干警的角色,一次在执行公务中发现峄县知县朱永康有贪赃枉法之举,于是向上司作了揭发检举。朱知县为了逃脱罪责,打算通过贿赂的办法阻止高文保不要再向上举报,但高文保不为所动。朱知县怀恨在心,就指使其侄朱宝森将高文保残杀,并诬陷高文保是酒后发狂持刀自杀而死。地方官府官官相护,不了了之。血气方刚的高熙喆携血衣与家人田刚奔赴京师“哭号陈状”,几经努力奔波,终于使案情大白于天下。都察院判处朱知县死刑,朝廷褒扬高文保“忠正不阿,赐祭葬,人昭忠祠,国史立传”。

此事“名动朝野”,高熙喆也因此少年成名。10年后的光绪九年(1883),高熙喆高中二甲进士,光绪帝念其少年英名,便亲赐“朝议大夫”和监察御史之职。1887年,授翰林院编修,后任国史馆协修,又任甲午科山西正考官、会试同考官,贵州、湖广两道监察御史。光绪三十年(1904)后,历任甘肃宁夏知府、直隶宣化知府、大名知府等职。

高熙喆为官30年,恪尽职守。当御史,刚直不阿,直言进谏;任知府,致力于除积弊,易风俗,劝学倡俭,发展生产,深受当地百姓爱戴。

1911年,清廷退位,高熙喆挂冠还乡。自此专心在家著书立说,著有《周易注》《毛诗注》《春秋左氏传注》《四书说》和《高太史文集》12卷。

1930年,高熙喆应乡贤生克中之约,着手编纂《续滕县志》。期间,高熙喆多次到山亭、徐庄等地调查风土人情、寻堪文物古迹,从而使山亭一带有价值的史料收入书中。《续滕县志》历时数载,因发起人生克中病故,编好的志稿未能刊印,后于1944年才得以刊行。

1937年,日军大举南下。次年一月,日军已攻占邹县城,滕县城也岌岌可危。当时滕县有士绅为保全自己的利益,带着酒肉到邹县犒劳日军,年过古稀的高熙喆闻听后,怒不可遏,拍案而起,严厉痛斥奴颜婢膝的汉奸卖国行为，立命次子高延柳备车，弃家远避滕县东部山区。

高熙喆携家人先居东部山区的板上村，后移居小北河村张士主家居住。小北河村（现东河村）地处翼云山主峰正北2公里处，今属枣庄市山亭区水泉镇。张士主是国民党滕县十六乡乡长，家有30多亩土地。其宅第三进院，每进院都有配房，房间都比较宽敞明亮。为确保全村人的安全，进住张家后，高熙喆与张士主组织村民围绕村子筑起高墙（俗称“围子”），周边建起8座炮楼，一旦日军、土匪、汉奸队等来骚扰，全村老少便躲进围子。为提高村民的文化水平，高熙喆利用张家2间空房办起私塾学堂，穷人孩子与地主子女同堂读书，不收学费。高熙喆还经常向困难群众施舍钱款、衣物等，深受乡亲们的爱戴。

小北河虽然地处东山里，但在1938年7月间，日本人还是来到这里，并放火烧了村子，张家的房舍也有多间被烧。高熙喆目睹日本人的兽行，悲愤至极，于一个月后离世。

高熙喆去世后，没有举行葬礼，亲友将他的遗体落丘[①]在小北河村前河沿一高台之上。奇怪的是，旁边一眼多年喷涌的泉停止了喷涌。附近百姓解释说：是高翰林去世使得泉眼“哭干”了泪水所致。

1939年腊月，高家准备将落丘的灵柩启走，开棺之后，见去世一年有余的高熙喆尸体未腐，面容坦然，人以为奇。后在高庄同姓人的帮助下，将灵柩运往滕县祖茔安葬。

高熙喆的灵柩虽然迁葬祖茔，但他的民族气节仍与翼云山同峻。高翰林对翼云山区民众的善行义举以及他留下的著述碑文至今仍在民间广为传颂。

二、为迁葬父母张锦湖恭请高熙喆撰述碑文

1916年，57岁的张锦湖喜得贵子张殿櫟（字孟才），使他困扰30多年的心结骤然解开！同年，张锦湖的二弟张景园的长子张殿俊也相继出生，张锦湖晚年得子，且一年张家有“二龙”降生（农历丙辰、龙年），因此张家阖府欢庆。此时张锦湖不仅官运亨通，财资充盈，而且不断添丁续绳，应该说这是他人生最得意的阶段。这一切，张锦湖感觉到都是祖上的恩德，“先朝”的赐

---

① 落丘，一种简单的安葬方式。人去世后，将遗体装入棺内放置某处，棺周围用砖或石头砌垒，覆以上盖。

予，应该重修祖坟，迁葬父母，以表达“惓惓感旧之思”。1917 年 3 月，张锦湖决定择吉壤将父母的灵柩迁葬于张山湾。为此，他通过滕县“八大家”的黄曾瑞先生，恭请高熙喆为其撰述碑文，高熙喆欣然接受。为此，张锦湖把高熙喆请到现在的枣庄市山亭区山城街道沈庄村新建不久的张家大院，住在内宅的正堂屋内，派家侄张立彬精心伺候，以便高熙喆集中精力构思撰写。

高熙喆揣度张锦湖的心理，结合当时的政治形势，写下三通碑文：《张氏先茔碑铭》《张氏纪恩碑》《张公暨配程、孙、徐三恭人墓志铭》，以彰显张氏家族的虎贲光环。

由高熙喆撰文的张氏先茔碑铭

第一通　张氏先茔碑铭

张氏以弓受姓，为皇帝子，后四千五百余年薛郳左界，万峰刺天，穹岩钜谷，以亭以毒，磅唐瑰伟，遂挺人豪，实维锦湖。张公，曰仁奎。公以一夫，奋起田间，不阶尺手，仗剑从军，独拔粤西，以至于潮，号令指㧑，使船如马，旋移皖南，再践石城，积功二十年，以天下发难，秉节居藩，为旅长，以所镇于扬州。丁巳(1917年)春，介于黄生曾瑞以请，越翼(翌)日，伻[①]来，逾日以书至。其辞至哀以肃，盖天资仁孝，大人也。熙喆仅按，公之祖曰：诺。有田二百亩，下再传几尽。公之父曰兴兰，字茝[②]臣，苦操作一世，以布衣终。呜呼，谁非人子，乌养[③]人情也，顾生前于事已矣。令难罗旗鼓，烹九鼎而风木衔悲，痛砭肌骨。虽皋鱼之泣[④]不哀于此也，惟是磻跟丰碑，既具而刻。书未章，不足以揭虔焘后[⑤]，是用至于再，至于三，以请喆。曰："曷敢，诚知其难也。然必不可以已，窃庶几其渠虑焉。"当癸丑夏[⑥]，南氛甚恶，躏淮及泗，窫窳封豨[⑦]，趋风以至，孰落其距，孰掣其尾，公以偏师突击不意于其后，以懋厥功，国用嘉焉，遂魁前茅，直冲其穴，战甚力，不踰刻晷，手取金陵[⑧]，还之京师。凡吾侪[⑨]庞眉稚齿，得熙熙乐于兹土者皆公赐也，是用斋祓铭诸宰上，曰："曷敢，诚知其难也。然必不可以已，窃庶几其渠虑焉。"铭曰：鬲如睾如[⑩]，佳气葱郁，是惟高山之足，有特出之杰而降于斯，能与偏师越天堑，截怒猊，完金汤于破碎，复江汉于清夷[⑪]。呜呼！战功立矣，国章赐矣，拊膺先灵，孺子泣

---

① 伻(bēng)，使者。

② 茝(chǎi)，古书上说的一种香草。

③ 乌养，原指乌鸦反哺，此指赡养老人。

④ 皋鱼丧母，痛哭流涕。孔子行，闻哭声甚悲。孔子曰："驱驱，前有贤者。"至，则皋鱼也，被褐拥镰，哭于道傍。孔子辟车与之言，曰："子非有丧，何哭之悲也？"皋鱼曰："吾失之三矣。少而学，游诸侯，以后吾亲，失之一也。高尚吾志，间吾事君，失之二也。与友厚而小绝之，失之三也。""树欲静而风不止，子欲养而亲不待"，树不喜欢风，风吹树动就会枝叶飘零；可是树不能左右风的吹动，就像人不能左右时间一样。人希望父母永远健康，可是却无法阻止时间的运行，当你想起奉养双亲时，却发现时间已夺去了他们的生命。树对风的无奈一如人对时间的无奈。父母就如处在风中的树，说不定什么时候就会枝叶飘落、颓然倒下。因此，后人便以"风树之悲"来借喻丧亲之痛，"皋鱼之泣"用作人子不及养亲。

⑤ 彰显诚敬，教化后代，焘：荫庇。宋苏轼《英宗皇帝御书颂》："云汉之章，融为庆云，结为甘露，融而不晞，结而不散，以焘冒其子孙。"

⑥ 癸丑夏，指1913年7月的"二次革命"，张锦湖追随北洋军阀政府参与攻打江苏，声讨袁军。同年12月30日，中华民国北京政府授予张锦湖陆军少将加中将衔。

⑦ 窫窳(yàyǔ)，又称为"猰貐"。传说猰貐曾是天神，是烛龙的儿子锲貐原本老实善良，但后来被名为"危"(二十八宿之一，鸟头人身的形象，手持木杖)的神所杀死，天帝不忍心看烛龙伤心，就让他儿子复活了。可没想到，锲貐复活后，变成了一种性格凶残、喜食人类的怪物。关于猰貐的外形有很多种说法，比如人面龙身、大小和狸一样，也有的说是人面牛身马腿，或者说龙头虎身的巨兽，或者蛇头人身。据说由于猰貐喜食人类，所以尧帝命令后羿将它杀死。封豨，神话传说中被大禹除云的大野猪怪兽。

⑧ 引处指1913年9月，张锦湖奉命攻打南京讨袁军，攻占南京一事。

⑨ 侪(chái)，等辈，同类人。

⑩ 鬲如睾如(gé rú gāo rú)，形如山丘那样高。鬲：上小下大的山丘之状。睾，古同"皋"，指高地。

⑪ 清夷(qīng yí)，清净恬淡。

矣。击牲镨石，莫幽居矣。岳岳穹碑，花捧云抱，神龙蘷跜[①]，日星炳耀，匪曰勒功，惟以展孝。后数百千年过而瞿呼曰：是谁氏之兆欤？曰：有铭焉，敢告。

赐进士出身诰授朝议大夫翰林院编修国史馆协修甲午科山西正考官掌贵州湖广道监察御史署工科给事中宣化府知府高熙喆顿首拜撰

清邑庠生孙建廷顿首拜书

中华民国六年(1917)岁次丁巳桐月穀旦

张氏纪恩碑文

第二通　张氏纪恩碑文

司令公镇广陵[②]之六年，凄然感旧，乃至书故翰林院高熙喆曰："余故山椒人也，以光绪九年(1883)弃力耕入戎行，由粤东西而皖而江宁凡三十年，

① 蘷跜(kuí ní)，盘曲蠕动貌。

② 广陵，现在扬州一带辖区。

以鸣机肩铳力战以有今日，岂区区效命足以致于此？皆先朝之旧恳也。当宣统之际，江汉锋兴，余捧总督将军檄，守神策门[①]，战凡十昼夜未就功，天子轸焉。曰：‘仁奎，可授汝为游击将军，赏加参戎衔，其自尔祖。诺，尔父兴兰皆以汝贵，惟汝官是封。’自是两月耳，而沧桑一变，旧物都非，至此虽有告身，贲而未能至也。先生故史臣也，惟先生能知余意。盍发之于文，为先世光荣，维先生留意焉。”熙喆瞿然以兴曰：“司令公天下之伟人也。其刚肠铁石尽天下之大美，富宜无复，撄其虑者，独倦倦感旧之思，言之令人出涕，又何其仁也。虽然惟天下之仁人，然后能为天下之伟人。继自今中外多事，其可以内固吾围，雷雨膏乎千里，风采照于四裔者，将惟公是望。”遂文之石，以答司令公之命。

赐进士出身诰授朝议大夫翰林院编修国史馆协修甲午科山西正考官掌贵州湖广道监察御史署工科给事中宣化府知府高熙喆顿首拜撰

清邑庠生孙建廷顿首拜书

中华民国六年(1917)岁次丁巳桐月穀旦

程
第三通　清武略大夫苣丞张公暨配孙恭人墓志铭
徐

苣丞张公者司令锦湖之父也，以宣统元年卒于家，盖春秋七十九矣。是南氛猝起，司令公奔走皖粤间，未及侍寝疾。至今言之，未尝不涕下也。曰：“天乎？奈何使孤受一命之荣，而父母不及享一日之俸，何以为人子？愿乞一言以光幽夜，或可稍逭[②]孝罪于地下。”旋以走书请。余自揣荒陋而又义不容辞。谨按：公系出张氏，讳兴兰，字苣丞，世居邑东城头，至清初而迁张山湾。巨族也，亦名族矣。配徐、程恭人皆早卒，再配孙恭人。子三，长即司令公锦湖，次景元，三景山。于道光三十年，公携家迁沈家庄而家焉。当是之时，公性宽厚，家因中落，而恭人以茹苦食辛佐之不为意，亲里以贤称。至光绪七年而恭人卒，寿四十五岁，葬如礼。又五年，公之子锦湖竟成父志，奋臂从军，积三十年战功以有今日。其间为营长，为统领，为中将，为司令，又为

---

① 神策门，现名“和平门”，是南京明朝京城城墙的十三座城门之一，位于南京市中央门立交桥的东南角。由于作为军事禁区被封闭了70多年，神策门明城墙十三座内城城门中是保存最完整的一座，也是南京现有所有城门中唯一保留有民国以前镝楼的城门。

② 逭(huàn)，逃避。

总统之谘议，炳炳麟麟，勋业烂然。而公至此幸有令子而不知，天下更幸有伟人也。《语》曰："世德之门也，必大而昌。"其谓欤？公卒于宣统元年正月二十一日，距生于道光十年九月初九日，富七十九岁，封武略大夫。恭人卒于光绪八年，距生于道光十七年，寿四十五岁，封恭人。子三：长即司令锦湖也，娶王氏；次景元，娶刘氏；次景山，娶刘氏。孙男五人：曰殿梁，锦湖出；曰殿俊、殿成，景元出；曰殿法、殿材，景山出。孙女三人，俱幼未字，葬于张公之东，依三恭人墓之前，从吉壤也。法得备书，铭曰：惟公笃厚，世德无愆。[1]式谷尔后[2]，光启其先，于惟恭人，母仪则贤。食祉方来，胡遽不年？高山之足，岩崖之前，青青郁郁，卜兹牛眠[3]。

中华民国六年(1917)岁次丁巳桐月榖旦

高熙喆撰文的张锦湖母亲墓志铭

① 无愆(wú qiān)，亦作"无僭"。没有过失。

② 式谷尔后：以善道教化后代，使之为善。《诗·小雅·小宛》："教诲尔子，式谷似之。"朱熹集传："式，用；谷，善也……戒之以不惟独善其身，又当教其子使为善也。"

③ 据《晋书·周光传》，陶侃父母丧，家中老牛出走卧眠山岗，指示此地为埋葬的风水宝地。后来，人们以"牛眠""得牛眠""卜牛眠""牛眠地"的典故，喻埋葬先人的可让后辈发迹兴旺的坟地。"牛眠之敬"就是对逝者的尊重与敬意。

张锦湖三位母亲合葬之墓碑正文

碑文引经据典，文辞华美，论孝道、追哀思可谓入木三分，情切动人，彰显大家手笔。但文中所记张锦湖的行止年代，与实际历史有多处不符，而且也无法超脱碑版虚美过誉之窠臼。

碑文的字里行间对张锦湖在“辛亥鼎革，绥定江淮”的历史功绩只字不提，却一再彰显张锦湖在“二次革命”中与反袁军斗争的军功战绩。由此看出高熙喆先生的遗老情节和当时对国民革命的历史态度，从中也可窥见张锦湖当时疏离国民革命轨道心迹之一斑。但这种勒石的时代印迹，并没影响张锦湖在以后的政治生涯中最终走上国民政治的殿堂。张锦湖早年参加辛亥革命的资格以及他与南方革命党人核心人物中深厚的帮会关系，得到南方革命政权的高度重视！1927 年，他终于愉快地接受了国民革命军第一军军事顾问的聘任，在策动苏皖北洋军的反正中起了他人无法替代的重要作用，从而为自己 30 多年的军政生涯中画了一个圆满的句号！

三、高熙喆再受请为重修翼云山庙宇撰写碑文

1917年7月6日，冯国璋就任代大总统。冯国璋在任职的同日就颁布了“张仁奎接任淮运使职令”。8月14日，因通海镇守使管云臣奉调北上，另有差委，张锦湖奉命率第七十六混成旅驻防南通并兼署通海镇守使。这一年，是张锦湖政治生涯中最辉煌的一年。两淮盐运使是国家财政要职，在逊清位居从三品(扬州知府为从四品)。两淮盐运使的主要职责是将两淮盛产的海盐改包、课税，发向西北各地，并经长江运往西南各个地区，是一个难求的肥缺。冯国璋将如此肥缺委任给张锦湖，可见张锦湖在冯国璋的眼中地位非同小可。张锦湖从一个普通的农夫，凭着自己20多年的艰苦努力，一举成为从三品的地方要员，不能不说是一个难以解读的异数！

张锦湖在南通驻防10年之久，保境安民，励精图治，积极襄助南通地方领袖张謇发展民族实业，实施“棉铁政策”，使南通地区出现“闾里富庶，人庆升平”的偏安局面，成为中国近代实业发展的典范。

张锦湖正好是这一带的地方官员。他在各方面都给张謇全力的帮助，兴办实业，扩建纱厂，盈利很多。经过几年的努力，特别是棉铁政策的实施，大大促进了南通地区棉花种植业、养蚕业的迅速发展；农村面貌大为改观，商业、沿海贸易也进一步活跃。一时治安稳定，百姓富裕，呈现一派经济繁荣的局面，成为全国发展近代实业的典范。

因此，1923年11月14日张锦湖被北洋政府晋授陆军上将并嘉封为勋五位杰威将军。

1924年张锦湖官方年龄五旬晋九诞辰时，南通各界为其立纪寿碑，碑文为张謇书丹，张謇三弟张察撰文，褒扬张锦湖政绩，并将纪寿碑树立在南通天生港要口，以示纪念。

此时的张锦湖可以说是满身的光环。为偿还弃家投戎时的誓愿，1924年，他决定出巨资扩建高山泰山行宫。于是他再一次恭请高老先生为重修翼云山庙宇撰写碑文。高老先生揣度张将军的心理，借物抒情：“山名翼云，崇高也，山与云连，朝夕往来，烟雾白云与山交会，双峰白云吐扬，故名之曰‘翼云’。”

高老先生饱读诗书，善解人意，用“翼云”给山命名，状物、抒情、托物言志，都可谓登峰造极。这正是“山如鲲鹏展翅飞，人在飞黄腾达时”的真实写照。

这两通碑文,目前只有《翼云山碑记》保存完好,《重修碧霞元君庙记》这通碑在1966年被红卫兵用炸药炸为两段,所以多处碑文无法识读,只能知其大体。

第一通　重修翼云山碑记

重修翼云山庙宇碑记

山名翼云,崇高也。山与云连,朝夕往来,烟雾云与山会,两峰白云飞扬,故名之曰翼云。东峰有泰山庙一座,总戎张仁奎出金□万,兴心重修,以张大局,委命沈淦清、沈明辨庇材鸠工,从事修理。上建大殿五楹,左设药王殿,右列三圣堂,乃将大厅、客堂、禅房、山门、灵官、盘路、神像、宫墙、垣墉一概创修。基址虽有旧贯,规模自此开展,期年工竣。谓经理曰:“非封山不可。山中所生奇花异草,原泰山观音救苦一方之用,岂可轻自伤损?”经理曰“然”。于是各村佥议封山。山后平顶山地，不许俗家再种，以归道人收管；自二崖以上，草木永不剪伐，牲畜永不开至。数年之后，松柏森冉，佳木葱茏，仰而视之，俨然似一幅绝妙画图，岂不同泰山岩岩，鲁邦所瞻哉？故勒石以垂千古。

邑儒　高俊三书丹

会首　张仁奎　黄金荣　沈淦清　沈曾等（共一百七十八人）

住持道人　程明启

中华民国十三年阳月吉立[①]。

第二通　重修翼云山碧霞元君庙记

重修翼云山碧霞元君庙碑上段

① 此碑记落款未镌刻高熙喆。

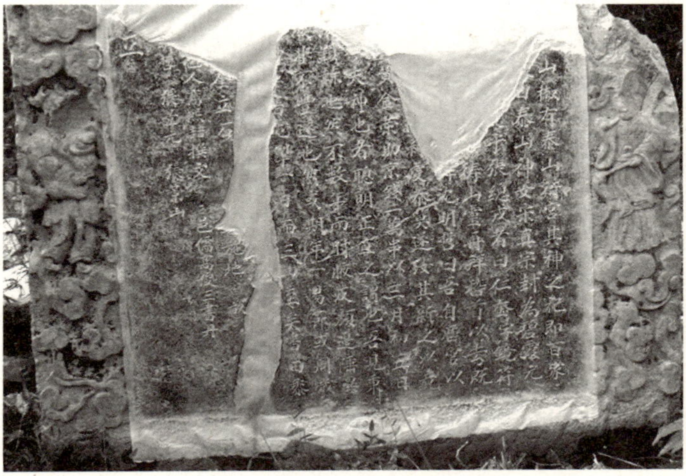

重修翼云山碧霞元君庙碑下段

高山者，滕之翼云山也。跻巅而俯视群□□□□□□□□□。山椒有泰山行宫，其神之祀，即百家之书所称风雨避灌坛令[1]。金床玉碗，非人□□□□□□□□□曰："泰山神女。"宋真宗封为碧霞元君，后世谶纬家言，儒者所不尽识者多矣。□□□□□□□□□乎？张总戎者，曰："仁奎，字镜符。[2]故家于翼云山足之沈家庄。宽厚爱人，□□□□□□□□□□祷山灵。再拜，稽首以去。既而历熊湘，泛两粤，自皖至吴，以功绩官□□□□□□□□□□"沈明哲曰："吾自历官以来，无事不蕲，于质神明。今者笳鼓旌旄，□□□□□□□剥，虔恭莫遂，汝其新之，以竟我之志。"三人同曰：："谨受命。"于是时，总戎□□□□黄金荣助京钱一万串，以三月初五日程功，十一月藏事，计宫殿、廊庑共三十一间。□□□□夫神也者，聪明正直之谓也。吾见

① "风雨避灌坛令"，意为大风暴雨也要回避在灌坛做县令的姜太公。这里借指碧霞元君（泰山奶奶）如同灌坛令，有"庇佑众生，灵应九州"，"统摄岳府神兵，照察人间善恶"之神威。典故大意是：周文王曾封太公为灌坛县令，管理泰山地区。结果泰山周围风调雨顺，五谷丰登，万民欢庆。忽然一天晚上，文王做了一个奇怪的梦。梦中在他出巡的路上，有一个非常漂亮的少女当道而哭。文王问其缘故，那少女答道："我是东岳泰山神的女儿，嫁为西海妇。欲东归，可我要去东海要经过灌坛而且还必须兴风作浪，这样势必要毁坏灌坛一带百姓的庄稼和房屋，这样姜太公的名声威望，也会一落千丈。我左右为难，因此而哭。"文王一觉醒来，见是一梦，急召太公来问。就在太公前来面见文王的当天，泰山地区便有大风疾雨出现，泰山神之女乘太公不在，兴风作浪去了东海。文王认为太公治理封地有方，政绩突出，于是封他为大司马。

② 镜符，"锦湖"之讹音。

秉天下之政者矣，方其昫[1]沫恩泽，如卵斯□□□□迹赫也。然不数年而肘腋反颜[2]，边陲异志[3]。十年凶蹈汤为寒烟矣。而其握虎符。□□□□非不丰遂也。然或期年一易节，或周岁一去位，若张总戎作镇维扬，而民气大□□□□□下书电掣，一日而三四至矣。《书》曰："黍稷非馨，明德维馨。"《传》曰："神所凭依，将在德□□□□□。"陆军中将勋五位杰威将军通海镇守使张仁奎勒石施地亩。

赐进士出身诰授朝议大夫翰林院编修国史馆协修甲午科山西正考官掌贵州湖广道监察御史邑人高熙喆　撰文

邑儒高俊三　书丹

□□□□□□□□沈明哲　张景元　张景山

中华民国十三年岁在甲子立

四、高翰林舍饭救民、悬壶济世

高翰林的威名之所以在山亭以至鲁南地区民众中至今有口皆碑，世代颂扬，这是因为他灾年舍饭救灾民、悬壶济众生的积荫善果。

1926年滕县遭遇百年不见的大旱和蝗灾，无论是东部山区还是西部湖区，几乎颗粒不收，野菜、树皮均为人食，饿死人甚多。

1927年春，高熙喆为此派管家柴峰到东山里和西湖打探受灾情况，没过几天柴峰回来禀告："东山里一年没下几滴雨，西湖干了湖底，收成仅能吃到正月，现在青黄不接，饥民开始吃地瓜秧、榆树皮了。"高熙喆眉头紧皱，忧心忡忡，一夜未眠。第二天，他将几房孙儿的乳娘及杂工招来开会。问道，今年老家的日子过得怎样，众人七嘴八舌地回复道："去年遭受旱灾、虫灾，庄稼歉收，过了年家里便揭不开锅了。"

高翰林说："从明天起，几房孙子集中起来由一家乳娘看护，其他人集中起来烙煎饼，然后在门前舍饭救济灾民，你们意下如何？""老爷发话，下人怎能不听，再说这是积德行善之事，我们甘愿效力。"

第二天，管事于妈将六七个幼童都带到了长支屋里，办起了"托儿所"，抽出的五名乳娘由张嫂带领，在东厢房一字儿摆开六盘鏊子，真是六女烙

---

① 昫(xù)，同"煦"，温暖。

② 肘腋反颜，胳膊肘儿和胳肢窝，比喻产生于身边的祸患。反颜，反转面孔，谓翻脸不认人。

③ 异志(yì zhì)，指二心、叛离之心，有叛变或篡逆的想法。

饼，各显其能。

高翰林也丢下了他的写作，一会儿转到长支房里帮助于妈照顾孙子，一会儿跑到东厢房，亲自督阵。平时只顾着著书做学问，并无多少弄孙之乐。今天佣人们忙了，他只好给乳娘搭了下手。

上两辈人都知道，烙煎饼可不是件好活，盘腿坐下，一坐便是五六个小时，“糊子”烙不完是不能停火休息的。几天下来，往往腿都肿了，再加上烟熏火燎，煞是苦累。

高翰林采取了“奖励机制”，他提了一布袋铜钱交给张嫂，凡烙50张煎饼，便赏一块铜钱。乳娘们个个都成了烙煎饼的“巾帼英雄”，有的汗流浃背，有的抹成了“三花脸”，引得大家嬉笑不止。真是“劳动的热情高万丈，欢乐的小曲顺口淌”。

舍饭的场面更热闹了，“太史第”门前是火神庙街，这是条南北不足百米的小街，南首便顶着书院街，乞讨的穷人将队拐上了书院街。青黄不接呀，有什么比“饿”更难过呢！

高翰林看到灾民吃完卷腊菜的高粱煎饼，喝完白面糊糊，惬意地抹抹嘴的样子，他感到心里十分高兴。他和灾民们攀谈着，看到有个光头灾民面带病容，便伸出手给他把脉。把完脉，高翰林摇头叹息道：“你有肝病呀，再不能拖延了。”

那光头说，病早就得了，但吃的都不周流，哪里有钱看病！高翰林想想，说的也是，于是派柴峰把“同仁堂”的老板姚先生请了来。

“姚老板，你看这些灾民十有二三都有疾病，你给我弄些诊治常见病、多发病的草药来。若是稀有药品，你见我方子便给发药，最后一并结账。”

姚老板大为感动，拱手回答说：“太史爷侠胆义肠，实在令在下佩服，这批药材我照成本价送给您老，从中绝不赚钱。”

次日，在“太史第”的门楼里，高翰林摆起了药摊。旧时的大儒大都懂得《周易》和医道，高翰林的中医医术要比那些“三脚猫”“二估眼”的游医不知高明多少倍。

灾民们门前就餐，过道看病，真算是“一条龙”服务。管家柴峰考虑太史公年事已高，不能过于劳累，便每天到门前只发20张单子，而高翰林每当看到排队病人焦虑的目光，便拖延“下班”时间，尽量多看几个病人。

“高翰林摆摊舍药了！”老百姓们奔走相告，一时信息传遍了东山、西湖。一些疑难杂病患者，有的被人搀扶，有的着人抬来，“太史第”成了“三甲”医院！凡来求医之人，个个都瞅着高翰林这位瘦高老头的脸，希望他嘴角能透出笑意，说声“并无大碍，吃两服药便好了！”

有一天，高翰林正给人号脉，只见两个庄户人抬来一个老年病人。高翰林赶忙上前探视，只见那老人骨瘦如柴、气如游丝，把了好一阵脉，才找到了微弱的脉动。高翰林道：“这老者肾亏血衰，需要大补，我给你开张药方，速到同仁堂取药，赶紧煎熬，再不及时治疗，怕就病入膏肓了。”

老者儿女急忙分头去忙，不一会儿，那长子提着三包中药回来，眉头紧皱着说：“翰林老爷，同仁堂的姚先生说，药方如数抓好，只是少了‘鹿茸’一味，不知是不是影响药力？”

高翰林回答：“你再去找姚先生，就说我讲的，务必配上此味药，价钱多少我不在乎。”

须臾，那汉子又赶了回来，回复道：“姚先生说了，那鹿茸因价格太贵，用量太少，他们很久没进货了。”

高翰林爷听罢，略一思忖，便叫来柴峰道：“我药橱里还有几两鹿茸，赶快取来急用。”

平时很听话的柴峰这一次却与翰林爷顶起牛来：“老爷，那鹿茸是张状元从云南带来孝敬您老的，搁置了两年您老都没舍得用，怎好随意送人？”病人儿女闻言也忙上前阻止，高翰林板起脸斥责道：“柴峰，你在我身边服侍多年，怎么还毫无仁慈之心！休再啰唆，救人要紧！”

柴峰见高翰林生了气，哪里还敢违抗，只好从内屋取出了珍藏的名药。

五、为践诺高熙喆终成张锦湖的老亲家

张锦湖发迹后，利用他自己特殊的帮会地位和政治特权，很快跻入“滕县八大家”的行列，并通过政治联姻的形式，把高熙喆的长子高延榴之女高炯云纳聘为长子张殿楙之妻。

关于高熙喆成为张锦湖的老亲家的事，还有一段有趣的细节。

1911年辛亥革命成功，高熙喆挂冠而去返回滕县故里，开始了他晚年的隐居生活。许多当权人物仰慕他的声名，纷纷敦聘，请他再登仕途，均遭婉言谢绝。老人将余热奉献给编纂《滕县续志》和《滕县乡土志》上，并著书立说，写下了学术价值极高的评论集《诗迹》。

而此时的状元张謇不仅身居中华民国实业部部长高位，而且事业亦如日中天，成了名震江南的商贾巨富和社会名流。

一年，辞官的高熙喆来到南通，张謇率领当地政要士绅，出城十里迎接

恩师。高熙喆刚刚走下轿车，张状元顾不得官道尘土，上前纳头便拜。高熙喆慌忙上前搀扶，口中说道：“状元公行此大礼，岂非折煞我也！”张謇恳切地说：“一日为师，终身为父，若没有恩师的顾怜，何有张謇的今天？”言毕，又亲自搀扶太史公上马。

行至南通城门，只见四方街邻人头攒动、比肩接踵，南通百姓万民空巷，都来观看状元公迎接恩师进城的盛典；一时鞭炮震天、鼓乐齐鸣，状元公扶恩师下马，早有下人将红毡铺地，礼花抛撒，一直迎进张府。南通黎民百姓说，状元公一生从来没有对谁用过如此隆重的礼节，高熙喆算是第一人了。

高熙喆和张状元的师生情谊，又引起另一则有关滕县名人的故事。

张锦湖被任命为通海镇守使府治南通，并委任两淮盐运使，兼管长江水路八百里。按照官场规矩，新官上任后必须拜访当地名门豪绅。张状元张謇是南通第一豪门，岂能不拜？有一天，张锦湖将军带领几个贴身卫士登门拜会张状元。主宾坐定后，状元云：“将军何方人氏？”将军答：“山东滕县。”状元惊愕：“将军是滕县人？可曾认识上朝名臣高翰林？”张锦湖虽是一介武夫，但又是何等聪明，反问道：“状元公莫非认识翰林公高太史？”状元答道：“翰林公乃吾恩师，我这状元头衔便是翰林恩师亲手所点。”张锦湖脑筋飞快地旋转，自忖：若和高家攀成亲戚何愁坐镇南通不稳，遂大笑曰：“巧了，巧了，我家与高家世代为好，我家碑文都是太史公撰写。犬子张孟才与翰林孙女高炯云刚换过帖子成为秦晋之好。我和高翰林长子高延榴先生将是儿女亲家。我称翰林爷为叔，状元公称翰林爷为师，如此算下来，我还高攀状元公为兄呢！”张謇也大笑曰：“世界真大也真小，想不到偶尔言谈就认了个兄弟，孩儿们，快摆酒宴，为锦湖兄弟接风洗尘。”

其实，张锦湖确有个儿子名殿樑，字孟才，1916 年生，而高翰林长孙女高炯云 1917 年生，小张孟才 1 岁。张謇不知就里，信以为真，张锦湖也只能以错就错。

张锦湖既然在张謇面前吹下他和高家是儿女亲家，岂可“穿帮”？于是假戏真唱，等公务稍闲，便赶回滕县，托当地士绅黄曾瑞、张鼎文到高家提亲玉成大事。有关张鼎文玉成高炯云和张锦湖之子张殿樑婚姻之事，张鼎文的侄子、山东大学历史系教授张知寒老师在 1996 年与笔者的一封书信中还谈及此事。

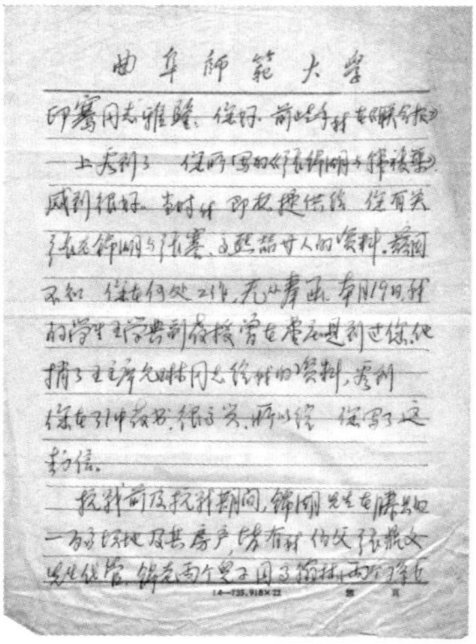

曲阜師範大學

14—735.918×22 第 页

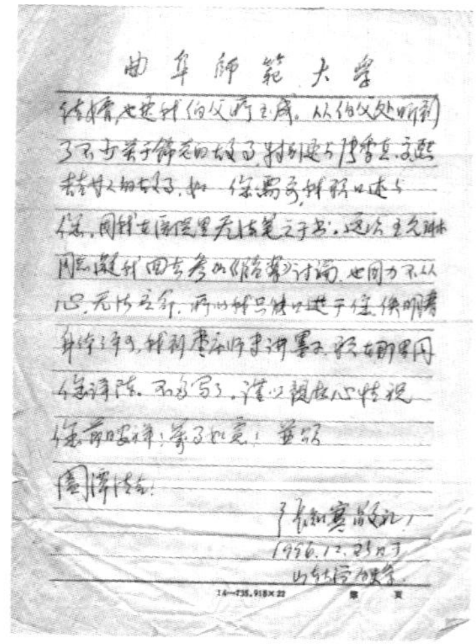

曲阜師範大學

14—735.918×22 第 页

张知寒给笔者的信件

此时，高家虽是当地名门望族，但也成了强弩之末，而此时的张锦湖威震上海滩，名扬江、浙、淮，高翰林崇文，张锦湖尚武，也算得上门当户对，于是高家便欣然将这门亲事答应下来。公元1933年秋，张氏长子张殿樑和高氏长孙女高炯云结成婚配，从此高熙喆真正成为张锦湖的老亲家。

山亭老街

满福友

当你走进山亭集贸市场左顾右盼购物时，当你步入山城街道匆匆忙忙办事时，当你迈步山亭新城享受休闲慢城生活时，你是否想过，山亭的老根在哪里？当你得知山亭的老根在山亭老街时，你是否想过老街的过去是个什么样子？有着怎样的故事？带着这些问题，笔者到了老街，走了走老街的街坊，看了看老街的现状，听了听老街的诉说……

一、老街风水

“山亭”这个名字是个很优雅的名字，对于这个名字的由来众说不一。目前有两个版本，一个是官方史志文字记载的版本，另一个是民间口口相传的版本。民间传说“山亭”是从“三挺”或者“三停”讹化而来的。从前，该村经历了三次向北搬迁，即一停於菟山，二停南大洼，三停结义庙（老街的东头有个结义庙）。如此看来，山亭老街是通过三次向北挺进才找到了目前的地方。相传汉朝光武帝年间，有几户人家从外地逃难来此居住，起初在於菟山（现写成坞土山）的北面山坡上安家，此为一停。由于此地常年经受西北风的侵袭，加之下山开荒种地较远，极不方便，于是他们将家搬迁到了南大洼，此为二停。南大洼位于於菟山东、於菟城南，又因古代雨水较多，南大洼地面潮湿，河水暴涨时，常受水害，所以他们不得不再次搬迁。

实际上，整个村子的搬迁谈何容易！这次搬迁他们不再像上次那样草率，而是寻找一个能够扎下根来的安村之地。自於菟山向北望去，只见薛河北岸，周围山川环抱紧凑，格局四正。只说玄武，处在后方玄武处的高山（古代叫作高山，民国名将张锦湖发迹后重修高山庙，聘请滕县清末翰林高熙喆撰写碑文时，将高山改名为翼云山）是气之源，远观此山，紫气如盖，苍烟若浮，云蒸霭寓，四时弥留，皮无崩蚀，色泽油润，草木繁茂，流泉甘洌，土香而腻，石润而明，其气者，方钟未休。高山的磅礴之气，正向四周辐射，行溢于地表则为水，行藏于地下则为气。他们最后把村址选在了如今的山亭老街结义庙附近。此为三停。就是这次搬停，一住竟是千年有余！

老街这里朝向好，位置佳，交通方便，依山傍水，视野开阔，采光通风，充满了生机与活力，达到了人与自然的完美和谐。正因为这个地方好，才有了许多姓氏陆续携家带口汇集而来的好局面。经历了“三挺”或者“三停”之后安居乐业的人们，就利用“三停”和“三挺”的谐音把该村叫成了“山亭”。现在看来，这个传说的真伪并不重要，重要的是这个传说告诉人们一个道理，那就是山亭老街的选址实属不易，越是来之不易的东西越要珍惜！

数十年来，以此为源头，从山亭老街依次向北衍生出一条条新街，不仅立街建镇，而且还设立了县级机关，老街风水好的结论让人深信不疑。树本乎根，水本乎源，处在条条新街的人们应该永记山亭的老根在老街，对老街永怀赞美关爱呵护之心，并愿为之付出！

山亭老街藏风聚气，这里先后建立过於菟城、麓水县、白彦县和如今的山亭区！春秋战国时，楚国的於菟令尹为与齐争霸，在山亭河的南岸建有於菟城屯兵驻守，后毁于战火，但至今城基尚存。明朝以来，多有史志复述记载，可见当时影响之深远。至西汉，山亭这块地方又繁华起来，於菟山西北处出土的汉墓群就是佐证。

古代基本是路顺河走，人近水居。千百年来的河道并不是一成不变的，它像龙一样摇头摆尾，游移不定，危害着居住岸边的人们。可是山亭老街就是例外，这里的河道千年未改，居住在老街的人们也不曾遭受水害。究其原因，就是得益于山亭老街东头的一块偌大的巨石，是它挡住了从上游咆哮而至的洪水，防止了洪水对河岸的切割冲击。这块与街面持平的巨石，面积都说一亩三分三，上面建有一座结义庙和土地庙，庙南有高 3 米有余的龟驮雕龙碑雄峙河岸呵护老街。有一年讯期的一日夜间，下了一场百年不遇的大雨，河道遭遇特大洪水，尽管水漫老街，可是温顺而过，老街安然无恙。为此山亭一带至今还流传“山亭发大水，高山挂淤柴”的神话传说。传说当时大水即将水漫山亭街，镇守神龟为司其职，随向龙王请示，请避水的“江猪子”前来化解，于是大水漫天而过，在高山的挂山橛上留下许多“淤柴”。

当年的薛河常年不干，水流湍急。1958 年，曾在现在的“〇九”路山亭大桥正下处建有涡轮式水力发电厂，供山亭人民生活用电。1969 年修建“〇九”路时才被拆除。从前河水清澈见底，游鱼成群，鹅鸭戏水，两岸洁白柔细的沙滩上，成为夏夜人们避暑歇息的好地方。绝不是现在河水断流、杂草丛生的模样。

二、老街风景

老街风景优美是公认的，周围有着许多可圈可点的美丽景观，一些古迹名扬百里。遗憾的是，这些豪华的建筑先后毁于战乱或者其他原因。古迹的面貌，只能残存在老街人的美好的记忆里和传说中。

老街东部的景观最多。先说“山亭”，即山中之亭。山亭名字的由来还有一个官方的版本。据明万历《滕县志》载：“山亭，在高山之前，於菟城后，飞云台上，传说为於菟丞相所筑，山亭之名以此，亭废台尚存。”亭，尽管神秘地废了，可是这座带着古代文明胎记的美丽之亭，千百年来却深深地印在了老街人的脑海里。

84 岁的刘开云认为，对于山亭之名的由来，官方的文字记载最靠谱，因为这座亭子当时名气很大，人们习惯地把这个地方称为“山亭”显得自然而然、合情合理。加之四五百年前的官方史志记载，不同于民间野史，所以这个说法更加可信。坐落在飞云台上的这座亭子，成为当地一座标志性的豪华建筑，作为一处景点令周围人们所瞩目。

这座亭子坐落在飞云台上，与於菟城隔河相望。飞云台又叫“点将台”，人工堆土而成。此台高约 18 米，直径约百米，顶上平台面积很大，是楚国军队操练守军、摆兵布阵、下达军令的地方。亭子建在土台中央，专供镇守将军发号施令、点将布阵之用。可以想象，亭上的楚国将军威风凛凛，环视八方，操练军队的场面一览无余。土台周边旌旗猎猎，亭子周围杀声阵阵，那种对阵厮杀、刀光剑影的场面何等壮观！据传这座亭子建筑精美，工艺考究，上有鳌鱼和麒麟造型，称为龙头鱼身，宝鼎中突，八角翘起，雕梁画栋。角沿上的兽头张牙舞爪，活灵活现，与武场气氛匹配益彰。

随着岁月的流逝，这座亭子褪去了军用色彩，成为人们的游览观赏之处。尤其夏季，来往过客登台乘凉赏景，只觉清风扑面，只见飞鸟盘旋，只听蝉噪鸟鸣，令人流连忘返，心旷神怡！这是一座多么美好的建筑，不知废于何年，毁于何故，实在可惜！

亭废之后，唐明皇年间在飞云台上建玉皇庙一座，四合院式，相当壮观。庙院周围还有宽阔的道路，植有苍松翠柏。这座庙也被当地人俗称孤堆庙，庙里住的最后三位道士道号分别叫元森、永法和永启。元森道人死后葬在土台东边附近；而永法、永启道人先后还俗。永法是当地人，姓巩，成为连家道，最后娶妻生子。新中国建立前后建立白彦县时，在土台上的庙里设有县医院。后来山亭医院建成之后，土台上的庙宇成了大夫们的家属院，住过陈大夫、任怀远、骆仰星三家。后来北留公路加宽，往南将土台劈去半个。再后来，剩下的一半土台被水泥厂运去造了水泥，玉皇庙随着土台的消失而荡然无存。2009 年 1 月，在原地址的南边重建三间玉皇庙，旁边立有一座功德碑，400 余位捐款者名刻其上。

另一座豪华的建筑就是位于老街东头巨石之上的结义庙，坐北朝南，四开房建筑，正厅大殿三间，里面有刘备、关公、张飞的塑像。东西配房各四小间，南大门两边各有耳屋，东耳屋塑着刘备的白色马，西耳屋塑着关公的赤兔马，马旁各有马童伫立。各个塑像色彩鲜活，形态各异，栩栩如生。大门外西旁有龟驮碑一座，龟高 1 米多，碑高 3 米多，碑头为二龙戏珠雕刻。碑文落款为同治年间立。曾有一位台儿庄的客人，从山亭老街回去之后，吹嘘山亭老街的一个碑座就有一亩三分三，让人们想象碑身到底有多高吧！一时引来众多游客前来观碑赏座。

老街南边的景点更为古老。河的南岸是於菟城，是春秋时期的楚国所筑。这座城池，宏伟壮观，除了具备屯兵功能以外，服务于军事之用的其他各类生活设施一应俱全，传说还是一座铸造青铜器的兵工厂。明万历《滕县志》记载："於菟城后漘出一石刻所云：'倒流有无水，有石却无山，银瓶盛翠玉，挂在树之间。'不知何代何人作，其义不晓，殆似异人隐语也。"这首无解之诗为於菟城蒙上了一层神秘的面纱。据看管山亭东南遗址的王广勇介绍，古城的西南方向的南大洼曾经立着一尊大于真人两三倍比例的雕刻石人，其衣服袖口足有半米多宽，旁边还有一个像鼎一样的巨大石雕香炉，这些庞然大物恐怕不会无端地立在那里，至于地下藏着什么秘密就不得而知了。

於菟山西北处的汉墓群，墓室一律为石材结构，规模大小不一。大的前庭后室，雕龙画凤，做工精美；小的由 6 块石板扣成。从墓葬规格就能一眼看出墓室主人生前的尊卑贵贱。1958 年村民整地时，在一座豪华大墓外侧发现汉画石，是很有价值的文物。滕县博物馆工作人员抬来发电机对大墓整体进行录像摄影后，将这块汉画石运到滕县博物馆保存。1959 年村民深翻土地获得一把铜壶锡樽，腿为虎头造型。来村蹲点的滕县文化馆工作人员张龙，建议将此文物上交国家。村书记派村会计刘开云将这把铜壶锡樽送到了滕县文化馆，文化馆开了收据，付给 12 元钱，回来入了村账。后来一位姓李的村民进入一座豪华汉墓，见到墓葬早被洗劫一空。他又翻遍墓中之土，寻到一双玉鞋拿回家中，可能是中毒所致，全身溃烂不治而亡。此后，村民凡是捡到护心铜镜、箭头、宝剑之类的葬品，再也不敢拿回家中，都当即卖到供销社的收购站里。这里除了汉墓群，还有座汉代以后的豪华墓葬，被当地人称为“九女坟”，是九个闺女为其父母修建的墓葬。围绕九女坟的故事更加精彩动人，受篇幅所限，在这里不再赘述。

河的南岸有两眼山泉，即龙泉和凤泉，合称“龙凤泉”。泉水都是来自於菟山的地下水，从河边流出。位于东边的是龙泉，被老百姓俗称“蛤蟆井”或者“淤井”。实际是一条大石缝，像一条龙的形状，基本为东西走向，头西尾东，长约 20 米，宽约 1 米，深不见底，清澈的泉水从龙头处喷涌而出。不过河水上涨时携带的泥沙常常把龙泉淤满。每到天旱不雨时，老百姓就拿着香箔果供在那里拜神求雨，并把淤积的泥沙挖开，挖得越深，雨就下得越大。一般挖后不过三天，不管大小，准得下雨，十分灵验。老百姓记得挖得最深的一次有 8 米多，接着就下了大雨，一次性解除了旱情。

凤泉位于龙泉以西约 50 米处，也是一条石缝，比龙泉小得多，形同一只凤凰，头东尾西。从前村民几乎都到这里取水食用，由于长期舀水所致，将泉眼处磨成一个圆圆的坑，那就更像凤凰的头部形状。泉水不仅冬暖夏凉，而且强身健体，八九十岁的村民仍然身强力壮，百岁老者也不乏其人，其中有个叫张兰的罗锅活到 114 岁，就得益于凤泉之水。

老街西门外没有什么好看的风景，那是发丧出殡路祭的地方，也是人们不常去的地方。西门里街北面南有一座奶奶庙，塑着观音菩萨佛像，当年香火旺盛。街南面北还有一座关帝庙，里面有关老爷的塑像。

老街北面有两处风景，靠东有一处水坑，因为自古属于胡家，所以俗称胡家坑。此坑与众不同的是，它是天水与地水合一的水坑，坑边巨石下有一山泉，泉水从翼云山流来，泉水并不大，旱季断流。从翼云山流来的明水也注入坑内，坑满溢出流进薛河。过去胡家坑蓄水常年不干，一旦见底就会下雨。人们要想预知天气状况，就在天放亮时跑到胡家坑边观察坑水还有多少，只要坑水即将干涸，就会看到高山悬崖出云或者高山上空有一朵帽子似的孤云，必定快要下雨。民间至今流传着“高山出云，不要问神；高山戴帽，大雨来到”的谚语。

胡家坑西边有一座十八罗汉庙，四合院，古柏参天，气势雄伟，是唐代所建。据传唐朝李世民登基座殿时，曾对苍天许下宏愿：“五里一庙，十里一庵，求苍天保我大唐盛世，风调雨顺，国泰民安。”自此城市里的城隍庙，乡村里的土地庙，还有玉皇庙、观音庙、关帝庙等等纷纷建起。山亭老街大小六座庙宇也就不足为奇了。

老街当中还有三处景观值得一提。

一是老槐。这棵老槐位于老街中部，约3人合抱粗，约千年树龄，被枣庄市挂牌保护。传说当年唐王东征路过此地，正值盛夏，在这棵槐树下歇息，村民献上槐米茶让唐王消暑祛火，唐王品尝之后大加赞赏。

二是老桥。老街中部即现在的“0九”路下，古代是一条南北走向的流水沟，这条水沟将老街割裂开来。为了让老街贯通，人们在河沟上架起一座东西方向的石桥。桥墩全是碌碡排起，共3排，每排3层，桥面用条石铺成，下面两个桥洞走水。桥面两旁的栏杆全是石头制作。桥面略低于街面，桥面与街面稍有一定坡度。之所以用碌碡架桥，传说过去缺乏动力运输，把石头打成圆柱形的碌碡，套上牛拉来可以节省人力。凡是到山亭老街来的外地人都会到老桥头驻足观赏，并且还要好奇地数一数碌碡的个数，想用这个问题来考验山亭老街人。其实山亭老街人对司空见惯的老桥还真没有认真地数过碌碡。

东山亭村古槐

三是过街阁。老桥东头有一座过街阁，阁下有门，供人通过。阁为砖石结构，两扇大木门，朝开夕闭。从前为防战乱需要，城有城墙，村有围墙，山亭老街也不例外，周围建起高高的围墙，并留有四座大门，五处角门，号称“九门九阁”。相比四座大门建有的高大阁楼，处于街中心的这座过街阁楼更加宏伟壮观，像四座大门阁楼一样，上面也支着一门土炮，随时应对来犯之敌。它像镇街之宝一样，让老街人心里踏实。当年集贸市场设在老桥以西，直到西门外，赶集的人朝聚夕散。白天登上过街阁楼，集市的热闹场景尽收眼底，故过街阁又称“望市阁”。

如今，老街的景观除了自然风景和老街东头的土地庙之外，其他都已不复存在，全被淹没在历史的长河之中。

三、老街风貌

山亭老街东西全长约1000米，最老的是东头，随着居住人口的不断增加，老街不断向西延伸，如今已与西山亭村连接起来。

老街宽约9米，从东到西两旁的房墙笔直一线，过去街面是沙土碾压的沙子路，路面平整，到底走过多少行人，从磨得光滑锃亮的老桥石板就可窥一斑。如今水泥街面取代了原来的沙子街面，建国后拆除围墙，填平壕沟，河沟改道，老桥被整体埋在一米多深的“0九”路面以下，从而人们再也无法睹到老桥的真容。

老街两旁的建筑古色古香，保持着明清朝代的建筑风格。风摆柳式的清刷石墙，跟行见线，齐头净缝。前几年，王广勇翻修老宅时，发现墙缝之间的垫子都是铜钱，这足以说明过去房主对石墙做工的要求是多么的精细！后来，人们把青砖墙当作时髦的象征，一时间纷纷拆石换砖。有的人家经济不支，又想撑起面子，就把青砖用在外面，而里面用土坯代替。最讲究的是房顶，灰一色小瓦，飞檐走兽之类必不可少。有的门面房建有走廊，房前立柱，柱下石鼓，木楔穿架，檐板彩绘。每逢节日，红灯高挂，流光溢彩，争相显示富有。

除了沿街门面建筑考究以外，里面的建筑也不示弱。有钱人家建堂楼，门窗雕龙画凤，楼顶飞檐走兽，像冯家、秦家、巩家三家建起的两层堂楼，就像鹤立鸡群，特别引人瞩目。次一点的人家就建大院，什么张家大院、李家大院、刘家大院、于家大院、杨家大院、沈家大院、高家大院、王家大院等等就多得去了。其中李登海家就是一座典型的二进大院。他家虽然没有两层堂楼，但是门楼和两进大院的规模及建筑标准却不低。大门的门楼尽管不是一高二低的模式，可是远远望去非同一般，一看就知道是个大户人家。进入大门，映入眼帘的是古老的木雕屏风。穿过二道门，进入正院，只见正房巍峨，配房紧凑，青砖灰瓦，雕花门窗，各个门头上也都是立体浮雕的龙凤花鸟，活灵活现。房檐下的九层花砖，房檐上张牙舞爪的兽头，为大院主人无不展示着威严。进入大院，没等主客之间照面寒暄，映入眼帘的信息，早已让客人拘谨起来。客厅、书房、厨房、餐厅、卧室等场所布局得体，陈列考究，特别是正厅摆放的木雕神龛祖楼，为透雕工艺，现已供奉着他家七辈先人的灵位，目前是全枣庄市现存唯一完整的神龛祖楼，前来欣赏拍照的人络绎不绝。曾经有一位港商出重金购买，而被主人婉言谢绝。

明清时代的老街老屋

在过去物资匮乏、商品流通渠道不畅的时代，山亭老街就成了方圆百里有名的物资商品集散地和加工场所。沿街做加工、经商、服务等生意的不下百家。规模较大的一二十家，分别注册了自己的店号。老街有一个传统，就是不论生意大小，都不脱离农业。他们把农业当作根基，生意上赚的钱用来购置宅田物业，扩大土地规模，老街的地主就是这样逐步形成的。土地与生意相互促进，形成良性循环，像滚雪球似的越滚越大。即生意越大，购置的土地就越多；土地越多，生意的规模就越大。俗话说“百足之虫，死而不僵”，在过去大鱼吃小鱼、大钱吞小钱的残酷竞争下，百年老字号店铺，除非遇到特大变故，否则一般是不会衰败的。

老街有店号的店铺有李家的北和兴、南和兴，沈家的元兴、元隆，冯家的元盛，高家的泰盛，于家的茂盛等，他们经营着蒸酒、油坊、糕点加工、造酱油醋、晃香油，染坊等项目。过去没有先进的加工设备，原料破碎全靠大碾，拉动大碾靠牲口，一般的店铺经营不起大碾，老街有大碾的不过七八家。

没有店号的都是些小店铺，有木匠铺、杂货铺、小吃铺、裁缝铺、弹棉花铺，还有烟酒糖茶店、旅店、烧饼店，馒头店、烟丝店、文品店、红炉店、扎纸店、泥人店、糖葫芦店等，像丝绸、珠宝之类的高档珍贵物品只有城里才有经营的。

建国前，老街的药铺不少于四五家，有秦家的仁和堂，刘家的苏世堂，李家的、冯家的，还有后来从白彦迁来晋家的，也各有堂号，不一一列举。老中医秦长修说："过去看病吃药基本都是穷人吃药富人拿钱。普救众生、救死扶伤是从医之道。穷苦人有病，我们不忍心让他们吃不上药，基本不收穷苦人的钱。这些钱就加在富人的身上。自古以来都是富人怕死，小病大治。他们是贵人不吃贱物，专吃好药贵药。药的价钱合计的越多，说明他们的身份越高，他们就越高兴；反之，就是对富人的蔑视。因而就出现了穷人吃药富人拿钱的局面。"这个说法对现在来讲，好像天方夜谭。

老街平时人来人往，络绎不绝，什么送料的，进货的，扒盆焗锅剃头的，货郎挑子溜乡的，游手好闲逛街的，各色人等，无奇不有。老槐树下和附近的关家客栈、冯家旅店等门口，成了人们的聚集之处。从前信息不畅，外地的信息主要靠来来往往的人口口相传。旅店住满了南来北往的人，也带来了南来北往的稀罕事，大家都想从他们的嘴里了解外面的世界。

每逢大集，集市尽管设在街外，可是老街上的人还是多于平时。大集多次迁址，最早在西门外，之后短暂迁到南大洼、柳河湾、双山根，后来迁到老街东头的河滩里。集日是农历四九逢大集，一六逢小集。大集体时嫌集日太多耽误生产劳动，就把一六的小集砍掉，只保留四九大集至今。后来，由于集市的规模越来越大，河滩容纳不下，又将集市从河滩迁至现在的地方。集市在河滩的时候，分为山果市、柴草市、菜市油市粮食市、棉市布市杂货市、猪羊牲畜铁货市等等，应有尽有。从前，赶个集好比外出旅游，是人们非常向往的事情。过去说书唱戏砸扬琴玩把戏的每集都有。爱听书的人，一钻进说书场就是一天。还有肉汤锅、丸子汤锅、馓子油条麻花摊，成为赶集小孩解馋的必去之处。每年春节前的年集更是人山人海，拥挤不堪。赶年集的人，除了购置年货，大多数人都是赶热闹。

老街每年有两次古会，最早只是香火会，每年的农历四月四是老街西头奶奶庙的香火会，九月十九是老街东头结义庙的香火会，后来逐渐演变为商品物资交流大会。改革开放以前，山亭老街古会盛况空前，南至徐州铜山，东至苍山费县，北至城前白彦，西至滕州微山的人都来赶会，他们主要是推销平时无法推销的商品，如骡马牛驴、犁耙绳索、结婚嫁妆、杈耙扫帚扬场锨、笐子簸箕大簸篮等等。销售这类货物的商人几天前就早早来到集市占下摊位，关家、冯家、梁家等几家客栈都住得满满当当，住不下的就找民房借宿，连借宿也找不到地方的就不得不委屈地睡在大街上。因为客守货、船守舵，只要能看管好自己的货物，至于睡在哪里就不再讲究了。

每年逢会，老街的民房异常紧张。因为老街有个传统，每年逢会都要把亲戚请来赶会，如果谁家请的少了，就显得没有面子。从前，交通工具十分落后，赶集上店的人全靠步行，如果老街有个亲戚能够落落脚就觉得很荣幸。因此，乡下人十分羡慕老街人。

当年的山亭古会那可算得上山里人的一大盛会，几个月之前，老街和周围的人们就盼望着古会的到来。古会一连三天，即头天、当天、第二天。仅唱大戏的就有好几个戏班。结义庙前的戏台是山亭老街剧团的固定场所，外地的剧团是捞不到在那里登台的。几天前老街人就用杉杆席簿搭好戏台，会未开张戏先唱。只见台下戏迷人头攒动，急切等待好戏开场。台上却不紧不慢，三遍锣鼓过后，管弦音乐奏起，演员才阔步登台。台下的观众越多，台上的演员唱得就越起劲，那洪亮的声音，在河滩山川间回荡。除了上午、下午两场戏，晚上还有一场灯戏。唱戏的来了，看戏的也来了，卖玩具、卖美食的也都跟着来了，河滩成了最热闹的地方。

最热闹还是唱对台戏的时候，如果外地的剧团来得多了，往往就会搭起对着唱的戏台。人们一看要唱对台戏，就知道会有好戏看，像遇到打擂的一样，一传十，十传百，都会涌来一看输赢。台上为吸引观众，各自聘请名角，使出全部本领，唱出自己的拿手好戏。而台下的观众不是这边听听，就是那边看看，一会儿给这边加油鼓劲，一会儿给那边助威呐喊，欢呼雀跃，热血沸腾。那个高兴劲儿不知道要损伤多少个体内细胞，那个激动的心不知道要多少天才能平静下来。难怪人们常说，老街逢会如过年，会罢不知歇几天。

山亭剧团也有自己的拿手好戏，当年流传的顺口溜是："山亭的好戏不要点，《倒反徐州》《地藏板》。"老街的山东梆子剧团十分有名，于广清的丑角简直捣绝了，于桂启和巩道人的花旦唱得简直黏糊极了，他们男扮女装迷倒了一批"粉丝"。卸妆之后"粉丝"们都纷纷追到家里看个究竟，当发现他们都是男的，无不失落和叹息。还有杨德山的武生、高玉珍的老生、朱玉启的花脸都是名角，强强联手，名气大振。每年的农闲季节，这个剧团南边唱到苏北，北边唱到平邑，有的演员还领来了外地媳妇。逢古会在家门口唱戏，更是如鱼得水，吹拉弹唱和武打各类功夫发挥得淋漓尽致，一般还没有哪个剧团敢跟山亭剧团叫板唱对台戏！

老街除了唱戏有名角以外，其他艺人也不少。东头有位老先生叫高俊三，虽然屡试不第，但是学问造诣颇深，尤其擅长书法。还有一位有名的厨师叫刘允祥，尤其擅长刀法。一次，桑村大地主李家有丧事，同时把他们两位请了去。他们虽然身怀绝技，但是为人低调，毫不张扬，穿一身山花土布到了桑村。到了李家之后，只见同行们早已到达，个个油头粉脸，绫罗绸缎，衣着华丽。同行们一看来了两个“老土”，不仅没有把他们放在眼里，而且还变着法子捉弄他们。一群文人将松门的挽联写就，留下横批非让山亭的高先生来写不可。这个牵纸，那个研磨，闹闹哄哄围了一圈，都想看高先生的笑话。无奈之下，高先生口里说着“献丑啦”，便不慌不忙，不到桌子前面，反而走到桌子后面；不用右手握笔，反而左手挥笔，倒着疾书“德及乡梓”四个大字，书法的漂亮程度远远超过他们写就的挽联。高先生的书法惊得众人面面相觑，一阵吁声过后，同行们都毕恭毕敬地将高先生尊到外柜的上座。无独有偶，厨房里也导演了一场恶作剧。掌灯时分，厨师长将泡好洗好的海带等菜品分给各位厨师破菜，他假借保护高级案板不被剁坏，让大家分别解下各自的围裙铺在菜案上，灭灯破菜，限时完成。目的是想看“老土”的笑话。只听一阵呼呼啪啪响声过后，随着厨师长的一声令喝：“时间到，停！”灯火齐燃，室内通明，厨师长逐人抽裙检验，唯有山亭刘允祥剁菜最快，裙布无损。刘允祥技艺超群，惊倒四座，遂被大家恭敬地尊为大师傅。消息不胫而走，从此之后，山亭老街不论哪行艺人外出，就再也没有人敢以貌取人、轻视慢待的了。

有集就有行，关于开行，可以说一般人是开不了的。新中国成立前是谁有势力谁包市，谁有关系谁开行。上级把集市分行业包给有钱有势的大户人家管理，向行家收取一定税金。只要缴税正常，势力不减，不被更有势力的人夺去，行家就不会易主。当年有个开行的叫王振路，是山亭老街一个了不起的人物。他的职业是讼师头，相当于现在的律师，只要找到他，没有打不赢的官司。王振路不仅钢嘴铁舌、伶牙俐齿，更重要的是他通上层。他与艾湖地主史家和东沙河豪绅党家世交深厚，通过他们的关系能够随时出入滕县县衙并直接面会县长。这样神通广大的人物在山亭老街开个行何足挂齿，岂不是区区小事！王家经营的是粮行、牙行和柴草行。所谓粮行，就是粮食交易都必须经过行家的容器，他们把升和斗等容器放在大簸箩里，卖主将粮食倒入升或者斗里，直到冒尖为止，行家用标尺沿着升或斗的边沿刮平，升或斗里的粮食归买主，而掉在簸箩里的粮食归行家。所谓牙行，就是骡马牛驴牲口行，牲口是以牙口老嫩定价格的，所以叫牙行。成交后，买主的钱通过开行的手交给卖主，行家抽取一定比例的交易费。开行是只赚不折的无本生意，一直是有钱有势的人家争斗角触的焦点。其他干鲜果品行、菜类食品行、棉花布匹行、木料铁货行等等，都各有其主，界限分明，一般互不相犯。

老街还有三家开钱行的。在过去“你方唱罢我登场”的纷扰时代，老百姓手里攥的票子说不定哪一天就成了废纸。在那种形势下，老街自己人出的票子反而受宠。例如刘家出的票子，狮子滚绣球的图案，信誉度高，无论什么时候都能兑换，老百姓觉得好用好使，攥在手里踏实，流通的范围也很广泛，是老街三家钱行经营最好的一家。

四、老街风云

山亭老街富庶繁华，物阜水丰，商贾云集，自然成了各种政治势力的争夺之地。远的不说，只说近世纪来，这条老街就经受过日本侵略者铁蹄的践踏，还经受过国民党还乡团的蹂躏，经受过土匪便衣队的骚扰。真正让老街人民安居乐业过上幸福生活的，还是迎来了朝思暮想的共产党。

1937 年“七七”卢沟桥事变，日本侵略军长驱直入。1938 年 3 月 15 日，日军攻打滕县。滕县沦陷后，山亭老街来了日本鬼子，对老街烧杀抢掠和惨绝人寰地践踏，老街从此深深地陷入了痛苦的呻吟之中。

1938 年冬季，闻讯逃走的老街人失去了往日的安宁，投亲告友远远地躲在周边山村，看着日本鬼子放火烧了自己的家园，无不痛心疾首和义愤填膺。这天傍晚，几个鬼子围在老街东头结义庙前烤火，为他们的所谓胜利正在得意忘形地谈笑风生时，有一位民间抗日勇士悄悄摸了过去，偷偷地往火堆里扔了一颗手榴弹，一个鬼子当场被炸死，其他鬼子不死也伤。日军恼羞成怒，大肆报复，为祭奠炸死的鬼子，日军就将没有躲走的徐和尚拉到河滩里活埋了。然后，他们又变本加厉地放火，老街瞬间成了一片火海，大火整整烧了三天三夜，昔日繁华的老街变成了一片废墟。日军为了驻扎，留下几处瓦房没有损毁，其中老街西头的沈家大院就成了日军的营房，街上停放着他们的军车。据住在对门的于广清说，日军在山亭老街正式驻扎是 1939 年，至 1944 年 9 月撤走，前后长达 6 年！

为了找人为他们出工干活，日军又假惺惺地实施所谓的“亲善”政策，指使汉奸队和伪乡长四处招呼老街人回家。老百姓胆战心惊地回到废墟里，掀开锅盖，见鬼子没吃完的米饭里都拉了屎。鬼子把回来的劳力全抓了壮丁，除了南面有河水的天然屏障外，在老街东、西、北三面挖了壕沟，注满水，沟边架起了铁丝网。从此，山亭老街成了日军名副其实的据点，控制着周围的十里八乡。

老街住的日本兵与桑村、滕县的日本兵经常交流换防，哪里用急了，就把人拉到哪里去，说不定山亭的鬼子有时也唱空城计。沈家大院门口天天有鬼子卫兵持枪把守，老百姓别说进去，就是从门口路过也不敢正眼相看。每天早晨，只见五六个鬼子列队，端着刺刀沿街向东正步走去。他们的皮靴把老街踏得咔咔响，每当走到老桥的石板时，他们好像有意跺脚似的，践踏之声打破早晨的寂静，几乎传遍了老街的各家各户。这个刺耳的怪声让人毛骨悚然，不寒而栗。小孩闻声不敢哭闹，大人闻声屏住呼吸，通过门缝偷偷向外观察动静，真不知道这种恐怖的日子还要持续多久。鬼子们一清早不知道要折腾多少趟，时间长了，人们渐渐发现了其中的真相，走过去的鬼子在没人的地方偷偷乘车而回，然后再列队走去，来来回回其实就是那么几个鬼子。他们向老街人民炫耀着力量的强大，施展着淫威。其实日军外强中干，内心空虚至极！

开始时，老街确实住过20几个鬼子，后来兵力逐渐分散，减到六七个人。鬼子虽然不多，但是二鬼子却不少。老街的一些民族败类，出卖民族利益，投靠了日本人。周围村庄也有一些败类，像苍蝇逐臭似地舔上了日军的屁股。他们成天点头哈腰出入沈家大院，在日军面前奴颜婢膝，亦步亦趋。然而一旦走出沈家大院，他们就狗仗人势，对老百姓趾高气扬，耀武扬威，成了中华民族的耻辱。

1942年，有一群抗日青年学生躲在徐庄镇高山顶村山上一个叫"憨虎洞"的山洞里，被该村的伪保长向山亭老街的鬼子告发了。日军带着汉奸队将这群抗日青年学生抓到了山亭老街，路上走不动的就由二鬼子用大筐抬着走。刘开云说这伙学生是鲁南军区干部子弟，秦长修说是从延安过来的学生，一共14人，都不超过20岁。不几天，这群学生被押到老街河对岸一个叫南沟的地方，被日军用刺刀一个个地活活穿死，场面血腥得惨不忍睹！日军下令不得收尸，结果尸体被野狗吃了多日。刘开云含泪痛心地说："虽然没能为他们留下尸骨和坟头，但是也最应该在那个地方为他们立下一块纪念碑。"

东山腰村有个朱丙胜，当时在伪乡公所当办事员，他良心未灭，在押送学生过桥时，向鬼子哀求留下一个给他当儿子。他谎称自己没有儿子，今后好让"儿子"一起为日军服务。得到鬼子同意后，他就把其中一个年龄最小的学生揽到自己身披的大衣里，送回东山腰村的家里。这个学生当年只有14岁，长得一表人才，是这伙学生中唯一的幸存者。在东山腰村过了月余，就被朱丙胜送走了。走后这位学生以干儿子的身份一直与朱丙胜保持着通信联系。"文化大革命"清理阶级队伍时，跑到南通的朱丙胜因历史问题被清理出来，朱丙胜电告了干儿子，干儿子亲自赶到南通说明了情况，将朱丙胜保了下来。当时他的干儿子在云南某部当师长。

东鲁村有姓高的堂兄弟俩，日军住进老街后，他们一起投靠了日本人，为日军效劳。后来他们俩分别担任了伪军的正副团长，对老百姓心狠手辣，干尽坏事。日军溃退时，没有用处的他俩被日军带到济南，正赶上日军的洋狗缺少食物，日军就把他们俩当了狗食，喂了洋狗。最后，一群洋狗吃得只剩下高某某的一条腿，被人带回了东鲁村。老百姓得知他们进了狗肚，落了个游魂野鬼的下场，无不说苍天有眼。

老街一个姓张的投靠了盘踞在闫村的申宪武，专门袭击抗日武装，后来当了申宪武的二团团长。薄板村一个姓刘的是申宪武的四团团长，朴山前小赵庄一个姓赵的是申宪武的参谋长。俗话说"铁打的闫村纸糊的城"，闫村再是铁打的也不敌共产党的革命武装。1945 年 8 月 11 日，闫村被共产党军队攻克后，这些人死的死、逃的逃，均没有落下好下场。申宪武在闫村（今姜屯闫村）战斗中被鲁南军区第八师活捉，游街示众后，在望冢（今滕州市滨湖镇望庄）被枪决。新中国成立后，日军驻扎时期曾经在山亭老街作威作福的人遭到了人民政府镇压，老街的土匪头子等有的外逃，当年不可一世的风云人物全都灰飞烟灭。

1944 年春节后，在日军临时撤回滕县之际，鲁南军区司令员张光中在山亭老街主持召开了抗日群英表彰大会。[①] 各位代表发言后，正准备颁发锦旗时，前方突然传来情报，说一群日军进山扫荡。张光中立即率领队伍阻击日军，会议被迫中止，致使原定的颁奖计划未能实现。

在我八路军的强大攻势下，扫荡的日军被退去了。日军正式撤离山亭老街是 1944 年 9 月的重阳节。山亭老街随之成了解放区，迎来明亮的天。1945 年设在根据地徐庄镇核桃峪的双山县迁来山亭老街，临时设在张殿俊的大院里，这个大院就是后来白彦县建银行的地方。

山东野战军第八师师长王麓水在 1945 年 10 月攻打滕县时壮烈牺牲。为了纪念他，于 1946 年 1 月将滕县改为麓水县。1946 年 4 月恢复滕县，将双山县改为麓水县。1947 年国民党还乡团反扑过来，麓水县政府奉命北撤，县长徐渊、书记孙振华、县妇联主任孙书记的对象马召霞等县委一班人马，均随军北突滨海。山亭老街又是乌云密布，一时成了国民党还乡团的天下。

① 参见张秋峰：《鲁南军区司令员张光中的两次内疚》，http://zaozhuang.dzwww.com/synr/ltjh/201105/t20110511_6355673.htm。

国民党36师开进了山亭老街，老街从东到西停的国民党军车30多辆，简直神气极了。

东山亭抗日群英会部分参会人员

风起云涌，变幻疾速。国民党还乡团蹦跶了几个月，于1947年秋就被反攻过来的共产党军队赶跑了，山亭老街从此彻底解放。1949年5月山东省政府决定撤销麓水县并入白彦县。[①]

白彦县的县委县政府设在山亭老街中部，是后来设立山亭公社的地方。法院设在老街东头的结义庙，是后来设供销社的地方。公安局设在老街西头的沈家大院，是后来设粮所的地方。医院设在飞云台上的玉皇庙，新建了医院才搬入新址。银行设在老槐树旁的张殿俊大院，专门建了一座两层楼。银行东边设立邮电局，其他机构一应俱全。

东山亭村作为麓水县、白彦县人民政府驻地，在三年的解放战争中，广泛组织群众参军支前，为中国人民的解放事业特别是为淮海战役的胜利做出了巨大的历史贡献。新中国成立后，开展了声势浩大的镇反运动，巩固了新生政权。

① 参见枣庄市山亭区地方史志编纂委员会编：《山亭区志》，第14页。

白彦县银行旧址

当年白彦县管辖区域较大，北至城前、白彦，东至费县、北庄，南至西集，西至城头。1953 年 9 月撤销白彦县，新建微山县，白彦县全班人马迁至微山县办公。山亭老街设立十二区归滕县，十二区机关设在原白彦县机关院内。1955 年 9 月十二区更名为“山亭区”（乡镇级）。1958 年山亭区改为山亭人民公社，1984 年改为山亭镇，1992 年迁至运河路新址，2002 年改为山城街道至今。

五、老街风情

经历了严冬的人才深感阳光的温暖，看惯了春风秋月的人才懂得人情世故。山亭老街，历经了千年风雨，逐渐形成了独特的风土民情，那就是包容的街规、孝爱的家风、善德的人品、诚信的商道、质朴的民俗。

所谓包容的街规，就是敞开胸怀，包容四面八方人员来此创业兴家。老街立下一条规矩，不得歧视外来户。老街人常说，严格说来我们都是外来户，只是早晚不同而已。如今在老街居住的人大都是明朝以后陆续迁来的，开始只有两三家，到建国后大集体时达到 40 个姓，其中单门独户的小姓 19 个。改革开放之后，做生意的人从四面八方涌来，老街不断扩大，将滕州至徐庄的公路取直改至老街以北，后来加宽改造，建了新街，接着建了集贸市场。人口多了，规模大了，人气旺了，山亭发展了，这全是包容的结果。建国以来，山亭老街的村干部尽管换了一届又一届，可是老街包容的规矩却是代代传承，永不变调。他们用“出门不容易，谁都会出门”的朴素感情，去关心人、理解人、体谅人，不仅让早来晚来的人都能平等相处，而且对晚来的人还要高看一眼，厚爱一层。新老人家一旦发生了矛盾纠纷，就是般大的理也要让老户人家高抬贵手，先让一步。其实，林子大了什么鸟都有，老街同样也不例外。对个别敲诈勒索、欺行霸市、欺软怕硬的街头小混混，村干部严惩不贷，决不让其形成气候，也决不让这类人物败坏了老街的名声。一旦有人欺负弱势群体，不仅过不了村干部这一关，就是一般老百姓也不答应。他们的评价标准是：有本事跟能行的缠，欺负窝囊废最让人看不起。可以说，在老街只要你不惹事，就不会有人惹你。因此，山亭老街纯正的街风，让人敬佩，闻名遐迩。

所谓孝爱的家风，就是教育子女要孝老爱亲、忠厚传家、半耕半读、诗书继世。山亭老街的人家十分看重家风的养成，把家风熏陶和家庭教养当作培育子女成功的基础，形成了“不比人力比能力，不比钱财比人才”的风气，把子女有无出息当作家庭是否荣耀的标准。新中国担任济南军区后勤部部长的沈鸿毅，籍贯沈庄，爷爷辈迁至山亭老街，他在老街土生土长，成为山亭老街人民的骄傲。他兄弟三人从小都参加了革命，这不能不说是家庭教育的结果。相比之下，在老街比他富裕的人家还有不少，可是就没有走出这样的大人物，有的甚至走向了革命的反面，不能不说是家庭教育的悲哀。当今住在老槐树附近的秦宗元的孙女，15 岁时就把林则徐的“心存不善风水无益，父母不敬奉神无益，兄弟不和交友无益，行止不端读书无益，做事乖张聪明无益，心高气傲博学无益，为富不仁积聚无益，劫取人财布施无益，不惜元气服药无益，淫逸骄奢仕途无益”的《十无益》格言用毛笔写下挂在中堂，作为家风信奉传承。他家不仅人才辈出，而且还先后获得山城街道忠厚家庭及道德模范等荣誉称号，为老街人所羡慕。

所谓善德的人品，就是做人讲行善积德，扶贫济困，做好事不做坏事，以提升个人品格素养。老街至今流传着“秦善人”的故事。秦善人的名字叫秦良，家里经营着木匠铺和染坊生意，他的地种到西山亭，雇了不少长工。一天，他们在西山亭割麦，见一个衣不遮体的女孩到地里拾麦，秦良就问女孩的父亲叫什么名字，让女孩转告其父明天到山亭老街秦良家去一趟。然后他把割好的麦子让女孩背走了一大捆。第二天，女孩的父亲如期而至，秦良把染好的一卷布和洗净的衣服包了一大包送给了他，说：“你的孩子这么大了还穿得衣不遮体，拿回去做给孩子穿吧！”女孩的父亲千恩万谢。还有一次，秦良的几个木工到枣树岭伐树，路上吃了人家一包豆腐。秦良去付钱时，见卖豆腐的家境十分贫困，就付了七包豆腐的钱。卖豆腐的人说吃了一包，他就硬说吃了七包，放下七包豆腐的钱就走了。卖豆腐的人心想遇到了善人，也不再推让，就拿着善人多给的钱当本钱，发愤图强，豆腐生意越做越大。后来这位卖豆腐的人为了感恩，专门到秦善人家里还钱感谢。秦良常说："送富人一斗无用，帮穷人一口救命。"从此，秦善人的名声远扬，老街人都以他为榜样学着做人，无私助人不图回报，只图积德落个好心情，同情怜悯帮助穷苦人在老街蔚然成风。

所谓诚信的商德，就是以诚待人，以信立商，精益求精，为顾客着想。老街做生意的人很多，在长期的经营中，他们总结出了一条规律，那就是诚信名声的高低与生意的大小、挣钱的多少成正比。因此，他们把名声看得比生命都重要。不论什么行业，也不论生意大小，都把培育好名声放在第一位。与其说他们经营生意，不如说经营名声更为确切。生意人常说，骗顾客等于骗自己，坑一个顾客就是断自己一条财路。他们向后代传授生意是先教商德，后教技术。商德不过关，学了技术也无用。儿子多的人家，就把生意传给德行好的儿子，否则再大的生意也会断送在不肖子孙手里。综观老街生意史，逆子败家的事例屡见不鲜。俗话说，车多不碍路，船多不碍江。做生意的越多越能吸引顾客。因此，老街基本没有独家生意，尤其是好生意都是多家经营，之间的竞争在所难免。然而让人敬佩的是，他们都能遵循正当的职业道德，相互学习借鉴好的经验，把心思用在提高产品质量上和经营信誉上，而不是用在掺杂使假和恶意攻击等歪门邪道上。于是山亭老街就出现了远近闻名的"张家馒头""高家烧饼""秦家香油""李家豆腐""冯家烧酒""沈家米醋""刘家糕点"等。做糕点的刘家熬糖稀做糖葫芦打出了自己的名牌，他家精选上好白糖，熬到一定火候，将糖稀倒在土地上，凝固后拿起来，糖糕晶莹剔透，一点尘土也不沾，以此让人佩服他的精湛工艺。刘家制作的糖葫芦香甜可口，到嘴就化，凡是来山亭老街的人都要买上几串带回家中。如今的"刘家烧鸡""于三羊汤"这些老字号的地方名吃都注册了商标，秦贵喜家电和三联家电远近闻名。之所以他们的生意好、实力强，归根结底就是他们商德好，都自觉遵循了诚实守信的经营之道。

所谓质朴的民俗，就是邻里团结，和睦相处，扶贫济困，相互帮助。老街人懂世故，重感情。按照迁来的早晚，基本形成了一个姓氏居住一片的大致格局。有张家胡同，巩家胡同、刘家胡同、李家胡同、高家胡同、秦家胡同等等。各个胡同都有一个胡同长，基本都是各个姓氏的德高望重的老族长担任。不论谁家有了矛盾纠纷,老族长一到场准能化解。

老街有着浓浓的人情味。一家有事百家忧,不论谁家摊上事,全街人都会伸出援手。10年前,有个姓王的遭遇车祸,肇事方一贫如洗,全街人自发捐款硬是将受害人从死亡线上拉了回来。20年前,老街姓刘的儿子被邻居的拖拉机不慎撞倒身亡,刘家见邻居也不富裕,就放弃了所有赔偿,并说:“钱不重要,邻居要紧!”

老街有着浓浓的亲情味。一家有喜事,全街都祝贺,一家有丧事,全街都吊唁,这种习俗一直被延续下来。特别是遇到丧事,都是胡同长出面操办,不论有钱无钱,不论大户小户,都不准浪费,都一样帮忙。他们十分照顾没钱的人家,既千方百计为其节省,又要把事情办得体体面面,照样攉汤东庙头,送葬西门外,维护着事主的尊严。胡同长们义务付出,心思正、做事公,受到大家一致的尊重和信任。

老街有着浓浓的喜庆味。老街有一支竹马队,胡同长们既是爱好者,又是管理者。他们义务传授表演艺术,培训表演人员,自费购买戏装和化妆品。每年春节、元宵节以及重大庆祝活动,竹马队都要举办义务演出,围着老街转一转,自娱自乐,为老街人送上一份欢笑,为古老的老街平添一道喜庆气氛。

千年风云滚滚过,吹去黄沙始见金。

老街,古往今来,见证了太多的人间悲喜;老街,岁月沧桑,留下了太多的历史印记!

老街,是一部大书,记载着许许多多泛黄的故事;老街,是一座殿堂,珍藏着大大小小尘封的珍珠!

老街尽管老去,可是她曾经青春过,并且诞生了一代又一代的青春;老街尽管憔悴,可是她曾经美丽过,并且积淀着一个又一个的最美。

我爱您,让山亭人民引以为豪的山亭老街!

(资料来自刘开云、于广清、秦长修、王成功、秦宗元、巩志富、王广勇、于贵善、于贵才、刘开亮、李朝伟、巩存玲、张钊、巩存生等山亭老街人的口述)

张光中

沈印骞

张光中(1901～1984),又名张心亭、张耀华,江苏省沛县宋庄人。1931年8月,加入中国共产党,是鲁南人民抗日武装的主要创始人之一。

张光中

张光中少年时家境富裕,自幼聪颖好学,成绩优异。青年时期,不仅学习好,而且热爱体育活动,喜欢打拳,广交朋友,是同学中的自然领袖。他20岁于徐州师范毕业后,在家庭的支持下,自筹资金在本村办了一所高等小学,自任校长。在任教期间,他积极掩护中共党员开展秘密活动,于1930年12月被国民党当局逮捕。在狱中受到中共地下党员的教育,认识到只有共产党才能救中国。

翌年8月,张光中加入中国共产党,从此以家乡宋庄为中心,积极从事党的秘密工作。1932年春,经人介绍到微山湖东岸的夏镇民众教育馆任职员。在此期间,利用管理图书的便利条件,阅读了大量进步书刊。同时,他用革命理论教育了许多爱国青年,在夏镇秘密发展了一批党员,建立了共产党的秘密组织。

1933年10月,上级党组织徐海蚌特委遭破坏,地方党组织派张光中和王传珍到海州去寻找党的组织关系,几经周折,均未达到目的。1934年7月,又秘密返回宋庄一带,积极从事沛县党组织的恢复发展工作。1935年2月,张光中与沛县的共产党员丛衍瑞一起来到枣庄,与在矿区做党的秘密工作的郭子化接上了关系。三人研究决定建立中共苏鲁边区临时特委,张光中任特委委员。当时，枣庄矿区白色恐怖严重，张光中脱掉了长衫，化装成小商贩，以卖煤油、卷烟为掩护，在临城、大吕巷、周村、大北庄一带，白天走街串巷，夜晚积极开展党的工作，并发展了部分党员。

1936 年 6 月 7 日，中共苏鲁边区临时特委在夏镇庙会上处决了叛徒姜友吉后，敌特疯狂报复，沛县党的负责人王润生(又名金合法、李志道)等 20 名党员被捕，沛县县委遭到破坏。6 月 17 日，苏鲁特委书记郭子化被敌人逮捕，经保释后，特委机关被迫由枣庄转移到抱犊崮山区高桥镇。张光中按特委的布置，又秘密回沛县恢复了沛县县委并任县委书记。

“七七事变”后，党中央在洛川召开了扩大会议，制定了《抗日救国十大纲领》等重要文件。同年 11 月，特委在萧县黄口附近的孙庙召开扩大会，贯彻中央洛川会议精神，决定发动苏鲁豫皖边区各县人民抗日武装起义。会议之后，张光中回到沛县，积极落实特委扩大会议精神，与县委其他同志一起，在沛县秘密组织农民自卫队的基础上，以共产党员为骨干，公开建立了沛县人民抗日武装。不久，张光中又将张运海等在夏镇组织起来的 30 余人的抗日武装合编到沛县人民抗日武装。1937 年底至 1938 年初，中共河南省和西北特支为支持苏鲁豫皖边区人民抗日武装起义，先后派遣谢文秀、李荆山等数十名红军干部、爱国青年来沛县，协助张光中发展沛县人民抗日武装。此时，国共抗日统一战线已基本形成，国民党徐州第五战区总动员委员会吸收了部分各党派人士和民主人士，郭子化以共产党地方名流的身份参加了总动员委员会。张光中通过郭子化的关系，到第五战区游击总司令李明扬处取得“人民抗日义勇队”番号，并获得了部分经费。1938 年 3 月 17 日临城沦陷后，张光中率部配合李明扬部曾两次袭击临城日军兵营，打击了立足未稳的敌人。

1938 年 5 月下旬，苏鲁豫皖边区特委(苏鲁特委改称)在峄县老古泉召开会议，决定将沛、滕、峄三县人民抗日武装合编为“苏鲁人民抗日义勇总队”，张光中为总队长，何一萍为政治委员。苏鲁人民抗日义勇总队正式创建后，在特委的直接领导下，张光中以卓越的领导才能和机智勇敢的忘我精神，与总队其他领导同志一起，率部在枣庄地区与敌人展开了艰苦卓绝的战斗。新生的人民武装在战斗中不断成长壮大。

1938 年 9 月，经上级党组织批准，苏鲁人民抗日义勇总队第一大队改称为国民党临沂专员张里元任司令的保安司令部直辖四团。翌年 4 月，又改称保安二旅十九团，张光中任团长。人民抗日义勇总队始终保持独立建制，由我党完全控制和直接指挥。

1939 年 9 月，罗荣桓等率八路军一一五师抵达鲁南抱犊崮山区。根据斗争形势的需要，张光中奉命率部脱离张里元部，列入一一五师建制，改编为苏鲁支队，张光中为支队长。1940 年 12 月，张光中任鲁南军区司令。1948 年 8 月调任鲁中南军区副司令。1949 年初，调任徐州警备区司令兼徐州市市长、市委副书记。

新中国成立后，张光中先后任江苏省政法委员会主任、江苏省人民检察院检察长、江苏省政协副主席，并被选为中共八大代表、第三届全国人大代表、第五届全国政协委员。1983 年 5 月因病离休，1984 年 6 月 8 日于南京病逝，终年 83 岁。

李乐平

李乐平

李乐平(1906～1971),又名李子升,山东滕县羊庄镇赵庄人,幼年时家境富裕,后逐渐破落,6岁寄养在外祖母家,8岁读私塾,后升入滕县高等小学,18岁毕业后在滕县教育局做事务员一年,20岁到上海考入法租界华人巡捕。期间,亲眼看到上海工人贫困交加,思想上报以同情。上海"四·一二"闸北大屠杀以及广州暴动彭湃牺牲的消息,使李乐平看到了帝国主义的反动性及对蒋介石腐朽政权的绝望。为了支持上海工人、学生的革命行动,身为洋人华捕①的他,曾两次鼓动码头工人罢工、学生罢课,并决心投入革命斗争的洪流中。

1932年5月,由丁祝华介绍在上海加入中国共产党。不久被委任上海法租界华捕地下党支部书记兼中共江苏军事委员会常委、委员。

1934年4月6日,由于敌人的长时期盯梢,李乐平被法租界逮捕,后引渡南京宪兵司令部监狱,又转到苏州反省院。李乐平在洋人监狱和国民党反省院长达四年半之久。虽然长期身陷囹圄的铁窗生活,但他始终保持了一个共产党员的高尚品德。他把监狱当作学校,潜心读书,研究革命理论,向难友们宣传革命思想和共产党的方针、政策。为抗议狱中的恶劣生活待遇,他号召难友们团结一致,使绝食斗争取得了胜利。1937年8月31日,国共统一战线形成,被赦免出狱。

1937年9月,李乐平因病返回原籍滕县,本想稍加休养调治后再赴延

① 外国人在租界内雇用的华人警察被称为"华捕"。

安，但因南京沦陷于敌手，关系中断，后经南京办事处刘慎远批准留滕县开展抗日工作。不久找到中共党员王右池、王见新等人，并参加了中共滕县特别支部，从事民先和农救会工作。1938 年 3 月，李乐平根据上级党的指示，积极组织抗日武装。与王见新、王右池、渠玉柏等人，在滕东善堌“农民抗日训练班”的基础上组建了 120 余人的抗日武装。

1938 年 5 月下旬，苏鲁豫皖边区特委决定将沛、滕、峄三县抗日武装合编为“苏鲁人民抗日义勇总队”，李乐平以滕县县委军事部长的身份，与于公、渠玉柏率队积极响应特委决议，前去滕峄边合编建军。义勇总队成立初期，他虽未担任具体职务，但他积极做好各类人员的思想工作，耐心教育部队，坚决执行党的方针、政策，为这支刚刚诞生的人民军队成长、壮大起了重大作用。同年 9 月 6 日，李乐平被特委任命为政治委员。因统战关系和斗争形势的需要，义勇总队改称张里元部直辖四团和二旅十九团以及八路军一一五师苏鲁支队，李乐平连任政治委员。

1939 年 12 月，李乐平奉命调地方工作，任鲁南特委委员兼地委书记。1940 年 11 月，调鲁南区党委任秘书长兼统战部长。1941 年 10 月任鲁南专署专员，后任鲁中南行政公署主任、区党委书记。新中国成立后，任中共南京市委常委、南京市副市长、华东军政委员会交通局长、全国政协特邀委员、江苏省第三届政协副主席等职。1971 年 9 月 19 日，因病逝世，被江苏省革命委员会批准为烈士，遗体安放在南京雨花台烈士陵园。

（原载枣庄市地方史志编纂委员会编：《枣庄市志》，中华书局 1993 年版，有改动）

王丹墀

沈印骞

王丹墀原名王修庭，曾用名王益新。1913 年 10 月生于滕州市南沙河镇后仓沟村。少时就读于本村小学，1933 年 7 月毕业于济宁中西中学，后任教于仓沟村天主教会小学。1938 年 2 月参加革命。1938 年 6 月加入中国共产党。2002 年 11 月 23 日病逝于武汉。

王丹墀

一

1937 年 7 月 7 日，卢沟桥上的炮声，使中华民族的热血儿女们觉醒，他们纷纷脱下长衫，到游击队去，到前线去。此时的王丹墀也不例外，他与同学冯存贵于 1938 年正月初七来到善堌，参加了由李乐平、王见新等人创办的滕县人民抗日训练班第三期。在训练班里，王丹墀聆听了训练班领导人传达的中共中央《抗日救国十大纲领》，学习了一些军事基础知识，同时也了解到日寇野蛮侵略我国所犯下的滔天罪行。虽然仅受训七天，这对王丹墀来说“胜读十年书”，激发了他拿起武器奋起抗日的热情，坚定了跟着共产党干革命的决心。训练班一结束，他就即刻回到仓沟，向同乡、同学大讲日本帝国主义侵略我国的罪行，宣传抗日救国不做亡国奴的道理。当时，日军已侵犯到滕县城北 15 公里的界河一带，邓锡侯的川军正与敌人激烈战斗着，形势非常紧张。滕县城里的百姓，夜不待日、携儿带女纷纷逃难到山里。王丹墀目睹了这一情景，更激起了他对日寇的愤慨。他不顾个人安危，为支援川军奔走呼号。他动员了同学王传经、王宝仁、狄国锡等10余人，并带着一刘姓开明地主所捐献的一支枪和一百发子弹，参加了滕县人民抗日义勇队，他被分配到二中队二排任班长。从此，王丹墀由一名乡村小学教师转变成为抗日队伍里的一名战士。

二

1938年3月17日，日军攻占了滕县城，人民惨遭日寇的烧、杀、抢、掳，陷入水深火热之中。为拯救人民，在滕县人民抗日训练班基础上组建鲁南人民抗日义勇总队第二大队，于公任队长。为牵制、骚扰敌人，配合我八路军对敌作战，于同年4月中旬，在滕南岗头山设伏，打响了对日作战的第一枪。此战，炸毁敌汽车1辆，毙伤敌数人。其后，于6月的一天，夜袭了滕县城北铁路大铁桥、炸翻日军货车10余节，敌伤亡3人，使敌中断交通10余小时。在这两次战斗及以后的岁月里，王丹墀不怕艰苦，不怕流血流汗，英勇顽强，赢得了战友们的赞誉。他还利用行军作战的间隙，主动教战友们识字、唱歌、学文化，为提高部队文化素质施展一技之长。由于他表现突出，当年6月，渠玉柏、李乐平、王右池三人介绍他加入中国共产党。

是年8月，因滕东形势恶化，鲁南人民抗日义勇总队东征。为继续开展地方上的工作，保持与上级党政军机关的联系，党组织决定留下1个党小组转入地下活动，并指定王丹墀为组长。此时，以东江刘广田为首的顽固派嚣张起来，到处抓人、放火，残害革命志士及革命家属，致使党小组的徐培泉、徐广元（两同志均属当地人）无处隐蔽，不得已返回部队。这时仅剩下王丹墀一人在白色恐怖下坚持工作。他在驳山头以教书为掩护，秘密建立情报点，通过各种关系、渠道搜集敌人的兵力部署及活动规律的情报，经过梳理核实，将情报及时传递到山里，为我党我军制定对敌斗争策略提供了依据。

三

11月，鲁南抗日义勇总队司令员张光中、政委李乐平为加强滕东党的领导，派熟悉情况的李子成返回滕东开展工作，命其与王丹墀联系，发展党的组织，适时建立县委。李子成回滕东后，与王丹墀一道研究了贯彻落实领导指示的活动措施，并拟定建立县委的事宜。

1939年2月的一天，寒风飕飕，天气阴冷，可是大赵庄李子成的家中却温暖如春，中共滕县县委成立会议正在这里举行。参加会议的有王丹墀、李子成、朱绍庭、生碧泉、马奉莪5名党员。书记是组织决定的，由王丹墀担任；各部部长是经大家商讨确定的。

因大赵庄地处滕东羊庄的平坦地段，周边无险可据，因此县委的办公地点就确定为大赵庄东北处5公里路的驳山头村。当时确定驳山头村为县委办公地点的依据有以下四点：

1. 自1938年8月鲁南人民抗日义勇总队东征后，驳山头村一直是王丹墀以传教先生和小学教师为掩护秘密从事地下革命活动的据点，这里人熟、地熟。

2. 县委的其他领导同志，如组织部长李子成、军事部长朱慕唐、宣传部长朱绍庭也都是"传教先生"，有利于聚会沟通。教徒成分复杂，遍及驳山头村周边各村，便于集会。

3. 驳山头的天主教堂为德国教堂，日本人不敢打扰。

4. 教堂地理位置优越，它在驳山西麓名为"骂人台"的山崖之下依山整平而建，南北有哨门和炮楼，西面为村民住宅，东面没有住家，往东出门就是的驳山的南山头和北山头，如遇紧急情况，非常有利于疏散隐蔽。

依据天主教堂得天独厚的地理和安全优势，王丹墀在县委一班人、驳山头村民和滕东广大抗日民主人士的大力支持下，向日、伪展开艰苦卓绝的斗争，谱写下千古流芳的抗日篇章。特别是滕东县大队的成立和铲除顽敌王玉申、朱十英的反顽斗争的辉煌胜利，大大鼓舞了滕东人民的抗日信心和热情，为鲁南抗日根据地的巩固和建立奠定了坚实的基础。

滕东飞速发展的革命斗争形势使滕县县城的日伪军惶惶不安，滕县日伪宪兵队将王丹墀的父亲、妻子、弟弟等5人被"请"进宪兵队作"人质"，迫使王丹墀就范，借以达到瓦解滕县县委、扼杀革命力量之目的。对于敌人的卑鄙伎俩，王丹墀十分气愤，思想也很矛盾。经过激烈的思想斗争，他毅然作出了"抗战到底，杀了我一家也不回去"的抉择，并把这句话写到纸上转交敌人。同时，他还捎口信给家人，革命者"忠""孝"不能两全，请亲人多多保重！

敌人的如意算盘终未能实现，但也没对王丹墀的家人下毒手，他们想放长线逮大鱼。后经各方面的营救，王丹墀的亲人才脱离虎口。

四

1941年10月，滕东县委撤销。同年12月，王丹墀调任鲁南专员公署战时邮政局任局长。从此，他在邮政邮电战线上一干就是40余年。为我国邮电事业的创立、发展做出了巨大贡献。

1983 年，王丹墀同志从领导岗位退下来后，不顾高龄体弱，积极撰写回忆录，修改党史资料。他还把当义勇队战士时用过的、补丁摞补丁的老粗布印花被子赠给滕州党史办，用于加强对青少年的传统教育。他还两度重游战地，到他工作过的地方看望群众及烈士后代。

1991 年秋，在中共滕州市地方党组织建立 60 周年之际，滕州市委党史办请王丹墀题词，他欣然应允，题词曰："滕州党史六十年，党与群众心相连。"

王见新

沙朝佩

王见新(1911～1999),化名孙俊才,宁津县人。出生于自由职业者家庭,高小毕业后去天津当学徒工。1920年当兵,1932年加入中国共产党。

王见新

1937年12月,王见新以中共山东省委巡视员的身份,到邹县、滕县等地传达省委关于贯彻中共中央洛川会议精神的指示。同月下旬,省委让他留滕县工作。为便于工作开展,王见新辗转来到滕东沃里村,住在共产党员王右池家(之前他们就有工作联系)。此后,与赵庄村共产党员李乐平一起以抗日救国为宗旨,在沃里、善堌、赵庄一带开展抗日宣传和减租减息斗争,还组织了雇工会,规定地主、富农雇用短工,必须通过雇工会统一定价,从而团结了更多的贫雇农。经过充分准备,以雇工会为基础,在善堌村小学办起了抗日农民训练班。训练班吸引了附近县一批有爱国热忱的农民青年参加。训练班规定7～10天为一期,王见新、李乐平担任政治教员,八路军随营学校教官于公任军事教员。讲课内容主要是国内形势、《抗日救国十大纲领》、毛泽东的游击战术,还教唱抗日救亡歌曲。善堌训练班的举办在当地影响很大,备受各界关注。他们借此机会,到附近村宣传党的抗日民族统一战线政策,和不少开明地主绅士建立了统一战线关系。

在举办训练班期间,王见新专程赴第五战区李宗仁处,寻求对拟筹建的滕县抗日民众团体的支持。在徐州王见新与苏鲁豫皖边区特委取得联系,特委书记郭子化派于化琪和他一起来到善堌,帮助他开展工作。

1938年3月,滕县失守,正举行的第五期善堌农民抗日训练班被迫解散。在此基础上，王见新、李乐平拉起了一支40多人的抗日队伍，名为“善堌农民抗日救国军”。于公任指挥，王见新任政治指导员。队员们使用的武器有的是学员带来的，有的是开条子借的，钱、粮采取募捐的形式。

为了备战，“救国军”组织了多次军事演习。4月，在滕县岗头伏击了日军的运输车队，炸毁日军汽车一辆，打死日军数名，“救国军”的实战技能得到了检验。

为增加抗日力量，广泛调动人民群众的抗日积极性，王见新、李乐平还在各村成立了抗日自卫队，两个月内就组织了32个自卫大队。同时，建立了儿童团、妇女会组织，还成立了教育委员会，并在善堌开办了第一所抗日小学。

4月中旬，边区特委书记郭子化来善堌视察工作，帮助善堌党组织建立了滕县特别支部，王见新任书记，李乐平任组织委员，王右池任宣传委员。同时，善堌农民抗日救国军，改称“滕县人民抗日义勇队”。5月，这支队伍被编入鲁南人民抗日义勇总队第二大队，王见新任义勇总队政治部主任。

6月下旬，义勇队发起反顽战斗。初战告捷后，义勇队被国民党军事委员会别动总队第七纵队四十三支队支队长申宪武组织的邻近县的反动地主武装包围。在形势极为不利的情况下，郭子化派王见新去费县仲村向苏鲁豫皖边区省委求援。省委书记郭洪涛在听取汇报后，决定亲自率领省委机关部分人员和第四支队二团赴鲁南支援义勇总队。

在郭洪涛所率部队的支持下，申宪武被打垮，狼狈逃窜。后因形势发生变化，郭洪涛又率部北撤。北撤途中，王见新利用特委统战关系，为队伍寻找最佳路线，以避免遭受反动地主武装的埋伏和袭扰。

8月中旬，郭洪涛率队伍返回省委驻地仲村后，省委研究决定，王见新不回义勇总队，留任省委巡视团主任。鲁南人民抗日义勇总队则转移到抱犊崮山区。

此后，王见新相继任山东分局敌工科科长、一一五师敌工部副部长、济南市工委书记、山东分局城市工作科科长、华东局城工部副部长等职。

新中国成立后，王见新历任郑州铁路分局局长、中国交通学院教育长、政务院第三办公厅铁道组组长、铁道部政治部副主任、太原铁路局党委书记、华北局经济委员会副主任和北方交通大学党委书记兼校长等职。1999年6月12日，在北京逝世。

（原载政协枣庄市山亭区委员会编：《山亭历史名人》，
黄河出版社2014年版，有改动）

于 公

于公

于公(1911～1940),原名袁永辉,贵州省修文县人,自祖父始定居北京。1930 年考入北平辅仁大学,翌年转入清华大学历史系。1935 年大学毕业,即受聘于天津南开中学任教,1936 年进入南开大学经济研究所供职。

1937 年“七七事变”爆发,于公毅然投笔从戎,于 9 月离津南下,几经辗转,由中共党组织介绍到山西五台八路军随营学校学习。是年年底,学习结业后,被派到徐州,参加平津流亡学生同学会的相关活动。

1938 年 2 月,受苏鲁豫皖特委书记郭子化的派遣,随王见新来到滕县,在善堌农民抗日训练班担任军事教员。滕县城沦陷后,在部分训练班学员住所雪山玄天古洞训练班的基础上建立“滕县人民抗日义勇队”,并任队长。同年 5 月,鲁南人民抗日义勇队第一总队成立,于公任第二大队(滕县武装)大队长。于公、渠玉柏等率领第二大队先后在官桥袭击日军军车,在滕县城北炸铁桥。在夏镇叶家宅子捉汉奸,在峁村收服地痞流氓头目韩登丰,在羊庄打土顽申宪武,在东江围攻申宪武刘广田部,屡立战功,威震敌胆。

1938 年,于公经郭子化介绍加入中国共产党。同年 11 月,义勇总队改称为“国民党鲁南专署直辖四团”,他任该团二营营长。不久,进中共山东省委党校学习。12 月,由童陆生推荐,担任山东纵队参谋作战科科长。1940 年 4 月,于公在“肃托”中被错杀。

于公天资聪慧，学习勤奋，爱好广泛，文武兼备，在鲁南至今流传着他神奇般的事迹。1985 年 1 月，经中共山东省委批准，为于公平反昭雪，恢复名誉。

（原载枣庄市地方史志编纂委员会编：《枣庄市志》，
中华书局 1993 年版，有改动）

岩底玉皇庙的沉浮

柴可忠

岩底玉皇庙千年古槐

山城街道南5公里有一条自东向西的薛河。至岩底大桥处，有一处南北走向的大湾，像一条蜿蜒的玉带将河东面的高台围绕在怀中。长期的河流淤积，加上南面的山坡的作用，共同构筑起了一高台，台上有一座古建筑——玉皇庙，也称"昊天观。"

近日，笔者重访玉皇庙，发现占地近10亩的院落，荒草丛生，院墙被毁，南、东、西厢房连同石块也不见踪影，大殿坍塌，只有框架和一棵古槐，似乎在诉说着这座建筑的历史变迁。我站在这连残垣片瓦也找不到的庙台上，心里感到非常失落，心中便有了"敲钟老道今何在，粗布书生今又来"的感慨。

玉皇庙的始建年代已无法考证，笔者走访了多位与玉皇庙有些关联的人士。据20世纪60年代初在这里教过书的柴正斌老人说："从现存的古槐可以推断，玉皇庙可能建于唐代。"此说有一定道理，唐代是十分尊奉和重视道教的朝代，尤其是武德八年以后，道教已被推崇为三教(道教、儒教、佛教)之首。据柴正斌介绍，他当年在玉皇庙小学教书时，在西厢房发现了一块石碑，上书："崇祯四年重修昊天观"。"文革"后期，石碑被毁。"昊天"为玉皇大帝的尊称，在人们心目中，玉皇大帝是最高灵神。

重修后的玉皇庙，占地10余亩，系北方典型的四合院，坐北朝南，大门有门楼，两侧各有一棵槐树，大殿供奉玉皇大帝，东殿供奉着王母娘娘，西厢房供奉着地母娘娘，南厢房为道人的斋房和寝室。大殿是整个建筑的核心，单檐歇山顶，面阔三间，进深六椽，中间为正门，上为拱形，直棂窗，前面单檐用圆木支撑。整个建筑结构严谨，形制美观，雕刻精细。

抗战时期，玉皇庙一度被改成岩底乡公所，但仍有道人居住其中。乡公所撤销直至土地改革时，玉皇庙的最后道长杨元芝和其徒孙殷志全、王明善、周明立等在此耕种、行医、管理庙所。土改后，杨元芝、殷志全带着玉皇庙的10余亩土地到岩店村定居，娶妻生子，周明立回老家胡沃定居，王明善则定居东山亭村。因殷志全、王明善多年行医，在当地小有名气。20世纪70年代被山亭镇医院(后改为"山亭区中心人民医院")聘用，为中医大夫。60年代初期，玉皇庙被改为附近村的联办学校，直至1997年"普九"学校迁址。玉皇庙从此荒芜破落。但该校在办学的几十年中，为国家培养了许多出类拔萃的人才。仅恢复高考后的前几年，这所学校的毕业生就有100多人考上大中专学校。这些毕业生，已成为各行各业的栋梁。

玉皇庙曾一度为山亭南部薛河流域方圆十几里的道教活动场所，逢年过节，生老病死，附近的人们都会来庙里烧香、看病。关于玉皇庙的许多故事，至今在当地老百姓中广为流传。

拜年比鞭炮

明清和民国时期，玉皇庙香火仍然很旺，每年的大年初一，附近的岩底、岩店、胡沃等村的村民代表，在各村族长的带领下，来到玉皇庙上香、拜年。他们带来了每家每户捐献来的供品、鞭炮等。这个时候，也是道长和他的徒弟们最忙碌、最高兴的时刻，他们早早地生着炭炉子，烧开水，摆上火盆，架起木柴烧旺盆火，倒好茶水招待客人。在玉皇庙拜年后，这些村民代表还要到各村轮流拜年。

拜年后的一个重大项目就是比放鞭炮，这是玉皇庙一带老百姓的传统项目。比放鞭炮，就是在道长的主持下，村庄与村庄两两结对比赛，燃放各家各户捐来的鞭炮。一挂鞭炮放完，道长就在河岸高声说："这是某某村张二狗家的头刀子！""这是某某村王三家的二踢脚！"顿时，呐喊声、叫好声充斥着薛河两岸。最后，一直放到对方没有了鞭炮，就为胜者。胜利者会被四里八乡称赞一年。

比鞭炮，也曾成全了许多姻缘。谁家的孩子想说个媳妇，就会咬咬牙，狠狠心，捐它一箱子鞭炮用以打炮仗。胡沃村的周三家的独生子大宝 30 岁有余，周家的家境也不错，可就是说不妥媳妇。介绍一个姑娘，人家一打听，这个家人太抠门，从来不向庙里捐献供品，每年鞭炮比赛从不参与，是个一毛不拔的"庄户刁"。每年腊月底，族长到他家问今年是否捐献点鞭炮，"庄户刁"都会拒绝，说一挂鞭炮可以买两三斤猪肉。所以后来，干脆没有人去他家收捐了。这一年，大宝娘从媒婆口中得知了大宝找不上媳妇的原因，就跑到庙里去烧香，请教道长如何办。道长杨元芝神秘地说："你若能说服你家当家的，今年能捐出一箱子头刀子放一放，过了年大宝准能找到媳妇！做与不做，你们商量着办！"

回到家，大宝娘连哭带闹地说："你个死抠老头子，你就当你的"庄户刁"吧，我们宝的媳妇你还管不管？要是管的话，明天就去找族长，我们家今年过年放鞭炮；不管的话，你就等着当绝户头吧！"听到妻子的抱怨，周三蹲在地上抽了半天闷烟，最后狠狠地磕了一下烟袋锅，说："放！豁出去了！"那一年，周三家的鞭炮代表胡沃村参加了比赛，成为当地的第一家。当年，大宝就娶上了媳妇。

正月初九庙会

每年的正月初九，是玉皇庙的庙会。这是周边群众的大日子，因为传说这一天是玉皇大帝的生日。当地百姓通常带着猪、羊、鸡、点心等供品来到庙里磕头烧香，感谢玉皇大帝的庇护和恩赐，期盼今后风调雨顺、五谷丰登，人们延年益寿。

毛芋头蘸白糖

玉皇庙的最后一位道长杨元芝带领两个弟子殷志全和王明善，在庙里一边传播道教，一边行医，一度赢得了当地群众的好评。他们治病救人，救死扶伤，同时还化解了许多家庭矛盾，体现了“医者仁心”和“道德一体”的道教思想。一天，一位中年妇女，匆匆跑到庙里，跪在玉皇大帝像面前，又是烧香，又是磕头，嘴里还念叨着什么。杨元芝是官庄村的李家媳妇。烧完香后，妇人又跑到杨元芝面前请教：“杨道长，您快给我出个主意，我婆婆80岁了，什么活都不能干，不死不活的，俺伺候够了，如何才能让她老人家快点走呢？”杨元芝沉思了一会，慢吞吞地说：“你家有没有种的毛芋头？”

“毛芋头倒是有。”

“那好办，你每顿饭给她煮三个毛芋头，沾上白糖，让她服下，连吃一个月，保准一命呜呼！”说完，头也不回地回院里去了。

一个月后，妇人又跑到庙里，问道：“您上次说的法子，我照做了，可是一个月下去了，婆婆不但没死，反而越来越胖了。是怎么回事？”杨元芝听后大笑道：“不是不死，寿限未到，回去继续。老猫屋上爬，养儿还随它！”妇人听后迷惑不解地走了。

这些陈年往事，至今在乡间广为流传。但现在的玉皇庙荒芜了，即将在人们的记忆中消失，但有关它的传说和文化一直被人们津津乐道。目前，玉皇庙已被确定为区级重点文物保护单位。

故实传说

梵王传奇

楚振岭　沈印骞

在山东省枣庄市山亭城区西南 4 公里处的雪山顶上，供奉着名冠苏鲁豫皖四省的“梵王老爷”。

梵王像

一、张果老驮山比高

古时山东人以“一山一水一圣人”为荣，而且还有更为骄傲的一说，那就是：“天底下只有两家子半人家，张天师是一家，孔圣人是一家，皇帝只能算半家。”为什么呢？因为皇帝无定数，随时可能改朝换代，而张天师、孔圣人则是世代传袭，故此才有“天底下只有两家子半人家”之说。

以泰山为中轴的泰沂山脉

山东内有千里泰沂山脉逶迤，外有千里黄河流入，中有泰山作轴。据说这种地势的形成，还有八仙的功劳。传说中古时代的山东大地，只有一座泰山，被玉皇大帝的三女儿碧霞公主占据着。她站在山巅之上很是傲慢，看不起一些过路的小仙小神，还说下大话：“从现在起，谁的山也别想赶上我的山高。”当时八仙对碧霞公主的高傲很是看不惯，于是就商讨对付碧霞公主的对策，铁拐李说：“好办，让张果老骑着他的驴到东海驮一个山来，超过她的山高，杀杀她的威风，让她知道‘山外有山，人外有人’就行了。原则上不能做得过分，毕竟她是玉皇大帝的女儿，要是惹恼了玉帝咱们也不利索。”

大家商定后，张果老就骑神驴出发了。到了东海边，他用一个特大的口袋，装呀装，心想多装点，山就会高一点。张果老也很贪心，把整个口袋装得鼓鼓的，放在驴的屁股上，就驾云往泰山返程。

张果老走后，吕洞宾暗地里将此事告知了碧霞公主。碧霞公主知道后便提前到东海边等候张果老。不多时，遥见张果老骑着神驴在彩云之上飘然将至。这时候，碧霞公主摇身一变，变成一个骨瘦嶙峋的老奶奶，手里拿着一个尖头的拐杖。看见云端上的张果老，她用拐棍一指，示意停下。张果老以为老者在此求救，便按下云头，飘然落在碧霞公主身边。寒暄之后，老者问张果老：“你口袋里装的是什么啊？能不能给我点吃？”张果老沾沾自喜地说："老奶奶，这个不能吃，里面装的是山，我要跟泰山奶奶比山去，看看是她的山高还是我的山高。"老者问："你里面就这么点，能有多高？我不太相信你的话。"张果老说："我把它倒出来，再吹上三口法气，念上一天咒语，不超过三天，就能比泰山大十倍。"碧霞公主听后惊得身上直冒冷汗。说完，张果老就忘乎所以地骑驴走啦，这回他没驾云。

就在这时，碧霞公主趁张果老不注意，用手中拐杖，对着口袋扎了数个洞，然后驾云飞快地回泰山等张果老去了。

"人说天上好，神仙乐逍遥，成功背后泪多少……"一路欢歌的张果老不知道口袋上有洞，过了东海岸口袋就开始漏，一漏一堆，一堆就是一座山。又赶上刮着大风，尘土飞扬，就变成了山连山，山套山，山山不断。张果老紧走慢走，终于来到了泰山脚下，碧霞公主早就恭候在那里了，戏弄地问："果老，你驮的是什么?"张果老说："你不要狂妄自大，我驮的这座山要比你大十倍、高五倍，看你还有什么话说。"碧霞公主"哈哈"大笑说："果老你回头看一看。"张果老回头一看，惊得目瞪口呆，只见来时的平路全变成了叠叠重山。再看自己的口袋，就剩下角落里的一点点了。气得他半天说不上话来，把剩下的一点点拍打拍打，倒在了泰山脚下，也就变成了现在的梁父山。从那以后，张果老引以为戒，为了看好驴屁股上的驮物不再发生意外，开始"倒骑驴"。

张果老倒骑驴

因张果老漏下来的逶迤群山富含东来紫气，虽然零零碎碎，但座座都具灵气山魂。"风脉生气水止聚，不出圣人出神明。"因此就有了"天下两家半人家，山东就占了两家"之说。

二、樊家店菡萏[①]幻景

一日，一个蛮夷老者面向山东鲁南地界，夜观星宿，昼察地理，细嚼《周易》，反复推敲，最后得出：在善国以东30公里高山前洛阳桥西北方约15公里地的樊家村里有一个地理生聚的轴心。此轴心下通东海水，上对北极星，凝千山万水于一脉，聚焦在该村车马店主樊德厚的二楼中间将会有“菡萏幻景”。他经过干支搭配，推演出“菡萏幻景”莅临的三组最佳时辰，即：亥年亥月亥日、卯年卯月卯日、未年未月未日。

时值羊年五月，蛮夷老者就装着生意人住进了樊家店铺。因为下个月就是未月，而下个月的六日就是他要劫灵气、破风脉的最佳时辰。

为此，他做了细致充分的准备工作：在六月初五夜深人静之时，打开事先准备好的一个红包，取出里面的红布兜，打开红布兜里的细面和装在羊尿泡的“圣水”，然后把面和水掺和在一起，捏成丸状并粘放在“秫秸挺”的箭头，造成一支“挺杆[②]箭”。

一切准备就绪。六月初六这天正是未月未日，他守在店主家二楼中间屋门口，不敢打瞌睡，并不时地观察这屋里的动静。直到亥时一刻，他屏住呼吸，瞪大眼睛，突然看到室内现出一池清水，清澈透底。慢慢地从水中长出三轴荷叶，荷叶逐渐舒展，不一会儿又从三荷叶中间长出一朵含苞待放的花蕾，而后在那菡萏花中又长出一朵绿油油的莲蓬。说时迟，那时快，蛮夷老者赶紧拿出准备好的弓和“挺杆箭”，对准水中的莲蓬开弓射去，可能是出于激动和紧张，这一箭没有射中，菡萏幻景顿时消失，屋内变成黑茫茫一片。蛮夷老者失手后垂头丧气地回到了自己的房间，第二天便告辞店主樊德厚，回南方去了。

过了三年，这位老者在刚入冬的十月又回住樊家店，因为他要赶上下一轮的亥年亥月。如三年前一样，蛮夷老者把法器、法物一应备全，打算在初十亥时(21～23点)动手。这天，他把自己关在房间里，虔诚地烧香祷告，祈求上天保佑本次一定成功。但命运还是又一次捉弄了他，就在亥时将尽、子

① 菡萏，荷花的别称，又称“芙蓉”“菡萏”“芙蕖”。荷花是中国十大名花之一，也是印度的国花。荷花是圣洁的代表，更是佛教神圣净洁的象征。

② 挺杆，方言，高粱茎秆顶端长穗的一节。梁斌《红旗谱》：“到了家，运涛立刻吩咐春兰、江涛、二贵，去捲秫秸挺……”

时将临之时，那“菡萏幻景”竟瞬显即逝，没给老者留有任何施法的机会。

菡萏幻景

蛮夷老者两次劫灵施法失败，内心已是万分焦脆，加上本次来鲁南行程急促，疲劳过度，便一病倒在了樊德厚的店中。

樊德厚一家三代单传，到他本人，已届不惑之年却仍未添丁。想起自己的高祖父、祖父、父亲都是远近有名的善主，经常捐资为地方修桥补路、打池饮水。高祖母、祖母与母亲也都是吃斋行善之人。特别是母亲精通针灸疗法，还懂得一些药剂偏方，为当地治病救灾不胜其数，从不收费。自己忠厚为本，义气薄天，在村头开一小店铺，来往客人有钱能住，无钱也留，从不刁难客人，偶尔客人临走时盘缠不足也曾送他们些许。现在蛮夷老者病入膏肓，给老者治病已成为樊德厚自觉的行为信条。

受母亲的影响，樊德厚也精于医道，他通过给老者把脉，确诊老人患的是虚寒症，必须用四君子汤和四珍汤加减剂，然后用桂枝汤发汗解表方可。经樊德厚治疗，蛮夷老者未出半月便渐渐恢复了健康。对于樊德厚的救命之恩，夷蛮老者感恩涕零，跪在地上要给樊德厚叩头。樊德厚急忙劝阻，连声说道：“别客气，别客气，你在我这里，这里就是你的家，千万别见外。”

鉴于此，老者激动而又忏悔地大哭了起来。在情意的促使和良心的谴责下，蛮夷老者对樊德厚说：“樊弟，我有一个秘密，再不说给你，我就成了无义之人了。”樊德厚听后，犹如丈二和尚摸不着头脑。老者接着说：“你家是东南大门，在你堂屋中间二楼上，有一股紫气所形成的菡萏幻景，下次出现应该在卯年卯月卯日的子时。到时你要是能把你祖坟上的灵土放到那朵莲蓬里去，将来你不但能生贵子，而且还会出大人物，世代受人尊敬。我没命得到他，凭你的修行，一定可以得到！”

蛮夷老者在临走前，把如何将祖坟灵土掺面和成丸状造成“挺杆箭”、如何用弓射入莲蓬内等一应操作流程仔仔细细地告知给了樊德厚。樊德厚倒也虔诚，把夷蛮老者的教导一一熟记于心。不几日，蛮夷老者就千恩万谢地告别樊德厚，回家去了。

樊德厚的妻子过门20多年从未解怀[1]，根据夷蛮老者的分析，是因为宅子生气太旺，孕气压不住。只要这回成功了，就可以生子生女啦，并且后人还有福气。樊德厚对蛮夷老者的话虽半信半疑，但他有一个坚强的信念在支撑：好人有好报，种下菩提树，定摘菩提果！所以他企望这天早日到来！

光阴似箭，一晃三年过去，到了卯年二月初二龙抬头的日子。这天的子时，是决定樊德厚时来运转的关键时刻。

这一夜，樊德厚夫妇二人都没睡觉，媳妇在楼下，熄灭灯也没敢弄动静。樊德厚则在楼上中间窗户下屏住呼吸，不时地察看。到了三更天，樊德厚有点困意，他狠狠地扭了自己两把，振作一下精神。再抬头一看，屋内菡萏幻景开始呈现：一池清水，碧绿的三片荷叶，亭亭玉立的荷花中挺出一个碧绿莲蓬，一时整个室内金碧辉煌、馨香扑鼻。

这时，樊德厚拿出早已备好的弓箭，打开窗户，对准莲蓬中心射去，不偏不倚正中莲心。

从此，樊德厚无论做什么都能得心应手，顺顺当当。店铺里投宿的客人也越来越多，生意越来越好。不仅如此，夫人也身怀六甲。樊德厚乐在脸上喜在心里。

三、梵王东土转世

话说天竺国三太子，从懂事就知道施舍，天生具有慈悲之心。长大后，做出了很多普度众生、解除瘟疫的大事，在天竺国影响相当高，最后修成正果，铸为金身。佛教封号梵王，成了天地间的上神。

有一天梵王正静坐打禅，突然灵性一动，心潮一颤，不由得掐指一算，才知道：远在万里的东方神州东海之滨即将面临一场大瘟疫的洗劫。心想自己本梵王，铸就金身，普天之众均为善民，尽管东方神州佛教还未传入，佛道有别，但南无无量威德自在光明如来，自己岂能不救？于是梵王决意转世东方神州普度众生，解救那方百姓。

再说樊家，忽一日下午管事妈妈急报樊德厚说："夫人要生了。"樊德厚慌忙跟过去一看，妇人即将临盆，于是赶紧差人把村里的接生婆请了过来。妇人在床上翻来覆去地喊肚子疼，很是痛苦。折腾半夜，孩子就是不能降生。樊德厚是又急又心疼，在院子里转来转去。接生婆此时也是束手无策，

[1] 解怀，鲁南方言，指女性有生孩子的历史。

喃喃自语:“好端端地,又是顺产,为什么就是生不下来呢,我还是第一次碰到这样的事呢!”

接生婆话音刚落,只听管事妈妈在外喊叫说:“快看,天上那是什么?”樊德厚等抬头看去,只见天的西方缓缓飘来了一朵彩云,五光十色,光芒四射。不一会儿,彩云便骤然降落到了樊家院里,顿时整个院子屋内通明如昼,浓香扑鼻。

众人被眼前景象惊呆,猛然间,屋里传来了婴儿的啼哭声,同时听到管事妈妈惊喜的喊叫声:“生了,生了,夫人生下来了!”樊德厚这才回过神来,忙问是大喜还是小喜。妈妈忙回答说是大喜。说话间,金黄色的光泽就此消失,只留下床前的香气。

樊德厚知是大喜,惊得合不拢嘴,脸上堆着笑,眼里含着泪,连声说:“好!好!”樊德厚按照蛮夷老者教给他的干支一搭配,大吃一惊,这下巧了。今天是三月初三甲辰日,又是清明节,不正好是龙年龙月龙日吗?由此,一幕幕怪事不由得在眼前浮现,菡萏幻景、五彩祥云、满院香气,这一切都好像是有人事先安排预设,真是“天公造就,地设宝成”,干脆这个孩子就叫“樊宝童”吧。

四、樊宝童离家修行

樊德厚不惑之年喜得贵子,满村人奔走相告,都说吉人天相,好人有好报。

全村老少都为樊家添丁高兴。樊家筹备酒席,准备三日内宴请街坊邻居。谁知到了宴会时,小宝童哭闹不止,奶也不吃,无论怎么哄都哄不好。这时门外来了一个讨喜面的老头,破衣烂衫,浑身脏气,鼻涕两行,甚是丑陋,说他能治好宝童的啼哭。樊德厚似信非信,实无他法,不得不让他一试,樊德厚叫奶妈把孩子递给这个乞丐老儿。谁曾想,乞丐接过孩子,在他屁股上轻轻地拍了两下,嘴里念道:“不哭不哭,有你一屋;不愁不愁,有你一楼;不闹不闹,有你一庙。”言毕,宝童不但不哭了,反而还对着乞丐甜甜地笑了起来。

脏乞丐随手把孩子还给了奶妈,转眼就不见了。从那以后,小宝童再也不淘气,不闹腾。

秋去春来,暑寒交替,樊德厚夫妇辛辛苦苦地把小宝童养到了9岁。在这期间,他们又生了二男一女。街坊邻居都说这是樊家四代行善积德,仙人显灵而致。

忽一日，九年前那个脏乞丐又来到樊家庄，见到正在樊家门口与弟弟同玩的樊宝童之后，随手在宝童后背上点了三下说："该归不归要吃大亏，该离不离定误大事，落凤山上一停留，与你父母回一头。"言罢，脏乞丐瞬间消失而去。

此时，小宝童面带愁容，无奈地挠着头皮，愣楞地呆了许久，两个弟弟见此便上前拉住宝童手说："哥哥，你怎么了？"宝童沉默初醒，连声说："没事，没事，你们去玩吧。"说完两个弟弟蹦蹦跳跳地走了。

宝童还是呆站在那里，眼里不由地流下了两行热泪。转脸又可怜巴巴地看了一眼自家的大门，脑子里很快浮现出父母勤快慈祥的身影，嘴里不由地说出："爹娘对不起了。"话音落后，小宝童泪如泉涌，视线模糊，他用那稚嫩的手背擦一下眼泪，三步一回头、五步一转身地离开了养育了他九年的家，离开了疼爱他的父母，离开了有手足之情的弟弟、妹妹。

中午吃饭时，樊德厚发现宝童没有回家，便向两个小儿子追问原因。孩子们把脏乞丐指点哥哥的情形一五一十地告知给父亲，并说当他们玩耍后再来找哥哥，不知他去哪里了。

樊德厚夫妇听了，觉得既奇怪又害怕，便顺着村东落凤山的方向前去寻找。不多时来到落凤山的山脚下，偶遇一个刚砍柴下山的人。据砍柴人说，一个时辰前，曾见一个八九岁的孩子往落凤山顶跑去。

听到此话，樊德厚夫妇便飞也似的向落凤山顶跑去。随后赶来的乡邻把整个落凤山像梳篦子一般找了个通遍，也没找到宝童的踪迹。直到傍晚天渐渐地黑下来，人们才搀着樊德厚夫妇下山。

回到家后，乡邻安慰说："不要难过，咱明早起来再接着找。"说完，各自回家了。可樊德厚夫妇仍如痴如狂，茶不思饭不想，老泪纵横，嘴里念叨着："宝童啊，你在哪里？"家里的三个孩子也趴在一边呜呜地哭："哥哥，哥哥，我们想你。"

樊夫人爱子心切，她突然站起来说："天再黑，我也得上山去找。找不来宝童，我就死在山上！"说完，疯了似的就朝落凤山跑去。几个孩子也要随着去找哥哥，被樊德厚拦下来。安置好孩子，樊德厚也奔上山去了。

夜深人静，只听山风呼呼作响，又赶上阴天，伸手不见五指。樊德厚夫妇只能互相搀扶，艰难行进，而且嘴里不停地喊着："宝童，宝童，你在哪里啊？想死我们啦！"

夫妇二人深夜跑遍了全山，叫哑了嗓子，也没见到宝童的影子。身上的衣衫被山上的树枝、荆棘划成了布条条。夫人的头发蓬松着，樊德厚的一只鞋子也不知道掉哪里去了。

由于一天多滴水未饮、粒米未进，又加一夜的疲劳，黎明时分，樊德厚夫妇便累倒在落凤山东面的半山腰上。

这时，樊夫人朦胧中听到有人在叫："爹爹，娘亲。"夫人慢慢地睁开疲惫的眼睛一看，哎呀，正是宝童满脸泪花地跪在他们的面前。此时三口人紧紧地搂在一起，抱头大哭。哭了一会儿，宝童松开二老："爹爹，娘亲，孩儿对不起你们，让您二老吃这么大的苦，受这么大的罪，这都是孩儿不对，我今天告诉你们一件事：我本是天竺国梵王转世到此，将来这一块地方将会有一场大的瘟疫和灾难，为了救灾救难，孩儿才决意转世于此。现在我们的亲情已尽，请二老多加保重自己的身体，日后定会高寿百年，弟弟、妹妹也会是有用之人。"三口人说了半个时辰的话，眼看天将大明，樊宝童便俯下身去给父母重重地叩了三个响头，并告知此地山神："我父母疲劳过度，衣破衫烂，失脚光丫，但愿此山树刺不扎人，地刺蒺藜不伤脚，让二老顺利回家。"说完便依恋不舍地向正东方向而去。

从那以后，此山便改落凤山为"遇子山"。也是从那时起，遇子山上无论什么树都没有刺，即使浑身是刺的酸枣树，在这个山上也不扎人。到现在还有一句歇后语"遇子山的树不扎人"。

此时，天色大明。樊德厚的东邻西舍、亲戚故友知道樊氏夫妇寻子一夜未归，便一大早来到山上给樊氏夫妇带来了茶饭等一应物品。樊德厚夫妇仍不死心，决意继续到遇子山东面的团山追赶宝童。

遇子山离团山只有 1 公里路程，不到半个时辰，樊氏夫妇相互搀扶，便登上团山顶峰大声喊道："宝童，你在哪里啊？"就在此时，在山半腰的东南方，听到了回应声，循声看去正是宝童。只听见宝童喊道："爹娘，你们回去吧。菩萨怕你们受不了骨肉割舍之情又安排我们这次见面，恐怕没有第三次了。我要把这个山挪走，要到薛河北岸的大堌山去净身打禅，去掉九年的凡俗，以恢复真身。"言罢，磕了三个头就不见了。从此这个山改名为"挪山"，后来演绎成"罗山"，就是现在山亭区桑村镇境内罗山村北面的山。

樊德厚夫妇看到宝童在自己的面前再一次消失，心如刀割。回到家里，整日里失魂落魄，老是想着宝童说他要到薛河北岸的大堌山头净身打禅，去俗修身。过了一个多月，樊夫人思来想去仍是对儿子念念不忘，于是就备了些干粮，择日起身到堌山寻找宝童。樊夫人只身一人过罗山，越艾湖，翻依山，爬金山，吃尽苦头，最后在薛河北岸找到了堌山头。此山分东堌山、西堌山，山虽不高大，但很俊美，奇花异卉，万紫千红，如同天上仙境。

樊夫人到此后，边哭边喊，千呼百唤就是不见宝童回应。就这样，樊夫人东堌山哭完，西堌山哭，哭饿了就吃点干粮，渴了就喝点山溪水，整整七天七夜哭得青山滴泪成溪水，松柏哀声似风响，人不由得潸然泪下，神仙也为之动悲容。从此以后，东堌山、西堌山就改成了“东哭山”“西哭山”，以后演绎现在的“东库山”和“西库山”。山南的村庄就是山亭区山城街道境内的库山头村。

小宝童在堌山上对母亲哀求声听得真真切切，却不能与母亲相见。那种痛苦可想而知，一边是母子骨肉的割舍，一边是净肠清心的修炼，为了听不到母亲思子心切的痛切哭声，宝童决意离开此地。于是他趟过薛河向南行走，走啊，走啊，走了很长时间，天仍然是午时，脚下的路仍然不变。怎么回事呢？他正在纳闷，突然不知道从哪里来了一个白发苍苍的老者，左手持鹤头拐杖，右手捻着雪白胡须。宝童急忙上前，彬彬有礼地问道：“请问老者，这是什么去处？”老者回答说：“这个地方叫晌午，你怎么也不会走出去的。你今后的家就在此处，哪有离家出走的道理。”宝童听了很不高兴，趁老者不注意，突然猛推他一把就向南跑去。不到半个时辰，就跑到两河汇流处的海泽（现为海子村）南岸，忽有一山挡住了他的去路。

宝童正在发愁怎么过这道山时，刚才的白胡子老者又出现在他的面前。老者拈着胡须，哈哈笑道：“你还以为你是当年宝童吗？你现在已脱俗七七四十九日，再过两个时辰就可身坐山巅，成为一尊受世代奉供的大神了。此山就是为了挡你去路，让你彻底抛弃世间喜怒哀愁、净化心灵、回首返身而设，也是你将来庙山的屏障。你不要为了听不到你母亲的哭声就如此躲避，赶快回去吧。在那里你将会超脱为净土佛陀。而且到了那里，你还会最后望你母亲一面，以彻底了却人间亲情，斩断俗根！”

话毕，老者便显现为南海观世音菩萨真身，告知宝童：“你现在法名仍叫‘梵王’。这一方不久将会出现瘟疫灾难，你转世投生就是为了拯救这一方百姓，正好圆你慧根夙愿。”说话间菩萨把手一伸，手里现出一匹雕塑金马和一个钵盂，并告知宝童：“这马有灵性，钵有慧根，这是你的镇山之宝，紧要关头，可派上用场！”说完飘然而逝。

宝童对着菩萨的背影拜了几拜，按照菩萨指点往回返。从此这个山就被人称作“回山”，地处现在枣庄市山亭区山城街道驳山头村西。“晌午”到后来演绎成“上供”，现在叫“善堌”，也就是现在雪山前的善堌村。

宝童大踏步地回到了“晌午”山北边，还没过薛河，九月天气却忽然降下了鹅毛大雪，一刹那整个山上银装素裹。宝童知是天意，为彻底割断俗根，避免母亲再来山上寻找他，就把鞋子倒系在脚脖上，向山上走去。经过一番努力，他来到雪山东侧悬崖上的一个古洞。此时，他忽然感觉一阵轻松，心情豁然开朗，舒服至极，不由地一蹦，身子飘离了半空，又轻轻地落在洞里。此时他发现，在隔河南岸的“晌午”村北，母亲正转身南去。大概是樊母来到“晌午村”北时，看到大雪之中脚印向南走去，估计宝童已远去南方，从此便了却寻子念头，回家守着两子一女安度晚年。据说，樊德厚夫妇年寿都过了180多岁，在家寿终正寝。两个儿子都成了朝廷重臣，女儿也嫁给一个官宦人家，各得其善。

大雪一直下了七七四十九天才停，后来所有的雪都化掉了，唯有雪山的雪到了第二年的三月初三才融化干净，“雪山”由此得名。宝童在洞里看到他母亲转身南行的洞，后人称为“转身洞”。

五、梵王消除瘟疫

新朝[①]建国年间，山东鲁南一带爆发举世罕见的大瘟疫。症状有身目俱黄、鼻脸长斑、高热昏糊的黄疸，有神昏闷乱、呕吐泻急、急性胃肠炎的霍乱，还有恶寒发烧、头面浮肿、口目难开、肢体酸楚的大头瘟。

时值王莽篡政，滥行改革，人心不稳，社会动乱，官府根本无法自保，许多怕死郎中也怕被传染而远遁他乡，所以根本无人过问消除瘟疫之事。瘟疫肆虐，致使死者相枕，无人掩埋。就在这万分危急的时刻，人们发现有一个手里牵着一匹高头大马、马背上驮着很多大布袋的人，他一边走路，一边在马背上摸东西往外撒。特别是每到河溪、水井，总能看到他往里投放一些粉状东西。他就是转世鲁南、雪山修行、普救众生的大神梵王老爷！

有一次，梵王老爷在城头河的北岸，遇见一个哭得很伤心的老妇人，只见老妇人面前有一领席，席下盖着一个奄奄一息的男童。梵王掀开席一看，吓了一跳，只见男童头大身小，两腮鼓鼓，浑身不停地打哆嗦。见此，梵王对老妇人说：“老妇人，你不要哭，这孩子还有救。”妇人听后停止哭泣说：“这哪

---

① 新朝(9～23)，仅存14年，是中国历史上很短命的王朝。开国皇帝王莽，西汉元帝王皇后的侄子。西汉后期，王莽逐渐把持朝政。公元9年，王莽自立为帝，国号“新”，年号为“始建国”。公元14年，改元“天凤”。公元20年，又改元“地皇”。新朝末期，社会混乱，爆发了绿林赤眉农民大起义。公元23年，在昆阳，王莽军被更始帝大军打败。同年，赤眉绿林军攻入长安，王莽被杀，新朝灭亡。

里还有救啊？村里都死了那么多人了，哪一个也没救活。一旦被传上，就是神仙也救不了啊。”

说话间，梵王老爷到河里用钵盂舀了一些水，然后把手伸进马背上的布袋里摸出一把粉面放到里面，蹲下身子撬开男孩的嘴灌了几口，用剩下的药汤把他浑身洗了个遍，又对着他的穴位点了几下，转身对老妇人说：“他马上就要好了。”

老妇人半信半疑地瞅着躺在地上的孙子发愣。不一会儿，男孩突然坐起，并大声喊道：“奶奶，我饿了。”此时老妇人是又惊又喜，抱着男孩大哭起来。紧接着，他把男孩一推，转过身来就给牵马人磕头，嘴里不住地喊着：“神仙下凡了！神仙下凡了！”

老妇人急忙站起，拉起孙子的手拼命地向村里跑，边跑边喊：“快来啊，乡亲们！快来啊，我们有救了，神仙下凡来救我们了！”老妇人高兴地跑遍了整个村子，喊遍了家家户户。

不一会儿，全村的人都围了过来，每个人都面黄肌瘦，面带愁容。老妇人急忙用手指着河边说：“神仙就在河边上，来救我们了。”并指着自己的孙子说：“你们快看，是神仙把我孙子给救活了。”大家围上一看，男孩已恢复正常，能张嘴说话了。

于是，人们都飞似的向河岸跑去，老远就看见牵马人微笑地站在那里。人们跑向前跪下，哀求说：“救救我们吧。”牵马人在人群的簇拥下，来到村里，支上一口大锅，在锅里添上水，把马背上布袋里的药面倒入锅中，搅拌均匀。熬好后，让全村老少都喝，每人只限喝三口。就这样连喝了三天，全村人都恢复了正常。从那以后，一传十，十传百，全部传开了。

牵马人就在方圆百里瘟疫区域里不分昼夜地忙碌，支了很多锅，教他们怎么做，并且给他们布袋里的面面。就这样黄疸与霍乱在很短时间内得到了根除。

唯独还有一种儿童身上长的大头瘟疫没有得到彻底控制，因为这种病随风传播很快，区域又大又广。最后梵王老爷想了一个办法，把布袋里的面绑在马背上沿河边撒，让人们用马蹄踩过坑窝里的水回家煮鸡蛋吃就可以了。梵王老爷就这样牵着马在各个村的河边上行走，让人们都能得到马蹄水，其实人们不知道马蹄水也已经融入了马背上的药面。这样成千上万的大头瘟儿童也被彻底治好了。

当人们一喊牵马人神仙时，牵马人就回答说：“我不是神仙，我是家在雪山上的种药人。”人们问他贵姓，就回答说姓“梵(樊)”。

数年后，人们终于打听出牵马梵郎中以及他居住的雪山，并在“转身洞”看到他的影像和钵盂。

从那以后，鲁南的一方百姓一到每年的三月三日都来雪山给梵王老爷烧香磕头，以表救命之恩。现在，鲁南一带仍有流传治疗腮腺炎（俗称“蛤蟆瘟”）用马蹄脚窝水①煮鸡蛋的单方。

六、梵王坡西卖马

在苏鲁豫皖四省大小村庄里，至今传颂着一首民谣说：“雪山神佛真是灵，香客有求就能应。只需尔等真善主，恩准样样都能行。”

传说人们只要积善行德，孝敬父母，相夫教子，不做伤天害理之事，梵王老爷就会有求必应。

在梵王老爷消弭瘟疫之后，人们为了报答梵王，就仿照他显形的肖像，给他雕塑了真身，供在了雪山顶上，并修建了梵王庙，起庙名为“梵王宫”。

隋朝开皇年间②，江苏沛县、河南商丘一带（鲁南称这一带平原为“坡西”），麦田飘香，丰收在望。正当人们挥镰收割时，天不帮忙，时阴时晴，牛毛细雨时下时停。

正在人们犯愁之时，在村头突然来了一个卖马的老头。此人个头魁梧，满面红光，年在古稀。只听他不住地吆喝：“卖马喽，卖马喽，有钱无钱都可买，先用后给钱。只管牵去用，秋后有钱给钱，无钱还马。不要押金，君子协议，秋后归还。”这一喊不要紧，人们“哗”地一下围了过来。老头右手牵三匹，左手牵两匹，一会儿都被人领走了。临走时老头反复叮嘱人们：“此马只可喂草料，万万不可饮水，要不你们会亏本的。”

就这样在方圆100公里的坡西，到处都有赊马老头的足迹。也不知道他家有多少马，每天忙忙碌碌，三五成群、七八一堆地往外赊。

有好奇的人便问赊马老头：“你是哪里人，姓什么，你不说清，我们还真不敢买。”

赊马老头微笑着说：“我家在河东45公里高山西南5公里地的薛河水边，小山之上。我姓樊，是专养马的人。家里马棚里还多着呢，你们尽管用，

---

① 后逐渐演绎为用牛蹄脚窝里的水煮鸡蛋。

② 隋文帝开皇年间（581～600），隋文帝杨坚提倡节俭，发展社会农业。当时人民安居乐业，生活丰实，隋朝财政、军事国力达到鼎盛时期，这个阶段被史学家称为“开皇之治”。

千万别给马水喝就行了。”

村民们有了马，也就格外来了精神。场里有马打粮，地里有马运输，整个坡西忙得不亦乐乎。

人们总算松了一口气，在休息之余，看着面前出了这么大力的马，想起赊马老头只让喂料、不让饮水嘱咐，可看到马出了这么多汗，于心不忍，心疼之余就给马饮了水。突然间，一匹匹活蹦乱跳的高头大马不见了，都变成了一堆堆黄胶泥。人们被眼前的一幕惊得目瞪口呆。后来很多买马的人议论后，觉得是神仙显灵，来帮助人们收割粮食。

事后，许多坡西人们带上干粮，晓行夜宿来到河东高山西南的薛河边的小山一带，打听姓樊的养马人，终于在薛河北岸找到了雪山。他们爬到山顶梵王宫一看，正是赊马人端坐在哪里。

唐代信众依据梵王观马映像雕刻在雪山悬崖上的浮雕石像

在雪山东侧悬崖上的一个石洞里，人们发现存放着很多泥马，还有一绺马鬃，地上还有没用完的黄胶泥。从此石洞也就成了流传至今的梵王凉马棚了。后世传说，梵王老爷把泥土变成活马的秘诀是利用了观世音菩萨赠给他的镇山之宝——金马雕塑。据说只要念动咒语，金马就可以成为真的，然后在金马脖子上剪下一绺马鬃，给每个泥马注入一根，吹口法气，念声咒语，他就活灵活现地变成真马了。

雪山梵王凉马棚

从此梵王老爷尽享苏、鲁、豫、皖四省香火，受到万民敬仰。每到三月初三雪山庙会，数万信众纷至沓来，由此惊动了上天众神仙，每到三月三这天，他们都纷纷驾着祥云来雪山梵王宫前来观光做客，盘桓数日才返回天宫，因此留下了一处处图样可观的祥云图，雪山顶也由此被称为“祥云顶”。至今雪山顶上仍有面积约 35 平方米、状如年轮化石、线条优美清晰、形体大小不一的祥云景观。

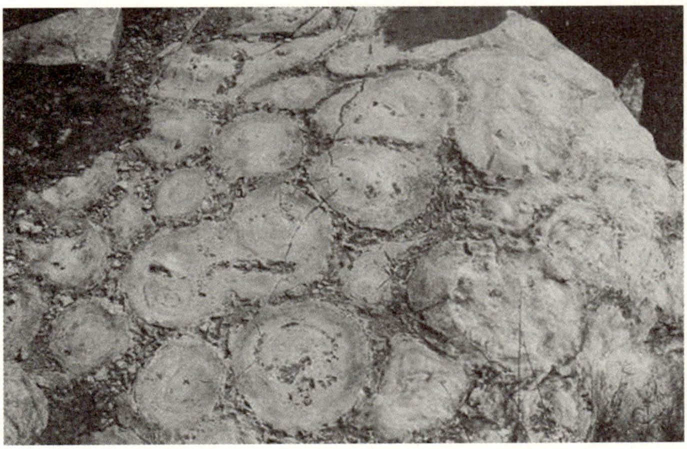

雪山祥云顶的祥云石

苍老爷与薄板村

张令海

山城街道不遭冰雹之灾，山城百姓无人不知，也都能说出缘由，那就是山城街道东部有个叫薄板的村子，村里刘姓是雹神的姥娘家。山城一带数千年从不遭雹灾一直延续至今，这是雹神给予姥娘一方百姓的特殊关照。

薄板村南有一条东西流向的河叫“薛河”，隔河相望的山谷叫“刘峪”。刘峪里有一座庙，叫“苍老爷庙”，供奉的是苍老爷和苍奶奶，他们深受当地百姓敬仰，祈福之人络绎不绝。

据说，苍老爷姓李名苍，字苍龙，是二十八星宿之首。苍龙出生在距离刘峪苍老爷庙南约20公里处的沧浪渊。沧浪渊吸天地之灵气，取日月之精华，汇百川之源流，通五湖四海三江水。苍老爷前世在沧浪渊修炼数千年。沧浪渊四面群山环绕，是一块风水宝地。传说苍郎与其妻白氏隐居于此，行侠仗义，几经沧桑，聚天地阴阳五行于一身，修成了五雷真身，功德圆满，感动了上天，登天成龙。玉皇大帝封他为天河大神，掌管天河。雷公神、电母神、风婆神等都由他指派来布施人间的风云闪电、雨雪冰雹，为人间降雨施恩。当地百姓捐资建了一座苍郎庙，内供“苍老爷”“苍奶奶”等神位。据说，每年三月初三这一天，苍老爷携家眷前来沧浪渊故地看望乡亲，周边数百里民众香客纷纷来赶庙会。每逢三月三，人山人海，礼炮震耳欲聋，烟雾弥漫山野，香客川流不息，香灰堆积如山，祭拜“苍老爷”，祈求消灾赐福。

苍老爷很讲究，虽然成神了，但他经常要到山城街道薄板村姥娘家，走一走，看一看。只要是姥爷、姥娘、舅舅们安排的事儿，他都洗耳恭听，认真去做。然而，他也好心办过坏事儿。说是这天他又想姥娘了，就带领各路神仙，离开天河宫，驾着云头来到薄板村上空。苍老爷看姥娘不在家，只见猪在圈里饿得爬墙。心想：“她老人家又上哪去了？到这时候还没喂猪！”苍老爷就想下来给姥娘把猪喂上。可又一想：“不行，天上的戒律严，私自到人间会触犯天条。"苍老爷就没下来。正想走时,苍老爷忽然看见雹神提着一篮子豆子站在面前,心想:"就用这豆子先喂喂猪吧。"顺手就抓了两把,对准猪圈撒了下去。豆子一落地,麻烦事就来了:"篮子里哪是什么豆子,落到地上都变成了冰雹,把猪也给砸死了,还砸毁了百姓的一些房子。"苍老爷后悔极了,责怪冰雹神当时不给他说清楚,险些伤了百姓。临回时,苍老爷对部下说道:"我对不起这一带的父老乡亲,今后不论谁值班,都不能往这里下冰雹,有什么难处就找我,保证这方风调雨顺。"

打那以后,一遇天旱,百姓就到苍老爷庙去烧香求雨,也很灵验。山城街道这一带也没有风灾冰雹灾害,年年丰收。为此百姓们就凑钱建了苍老爷庙。

常言说:"亲向亲,邻向邻,苍龙向的是山东人。"这话一点儿不假。在薄板村南刘峪山谷的苍老爷庙碑记里有一段记载:"公元前七零六年,山东遭蝗灾,苍老爷为报答家乡养育之恩,奋勇灭蝗。触犯了蚂蚱神,遭到玉帝的处置,被发配到九江口。"

故事大致是这样的:一天,苍老爷对蚂蚱神说:"今后,你的蚂蚱兵不能吃俺山东。""不吃山东,我吃哪里?"蚂蚱神问。"你到山中啃石头。"苍老爷说。"噢,叫我吃山东带沂州。"话被蚂蚱神听错了。

这年,山东来了蚂蚱,到处遭蝗灾。人们叫苦不迭,纷纷烧香磕头祈求苍老爷消灾。苍老爷听了很生气,心想:"越不让你吃山东,你越吃山东,专门跟我作对。"于是,苍老爷立即找到蚂蚱神,说:"这样吧,你把你的兵都带来,我看看有多少,我好按数发给你口粮。"蚂蚱神听了很高兴,把蚂蚱都聚集到一个地方。苍老爷却下起了冰雹,把蚂蚱都砸死了。

蚂蚱神告到了天宫,玉帝把苍老爷罚到了九江口镇守九江。至今苍老爷还手持大刀守在九江口。苍老爷每年三月三只能回家探亲一次。

薄板村的苍老爷庙

苍老爷庙前的石碑

割肉孝母

张令海

在山城街道南部有个村庄叫“龙王堂”，它南依美丽富饶的云龙山，北临碧波荡漾的薛河，隔河即是小郳（郳）国故城遗址公园。村西不远就是店韩公路，这里交通便利，山水如画，气候宜人，可以说是块不可多得的风水宝地。而更重要的是这里民风淳朴，和谐相处，孝道当先。传颂了数百年，一代又一代“割肉孝母”的故事就发生在这里。这个故事听起来荒唐，但却有其事。虽然很多人会觉得有点儿不可思议，但这是事实。虽然已经久远，但那“割肉孝母”的孝道精神一直被后人广为传颂。或许有些人会觉得割自己的肉去孝敬自己的亲生母亲就有点儿不可思议，更何况她孝敬的人不是亲生母亲，而是婆婆。

据说，清朝时期，龙王堂村住着一户姓李的人家，老两口独生一子，长大后娶儿媳栗氏。全家四口人，父子俩耕种收获，婆媳俩缝补浆洗料理家务，小日子过得挺好。小两口恩恩爱爱，和睦相处。但婆婆老是宠爱儿子，嫌儿媳不孝顺，经常借故刁难，甚至打骂。可儿媳妇骂不还口，打不还手，非常孝敬公婆，没有怨言。她常说：“进了李家门，就是李家人，婆婆是老人，老的无过天无过，不能说老人的不是。”可邻居们都指责婆婆：“多好的媳妇，长相又好，脾气又好，又会揍活，替儿嫌妻，有儿亩地烧的。”

天有不测风云，儿媳妇进门不到一年，公公突然得了病，看病花了不少钱，结果还是人财两空，这个家庭由此失去了顶梁柱。时间不长，丈夫又患了大病，真是“破屋偏遭连阴雨，烂船又遇顶头风”。为了给丈夫看好病，她东西借钱，南北求医，甚至求神拜佛，就是不见好转。有时难为极了，她就躲到一边偷哭。先后卖掉了家产和土地，仍没换来丈夫的命。埋葬完丈夫之后，家是一贫如洗，婆媳俩该怎么过？有人劝儿媳妇说：“你还不到 20 岁，守寡什么时候是个头儿；再说，又没个孩子，连个指望都没有，就改嫁了吧。”可栗氏说："婆婆年纪大了，而且身体踉踉跄跄，没人伺候。我走了，婆婆也活不成，这个家就完了。"因此，她坚决不肯，硬是咬紧牙关，白天种地，夜晚纺棉，不分昼夜地干活。婆媳俩相依为命，支撑着这个家。虽然遇到连年的旱涝蝗灾，难以度日，但她都挺了过来。辛勤的劳作，换来了收获。几年过来，竟然又买了几亩地，日子过得很殷实。邻居们都赞不绝口。

日复一日，年复一年，转眼间几十年过去，她已是50多岁的人了，婆婆也70多了。婆婆年纪一大，经常生病，每次给婆婆看病，都是他背着去。出门是条河，遇上发水，无论夏天还是冬天，她都是脱掉鞋，取开裹脚布，卷起裤脚，趟着水过河。

有一天，婆婆又得病了，但这次不同往常，多次医治不见效。她祈求过神灵，也祈求过苍天，许过愿："只要婆婆的病好，甘愿五黄六月穿棉袄，数九寒天穿单衣。甘愿死在婆婆前……"

病危中的婆婆曾经多少次地说："别再给我看了，死也够一辈了。"可她坚决不肯，仍想方设法继续给婆婆看病。因长期吃中药，口中乏味发馋。一天，婆婆跟儿媳妇说："嘴没味，馋得慌，想吃肉。"她望着奄奄一息的婆婆说："娘，行，我去买。"婆婆又说："我知道，吃药的钱都欠着，家里没有一分钱，你怎么买？"栗氏心想，婆婆病到这种程度，有可能早上有晚上无，一定要满足婆婆的心愿。但是，她知道已经到了借不出、还不上的地步了，上天无路，入地无门。在万般无奈之下，她走到丈夫的坟前，放声大哭。她哭着埋怨苍天不睁眼，埋怨大地灾荒不收成，埋怨丈夫撇下她先走了，更埋怨自己是个命苦人……她那悲哀的哭声震动着云龙山谷。

她哭足了，哭够了，回到家里，毅然拿起菜刀把自己腿上的肉割下一块，煮成肉汤端到婆婆床前给婆婆吃。婆婆闻到香喷喷的肉汤问："在哪里弄来的？"她说："刚在集上买来的。"总算了却了婆婆的心愿。

婆婆吃了肉汤之后，过了几天，病竟然神奇般地好了。究竟是吃药好的还是吃了人肉好的，谁也说不清楚。她见儿媳走路一瘸一拐的，就问怎么回事。儿媳先是不告诉，后来高烧不止，居然一病不起，经过反复追问，才知道儿媳"割肉孝母"的事儿。婆婆一听大为震惊，抱着儿媳哭得死去活来。后来，婆婆逢人就说，吃了儿媳腿上的肉，并咒骂自己当时不该把嘴馋的事告诉儿媳。最后，儿媳终因伤口感染，得了破伤风，无钱医治而死。

据说，发丧那天是晴天，万里无云；而到了午时，蔚蓝的天空中，出现一块极像栗氏头像的白云，自东向西飘过……

栗氏"割肉孝母"的事儿，一传十，十传百，传颂开来。同时，也传到了官府，先到乡里，后到知县，层层呈报。最后，当朝皇帝也被这一感天动地的事迹感动了，于是下圣旨在龙王堂村为李门栗氏建筑节孝牌坊。据说，当时规划设计的是四梁八柱、重梁起架的节孝牌坊。但专款拨下后，层层克扣，雁过拔毛，更为甚者，某级官衙竟以“栗”“李”同姓婚配之罪克扣专款。最后到了工匠头的手里，已所剩无几，最终只是立了一块节孝碑。

这块刻有“圣旨”“节孝流芳”（其余碑文不详）的节孝碑，立在龙王堂村西龙王池南龙王庙院落门旁。“文化大革命”期间破“四旧”拆庙，节孝碑也被砸碎垒了坝堰，唯有刻有“圣旨”的一块残缺碑石丢弃在村西路边。2015年6月3日，《山城历史文化选编》一书编纂人员到龙王堂村调查了解“割肉孝母”的事迹时，找到了这块残缺碑石，随车运到小郗（郘）国故城管理办公室收藏。

龙王堂村李栗氏节孝碑残段

节孝碑被砸碎，但龙王堂村民心中的节孝碑还仍然矗立着。孝老爱亲作为龙王堂村的村规一直沿袭至今，并当作家风、村风、民风代代相传。

百善孝为先，大孝无边。孝生善，善生德，德积自然事业成。这就是龙王堂人的为人处世之道，也是山城街道孝道文化的发源地，无论何时何处，永不改变。

大礼园(大鹿园)村名的由来

张令海

在枣庄市山亭区驻地沿零九公路南行至岩底站,转向西行6公里,有个村庄叫“大礼园”,这个村名的由来有段有趣的故事。

相传,远在明末清初,在青石河畔长寨山脚下,有一片田园芳草萋萋,古树参天。田园间绿树掩映着几间茅草小房。小房里住着一户姓王的人家。老汉叫王礼,家有老伴和一儿一女。一家耕种着房舍周围的十几亩田地,并圈养着一群梅花鹿。这群梅花鹿,它们白天到长寨山上吃草,渴了到青石河边饮水,晚上都睡在王老汉的小院子里。那时候,长寨山上青草繁茂,各种树木应有尽有。梅花鹿可任意择食,但从不践踏、啃咬庄稼。因此,农民也非常喜欢这群梅花鹿。尤其是那个领头的梅花鹿,不但膘肥体壮,而且个头也特别大。王老汉更是偏爱它,它也特别听王老汉的话,王老汉每叫每到。当王老汉在劳作之余一声口哨,大鹿就会闻声飞奔而来。来到王老汉身边,伸出那粉红色的舌头,不停地舔着王老汉的手,有时伸长脖子在王老汉身边蹭来蹭去。王老汉乐滋滋地,便用那双粗壮的手抚摸着大梅花鹿头上那对美丽的大角,伸开他那有力的双臂搂抱大梅花鹿的脖子。这时大梅花鹿便伸出舌头不停地舔着王老汉的脖子和面孔,王老汉全身的疲劳也就消除殆尽了。

古时候,山里人走亲访友,赶集上店,有钱人要骑马坐轿,较富裕的可骑小毛驴代步,而大多数农民是靠着两只脚。王礼老汉不属于富裕之列,也是全靠两只脚,不过他所不同的是,身边总是跟着那只大梅花鹿。一开始,人们都啧啧称奇。时间久了,三里五乡的人也都不以为然了,并且见面总是连人代鹿同称之“大鹿来了”。周围的村民也都把王礼老汉居住的地方称为“大鹿园”。

在离大鹿园西七八里地的村庄,有一户姓刘的有钱人家。他家有一个儿子，从小娇生惯养，在私塾里极不爱学习，气走了三四位私塾先生，全家人拿他毫无办法。刘家儿子长到20多岁，书没读好，却喜欢养鸟打猎，整天骑着马，背着火铳，带着家丁四处游荡。

一天，刘家儿子游荡到长寨山脚下，发现了这群梅花鹿，举起火铳就打。当王老汉闻声赶到时大梅花鹿已躺在血泊中。王老汉怒斥刘家儿子，刘家儿子不由分说，硬说是山上野生的。王老汉要和他拼命，刘家儿子毫不示弱，以火铳相威胁。王老汉的儿女们看刘家儿子不是个东西，只好硬把父亲架回家中。

从此，王老汉就气愤不下，不吃不喝，卧床不起。睡到梦里也呼唤着："大鹿……大鹿……"没多久就死去了。其他的梅花鹿也都躲进了长寨山，再也不回大鹿园。大鹿园自此再也见不到梅花鹿了，只留下村庄人家。1950年，人们又把大鹿园更名为"大里园"或"大礼园"，并沿用至今。

雪山与梵王的传说

赵忠民

在山亭西南4公里处，有一座较有名气的雪山。山的左边有一座起伏的大山形似盘龙，右边的大山像卧虎。山前是两山之间留有一望无际的平原，形成了天然的南天大门，龙虎把守两旁。山的后边是大小不一的群山，衬托在雪山的背后。山的东面有万丈悬崖，几十个大小、形状不一的洞穴错落有致。雪河（现称“薛河”）从山前弯曲绕过，恰似怀中抱月。山西面的九龙沟由北至南在山前与雪河汇聚，山下的灵芝寺、云峰观、银姑堆与山顶的“梵王庙”相互对应，成为“三教”重地。现已被枣庄市列为重点文物保护单位。

雪山有名，不仅因为它有优越的地利，而且也与传说中的梵王修炼成仙的故事相关。相传人类的祖先伏羲之子不愿继位称帝，只身出家，选择了现在的雪山修行。其母牵挂儿子四处寻找。一天，太子在化缘采药时，在遇子山（现称“玉子山”）与母亲相遇。母亲劝太子回家接替父王之位，但太子执意不从。当母子走到现在西山腰处时，天降大雪，太子借助天气的变化与母亲分手。母亲拼命追赶，没有赶上，故此处的小山名为“赶子山”。太子抛下母亲，独身一人来到雪山脚下。大雪铺天盖地，太子为了不让母亲找到自己，将脚上穿的草鞋反穿登上了山。当母亲追到山下时，只发现从山上下山的一行脚印，误认为太子已下山去往别处。母亲事出无奈，只好在山后面的东西两座山上哭喊等候，故后来称之为“雪山”“哭山”（现叫“库山”）、“候山”（现叫“后山”）。

太子在雪山修炼，母亲追赶儿子的场景时时出现，耳朵里不断传来母亲哭喊之声，心情难以平静。到了来年的三月三日，冰雪融化之时，太子又离开了雪山，准备回到家中看望父母。当走到一个叫回山的地方迷了路，到处的蒺藜挡住了去路。正在此时，有一位老者提醒太子，要去掉一切杂念，否则将前功尽弃，并交于太子一把小刀，让太子快回雪山。太子按老者的嘱咐往雪山返回。但是思念父母的心情很难平息，回到现在的沃里家南一小山处，自己拿出小刀划开肚皮，把自己的内脏扒出，用母亲亲自缝制的褂子盖在上面，只身回到雪山的转生洞脱离红尘，修成了正果，被封为“梵王”。太子的母亲根据太子的衣服，断定太子已过世，从此不再寻找。后来此处被称为“认子山”。与“梵王”故事有关的“遇子山”“赶子山”“哭山”“候山”“雪山”“回山”“认子山”正好南北相连，形成了形如北斗七星一样的七座小山。“梵王”功成后为济世救民、惩恶扬善留下了很多神奇的故事。每年的农历三月三日，来自山东南部、江苏北部信众，自觉汇聚在雪山，烧香许愿，求佛拜仙，盼望事业成功、子孙兴旺、家庭平安、风调雨顺、国泰民安，形成了远近闻名的雪山万人庙会，这就是雪山与梵王的传说，实无史书考证，赋诗两首。

登雪山

山城薛河畔，藏有一神山。
左右龙虎卧，南北七星连。
三教居圣地，香火万代传。

颂梵王

人祖太子破红尘，
雪山转生修真身。
历尽千辛成正果，
济世扬善传后人。

逸闻轶事

神奇的红嘴老鸹

沈印骞

“黑妮黑妮叫喳喳，跟随老子走天涯，扬州城南救我命，上海范园伴闲暇。”这是张锦湖赞美红嘴老鸹的顺口溜，久而久之，那黑妮便成了红嘴老鸹的美称。

红嘴老鸹

红嘴老鸹为翼云山的特产。浑身羽毛乌黑发亮，唯有喙和腿是红色的。此鸟极易驯服，懂人语言。喂养三月，用香火把舌尖烧燎约3毫米一段，它便可学人说话。因此，这一带的人最爱饲养此物，甚于饲养画眉。每年的春季，在山崖上将幼雏摸回家，只要粗放喂养三个月，便长为成鸟。当主人下地干活时，它便跟随你的左右。你要是渴了，只要对它说一句：“黑妮！回家，我要喝茶！”那黑妮便展翅腾飞，一气飞回家中，站在锅台上大叫：“茶！茶！”你若感到饥饿，贸然回家又恐做不熟饭，黑妮可代你回家打探。当返回的“红嘴”站在你的肩上，这表示饭做熟了，还可听到它那悦耳的鸣叫：“家！家！”若去赶集，它便紧随你不离，你走到哪里，它便在空中盘旋到哪里。知情人一看空中盘旋的“红嘴”，便可确定“红嘴”主人的地理坐标。故此，这里的人不管是达官显贵，还是平民百姓，都非常愿意把玩它。

红嘴老鸹和翼云山的巨子张锦湖将军有着一段特殊的交往，至今被世人传为佳话。

在家为民时的张锦湖非常喜爱饲养这可爱的动物。

1893年农历二月初二深夜，血气方刚的张锦湖为实现自己的宏伟抱负，弃家投戎。当行至家南一块名叫“坼荒地”处，那只与他朝夕相伴的红嘴老鸹便追上他。张锦湖寻思道，自己出门远行吉凶难卜，实难一同南下。于是便手托红嘴老鸹，依恋不舍地告诉它："回家吧，今日我要走远，路上无法照顾你，等日后我混好了，一定专门来接你。"再三劝说，这红嘴就是不走，最后竟在地上乱打扑棱。张锦湖被"红嘴"的真情深深感动，横下一条心："反正生死都是伙计，我带着你。"

张锦湖徒步走到台儿庄，因无钱乘船，盘桓数日，乞食为生。后偶遇一南下货船急需装卸帮手，船主见张锦湖身高力强，便收留船上做帮工，随船南下。一路走走停停，装装卸卸，迁延月余才到扬州。因一路风餐露宿，加之装卸劳累，在行船期间张锦湖便得了伤寒病。到达扬州以后，他病情更加严重，便病倒在扬州城南城隍庙的屋檐下。

红嘴老鸹见主人病卧城隍庙，便站在庙的脊顶上高声鸣叫，其声悲切，令人心寒。当时，城隍庙东住着一姓李的人家，家主李长发以卖早点为生。天刚拂晓，李长发听那鸟叫声悲切，便感蹊跷。待卖完早点返回家时，那只奇特的黑鸟仍在城隍庙上空盘旋鸣叫，其声嘶哑。李长发愈感跷蹊，于是便放下担子进庙探看，只见屋檐下躺着一个蓬头垢面的人。李长发生性胆小，不敢近前去看，便急速返回家中，将此事告知夫人王氏。王氏一生吃斋好施，听后忙随李长发来到庙中。近前一看，像是病人，用手一摸，额头滚烫，扼腕切脉，脉系跳动忽快忽慢；再看看脸，双目紧闭，脸色苍白，断定是得了伤寒病。在少医缺药的清末，伤寒病是人人害怕的恶性传染病。王氏不顾这些，急令老伴把张锦湖背回家中。每日三顿流食喂养，又让孩子到城外采挖芦根、菖蒲等草药煎熬。经过一个多月的精心调养，张锦湖终于恢复了健康。张锦湖深感李家的救命之恩，立意要认李长发夫妇为义父义母。李长发认为自己只比张锦湖大 10 岁，执意不肯。张锦湖深知恭敬不如从命，只好取消此念头。随后便辞别李家，带着红嘴老鸹，到海门奔好友张飞从军。

经张飞引荐，张锦湖在海门当上了缉私营的税务警。因他精湛单刀，在一次和盐枭大盗的搏斗中，曾力敌 10 人，深得管带徐宝山的赏识，便破格提拔他为左队长。

张锦湖死里逢生，当兵不到两年便官运亨通。因此，更加疼爱与他朝夕相伴又是救命恩人的红嘴老鸹。不论公务如何缠身，他都极尽照料。那红嘴老鸹也极聪明可爱，学的语言也越来越多。由于"红嘴"本身很可爱，加上张锦湖对它着力渲染，致使海门一带的人都把红嘴作为"神物"看待。

俗话说："人怕出名猪怕壮。"海门首富王加略的三公子最爱把鸟弄花。他曾多次目睹红嘴老鸹的丽容，对它垂涎欲滴，一心想把它弄到自己的手中。因此，曾多次托人说项，许以 50 两银子将"红嘴"买下，但每次都被张锦湖婉言谢绝。那三公子也不是等闲之辈,竟亲自登门求索,张锦湖拒不出卖,两下言语失和。不料那三公子所带家人竟狗仗人势,一棍子将那红嘴老鸹打死。张锦湖气冲牛斗,挥动大刀,一口气将王氏全家赶尽杀绝。海门当局闻报,急忙通缉捉拿张锦湖归案。徐宝山管带佩服张锦湖的忠勇侠义,便差心腹之人护送他到芜湖,并介绍到芜湖水师供职。

在芜湖,张锦湖结识了当时正在进行革命活动的居正,并经他介绍加入了同盟会,以后由他引荐结识了孙中山,成为民国的肇基者之一。

张锦湖将军每每回忆起这段与红嘴老鸹不平凡的相处的日子,便感慨万端。因此,在他退休闲居上海范园之后,每年都差家人来翼云山捉上两只红嘴老鸹带回上海饲养。1944 年 12 月,86 岁高龄的张锦湖将军因受日寇的迫害,气郁结肝,一病不起。弥留之际,他嘱托家人,他死后,家中饲养的那群红嘴老鸹,一定要同他的棺椁一起带回山东,放生到翼云山上的老家。1944 年 12 月 24 日,张锦湖将军与世长辞。

1949 年,张将军的遗属举家迁台。至今,张将军的遗胄们仍念念不忘那神奇的红嘴老鸹。在台的张殿骥先生给笔者来信曾这样写道:“……锦公在世赞美红嘴老鸹的顺口溜至今萦绕在耳,我到过美国,走遍东南亚,从没见到过咱家乡的红嘴老鸹……红嘴老鸹乃翼云山的特产物,很有开发价值,如有机会回家,定当捉上两对喂喂它。”

魔拉崖传说

楚振岭　沈印骞

魔拉崖地处山东省枣庄市山亭区驻地南5公里处的岩底村西，是一个高30余米、宽200余米，带有熔岩槽沟、层次分明陡峭直立的石灰岩山崖。层貌岩层的瑰丽壮观加之崖下近百米的“深渊”，所以千百年流传下许多脍炙人口的奇闻传说，并由此逐渐成为人们休闲度假的旅游佳地。为飨读者，现将整理筛选的部分逸闻趣事刊印于兹。

魔拉崖一角

魔拉崖的形成

秦汉之际，翼云山南 8 公里处十字河中段的岩底村，出了一个当时名噪千里、流传至今的“徐三傲”。

徐家为鲁南山区的一个大户人家，有水田 1000 多亩、旱田 2000 余亩，在村西的十字河边还有 1000 多亩的遛马场子。

到了徐三傲这一代，更是财资充盈，富甲一方。徐三傲年轻时就是一个桀骜不驯的浮浪公子，到他执掌家业时，更是目空一切！他曾夸下海口：“我把十顷旱地种上耐旱的芝麻，把十顷水田全部种上水稻，再把十顷旱田种上旱涝保收的“铁杆撬”高粱。这样我就可以‘旱收芝麻，涝收稻，不旱不涝铁杆撬’，谅他老天能把我怎么样！”

徐三傲平时为人处世、待人接物也是“财大气粗，心高自傲”。因此，他就成了名副其实的“一傲皇帝、二傲天，三傲生活赛神仙”的“徐三傲”了。

一连数年风调雨顺，徐三傲的粮仓堆积如山。有这么一年，眼看丰收在望，徐三傲看着十几里地的水、旱田庄稼甚是高兴，但他忽然心血来潮，为丰收无处存粮而犯了大愁。于是，他叫来管家商量此事，管家向徐三傲建议说：“东家，我们把放的时间过长的粮食分给佃户、长工们吃了吧，他们都很可怜的。”徐三傲听管家这么一说，很是生气，怒气冲冲地说：“此言差矣，你怎么能把我的粮食分给他们吃呢？他们生就穷命，如果分给这些穷棒子吃饱了，他们还会老老实实地听我的话吗？还会规规矩矩地给我干活吗？所以他们只能吃个半饥不饱，才能服服帖帖地听我的使唤！”

管家接着说：“我初算了一下今年的收成，芝麻、高粱、稻子三样加在一块，进仓约有 700 石，库里得腾出老大一片空隙。”

徐三傲听到此处，皱了皱眉，咬了咬牙说：“反正放在粮仓要发霉，干脆用马车拉到东南的那个山窝里烧掉算了，千万不能分给穷棒子们吃。”

于是，管家就安排了好多马车，把徐家放了数年的粮食向岩底东南的山窝拉去，整整拉了 7 夜。各种粮食摞垛堆码有 3 米多高！狠心的徐三傲让管家泼上一点菜油，点燃了起来。当时周围的佃户、长工们，眼看他们辛苦劳动下来的血汗马上就要化为灰烬，个个为之捶胸顿足，哽咽地哭了起来。

本来芝麻就含有大量油料，再加上陈粮十分干燥，顿时烈焰冲天，滚滚浓烟弥漫大地，风声似海啸，喷状若火山。

这样持续燃烧了十多天，最后还是被一场大雨熄灭。为此，现在岩底东南的山村取名为“糊窝”，后演绎为“胡沃”。

话说徐三傲这场大火不要紧，烟柱冲过南天门，进入灵霄殿。弄得整个天庭，烟雾缭绕；粮食的焦煳味难闻，呛得整个仙界乱了套。各位仙家无不掩鼻捂嘴，咳嗽不停。

这时，玉帝急忙传见下方土地神，问个究竟。土地不敢怠慢，告知玉帝说：“在鲁南善国东30公里的十字河边有个岩底村，村上有一个大财主，很是阔气，地有30多顷，半山半湖，旱涝均收。他不惜百姓之苦，只顾自己享乐，他把庄稼安置为10顷芝麻、10顷稻，还有10顷铁杆撬，并放出大话说，他‘一傲皇帝，二傲天，三傲生活赛神仙’，还说他‘旱收芝麻，涝收稻，不旱不涝铁杆撬，敢与老天傲三傲’。”

说到此处，玉帝气得“蹭”地一下站起来，把土地神吓了一跳。玉帝说：“你接着往下说。”

土地说：“徐三傲为了腾挪仓库，让管家在他庄园东南处烧了数千石粮食，因此才使得天庭乌烟瘴气、焦味难闻。”

这时，玉帝勃然大怒，让土地神退下，紧接着宣东海龙王敖广晋见。

东海龙王接到圣旨，急忙赶到灵霄殿，面见玉帝。

玉帝命令东海龙王立即想法惩治狂徒徐三傲，务必“涝他的芝麻，旱他的稻，大风折断他的铁杆撬，大水冲他的徐三傲”。

敖广携带圣旨回到龙宫，急忙召见龟丞相说：“你的儿子龟正素来与我龙儿敖年友好，二人形影不离，现在已长大成人，应该让他们到人间历练历练了。”

龟丞相回说：“龙王说得对，不知道你让两位孩子到哪里去？”

龙王说：“奉玉帝旨意，到善国东部整治一个狂人。”

于是，龟丞相就把正在一起玩耍的敖年与龟正叫了过来。龙王看到两个孩子很是高兴，就说：“你们现已长大成人，应该替大人做一些事情了。”

敖年与龟正听后，高兴地蹦了起来，同声问道：“不知道让我两人去哪里，做些什么？”

敖广说：“派你两人到善国东部山区，找一个岩底村，村里有个叫徐三傲的人。把他的家产全部败光，使此人沦为乞丐，让他永远以讨饭为生。”

敖年、龟正二人情同兄弟，凡事不分你我，现在又做同一件事情，很是高兴，于是就很快出海，驾云而去。

片刻便到达目的地，两拨开云头向下一看，果见在400公里沂蒙西南角的一个山坳里，有个楼台殿阁幢幢的庄园。两人急忙降下云头，轻轻落地，摇身变成了一高一矮、一白一黑的两位公子。

他们大摇大摆地进了岩底村徐三傲的庄园。在那里，他们看到徐三傲是丫鬟跪地伺候，搂妻携妾，萧鼓乐声，肉山酒海，奢侈至极。

再看看百姓，则是百衲成衣，骨瘦如柴。

两人初入人间看见不平之事，看在眼里，气在心头，就听敖年说道："怪不得我父王让我们来惩治徐三傲，看起来还真有此事。"

龟正说："我们该怎么办呢?"

敖年说："好办，我们明天到岩底村东的十字河上游，施法术把他河两岸的水田、旱地、楼台殿阁等一应家产用大水冲走，让徐三傲变成一个一无所有的穷光蛋，让他改名'徐三熬'!"

到了第二天，敖年与龟正在岩底东部上空沿十字河一线，一个呼风，一个唤雨，顿时乌云密布，狂风大作。不一会儿，闪电雷鸣，瓢泼大雨从天而降。风刮得天昏地暗，树倒墙歪，雨下得如同倾盆，如此十天十夜无休止，以致滔滔山洪如同脱缰的野马，沿十字河奔腾咆哮直下，到了岩底村西，一头撞到村西300米高的西山东麓之上，受阻后骤然向南回旋，因巨大的冲击力和回旋离心切割力，硬是把西山东麓重力切割，形成现今陡峭如削的悬崖绝壁和崖下百米的"深渊"水域！真是鬼斧神工，瑰丽奇险！后人以其神奇和壮观命名此地为"魔拉崖"。

待洪水渐渐下去，徐家庄园已沦为淤泥沼淖，沿河水田旱地被洪水刮得变为鹅卵沙滩，即将丰收在望的庄稼早就被大水冲得不见了踪影。徐三傲无计可施，只有举家外迁他乡，至今只留下岩底村西一片"徐家老林"和流传千年"徐家三傲变魔拉"的轶事传说。

敖年与龟正回到龙宫，赶忙去见龙王，把在岩底村做的一切一五一十地说了一遍。此时，只见龙王既没感到高兴，也没表示生气，只是板着一副严肃的面孔，这种局面弄得他两人甚是茫然。

紧接着就听龙王说道："你两人还是年轻，做事莽撞，让你们两人去惩治徐三傲，怎么连老百姓的地都给卷走了呢？今后让地方上的人靠什么生活，这次你们功过不记，但有一点，你们酿成的这种局面，还得由你们自己去收拾，把已毁的土地想法恢复如初!"

龙王接着又说："现在你们都应该干一些事情了，不应该再留在龙宫了。龟正你回十字河去，把那里的百姓安置好，还原土地，恢复生产；同时，找个合适的地方，安置一个水族部落，永远居住在那里，惩恶扬善，扶贫救难，造福一方，以养功德。龙儿敖年速去长江江宁一带，镇守长江，以防江水泛滥，不再危及百姓。”

敖年与龟正两人领命后，各自就职去了。

单说龟正再一次驾云返回十字河时，看到的是萧条冷落，一片凄惨的景象，自己也不由得感到惭愧，深深自责不该为了惩治徐三傲，把百姓的地也都给破坏了，同时暗暗地下了决心，要在十字河长期居住下去，努力使这里的一切还原如初。

他在十字河里来回徘徊，想找一个合适的栖身之处。行走之间，忽然发现眼前有一个绝好的宝地，令他甚是惊讶，但见：悬崖陡峭似刀削斧剁，岩体纹理层次分明；崖下碧波荡漾，环水如城，深不可测；这悬崖头依北山，西靠大岭，东迎朝阳，西送河水，上得日月星三光高照，下承溪、壑、河三水聚交。

龟正看到如此好的地理位置和周围的优美环境，不胜欢喜，因此就按龙王说的在此建一个水族部落吧。从那以后，龟正就在魔拉崖下的深渊里安了家。

据传说：魔拉崖下水最深处是窍通东海，脉连九江。曾经有多事之人，用红线系上石块从崖顶向水下沉。当198米红线用完，仍没沉到底。至于崖多高，水多深，至今还是个谜。

后来每逢山洪暴发，岩底村的人们都能看到村西河里有一道高大的水坝，北接魔拉崖，南连南山坡，把整个山水聚成一片汪洋，水坝上面趴着一个清晰可见的巨大水龟。一旦雨过天晴，洪水见小，河里的水坝与龟也就不见了，然后十字河上游也就撇下了大量的山土淤泥。就这样年复一年，十字河两岸渐渐积土成田，聚石为岸，良田千顷，恢复如初。

魔拉崖显灵济孝子

明永乐年间，岩底村的一户郭姓人家，就娘儿两个相依为命。母亲善良贤惠，勤俭持家。儿子名叫郭祥，年已十六，长得特别乖巧，生性厚道，精明能干，邻里间有求必应，从不弄奸使滑。

这一年，郭祥的母亲身得风湿，浑身发痒，手挠处随手成疮，胳膊腿上直至全身尽是血脓。时间一长，只折磨得老人欲生不能，欲死不成，形体消瘦，动弹不得。

这可把郭祥愁坏了，他本性孝顺，看到母亲受罪，很是心疼，四处求医问方，可就是没有效果。后来，他听山里的一个老郎中说，用紫花地丁、野菊花、蒲公英、忍冬藤、鲜草碾碎，涂于患处可治愈痈疽疮毒。

于是，他就满山寻找，踏遍了好几座山，也只找到几种草药。天色渐晚，在回家路过魔拉崖时，猛然看见在魔拉崖的边沿上长着一小片紫花地丁，很是鲜艳。他特别高兴，急忙上前，忽然看到崖下是一片既黑又蓝的水域，吓得又缩了回去。“实在太危险了！”可是母亲痛苦的神情又浮现在自己的面前。因此，一咬牙，慢慢地向前挪步，当探着身子马上就要捞到地丁时，脚下一滑，只听“啊”的一声，他跌进了魔拉崖下的水渊里。

就在此时，被不远处正在干活的老者看到，急忙大喊：“救命呀，快来救命啊，郭祥掉到魔拉崖下去了！”

顿时岩底村的老少很快围拢过来，他们你看我，我看你，再看看黑黝黝的深渊，谁也不敢上前，实在束手无策、爱莫能助。

到了晚上，郭祥母亲听说后，哭得死去活来。无论乡邻如何劝说都没有用，一连三天不吃不喝，哭到最后两眼无泪，完全失去视觉，累得奄奄一息躺在那里。就在第四天，正当人们给郭祥母亲准备后事的时候，只听街上有人大喊：“郭祥回来了，郭祥回来了。”大伙急忙往外跑一看郭祥真的回来了，人们当时惊得目瞪口呆。

郭祥急切地问道：“我娘怎么样了？”一边问，一边来到了母亲身边，一把扶起母亲，嘴里喊道：“娘，我回来了，郭祥回来了。”这时郭母听到儿子声音，也苏醒过来，可是眼睛已经看不见儿子的面貌了。母子二人抱头大哭，旁边的人无不掉下同情的眼泪。

郭祥哭着猛然停了下来，急忙从怀中取出一包东西，用开水化开，给母亲喝了一半，把剩下的一半给母亲擦洗脓疮。

说也奇怪，不足一个时辰，母亲身上的脓疮全好了，并且也来了精神。周围邻居感到奇怪，忙问郭祥是怎么回事。

只听郭祥说道：“我遇见神仙了，那天我落下山崖，吓得昏了过去。醒来一看，已躺在一个豪华房屋的床上，被子全是绫罗绸缎，很是气派。不一会儿，一位老者，仙风道骨，但是背驼得厉害，坐在我身边，问我怎么从魔拉崖上掉下来的。我把母亲生病的事情告诉他，并告诉他说，我是因给母亲采药心切才掉下来的。当时他听后，手捻胡须说：‘好啊，孝顺的孩子，很难得。’伸手一摸，不知道从哪里弄来一粒黑丸，让我吃下，顿时我觉得浑身轻松。随着起身下床，并问老者何人，我是怎么来到这里的，现在是死去了，还是活着？”

老人回答说：“孩子你没有死，你在魔拉崖掉下是不会死的，何况你还是一个知孝道的好孩子，你要是问我的话，我可以告诉你。”于是，老爷爷就把怎么惩治徐三傲、怎么冲去田地、怎么聚水积土的过程细细地说了一遍，并说："当然喽，这些都是数百年前的事，你是不会知道的。"

我当时心里很烦躁，于是就说："老爷爷，不知道我娘怎么样了，我很想她。"老人听后说，马上送我回去。只见他随手拿出一包东西说，回家后用开水化开，与你母亲内服一半，余下一半涂于患处即可。你回村里，告诉人们如若疾病缠身，体有不适，可在魔拉崖上铺一丹纸，嘴里可说上三遍："魔拉崖，魔拉崖，我有难事求你来。"然后把丹纸上的东西服下就可。

老爷爷说着，停了一下，接着又强调说："你记住了吗?"随后在我背上拍了三下，我一阵恍惚不知怎的，就站在魔拉崖顶了，老爷爷也不见了。

大家听郭祥一说，都认为魔拉崖显灵了，也应对了每次洪水那个高大的水坝和那个巨大的水龟，就是救郭祥的那位老爷爷了。

于是大家帮郭祥筹备了好多供品、香箔来魔拉崖顶跪拜叩头。郭祥用红纸铺地，口中说道："魔拉崖，魔拉崖，我有难事求你来。"然后双手合十，祷告给母亲求治眼的药。不多时，红纸呈现出三粒黑色丹丸。郭祥看后很是欢喜，急忙磕了三个头，嘴里不住地说着"谢谢"。

回到家里，郭祥给母亲服下两粒，外用一粒擦眼，半个时辰过去了，郭母高兴地喊道："我看见了，我能看见了。"当时人们围拢过来一看，郭母的眼真的好了。大家都十分高兴，都认为魔拉崖的神仙真是灵验。

有诗为证：

人间沧海有桑田，
行善积德孝为先。
何人不是父母养，
美德感天动神仙。

自那以后，一传十，十传百，越传越远，家有疑难杂症的病人，不生不育的，四面八方的都到魔拉崖来讨仙药吃。

讨来的仙药有的是面面，有的是丸粒，各种颜色都有，药量很是朦胧。你还别说，不管是精神依托治疗，还是心诚则灵，反正吃了仙药好了很多病人。因此，招得南至徐州、沛县，北到兖州、邹县的人们，也有讨药治病的，还有烧香还愿的，弄得魔拉崖至今香火旺盛，人来人往。

南京捎书魔拉崖

大清雍正年间，皇帝另立新政，轻文重商，活跃经济，做生意人如鱼得水，穿梭在大城市之间。

在魔拉崖正西方15多公里处有一个小城镇名叫“桑村”，镇上有一姓俞名朝龙的人，此人是个药商，自幼饱读诗书，识得本草，也懂得病理，对药草是连采加收，经过细心炮制后，带到江南去卖。由于为人诚信，生意做得还算可以。

每年春季采药，夏季去卖；秋季采药，冬天去卖。俞朝龙除了有点固执外，很是忠厚实在。由于公买公卖，在外边也结交了不少药房老板和信用客户。

这年的冬季，俞朝龙把早就准备好的两大包草药装上驴车，带上两个帮手，送往江南。一路上晓行夜宿，跋山涉水，整整走了半月才经过长江来到苏州。因为那里都是老客户，很快地就把一捆捆的草药发放给了药房老板，唯独留下一小包准备返途时候带给南京的一个姓龙的客户。

人们常说：“上有天堂，下有苏杭。”俞朝龙的两个伙计好不容易来一趟江南，于是就让他们在苏州游玩数日，再返途回家。这时，俞朝龙带着药草，一是送与龙老板，二是讨讨那里的欠账，因此自己就奔着南京去了。

俞朝龙肩上背着个褡子，褡子前后兜里放着药草。虽说不是怎么沉重，但还是走了三天才来到南京玄明湖边。他在湖边洗了两把脸，就直奔龙老板大药房去了。

龙老板的大药房在玄明湖西侧，南北大街路东，是个四梁四柱的大商铺，招牌上写着“益寿堂”三个大字。

俞朝龙刚来到龙老板大门口，有一个老头好像知道他要来似的早就站在那里等候啦。只见这老人身长八尺，面目红润，雪白的胡须有半尺多长，两眼炯炯有神，精神饱满，正是一副仙风道骨之貌。

俞朝龙急忙上前，紧走几步，弯腰打躬说道：“龙老板一向可好？”老者急忙还礼说：“好好，俞贾人多日不见，时有想念之感，快快里面请。”

说着，俞朝龙就把药草交给了柜台伙计，同龙老板一起在中堂坐下。

俞朝龙把一路的所见所闻说与龙老板。龙老板听后很是高兴，并说：“我与俞贾人谈话很是开心，也许这就是缘分。你姓俞名朝龙，我呢恰好又姓龙，这样说来我们就是一家子了。”俞朝龙听后，“哈哈”大笑，随口说道：“是，是。”二人相谈甚欢。

就这样，俞朝龙白天在南京城里讨账，晚上与龙老板茶话。

一次谈话间，龙老板问道：“俞贾人你这样忠厚善良，重情义，是不是善国人都这样呢？”俞朝龙回道：“是，我家在善国城东15公里，桑村镇上，那里山好，水好，人更好。那里人们和睦相处，以耕读为快，过着无忧祥和的生活。”

龙老板又问：“你有没有听说一个叫十字河的地方？”

俞朝龙回答说：“有啊，就是岩底村前的那条河。”

说到这里，龙老板猛然站起，一把抓住俞朝龙的手问道：“岩底村？是不是十字河北岸的岩底村？”

俞朝龙被龙老板的举动吓了一跳，随口说道：“是啊！”龙老板接着又问：“是不是还有一个魔拉崖？”

“是，是有一个魔拉崖。”俞朝龙又说，“魔拉崖可灵验了。他有求必应，治病救人，为民除害。地方上的人们无不为之感激，年节时都要准备一些供品祭奠一番。”

说话间，龙老板有些失态，忙站起身，情不自禁地说：“太好了，太好了，没想到俞贾人就是岩底村附近的人。”说到此处，龙老板又有些自愧之色，心想：“多年前，自己与龟正为了整治徐三傲，把百姓的土地也给卷走了；父王批评后，我们兄弟二人相隔千里，千年不得一见，更不知龟正兄是不是把水土还原如初。”

想到这里，不由问道：“俞贾人，现在十字河两岸的百姓生活是怎样一个情景？”

俞朝龙被龙老板这一惊一诈的表情搞得是丈二和尚摸不着头脑，随口答道：“很好哇，河两岸有沃野良田，自从有了魔拉崖的神灵保护，风调雨顺，五谷丰登。年上节下唱社戏，玩竹马、龙船，踩高跷无不盛有。”

俞朝龙有点忘乎所以地夸着自己的家乡，完全没有注意到龙老板自言自语地说：“龟正兄，你功德无量啊！”

想到此处，龙老板说：“俞贾人，天色已晚，我们也该休息了。”

俞朝龙说：“龙老板我还有一事相告，在你这里打扰数日，账已讨完，我想明日渡江北上回家去了。”

龙老板回说：“俞贾人要走，我也不强留，但我有一事相托。”俞朝龙说：“千万不要客气，尽管吩咐便是。”龙老板接着说：“我有一封书信，请你回家时送给我在魔拉崖村里故交手上，切切送到，不胜感激。”

俞朝龙疑惑地说：“我知道有一个魔拉崖，不曾听说有魔拉崖村啊？”

龙老板说：“你到了那里就站在魔拉崖上只管大喊三声‘魔拉崖，魔拉崖，我从南京捎书来’，自有人出来接你进府。到了府上吃喝不要拘束，如若给你金银元宝千万照收，不必推辞，以便回家后多置田地以享晚年。”

俞朝龙听后，半信半疑，说道："龙老板，放心，我一定把书信给你送到。"

到了第二天，天刚亮，俞朝龙就与龙老板作别。龙老板把早就准备好的书信递给他，并再三叮咛，一定要送到魔拉崖村。

俞、龙二人一阵寒暄就此告辞。

俞朝龙渡江后，雇马车不几天就来到了徐州，车不前往，只好步行。越贾汪，过台儿庄，两天的时间来到了岩底村。

俞朝龙看到家乡的山山水水，显得格外亲切，更没忘龙老板所托之事，急往魔拉崖奔去。到了那里后，他很是茫然，只见一悬崖峭壁，哪有什么村庄？

他只好按照龙老板的吩咐，爬到崖顶，大声喊道："魔拉崖，魔拉崖，我从南京捎书来。"就这样一连三遍后，突然在魔拉崖中间现出了一个门楼子，上面是哈巴狗子张嘴兽，活灵活现，红漆大门黄门鼻甚是庄严。

随着，从院里出来一老者，年龄与龙老板不分上下，神采奕奕，精神饱满，问明情况后，便把俞朝龙让进了府里。

朝龙走进大院一看，真是仙境，犹如龙宫，青砖绿瓦，匠心打造，高楼大厦精心设计，更是翻毛脊子琉璃顶，四梁四柱放光明，真是好一派阔气。

老人把俞朝龙让进客厅内落座，下人赶紧上茶。俞朝龙只见客厅内摆放整齐，红木家具刷大漆，楠木八仙自然纹，茶壶茶碗都经典。

俞朝龙端起浓茶喝了数口，一路疲倦顿然消失，浑身觉得很是轻松，急忙从褡子里掏出书信交予老人。

此时，只见老人两手颤抖，老泪纵横，情不自禁地念出了声：

龟正兄亲启：

往事越千年，发小情难断。两小无猜时，情深胜蜜甜。我本同一族，哪怕万重山。分就必定合，来年二月天，回宫吾即为，丞相你来担。历练已满期，功德亦做全。年余勿为久，龙宫得团圆。

弟敖年呈上

老者虽满脸是泪，但表情甚是喜悦。此时俞朝龙茶罢，起身就要告辞。

老者急忙打躬道谢并说："俞贾人要走，我也不强留，为了酬谢传书之辛苦，无以为赠，那就送两碗黑豆子吧！虽不成敬意，还请俞贾人笑纳。"

话音刚落，上来两位下人，手中各捧一碗黑豆，同时倒进了俞朝龙的褡子里。

经过一番客气，老者把俞朝龙送至门外，随着一声"祝你好运"，突然什么都不见了，面前只是一堵冲天的大崖。

此时的俞朝龙感觉好像在做梦似的，不由伸手摸了摸褡子里的豆子果真不假，于是在百思不解的情况下往家走去。

俞朝龙过东江，越西江，翻过洪山口，累得气喘吁吁，来到中黄沟村后的一个丘陵上，准备坐下休息一会儿。此时，一股无名烦恼涌向心头。他越想越觉得那个老者太吝啬，龙老板说他会给我金银财宝，可他竟然连二两碎银不曾舍得，却给我了两碗喂牛驴的黑豆！越想越不是个滋味，一气之下，手捏着褡子角，就把黑豆倒在了路边。

就这样，俞朝龙匆匆地回到了桑村自己家里。在苏州游玩的两个伙计早已回来。此时妻子儿女一起迎了上来，接褡子的，嘘寒问暖很是亲热。

说话间，突然听儿子喊道："哎呀，褡子里哪来的两颗黑金豆子啊？"

全家人急忙围过来一看，还真是两颗金灿灿的黑金豆子。俞朝龙看后，猛然一惊，好像想起了什么似的，发疯般地往来路跑去。儿子及家人随后便追。

到了他倒掉豆子的地方，一阵猛抓乱找，哪里还有什么黑金豆子，泥土中偶尔只见些许黑铁砂子状的"无名异"①，和长在黄石板的黑色石粒。至今当地农民在耕作时，仍然可以刨出很多黑色豆粒般的"无名异"。

俞朝龙一屁股坐在地上，感到很后悔，万不该误会别人，但想起老者的"祝你好运"，应该是话里有话。

第二年的夏天，俞朝龙又到南京去，龙老板的"益寿堂"已变成了"通圣钱庄"。经打听，龙老板春节后就关门走了。

据传说：龙老板就是当年的敖年，魔拉崖的老者就是龟正。千年后，他二人功德已满，各自回东海接替父亲的职务去了。

（有关资料来自郭恒印、葛全球等口述）

---

① 黏性土壤所含的铁锰质结核，是岩石经过风化和淋滤作用形成的圆形黑色矿物颗粒。鲁南一带凡是含有"无名异"的土壤，都是地力很差的瘠薄土地。

雪云桥、天赐井、节孝碑

梁志明

雪云桥、天赐井、节孝碑位于枣庄市山亭区山城街道西南 4 公里处千年名刹所在地雪山的西南脚下，前刘庄村东。

雪云桥就是一块大石板（约 3 米长、2 米宽）垫的桥，传说是一位大力士所修。桥墩为单墙砌垒，张牙錾口，虽然看样子并不牢固，但经受千年的山洪冲击，该桥却依然固若磐石。沟西边墙上原来有乾隆年间立的一通小石碑，上面刻着“雪云桥”三个字，在 20 世纪 60 年代桥与石碑被人为地损坏。

天赐井是在一块大石上面纯靠锤錾人工开挖的大口深井，至今水量充足。

相传古时候雪山前的僧尼皆饮用雪山南悬崖下“寺泉”的水，但和尚发现尼姑不注意保持泉水清洁，就不让白云庵的尼姑饮用寺泉的水，尼姑因此坐在大路东的地上啼哭。此时路上来了一位白发苍苍的老太太问其缘由，尼姑如实相告。老太太说道：“你身下坐的就是水。”尼姑起身弯腰看过座下后，抬头再看，老太太已不见了。尼姑就借此吉言开始卖地，化缘筹款，招集工匠，准备材料，以当时的座位为中心，不惜重金在大部分是石头的平地上用锤錾凿井。当时付给工匠的工资是一升石渣一升钱。功夫不负有心人，打到近两丈深时终于在东北方流出清莹甘甜的泉水。从此，刘庄的百姓也得以饮用此井的水，再也不用到南河担水了。这样年复一年，日积月累，井口被汲水的井绳磨出了很多深沟。

吃水不忘挖井人，祖祖辈辈感大恩，乾隆年间在井边立小石碑一通，上刻“天赐井”三个字以示铭记。

关于节孝碑。清朝宣统年间附近三名秀才向朝廷举荐，经御批给前刘庄李文芝之妻孙氏立节孝碑。翰林高熙喆撰写碑文，镶条楹联分别为“人仰懿行与槐山比俊，天全苦志与薛水同清”，碑体正面镌刻四个遒劲大字“敕褒节孝”。位置在天赐井北数十米路东、东西高坝子南。碑镶条的八仙人子、碑帽子上的瑞兽剔透玲珑，也充分体现了石工的高超雕刻艺术。20 世纪 60 年代末被推倒砸烂，今已片石难寻。

穷命庄的来历

张令海

在翼云山东南方的半山腰上，坐落着一个村庄——穷命庄。为何叫这个名字呢？是这村上的人穷命吗？并非如此，问及庄名的来历，话还得从头说起。

据陈氏、单氏墓碑记载：该村建于清朝道光年间，最早为陈姓居住。咸丰三年，单姓逃难至此。至今庄里居住着陈、单两大姓。相传很久以前，村头上有一块依地势开垦的土地，是圆形的，大家把它叫作“团地”。地边上长着一棵野生的小桑树，不怎么直，谁也不把它当回事儿。只有当它接出紫红色桑葚的时候，人们上地干活经过此处，偶尔摘几个熟透了的桑葚放进嘴里，才感觉到这棵桑树挺好。

有一年夏天，人们正在村头的大树下歇晌凉快时，从山下来了一位南蛮子，自称是风水先生。大家让他坐下凉快凉快。于是，他就和大家一起乘凉拉呱。交谈之余，他看到了团地边上的那棵小桑树，就问：“那棵小桑树是谁家的？”大家指了指坐在一旁的单马说：“他叫单马，是他家的。”风水先生非常场面地说：“不论多少钱，我买了。”单马说：“一棵小弯把树还能值多少钱，随心意，给多少是多少。”付钱后，风水先生一再嘱咐单马：“帮我看好这棵树，等我回来……”说者有心，听者无意，几年过去，再也没见风水先生，甚至连个信影也没有。

多少年后，这棵桑树逐渐长大。又是一年夏季，一场暴风雨，竟然把山岭薄地上的这棵桑树连根拔起。无奈之下，单马就把它扛回家，做成了一条扁担。

一天，单马扛着扁担上山拾柴，来到高耸入云的翼云山西峰南面的明崖。他把扁担竖立在明崖上，刚要动手砍柴，扁担滑了下来。他丢下斧头，把扁担插进明崖石缝里。刚一插进去，只听“咣啷”一声，明崖像两扇大门，突然打开了，把他吓了一跳。往里边一看，黢黑。他壮壮胆，抄起扁担走进去。再往里走，越走越亮，明晃晃的，楼台殿阁金碧辉煌，楼馆房榭流光溢彩，仙境一般，到处摆放着金银财宝。见四周无人，他放心地把扁担放下，继续往里走，山洞幽深，一眼望不到头。这么多的金银财宝使他眼花缭乱，长这么大年纪，从没见过。他走进一个小巷，见一家院内，一匹马在拉磨，磨盘上的盆里放着满满的黑豆。他伸手抓了几把，放进兜里，想多拿点儿，明年好当豆种，没家什装。这时，从屋里走出一位漂亮的大闺女。单马连忙上前作揖，问道："小大姐，这是什么地方？"她笑眯眯地回答："你不要多问，这里正缺帮手……"单马说："不，不能留下，家里有老人。"她见单马边说边退，连一点儿意思也没有，不乐意地说："真是好孝顺孩子。"随之指了指那一片金银财宝说："相中什么，尽管拿。"

单马想，这么多的宝贝怎么往外搬呢？抬头间，他看到洞壁上挂着一面铜锣。心想，不如带着它到洞门口，哐哐一敲，喊四乡八邻的人们一起来搬，大家不就都发财了。于是，他兴冲冲地闯出了洞口。刚要敲锣呼喊，只听"咣啷"一声，山门关上了。匆忙间，扁担也忘在洞里。无奈，他只好提着一个铜锣回家。

回到家里，他摸摸兜里的豆子。哎呀！布袋有个窟窿，漏了啦！他向老少爷们讲述了事情的经过，老爷爷说，外财不发命穷人啊。

没过几天，那位风水先生牵着个骆驼盛气凌人地来了，村里的人都没见过骆驼，都跑过来看。单马挤过去，向先生诉说了经过。先生听后，随之说出了顺口溜："美女求婚你不恋，金银财宝你不搬，穷命岂能发大财，钥匙不该丢里边。"接着，先生又解释说："那拉磨的马是金马驹子，磨上的盆是聚宝盆，黑豆是金豆子，那扁担就是开山门的钥匙。打开山门往里走，直通东海龙宫。实话给你说明吧，你见的那个女的也不是无职白人，她是……"

单马听了，后悔地捶胸顿足，一个劲儿地说："我真穷命啊！""我真穷命啊！"

从此，这个故事一传十，十传百，在十里八乡传开了。传着传着，竟然把穷命人的庄，也说成"穷命庄"了。

后来，人们也为这庄子起过许多名字，如："高山前""东岭""兴隆庄"……但人们还是叫它"穷命庄"。

三山逸闻

朱修堂

笔者出生在三山前村，自然对三山的历史十分关心。我曾多次向父辈祖辈打听，但是他们也拿不出有文字记载的东西，只有一些人们口口相传的传说故事，现择要整理如下：

一、杨二郎担山填海

在很早很早以前，我们这个地方本无山，是个一望无际的大平原。弯弯的薛河自东向经流不息。一天，夕阳西下，农夫们迎着春风使用着简陋的农具在田间劳作，田边茵茵草地上，孩童们在追逐嬉戏，牛羊悠闲地啃食着青草，一群年轻女子在河边浣纱，不时传来动听的歌谣……构成一幅美丽的田园风景图。然而，善良的人们还不知道，一场突如其来的人间灾难就要降临！

这时，天空突然闪出一道金光。人们不禁随光望去，只见空中一大片彩云自西向东飘来，一个金盔金甲的神人立在云端，用秫秸挑着两座大山，撵着太阳路过此地。

原来，这个金甲神人就是杨二郎，俗称“二郎神”。他奉玉帝旨意，将高山（即翼云山）、蒙山挑到东海填海，也就是传说中的杨二郎担山撵太阳的故事。

浣纱的女人们看到此景，不禁发出一阵惊呼：“哎呀！太阳怎么从西向东来了？”一个快嘴二嫂喊道：“不得了，一根秫秸怎么挑起两座大山，咋不断呀？”话音未落，只听“咔嚓”一声，秫秸断为两截，接着天崩地裂般两声巨响，高山、蒙山双方坠地。崩裂的碎石散落一片，变为大大小小的山峰。部分碎片飞落东海，变为钓鱼岛等岛屿。从此，这里的人们与大山结缘。

这次劫难的幸存者时刻不忘那惊人的一幕，为了让子孙后代记住这一事件，就把高山与薛河之间的村子取名“山停”。时间久了，省去了人字旁，就成了如今的“山亭”。

更可悲的是，人们将这场劫难的肇事者归罪于女人们，从此凡有大事都不让妇女参与，生怕女人嘴快坏事。这一千古奇冤，后来才被洗清。

不知过了多少年之后，高山脚下来了一位白发道人，口中念念有词：“高山高，高山不如蒙山高，只到蒙山半山腰！”人们非常好奇，纷纷围拢过来。老道见来人越聚越多，用苍老的声音喊道：“你们错怪了！全都错怪了！”人们听到这里都莫名其妙，其中一个书生模样的人问道：“老仙人，晚辈不知，到底错怪什么了？请给道个明白。”老道说：“当年，高山、蒙山坠落，那可不是女人之过！”众人更是疑惑不解。老道接着解释说：“那是龙王三太子做的手脚，他趁女人发话之机，暗使法术将杨二郎担山的秫秸折断！”人群中一位老者问：“龙王三太子为什么阻止担山填海呢？”道人说：“担山填海扩大了我们的陆地，自然就缩小了龙王的东海。龙王三太子为了自家私利，在不敢公开对抗天庭的情况下，才暗施诡计嫁祸于人的。”书生模样的人又问：“老仙人，难道天庭就让这条孽龙逍遥法外吗？”道人说：“玉帝得知此事大怒，随派哪吒杀了这条孽龙！”说完，老道向书生模样的人一招手：“咱们走吧！”他俩随腾空而起，驾云而去，引得众人目瞪口呆。

二、鲁王与三山寨

当年杨二郎担山时高山坠落的碎片形成了三山，从东向西一共三座山头，依次分别称为大山、二山和三山。三山前面的村子就叫“三山前村”。

其实，三山原来的名字叫“九龙山”，因山的形状而得名。三山东西绵延五六里，东峰较低，中峰开阔平展，西峰突起，像昂首腾飞的巨龙。之所以像龙，是因为它向外伸出的九条山脚，像龙的九个爪，其中三山前村西的山爪最长，一直伸到沟底。

后来，有一位白发苍苍的老人从此路过，看到此山的形状大吃一惊，脱口而出：“九龙山，九个头，不出国公出王侯。”听到此言，人们大为不解，不禁便问：“老人家，九条龙爪，怎么成了九条龙了呢？”白发老人说：“你们的眼不真，这九条山腿明明就是龙的头嘛！你们看，山北面的头伸到枣树岭那边的薛河里饮水，山南边的头伸到这边沟里饮水，条条山腿都像龙头。”按照老人的提醒，人们逐一审视，真是越看越像，九龙山的名字于是就被传开了。

明初，明太祖朱元璋派刘伯温、郭山甫等堪舆高人，踏遍名山大川，为其十子鲁王朱檀寻找陵地，来到鲁南，他们第一眼就看中了这座九龙山。刘伯温叹曰：“左青龙，右白虎，前朱雀，后玄武，藏风聚精，此山真的风水宝地也！”郭山甫说：“刘先生，此山若建一府邸岂不更好？作陵地实在可惜！”刘伯温说：“是啊！咱就回禀皇上，用邹县的九龙山作鲁王的陵地，待鲁王千岁长大成人来兖州就国之时，在此山建一避暑山庄岂不两全其美！”于是，就选定了邹县的九龙山并建起了鲁王朱檀的陵墓。可惜鲁王到兖州就国后，忙于剿匪，只过了短短四年就于洪武二十二年驾鹤西去，还没来得及到此建避暑山庄。

崇祯十七年，清军攻破兖州，鲁王的第十代孙镇国将军朱以治为躲避清军追捕，来到了三山前村，在三山的西峰修建了三山寨。这处山寨围墙基宽2米，高4米，长800多米，全为大小不等的石块砌成，并留有东西两处寨门。寨内偏前方有数十间石砌房屋基础，西南处有三间瞭望楼，前面一块光滑的巨石上有三个人工石臼，供舂米之用。在靠东的平台上，还有一处岗楼遗址。笔者的父亲曾在山上捡到古铜质箭头一枚，现由笔者收藏，说明山上过去发生过战争。

据说，山寨上曾有过“打着灯笼找火”的笑话。说山寨上留守的一位老人，天黑了还没有找到火种生火做饭，便打着灯笼下山找火，山下人问明来意之后笑笑说：“你的灯笼里不是火吗？”山上老人这才恍然大悟。笔者认为，山上老人不会愚到这等地步，可能下山另有所图，只是用这个笑话巧妙地掩盖了其真实的意图罢了，应该是大智若愚的表现。

目前，三山顶上松柏常青，成了各类鸟兽的栖息之地。刮大风时，数里之外就能听到松涛之声。爬上山寨的人们，闻松涛，观古寨，思绪穿越时空，无不浮想联翩。

三、五座窑的来历

三山之东五座窑村，因该村有五座窑而得名。春秋时期，山亭河的南岸修建於菟城，为了解决砖瓦问题，就要选择建窑之地。当时，五座窑村东是黄土岭，土质适合烧制砖瓦。加之村西的大山上古树参天，有着取之不尽的烧砖燃料，于是在这里就一连建造了五座大窑，同时修通了从於菟城至五座窑的大道，方便了砖瓦的运输。

十余年后，五座窑烧制的砖瓦完成了於菟城的兴建。竣工时，他们又突发奇想，命民工在城中心建一座摩天台。这座摩天台的高度要高于大山，以便与天上的神仙交流，以及观察周围的动向。想法虽好，但是建如此高的大楼在当时的技术条件下是根本不可能的，结果是屡建屡塌，终于未能如愿。这就被后人说成“五座窑烧砖瓦修工不起”。后来，五座窑被废，至今遗址尚存，部分看窑的窑户在此定居，形成了五座窑村。

到了明朝初期，兖州人王大胆的父亲被当地官府欺压致死。为报杀父之仇，他铤而走险，只身进山为匪。这天，他路过五座窑村，见村西的土地庙破烂不堪，不禁心血来潮，跪在庙前祈祷：“土地爷呀！您若保佑我拉起队伍，报了杀父之仇，我将重修庙宇。”十余年后，王大胆果然拉起 8000 余人的队伍，占山为王，劫富济贫，为老百姓所称赞。

洪武十八年的一天晚上，王大胆梦到土地爷托梦于他，说鲁王近期带兵进山剿匪，让他主动投诚，以便大展宏图，可报杀父之仇。果然，第二天就见鲁王探兵来到，王大胆义无反顾地带着 8000 弟兄投靠了鲁王。鲁王得知王大胆虽然占山为王，但是能够惩恶扬善，目的为父报仇，是一支难得义匪，于是就接纳了他。王大胆得到了鲁王的重用，如愿以偿地惩处了杀父贪官。接着，王大胆还愿如期重修了五座窑土地庙。

数十年后，有两名讨饭的花子得知五座窑土地庙十分灵验，也想向土地庙求财，改变命运。他俩每次讨饭回来，就到土地庙磕三个响头。土地爷感其心诚，就在两个花子必经的小桥上放了两只元宝，让花子捡拾。这天，两人讨饭回来，向土地庙磕头之后，两人决定不从桥上通过，竟然玩起了跨沟比赛。一个花子说：“老大，我能一步跨过前面的水沟。”另一个花子说：“那算什么，我闭上眼睛就能跨过去！”就这样二人跨沟而过，没有经过小桥，更没有捡到元宝。土地爷叹道：“这就是命啊！二人虽有诚心，但无其命。”于是作罢。这座土地庙曾遭到破坏，现在的土地庙是后来在原址上另建的。

四、哑巴庄的由来

三山南不远处有个新声村，这个村过去叫“哑巴庄”。实际上该村没有哑巴，只因该村原名叫“轧八庄”，被周围村庄的人喊来喊去，依据谐音喊成了不雅的“哑巴庄”，实在冤枉！如果追究起来，就要怪罪该村姓李的一位石匠。数百年前，该村不过十几户人家，这位姓李的石匠只会打石臼，家家门前各有一个，用其舂米费力费时。后来遇到灾年，这位石匠背着锤錾外出河西谋生，见到人家使用大碾，十分方便。回到村里，他召集村人一起帮忙，不到一月，一台崭新的大碾加工而成。有了这个先进工具，家家的石臼被废弃。同时，还引来周围七个村子的人前来轧碾，因这台碾能满足八个庄的碾米，为褒扬其功，就把该村取名“轧八庄”，后来以讹传讹被喊成了“哑巴庄”，明显是贬义甚至是侮辱。该村的人尽管一再提出抗议，可是民间俗言难改，一直叫了几百年。

后来，该村无可奈何，就将错就错演绎出了一则让村人自豪的故事：说哑巴庄的名字是乾隆皇上赐予的。当年盛夏的一天，乾隆微服私访路过该村，在村前大汪边柳树下乘凉歇息，并找来几十个乡民交谈。谈笑风生间，只听汪内蛙声一片，噪声入耳。乾隆脱口而出：“别叫啦！”随之，蛤蟆叫声戛然而止。乾隆与乡民谈得十分尽兴，不知不觉天色已晚，匆忙启程，向南走了不几里，就选了一个村子住下了。村民张献琛头脑十分灵活，一看是皇上驾到，便烧茶送水，跑前跑后，把皇上侍候得非常周到。第二天临别，乾隆皇上钦赐他修职佐郎，从八品文官闲职，如今在其墓碑上可考。乾隆住过一晚的这个村子，被叫作“驻驾村”，有时被人们简称为“驻村”，后来被写成“朱村”。

故事传出后，轧八庄村前的大汪就叫作“哑巴汪”，轧八庄就成了“哑巴庄”。好奇的人纷纷前往哑巴汪一看究竟。让人不可思议的是，大汪里的蛤蟆真的光起肚，不出声。蛤蟆只要跳出汪外，就能叫出声来。本来被村人虚构的故事，竟然让人深信不疑。从此，哑巴庄的村民因皇上来过而神气了许多，外村人对哑巴庄的人也自然而然地投来羡慕的目光。

自然风光

翼云山景观

沈印骞

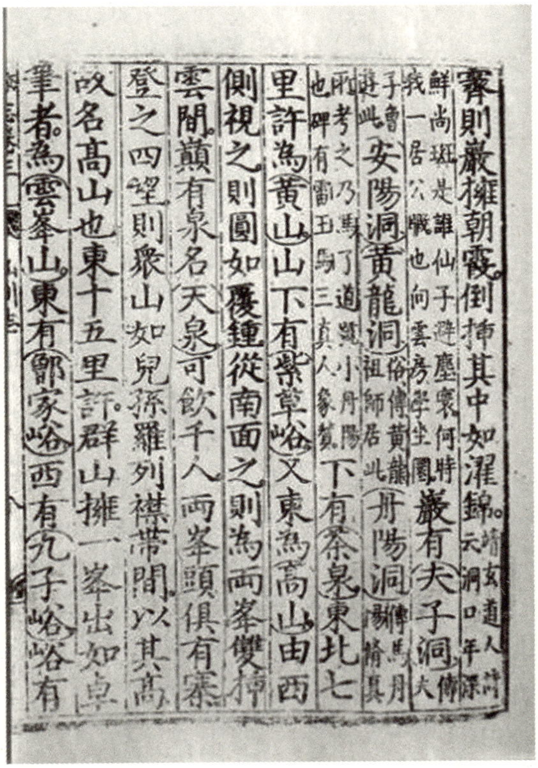

寨則巖攤朝霞倒插其中如濯錦。增女道人洞口年深
鮮尚斑是誰仙子避塵寰何時我一居公職也向雲房學坐圜巖有夫子洞傳大
子曾遊此安陽洞黄龍洞俗傳黄龍祖師居此丹陽洞傳馬丹陽真
也碑有劉玉馬三真人像贊丙起考之乃馬丁道號小丹陽下有茶泉東北七
里許為黄山山下有紫草峪又東為高山由西
側視之則圓如覆鍾從南面之則為兩峯雙插
雲間巔有泉名天泉可飲千人兩峯頭俱有寨
登之四望則衆山如兒孫羅列襟帶間以其高
故名高山也東十五里許群山攤一峯出如卓
筆者為雲峯山東有鄧家峪西有孔子峪峪有

万历十三年《滕县志·山川》篇有关高山、天泉、古寨及山势的记述

翼云山原名“高山”，又名“马鞍崮”。高山之名最早见于明万历十三年(1585)由滕县知县杨承父主修、王元宾主编的《滕县志》:“高山，由西侧视

之，则圆如覆钟，从南面之，则为两峰双插云间，颠有泉，名曰天泉，可饮千人。两峰头俱有寨，登之四望，则众山如儿孙罗列襟带间，以其高故名高山。”

翼云山南侧远视图

一、高山为何改称“翼云山”

翼云山位于山亭新城东北1公里处，海拔620.4米，高度为鲁南之冠，是绵延400公里龟蒙神祇的西南余脉，素有鲁南“宗山星峰”之称。

翼云山由东西两个连体的石灰岩崮顶组成，分东西向排列，双峰嵯峨高矗，横空而立，如同镶嵌在山亭城区东北方的一幅巨大屏风。登临峰顶，山下万千气象一览无余。近视，东盘青龙（指此山东脚下为古薛河的北支流和翼云湖），南卧白虎（指山南的白虎山），西骧宝骏（指与此山紧邻的马山顶），北走神猪（指与此山紧邻的猪山）。三山一水拱卫此山，朱、龙、玄、虎四象齐全。远眺，北连天宝山，南挽抱犊崮，东、北、南群山奔逐田庐错落，正西方平阳广袤，轮奂兀立。漷河、薛河二水蜿蜒如带，郝国路、北留路纵横交络，河如缟带凌空飘动，路似乌龙绞地翻腾。

翼云山是400公里沂蒙的西南余脉，论山势，它既有重力地貌的雄伟和奇险，又有岩溶地貌的幽神莫测，嵯峨高矗的挂山橛、扁担石，可带给你无限的遐想和沉思……令人神怡的望海石，可使你一饱那东方欲晓时墨波涟漪红日喷出的眼福。

翼云山俯瞰图

翼云山何以"翼云"命名，这与民初名士张锦湖将军关系密切。

纳翼云山之灵气，汲古薛河之膏泽。1859年11月25日，张锦湖降生在翼云山南麓的沈庄村。幼年的张锦湖天资聪颖，表叔沈燮深为赏识，将其祖传单刀绝技破例传授给他。张锦湖及至弱冠，便成为滕东武界巨擘。当时清朝吏制腐败，屡受外侮，张锦湖对此痛心疾首，遂生报国救民之心。1892年，好友张飞约他到江苏海门当兵，因举家反对此行，张锦湖不得不于农历二月初二深夜携一把铡刀出走。行至家南一块名叫"坼荒地"处，依恋之情油然而生。回头北望，繁星闪烁下的高山云来雾去。东西两峰白云吐扬，犹如鲲鹏展翅，迎风翱翔。再看那东峰上的泰山行宫，在浮云中若隐若现，宛如虚无缥缈的仙阁琼宫。张锦湖见此感慨万端，便手柱铡刀，双膝跪地，向北连磕三头，一叩父母养育之恩，二谢表叔栽培之情，三求驻跸高山泰山行宫的泰山老母大发慈悲，默佑我张锦湖此行一帆风顺，若南下有个出头之日，衣锦还乡，定当重修高山庙宇，再塑金身！拜后目不返顾，径直南去。

1911年，张锦湖因在辛亥鼎革中协助孙中山绥定江淮，战功卓著，被委任为通海镇守使，从三品的两淮盐运使，并晋授陆军上将，嘉封勋五位杰威将军，集军、政、财权于一身，一时财资充盈，为偿还弃家投戎时的誓愿，1924年，出巨资扩建高山泰山行宫。扩建后的泰山行宫规模恢宏，富丽皇堂，加之从山底到山顶比照泰山模样新修三华里盘山石阶路一条，更增添了该山的气势。

竣工后，张锦湖将军特聘滕县文魁曾任清朝翰林院编修的高熙喆老先生撰述碑文。高老先生揣度张将军的心理，借物抒情："山名翼云，崇高也，山与云连，朝夕往来，烟雾白云与山交会，双峰白云吐扬，故名之曰'翼云'。"

高老先生饱读诗书，善解人意，用"翼云"给山命名，状物、抒情、托物言志，皆可谓登峰造极，这正是"山如鲲鹏展翅飞，人在飞黄腾达时"的真实写照。

重修高山泰山行宫碑记

"山不在高，有仙则名。水不在深，有龙则灵。"张锦湖将军是翼云山捧出的巨子，人杰山也随之殊荣。每逢正月十五山火庙会，苏、鲁、豫、皖四省边联地区数百家神社纷至沓来，远远超过附近的雪山庙会。故此，翼云山又有鲁南"小泰山"之美称。

二、西峰天险古寨与初建的泰山行宫

明万历十三年(1585)《滕县志》载："高山……巅有泉，名曰天泉，可饮千人，两峰头俱有寨……"由此可见，高山上的古寨和可供千人饮用的天泉(又名"足井")，在430年前就引起世人关注并因此被编入滕县志。

翼云山山势雄伟，顶部由两个石灰岩崮顶组成，俗称"东峰"和"西峰"。

上西峰有两条路。一条路在崮西，名曰“西南门”，天工造就的脚窝隐藏在盘曲的石缝内，只容一人侧身攀登，实为“一夫当关，万夫莫开”之险。另一条路在崮的东北方，名曰“吊桥关”，该“关”为两个天然陡峭直立的石崖壕沟形成，沟深约 5 米，宽近 3 米。南面是 20 多米高无法攀援的陡峭悬崖，北临 20 多米深一看就眼晕的陡峭崮基。现吊桥不存，天堑犹在，在此通过，上下均需攀援两边的石崖峭壁，没有一定的登山技术，很难过此关口。此处是“西峰”东北方上下的唯一通道，由此下峰，可直通“东峰”，同时也是到天泉取水的最便捷通道。

翼云山西峰吊桥关

“西峰”的东、西两个通道，在冷兵器时代，确实是难民逃反或者是绿林好汉聚众结寨的绝佳险地。正因为如此，现峰顶几百个营垒的残垣断壁依稀可见，石础、旗杆夹、石臼、碾槽遍布峰顶。

据说，当年捻军起义时，河西沛县、夏镇一带富户被捻军东征军之一部首领张敏行、赵浩然追赶至翼云山上，他们凭险抵抗，加上有天泉饮水的接济，使捻军久攻不下。后因张、赵受在胶东地区活动的捻军首领李诚联邀约攻打烟台，捻军便放弃围困翼云山战事，向沂蒙山区挺进。

捻军东进后，这些困中脱险的富户们不知捻军撤退是因战略需要，而是深感翼云山的恩赐“吾之得泉深而获胜”，冥冥之中有神灵默佑。于是于清同治四年（1863），由夏镇柴氏、沛县陈氏倡导，联合原翼云山奶奶庙单善主（据说原有一间单家所建奶奶庙），推举云峰观道长苗复基、徒弟曹本常师徒，向曾住在高山上避难的 200 余户募捐集资，扩建奶奶庙为“泰山行宫”。

苗复基为当时的云峰观主持。云峰观地处翼云山西峰下的平顶子处，现习惯称呼此地为“观寺峪”，因地处翼云山西峰崮顶之下，故冠名“云峰观”。此观因地处高处，下山到附近的花泉取水或者到东峰崮跟北部的天泉取水均不方便，加上当时社会动荡，云峰观也无安全保障，因此主持道长苗复基决议拆“观”建“宫”。

在师徒二人的努力下，泰山行宫于1866年农历八月二十三日竣工。从现存唯一可以识读的《泰山行宫》碑记中，可以看出当时建泰山行宫的原因：“……辛酉岁(1861)，乡民避难于上，此山之高，足井水之深，攻敌则获胜。居者以为冥冥之中必有默佑我者，不然何以如是也？适天朗气清，北望云山，若隐若现，孤出群峰之首，秀立元气之间，曰异哉，此泰山来乎？吾之得泉深而获胜者，无乃泰山之神临鉴兹而默佑我者。众曰：唯唯丙寅春创修泰山行宫于东峰，以报声望于万古，以壮山威于千秋。”前人把一切现象归结为神力，认为山势险峻、足井水深、御敌获胜等，都是神灵的默佑和恩赐，所以立庙纪念，以谢神灵，以壮山威。

三、天泉(足井)与张锦湖扩建的翼云山庙群

东峰的东、南两面均为悬崖峭壁，北面为“滑拉崖”地形，俗称“后马腚”，可以由此通行，西面有盘路可通，是出入东峰的主干道，拾级而上，直通峰顶。

当年泰山行宫山门遗址

东峰顶地势较为平坦，总面积有5000多平方米，现建有山亭电视台转播塔，常年有人驻守，饮水全靠崮基西北部的天泉（足井）。除此之外，还有在原庙宇基础之上改建的简易“泰山行宫”和“娃娃庙”。当年被毁坏的张锦湖扩建后的泰山行宫、药王庙、娃娃殿的宫墙垣墉、残碑断碣仍然可见，由此让人推断此庙当年之规模。

被明万历十三年《滕县志》记述的天泉，就在东峰崮基的西北侧。后人称它为“足井”，是因为这个处在东峰崮顶如此高处的泉水常年不干，且冬暖夏凉。每逢夏季汛期，这里泉眼大开，汩汩清水伴着美妙的旋律顺山势飞流直下，在山谷里回鸣荡漾，成为翼云山一道美丽的瀑布盛景。汛期过去，天泉回复以往的安宁，奇怪的是：清澈见底的天然池坑终日不见溢流，即便用水量加大，池坑的水位依然如故，“足井”之名由此而得。据说，此泉可供1000人饮用，可信度到底有多大，也无人验证核查，只是人云亦云，相与口碑。

1923年，发迹后的张锦湖为还愿当年出走时给泰山奶奶的承诺，会同黄金荣、沈淦清、沈明辨等共178人，出金万两，重修、扩建翼云山泰山行宫，新建药王庙、三圣殿、灵官殿。

从目前仅存比较完好的一通重修翼云山庙宇碑记有以下阐述：“东峰有泰山庙一座，总戎张仁奎出金口万，兴工重修，以张大局，委命沈淦清、沈明辨庇材鸠工，从事修理。上建大殿五楹，左设药王殿，右列三圣堂，乃将大厅、客堂、禅房、山门、灵官、盘路、神像、官墙、垣墉一概创修。基址虽有旧贯，规模自此开展，期年工竣。谓经理曰：‘非封山不可。山中所生奇花异草，原泰山观音救苦一方之用，岂可轻自伤损？’经理曰‘然’。于是各村佥议封山，后平顶山地，不许俗家再种，以归道人收管；自二崖以上，草木永不剪伐，牲畜永不开至。”

重修、新建、扩建后的翼云山庙宇群，雕梁画栋，富丽皇堂。同时，为增添翼云山气势，又比照泰山式样，从山底到山顶新修三华里盘路一条，使翼云山真正成为鲁南名副其实的小泰山。从此翼云山香火极盛，声播遐迩，每逢正月十五庙会，苏鲁豫皖四省数百家“神社”纷至沓来，不亚于泰山庙会。

四、翼云山娃娃殿的传说

据说1924年10月，翼云山主体建筑泰山行宫建好后，负责建造的三个主事人沈明辨、沈淦清和沈成方三人同聚金碧辉煌的碧霞元君殿内议事，三人触景生情，感悟顿发，先是沈明辨对这两个人说："都说泰山奶奶百灵百验，统管人生，咱三个人受张大局（锦湖）委托，主管此事，我沈明辨总揽全局，一定不辜负大哥（张锦湖与沈明辨为二世表兄弟）的重托，天地可鉴！我现在30多岁，尚未得子，如泰山奶奶有灵，让我生个儿子，我一定在您行宫之侧，盖一座娃娃殿，一报您老之恩，二还邻里乡亲之情。"沈淦清说："我负责外跑，既负责物料采购，又负责从张大局南通那里运回银钱，而且要多少给多少，从不打挡，我绝不做昧良心贪污肥私的坏事。如违背誓言，老奶奶显灵叫我断子绝孙！"沈成方表示："我负责施工，绝不克扣工钱，绝不偷工减料，如违反，也叫我断子绝孙！"

翼云山庙群扩建工程完工后的第二年，沈明辨喜得贵子，为履行诺言，沈明辨投巨资在翼云山泰山行宫的西侧修建了娃娃殿。竣工还愿的那天，周边邻里乡亲近千人信众前来参加竣工庆典和送子娘娘开光仪式。据说庆典结束后，店内所塑几百个娃娃的生殖器被到场信女摘掉食用。此后，不论初一、十五，还是年节祭日，前来娃娃殿求子、栓子或还愿者终年不断，因此迫使道长程明启等一干人，不得不多备些榆树皮粉面，以便及时补充被摘掉的娃娃的"小鸡鸡"。

翼云山庙群扩建工程结束后，沈淦清卖掉沈庄小北山根的三间草房，到离沈庄村4里地的洪山头村居住，在那里建房置地，后生有一子。其子终生未娶无后而终。沈成方前后娶了二位夫人，只求一子，但终未如愿。

五、挂山橛与灵官殿的影壁墙

在翼云山东峰东侧，有一和它并立的巨石柱。石柱兀地而起，直插云霄，令人不可仰视，名曰"挂山橛"。传说挂山橛的底部是一个与东海相连的大海眼，由于深不可测的海沟与高耸的翼云山海眼相连，产生出一股强大的吸引力，东海之水由此终日喷涌，致使东海濒于干涸，龙王无法存身，于是派蟹将挟巨石将此堵住，从此东海泱泱，烟波浩渺，但翼云山从此露出水面，成为旱地丘陵。至今这一带地貌仍留下许多成层分布的石灰岩横向溶槽，通过那层层海水侵蚀过的溶槽，可以想象当年海水涨落、拍案滔天的壮观盛景！

据说张锦湖扩建翼云山新修灵官殿之后，地处翼云山东南方邳州官湖有一大户人家姓窦，忽一日在他院子的大水缸里，发现有一个像男性生殖器模样的大石头，仆人费劲打捞，就是打捞不上来，后来定神一看，原来水中是一个巨石投影。自从这怪现象出现之后，窦姓家族年轻男女神情恍惚，不思学习，不理家务，以致性情紊乱。后窦家族长从仆人那里得知水缸巨石投影之事后，便请了当地一位知名道长来破解此事。道长夜观天象，发现东北100里处的翼云山的灵官殿有一巨灵神在向此地施法。于是他告知族长，“关湖斗”与西北方100里的翼云山泰山行宫的善主张锦湖地名相克，姓氏犯忌，有金木相克之灾(根据方位八卦，西北乾为金，东南巽为木)。你只要在翼云山灵官殿前修建一影壁墙，平时初一、十五按时烧香，每年正月初一到十五亲自到翼云山祭典，定叫你全族“男人争气女人贤，不入文班入武班”。后窦家族长果然来到翼云山，捐资在灵官殿前修建影壁墙一座，从此窦家人丁兴旺，安居乐业，富甲一方。由此翼云山香火又波及东南数百里。不仅如此，但凡翼云山东南方向的所有信众神社来高山烧香祈福，都把祭拜灵官殿影壁墙作为一个必不可少的礼拜项目。

后人传言，翼云山道士到东南方募捐化缘，只要怠慢，一说到灵官殿去敲打影壁墙，所有信众都百诺百应，从不折扣。

六、翼云山天街、皇棚与金銮殿

皇棚与“金銮殿”地处翼云山西峰崮基的南侧。皇棚在下，金銮殿在上，是天然形成的熔岩楼阁。

翼云山西峰下的皇棚和西峰一段天街

皇棚在翼云山西峰天街偏西端的北侧，总面积约60平方米，东西长10余米，南北进深约6米。外宽里窄，外平里高，因上面多布溶洞石缝，其中最大溶洞为“金銮殿”，所以遮雨防水功能很差，只有东北角有一块10多平方米地方不受雨水侵扰。1866年扩建泰山行宫后，道长苗复基便选择此处为道士们的居住和生活场所。为防止雨天漏水，便依洞造房，以为阴晴万全之策。

此石棚壳堑为什么称为“皇棚”，目前无考证也无传说，估计有两个原因：一是这个石棚“壳堑”的顶盖和周边都由青石（石灰岩）构成，石棚内却是容易挖掘的黄色泥土和油页岩，可能因棚外青色，棚内金黄才起名“黄棚”；二是皇棚之上有“金銮殿”，这里虽没有金銮殿冬暖夏凉的恒温，但相比其他地方，温度倒也宜人，用“皇棚”命名与“金銮殿”匹配，倒也文雅。

翼云山西峰石刻一

由于“皇棚”优越的地理环境和宜人的温度，近百年来一直有人在此居住，甚至成为一些文人墨客遁居追求的“桃花源”。1930年，高熙喆的侄子高鹿平曾登翼云山，被这里优雅的环境所吸引以致流连忘返，就与道士程明启同榻而居，形影不离结为知己，并在皇棚西侧山崖题诗两首，请石工镌刻。

诗曰："登临善国一高峰，亲睹张君自种松。从此名山增佳色，他年青翠尽成龙。"

另首诗曰："高峰深处云铺路，过客登临在胜春。为问青松谁做主？大教属于爱山人。"

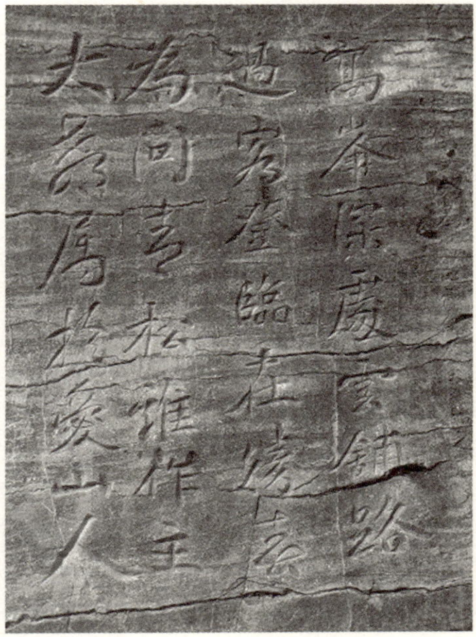

翼云山西峰石刻二

后人以为种松"张君"是张锦湖，其实不然，这个栽植松树的人是当时任民国政府小北河乡的乡长张士主。小北河村，现改为枣庄市山亭区水泉镇的东河村。

黄棚西侧有倾斜的两块巨石堆砌的山门，这里是通往东峰的必经之地。过山门之后，即为翼云山东天街，这是一条有 800 米长、宽近 3 米的平坦通道，西端沿西峰崮基筑就并随势弯曲，而后经过地势既平坦又宽阔的"马脖子"，最后接入东峰盘路石阶。

翼云山西峰天街石门

据说，根据张锦湖的规划，准备把天街修成两侧都是店肆的商业通道，以便每年的正月十五庙会交易之用。后不知何因，目的未竟。

西峰皇棚之上就是闻名遐迩的“金銮殿”。此洞四季如春，盛夏清风徐徐，凉气袭人，实为避暑纳凉之胜地；隆冬则暖流融融，温暖如春，不失为避寒越冬之佳所。由此，前人以为皇帝的金銮殿亦不过如此，故美其名曰“金銮殿”。

翼云山东西峰之间马脖子天街

此洞地处西峰中部，洞口向南。要进出此洞，必须从西峰顶部顺着一条约1米宽的通天石缝靠四肢的支撑缓缓上下，高度有20米左右，就是金銮殿洞口，洞内面积不足20平方米，高低不平。由于地势险要，一般人不愿在此生活，所以便成为鸟类栖息的最佳场所。

七、银锥洞

在翼云山西峰崮基南侧，有一银锥洞。该洞分内外两洞，外洞很小，只容一人，进入此洞后可以听到嗡嗡的响声，屏气细听，犹如深处传来的机器运转声。据说这响声是内洞里的金马驹子拉石磨粉碎元宝的声音。

有关银锥洞的由来，有这样一段美丽的传说：住在翼云山脚下沈庄村的一个放牛老汉，有一天到山上放牛，打了一个盹，醒来发现牛不见了，找遍全山也没找到，后来听到牛的叫声，循声而去，只见牛被卡在一个石洞内，只露出牛头在哞哞叫。老汉赶到后，竭力拉拽，就是无法拉出。由于用力太猛，那牛疼痛得一声高叫，顿时风驰电掣，一声巨响，石门洞开，那牛一下从洞内弹出。随即道道金光从洞内射出，光彩夺目，璀璨辉煌。老汉定神一看，只见有数不尽的金银财宝从洞内随气流而出。见此，老汉连抓数把，把自己的褂兜装得鼓鼓的，但金银财宝仍然溢出，老汉急中生智，索性脱下褂茬（褂头）以便包装更多的财宝。老汉不忍心财宝白白流跑，于是顺手薅了一抱“辣蒿草”和“山网子”赶紧把洞口堵住。

翼云山银锥洞

果不其然，洞口一下被堵住，财宝再不流出。说来凑巧，这老汉薅的这抱“辣蒿草”名为“万年蒿”，这一堵一网不要紧，这洞口一万年才能网开一次，而且只能是有缘人才能开启。待老汉把包好的金银财宝送回家，邀约家人再次来到这里时，只见洞口还在，那抱辣蒿草和山网子却不见了踪影，洞口被一块石块堵住。该石卡在石缝内，可以自由活动，就是拿不出来，成为堵住洞内金银财宝流出的“塞子”。“银锥”之名由此远近传播，家喻户晓。

翼云山的万年辣蒿

从此，翼云山区普遍流传着，谁要是能将那银锥洞里的银锥拔掉，瞬息间就可以成为身缠万贯的财主。为此不知吸引了多少痴情人前来拔取，但一个个都扫兴而归。久而久之，那粗糙的石块经数万双手的打磨，便变得非常光滑。后来，此事惊动了前来巡视的泰山奶奶，老奶奶念此处苍生的执著之心，便在大香台上题诗点唤，诗曰：

十年执著但求真，
子虚乌有费劳神。
可往东海寻法宝，
得来不负一片心。

有人悟出了道理，原来是一首藏头诗："十子可得。"其后，果有一老者带领他的十个儿子来拔此银锥。就在那银锥即将拔出的关键时刻，昏聩的老头竟一时激动脱口喊了一声："你姐夫使劲！"此话一出，拔出半截的银锥竟又缩了回去！

在此以后的相当时间内，此锥一直作为"圣物"被保护起来，1923年扩建此山庙宇时，一伙石匠不服，趁黑夜携带工具，錾、凿、撬、抬，忙乎了半夜，也没有把它"请"上来。

时光流淌到1983年，本地一个叫徐富的单身汉子，一时求富无路，又在那银锥上打起主意，深更半夜竟携带炸药将那银锥炸掉！等到天明，结果一两银子也没有得到。

石有传说，水有故事

——山城街道海子河景观介绍

杨延标　张令海

你到过海子吗？你见过海子河崖吗？那真是十里八村少有的景观。海子位于小邾(郳)国故城遗址东江村河西，距小邾(郳)国故城遗址2公里。薛河和十字河在海子村东汇流，由南绕村转西奔向微山湖。河西岸怪石嶙峋，大自然造就了形态各异的石、洞、水，宛如一处放大了的盆景。因海子两河相汇，河床狭窄，河岸岩石陡峭，一遇山洪突发，两河洪水倾泻受阻，河床内波浪滔天，如同黄河壶口瀑布，如同大海风起波涛，故以此取村名为“海子”。

海子是一个古老原始的村落，虽历史无言，回忆无声，但受薛河千年文化的滋养和哺育，成就了一代代山民的子孙。村北地堰、沟渠旁堆积着3000多年的瓦砾，村西汉墓埋藏着千年的人文历史。悠久的历史虽然淹没于自然和岁月的风尘之中，真正使村民津津乐道的还是那十里八村没有的峭壁嶙峋以及神话一般的“石有传说、水有故事”的沿河景点。

1. 梁堰。该堰又叫“响水堰”。在河床中心，远年村民砌垒了数道石坎。因河床狭窄而且中间又有高凸不平的大石，村民们就利用这一自然形态砌坎挡水。用秫秸织成簿，横放在坎的出水处。鱼儿迎水上，有坎拦截，鱼儿就跳跃蹦进簿里，上了村民的餐桌。由于河床窄，水流急，石坎多，每当夜幕降临，多道石坎发出轰鸣的响声，很远的地方都能听见。如一两人到河边去，那响声，那风声的确瘆人。因而梁堰又叫“响水堰”。

梁堰

2. 自来碑。在河南岸,坐西向东,形状如人立的碑,高 2 米,宽 0.8 米,两侧和后面有巨石相依,碑身下有自然形成的石阶,经千年河水冲刷,光滑如打磨一般,石阶下是潺潺的流水。传说大禹治水劳苦功高,先民们为大禹立的无字功德碑。

自来碑

3. 龙王泉。南岸石壁下河水边，距自来碑西30米处，有两道裂隙中涓涓清水细流。以往春天天旱无雨，村民们自发地拿着香、箔、纸、酒到龙王泉焚香烧纸上供，挖挖泥沙淤塞的泉眼，不几天就会降下甘霖，解除旱情。

龙王泉

卧虎山

4.卧虎山。在自来碑的河对岸有块巨大的岩石，岩石北侧的石隙中间，有一块头向北、身向南如真虎大小的石头，爬卧其上，故称之为“卧虎山”。前些年，卧虎山不知被哪个爱石之人将其挪走了。

5.美人洞。在龙王泉的河对岸一块岩石峭壁中间的裂隙中自然生成的拱形山洞，洞内呈绛红色宛如宫殿，里面好像坐着一位瓜子形脸庞的女子，如雕如塑，惟妙惟肖。

6.逃反洞。在美人洞北侧有一石洞，洞口只容一人进出，但洞内能容五六人。由于洞口狭小不易被人发现，在清末民初和日寇侵略时期，为躲避倭寇和“马子”，村民们曾藏身于此，后人称此为“逃反洞”。

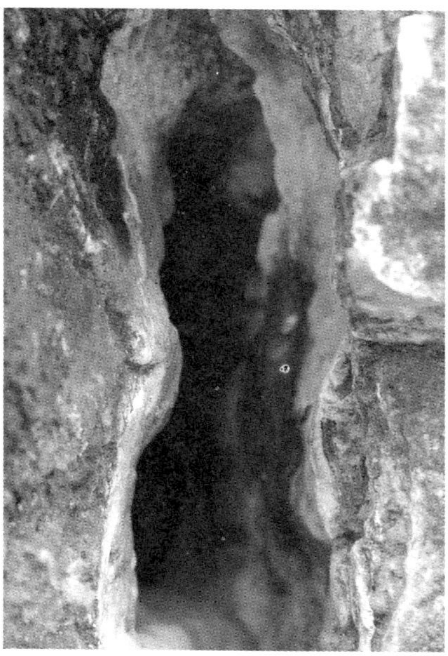

美人洞

逃反洞

7.龟西台。其又称“鬼戏台”。在河北岸与海子口南岸中间有一带岩石。大片岩石表面呈烧饼状花纹。花纹岩石中有一突起的像龟形的石头。在龟形石西有块独立的台形大岩石，称“龟西台”。传说远年人口少，有一人夜间下雨时路过此处，龟西台却有许多火明，有不少蒙面的黑影在此嚎唱，吓得这位过路人大病一场。以后都说这个地方“紧”，一般晚上没人敢去。龟西台就演变成“鬼戏台”了。

龟西台

8. 三个海子。在鬼戏台北面的沟底，有三个大的自然坑，呈东西向，坑壁陡峭数米高；三潭清水，潭底及周围泉水喷涌，冬暖夏凉。夏季没人在此洗澡，因水太凉，但到了冬季全村人洗衣服、刷家什、饮牲口都来这里，因水暖和。三潭清水中间都有岩石相隔，西边面积最大、水深的叫“大海子”，中间的叫“二海子”，东边的叫“三海子”。

三个海子

9.光亮棚。薛河海子段俗称“海子河”。海子河床东西两头均为数米高土坡，只有村中间一段为石壁河床。在石壁河床的西头北岸，有块数米高的岩石，岩石中间有一天然的石洞，河水从洞中流过，这个石洞极像桂林象山的缩影。传说很早以前，这个洞每到晚上会发出很亮的光，所以叫“光亮棚”。后来有个南蛮子发现洞内的光是朱砂，就偷偷地挖走了，以致这个洞从此夜间再也不发光了。洞顶部有个椭圆形的凹槽叫“朱砂盆”。后人为了记住这个传说，在石洞的东壁上篆刻了“光亮棚”三个字。拱形的石洞，清清的河水，凉习习的河风，岩石倒影水中，别有情趣，是一个不多的避暑去处。

光亮棚

10.沙山。在海子河壁西头与土坡河床的衔接处有一座名不见经传的圆形小山，三面环水，满山细沙。夏季不论多大的洪水从来没有淹没过这座山头。传说古代有位名士葬于此，但已无法考证，现在沙山已经是河两岸孩童在游泳后嬉戏开仗的战场了。

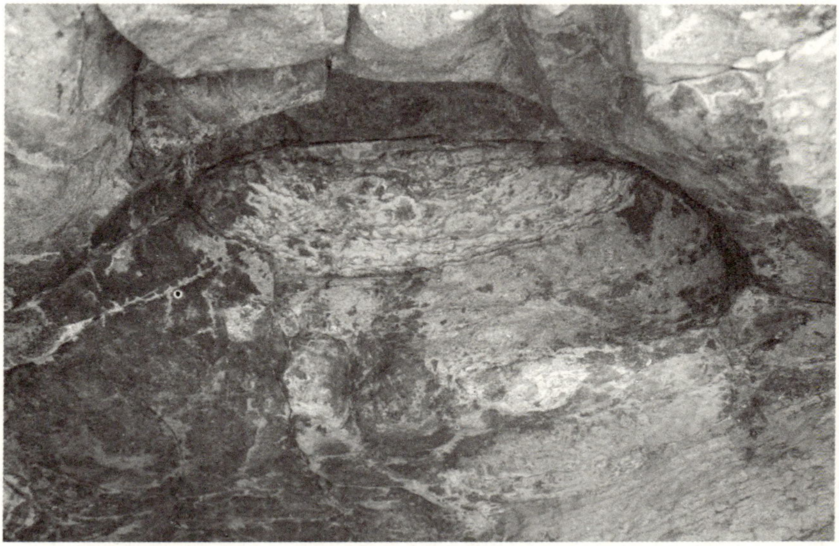

朱砂盆

沙山

11. 猫钻洞，又叫“油鞋洞”“船洞”。位于石壁河床中部的一块大岩石在水中央，石的中间有个石洞，成年人须猫着腰才能进去。洞呈“N”形，洞内夹层中有一块像女人（尖足）水鞋状的石头，光滑圆润，又称“猫钻洞”“油鞋洞”。大岩石四周都是水，又像艘船在水中游弋，所以又叫“船洞”。

猫钻洞

观海碑

12.观海碑。在船洞北岸，三个海子的南岸中间的石梁上有古人立的一座碑，碑首题写“观海碑”三个字，是明朝时文人墨客刻碑留恋的赞颂诗文。字迹苍劲隽秀，诗文精炼磅礴。可惜碑文只能凭记忆记个只言片语了。

此碑屹立数百年，却在20世纪60年代被砸碎。碑的碎石也成了建房的基石。这一最有价值的文物遭到破坏，让人痛心。

美丽的龙王堂

满福友

站在山城街道小邾（郳）国故城遗址向南望去，只见薛河对岸一座气势不凡、延绵逶迤的大山横亘东西，当地人说祖先叫她“云龙山”。观其形，品其名，这个名字叫得多么名副其实。请看，这座大山像一条巨龙从沂蒙山区的崇山峻岭里飞奔而来，可能是因为遇到了宝地的缘故，它竟然就在小邾（郳）国故城处骤然而停。那龙头高傲地昂起，并向右稍转，一直注视守护着小邾（郳）国故城。至于这座山是因小邾（郳）国而得此殊名，还是小邾（郳）国慕此山名而前来立都，就没有考证的必要了，反正此处山水不俗已是不争的事实。

带着一探究竟的好奇之心，我们来到了位于云龙山背面的龙王堂村。一走进龙王堂，那些接二连三的景观就让我们目不暇接、流连忘返。

龙王堂的山美

细观龙王堂的山，让人如梦如幻、如醉如痴。人比山高，脚比路长。一番艰难的攀缘之后，我们终于爬到了云龙山顶，身处云雾缥缈之中，昂首临风，大有乘龙飞天、置身云天之感。少顷，云开雾散，艳阳倾泻，山上山下绿色植被，苍翠欲滴。这条“巨龙”蜿蜒奔腾，又好像畅游在碧海之中。云龙山西边有一座并不大的小山，当地人说是“回山”。我想这就对了，正是这座回山才使云龙遇山而回，我们才能留住这座美丽奇妙的云龙山，其功大焉！

然而，当地人王修平却不赞同，说真正能把云龙留住的不是回山而是金凤凰。当年云龙西奔，在此偶遇一只庞大神奇的金凤凰。金凤凰飞落在一个大大的土丘上，这个大大的土丘就被后人称为“凤凰台”。正是这只金凤凰才吸引得云龙无心再去，于是云龙扭头朝向了凤凰台。如今这个凤凰台就成了驳山头村与龙王堂村的天然分野。驳山头村开始叫龙山头村，小郳（郧）国国王心想："我为龙头，那里有水就行了！"随将龙山头改为"泊山头"，后人讹传为"驳山头"。

我们迫不及待地下了山，想把这个有着如此巨大能量的凤凰台审视个够。可是左看右看，我们却怎么也看不出有什么特别之处。就在失落感即将袭来时，"凤凰蛋"的传说却又把我们带入了神奇之中。

俗话说："凤凰不落无宝之地。"这只金凤凰落地的消息不胫而走，结果传到了一群绿林草寇强盗的耳朵里，他们不顾乡民的苦苦相劝，挑灯夜战，对凤凰台进行了破坏性的盗抢挖掘。不久，凤凰台里露出了一堆堆形态各异的宝石，大的像皮球，中的像乒乓球，小的像琉璃球，个个玲珑剔透，金光闪闪。这群强盗像发现了奇财异宝似的你争我夺，展开了一场殊死的搏斗，场面一片混乱。

就在抢得天昏地暗、杀得不可开交之际，只见空中由远而近飘来一块云朵，上面一位童颜皓首的老者手挥拂尘，口中念念有词，宝石瞬间黯然失色，变成了一堆鹅卵形状灰白色的石头。等这群强盗回过神来，只见老者早已去得无影无踪。一场抢宝闹剧就此曲终人散。当地人得知后，无不扼腕叹息，上苍赐给我们的财宝就这样毁在了这群强盗的手中。

如今被人们称为"凤凰蛋"的石头还在，砸开之后，里面全是粉末，只是每块石头里的粉末颜色不同，共有红、黄、兰、白、黑五种颜色。这座位于薛河边上的凤凰台，受到经年河水冲刷而逐渐变小，凤凰蛋被冲刷出来，被人拣去也在不断变少。

云龙山与凤凰台，多么有意义的龙凤呈祥的组合，带着崇敬与神秘。我们又爬上了山半腰，穿过原始森林似的青纱帐，抬眼向上望去，只见从石缝中钻出的株株苍松翠柏，不时点缀着崮顶下面那刀劈斧削似的悬崖，一群群老鸹、鹁鸽等山鸟在悬崖边自由盘旋。山腰间的丛林中，各类小鸟叽叽喳喳叫个不停，山鸡不时从我们身边飞过，这里简直成了野生动物的乐园。

龙王堂的水美

龙王堂的水美，名不虚传，沁人肺腑，让人脑清神爽。当地人传说龙王堂有三个山泉，泉泉通入东海龙宫，喷出的琼浆玉液，清洌甘甜，此水强身健体，让人百饮不厌。

先说玉泉。玉泉又名"龙池"，位于龙王堂村西，进村路旁，当地人俗称

“西泉”或者“大泉”。玉泉之水从地下常年喷涌，突起合抱粗的蘑菇状水柱，向水池周边层层散去，水面上泛起圈圈涟漪，甚为壮观。

在依水而居、靠泉建庙的古代，这里自然成为设宫建庙的首选之地。盛唐时期，龙池附近的路北建有玉泉宫，当年隶属于兖州府。这里的玉泉宫位居全兖州府道观之首，掌控着全兖州府的道教文化。

玉泉宫几经重修，龙池旁边有一座鳌驮碑，坐东面西，罩着一座砖瓦结构的亭子。四面有门，进门仰观，只见石碑油光发亮，故被人们称为“透明碑”，上面刻有重修记，可惜十几年前，碑亭被拆，石碑被盗。

路南建有龙王庙，三间瓦房坐南朝北，青石墙琉璃瓦。房前小院外，同样坐南朝北立有一座节孝碑，节孝碑的两边各衬托两座小碑。如今这些宫、庙、碑等等富丽堂皇的建筑早已不复存在，只剩下汩汩的玉泉水昼夜不息地诉说着它所见证的历史变迁。

后来道路加宽，为了保护赖以生存的玉泉，人们用石块砌成水池，上面加了顶盖，泉水入池，池溢入河。千百年来在这条池与河之间的水渠中，演绎了许许多多意想不到的动人故事。

大概是因为玉泉直通龙宫的缘故，其盈亏程度不受天气旱涝的影响，旱不见其弱，涝不见其盛，而且泉水冬暖夏凉。这是大自然对人类的恩赐和眷顾，来不得半点的亵渎。相传当年有一名生育不久的妇女，在龙池里洗涮褯子，污垢扑进龙池，引得龙王大怒，旋即泉水断流。人们断了赖以生存的水源，面临生存危机，引来一片恐慌。人们不得不请来法师，置办香箔果供。那名妇女磕头谢罪，全村老幼跪拜求情，将龙池内外彻底清洗一遍，泉水才又恢复了喷涌。于是全村人杀猪宰羊，鞭炮齐鸣，像过年一样，整整庆祝了三天。从此之后再也没有人胆敢污染龙池了。

龙池对人类的赠与是丰厚的、无私的。隆冬季节，泉水热汽蒸腾，这里温暖如春，从龙池溢出的水经过水渠流到河里。就在这条水渠里，挤满了周围村庄到这里洗洗刷刷的人。盛夏季节，这里绿树成荫，树下凉气袭人，泉水凉得冰人，人们不顾远近都争相前来纳凉。再就是，这里的泉水可以生饮，渴了掬上一捧喝下去，就好像高级饮料一样酣畅淋漓，实在过瘾，这已经成为当地人的一种生活习惯。

人聚集得多了，自然就会生出许多故事，什么说说笑笑的、吹拉弹唱的、拉大呱吹牛皮的林林总总，不一而足。后来还发展演变成了谈情说爱、求偶相亲的去处。未婚男女以泉水为媒结下百年之好的不计其数。至于到底成全了多少人间好事，那就只有龙池才能说得清楚了。

更让人怀念的是每年正月十三日的龙王堂庙会，几天前就搭起戏台，支起锅灶，摆好摊位。人们无不期盼着这一天的到来。庙会这天，求神拜佛的善男信女络绎不绝，赶热闹会的大人小孩穿红戴绿，唱大戏玩杂耍的、开丸子锅卖小菜的、卖泥娃娃沾糖球的应有尽有，热闹非凡。

再说小泉。小泉又叫“东泉”，位于龙王堂村东，只是水量比玉泉略小一些而被人们叫作“小泉”或者“上泉”。小泉出水状若大泉，旁边不仅有个水池，而且还有偌大一个水塘。环顾水塘，只见岸上杨柳，塘中莲藕，树上鸟鸣，水中鱼游，好一幅动静融通、声色兼有的美丽画图。一名头戴遮阳帽的年轻女子向我们介绍，这是她家承包的水塘，不仅莲藕脆若酥梨，而且里面的鲤鱼每条可以长到二三斤。因为水质好，鱼肉鲜美，产的鱼以高出市场一倍的价格被微山湖一家酒店包销。该家酒店挂出了“小邾(郳)国龙池大鲤鱼”的独家金字招牌，天天顾客盈门。

龙王堂的水美，名扬遐迩，凡是来龙王堂的人都以喝上一口龙池水而“饮”以为豪，因为这里自古就流传着“龙水不过肠，白来龙王堂”的歌谣。云龙山前的榆树腰村常年缺水，祖祖辈辈不辞劳苦，翻过大山到小龙池里挑水吃。20世纪70年代初期，24个姑娘组成铁姑娘队，以蚂蚁啃骨头的精神，前后历时8年，穿山凿洞引龙王，800村民终于如愿以偿地饮上了龙池之水，创造了人间奇迹。如今被称为“三八愚公洞”的山洞和水渠完好无损，洞内暗渠270米，洞外明渠230米，还有环山渠500米。山洞不仅通水，而且还成为山前山后人来人往的通道。从山城街道小岩头村嫁到榆树腰村的铁姑娘队长王修云于1978年进京受到华国锋、邓小平、叶剑英等中央领导同志的亲切接见。这里不是景点却胜过景点，经常有人前来观赏。特别是学校的老师，经常组织中小学生来此参观，开展励志教育活动，这里也因此成了青少年励志教育的基地。

再说龙口泉。在云龙山西头山坡上有一洞口，俗称“龙口”。每年只要雨水充沛，汛期的龙口洞就会喷云吐雾，涌出的泉水有时达到几丈远，甚至越过进村路。一看龙口喷水，人们就会欢呼雀跃，因为在涝死怕旱的大山深处，只要不缺雨水就一定是个丰收年。这里至今还流传着这样的歌谣：“龙口泉，山上悬，龙口一喷定丰年。端起碗，嚼着饭，吃饱不忘龙口泉。”

除了三泉暗水，这里还有一道明水，那就是横跨小邾(郳)国与龙王堂之间的薛河流沙河段。与上下游比起来，这段河床极其宽阔。每年汛期，桀骜不驯的山洪流经此处，都会变得特别温顺，千百年来这里的河水还没有危害过百姓。人们都说这是沾了龙王的光。其实从科学的角度分析，应该是河宽和流沙漏水的缘故，再大的洪水只要遇到宽处就会分散开来，加之流沙漏水，水势自然就会明显消减。每年发大水也是一件好事，大水一过，河道不仅被冲刷得一干二净，而且宽阔的河道里还留下了茫茫一片黄沙。黄沙滩上留下的那一道道美丽的波纹，甚为壮观。如今让人遗憾的是，河沙被无序开采，河道伤痕累累，早已失去了大自然的美景，给人们留下的只是阵阵遗憾和隐隐作痛。

值得欣慰的是，放眼远眺，还能看到引人瞩目的横跨两岸的几道砂浆石坝，那却是东江人民勤劳智慧的象征。虽然流沙河表面上断流无水，其实河沙下面却暗流涌动。20 世纪 70 年代，东江村党支部书记王现田带领村民挖沙筑坝，截潜蓄水，灌溉农田，把东江村变成了全国有名的深山明珠。

龙王堂的人更美

龙王堂村的人美，美在内心，他们重情重义，知老知少。与其交往，无需设防，能省去许多烦恼和后顾之忧。接触他们，既能感知孝道真谛，又能收获人间真情。

这里的人热情好客，心地善良。走进龙王堂村，映入眼帘的是一条条整洁的街道，一排排精致的住房，一座座干净的院落。村庄尽管不大，可是一股古朴之风却扑面而来，不由让人肃然起敬。街上行人相见，总是礼貌地打着招呼，语气谦恭和蔼，绝无高声放荡之语；举止文雅，也无放浪形骸之态。文明静谧的气氛成为龙王堂村的主基调。

随便走进一家院落，就能让人感觉主人早就有所准备似的。家里布置得井井有条，到处收拾得干干净净。不论认识与否，都客气地让座冲茶，端出时令山果让人品尝。那恭敬的态度，热情的言谈，得体的举止，这种热情好客的习惯自古以来就有。

这里的人诚实守信，相处和谐。荣获山城街道“诚信之星”的当地人李彦海说，他们坚信只要捧出一颗热心总能温暖一片，只要温暖连片就能温暖整个世界。千百年来，乡里乡亲你敬我爱，关系融洽，亲如一家。不仅没有出现过一例违法犯罪，而且助人为乐、诚实守信的忠厚人家和诚信个人层出不穷，大有世外桃源遗风，堪称尧天舜日再现。

这里的人孝老爱亲，以孝为荣。在村里我们遇到了李长源老人，虽然 81 岁，但一脸的幸福之情溢于言表，看上去要比实际年龄小上十多岁。他说，除了水土好、风光好以外，就是子女孝敬、心情愉快，活在春风和气中。全村像他这样年龄的老人多的是，正是由于子孙孝顺，才得以尽享天伦之乐。

这孝老爱亲的民风并非无端生成，可以追溯至“节孝碑”，那碑上记载着“割肉孝母”的真实故事，成为历代龙王堂村人的榜样，从而成为龙王堂人珍惜爱护的一份遗产和向世人昭示的一种骄傲。

清代时，该村李家有儿媳栗氏，公公去世，丈夫病亡，撇下她与年迈多病的婆婆相依为命。为了伺候婆婆，她决意守节不再改嫁。由于连年灾荒，蝗旱不收，她家穷困潦倒，食不果腹。可是病危中的婆婆死前的最大愿望就是想尝一尝肉的滋味，否则将不能合眼。在乞求无果、万般无奈之下，儿媳毅然取刀将自己腿上的肉割下剁碎，煮成肉汤给婆婆吃了，以便了却婆婆心愿。婆婆吃了肉汤之后竟然起死回生。她见儿媳走路一瘸一拐，就心生疑窦，后来见儿媳高烧不止，居然一病不起。经过反复追问，才知道儿媳割肉孝母之举。婆婆一听大为震惊，抱着儿媳哭得死去活来，随告知乡邻，呈报官府。最后儿媳终因伤口发炎感染不治而亡。这一感天动地的事迹也唤醒了当朝皇帝的恻隐之心，随下圣旨在龙王堂村为李门栗氏修建节孝牌坊。后来因为下拨的专款被层层克扣和雁过拔毛而缩水，最终只建起了一座节孝碑。这座刻有圣旨“节孝流芳”的节孝碑，位于村西龙王池南的龙王庙院落门旁。20 世纪 70 年代扒庙整地，节孝碑被砸碎，垒了坝堰。刻有“圣旨”二字的一块碑石丢弃在路边，如今被运到小邾(郳)国故城管理办公室保管收藏。

节孝碑虽然被砸，但是龙王堂村民心中的节孝碑还仍然耸立着，孝老爱亲作为龙王堂村的“专利”一直守护在他们的心间，并当作村风、民风、家风而代代相传。

百善孝为先。孝生善，善生德，德积自然事业成。这就是龙王堂人的处事之道，不论走到哪里，永无改变。这种孝道逐步向周围辐射，成为小邾(郳)国文化的一部分，也是山城街道孝道文化的发源地。

久违了，好一个山美水美人更美的龙王堂！

如果在龙王池附近建起一幢幢农家乐小楼，就一定会有人在这里住下，冬取暖，夏乘凉；听山风细语，闻山鸟欢唱；沐浴这里古朴文化之风，感知孝道诚信的力量。

如果在云龙山修一条盘山路，就一定会有人穿越林海，逍遥自在地在天然氧吧里安闲徜徉；他们还会拾级而上，戏云弄雾，感受那苍穹的无尽和大自然的无尽风光。

如果把路修到“三八愚公洞”，就一定会有人亲临其境，一边品尝着野炊，一边目睹这处人间奇迹，回想那火红的年代，抚摸岁月的沧桑，找回那丢失的记忆，重新拾起应对困难的坚强。

如果在小郡（郧）国与龙王堂之间的流沙河上架起一座桥，就一定会有人牵手漫步桥上，品味那“逝者如斯夫”的意境，体验那朝代更替和风云变幻的沧桑。闭目遐思，穿越时空，展开想象的翅膀。岁月无情，物是人非，山还是这山，水还是这水，但不知当年小郡（郧）国人到底是个啥模样。他们的餐桌上或许摆满了这条河里的鱼，他们的饭碗里或许盛满了河两岸盛产的粮。人生在历史的长河里是多么渺小和短暂，不过是弹指一挥间的流星。让我们且行且珍惜，怀揣普世爱心，共同地老天荒！

感慨思绪如潮水般涌来，笔者禁不住放声歌曰：

龙王堂，龙王堂，
龙山巍峨好风光。
山兮山兮龙飞翔，
林兮林兮出凤凰。
龙凤呈祥何处有？
请到美丽的龙王堂。

龙王堂，龙王堂，
龙池涌水翻波浪。
水兮水兮通龙宫，
泉兮泉兮龙潜藏，
琼浆玉液何处有？
请到美丽的龙王堂。

龙王堂，龙王堂，
龙村百姓好心肠。
人兮人兮亲情长，
爹是爹来娘是娘，
世外桃源何处有？
请到美丽的龙王堂。
龙王堂，龙王堂，
龙王堂村美名扬，
朝也思，暮也想，
心安之处胜故乡！

唐王寨

满福友

在鲁南有个“不知中水峪而知唐王寨”的去处，这座因李世民东征驻扎而得名的唐王寨，位于山城街道西北6公里处，山下的村庄叫作“中水峪村”。

世人想象，唐王李世民东征高丽途中驻扎的山寨一定不同凡响，多少人都想前去一睹真容，然而终因山势陡峭，难以攀缘，而只能望寨兴叹！

好在如今唐王寨实施了风力发电工程项目，环山公路盘旋而上，汽车一直开到崮顶。笔者一行5人，在村干部王成强、王延亮、张宗彦的带领下，我们有幸登到崮顶。眼前的一切，让人既惊叹大自然的神奇，又折服人类征服自然的力量！

一、坐落位置

登上唐王寨主峰，环顾四周，只见烟波浩渺，云海茫茫。远观位于东边的翼云山和位于北边的寄宝山争雄似地露出云海，特别引人注目。尤其翼云山，一展引领群山、傲视苍穹的宏伟气势，这种景观在山下是绝对领略不到的。近处观之，云海之下，群山连绵，如众星捧拱月般地对唐王寨俯首称臣。村干部介绍，脚下的唐王寨主峰海拔395米，东峰约360米，南峰约380米。村干部指着周围山头，说出了每座山头的俗名。我们顺着村干部手指的方向，一一对号入座。东边远有翼云山，近有桃山、洪山、东大山、楼顶山，北边远有寄宝山。传说唐太宗征高丽寄宝于此。寄宝山南是宝峰山，俗称“龙山”，背面龙山湾里有龙峪，龙峪里有座龙泉寺。龙泉寺里有棵千年银杏树，5人合围粗细，高不可测。龙泉之水汇入寄宝山水系流入滁河。近有屏山、马山、小桃山和郭山。西边远有大寨山、二寨山，近有云龙山，不知何故，云龙山俗称“云峰山”，山前的村庄叫“云峰山村”。

南边的山叫“青龙山”，实际上与唐王寨同属一道南北走向的山梁，状若飞龙，龙头朝南，龙尾是唐王寨的东峰。明万历十三年《滕县志·山川篇》记载：“青龙山前有水峪……其西首三峰突起，若僧笠者，又名‘牙山’，俗以其如张牙故也。中峰上有寨，井臼犹存，亦避兵处。”唐王寨位于青龙山的尾端，共有三峰，呈三角形排列。东峰俗称“柴山子”，山顶圆且钝，易于攀爬，村民常去山上拾柴。南峰叫“尖山子”，山尖如锥，山尖之上一块巨石，形如一只凤凰落在枝头之上。这块极像凤凰的石头，尽管底面与山尖的接触面积很小，看着随时都有滚落的可能。大胆的人们爬上爬下，试图动摇一下，可是这块巨石像扎了根似的纹丝不动。

唐王寨三座山峰与其说呈三角形排列，还不如说呈弧线形排列更加确切。以青龙山为界，弧形背面为山亭区水泉镇。唐王寨北面是长城水库，水库因下游的长城村而得名，而长城村又因西边寨山上的古长城而得名。青龙山东边还有一座满港水库。唐王寨水系顺着南北走向的青龙山以及西面的云龙山等山脉流入薛河。青龙山龙头以南，是一片开阔平原，现为山亭城西郊。前些年，青龙山龙头处由于开山采石，破损严重。近几年，在龙头破损处新建一座省级博物馆，取名“熙隆”，谐音“喜龙”，与青龙山相得益彰。这座规模庞大、造型优美、形若龙口的宏伟建筑，正好弥补了采石破损之处。馆内珍藏的古陶瓷好像龙口含珠，价值连城。

二、崮顶山寨

如今的唐王寨主峰，已经被推土机整平，正在实施风力发电工程。中间用钢筋水泥预制着一个偌大的圆盘底座。村干部说仅底座的钢筋就用了几百吨，上面旋转的风机扇叶就有六七十米长。

唐王寨东峰也实施了风力发电工程，只见安装风机的师傅们正在那里紧张作业。东峰无崮，其上圆平。西南部位曾有几处古建筑遗址，还似有古葬，这里过去乱石滚滚，杂草丛生。

中峰突兀，崮顶突起，四周悬崖刀劈斧削，平均10米多高。唯有西南落差较小，有一条上山石阶小道，只容一人攀爬。村干部说，靠南部位有大量古代建筑遗址，排列紧凑，山顶寨门屋宇的残垣断壁依稀可见。寨门设在西南上山石阶处，是一处只能容纳两人的门楼，专供卫士把守寨门之用。进入寨门，是一座座连体建筑群。通过层层关口，方可迂回曲折地进入后面最大的正堂，那里应为寨主居住或议事之处。建筑群以北是高过建筑群2米许的平台，为建筑群挡住了北风的侵袭。平台两旁各有一石臼，靠东边的石臼磨损圆滑，足见使用多时。北部平台宽阔，可能是操练兵马的演兵场。周边专门设有遛马道。遛马道外的外围，还有寨墙遗存。

唐太宗李世民东征，能够选在中峰山寨长期屯兵驻扎，自然有他军事上的道理。瞭望四周，风吹草动，尽收眼底。驻扎崮顶，深沟高垒，易守难攻，可谓“一人当关，万夫莫开！”整平后的山寨崮顶北高南低，南北长约 90 米，东西宽约 40 米。上崮顶的公路向南一直延伸到南峰的凤凰石下。

三、神秘古洞

村干部介绍，主峰崮顶是一整块连体巨石构成。崮顶以下有一处人工挖掘的山洞，被人盗开之后才知道洞口朝东，处在悬崖之下。当年唐王撤走时，将洞口和周围悬崖培上 4 米多高的土石，让人无法找到洞口处。

千百年来，代代相传唐王寨山洞存有宝物，就是无人知晓洞口在何处。1958 年“大跃进”治山治水时，村民上山挖鱼鳞坑、建拦山坝，植树造林，曾有人在附近刨出古代箭头、宝剑等兵器。

直到 2003 年 12 月，封存千年的唐王寨山洞被人盗窃开启。当月 24 日，山城派出所接到报案后，我随民警立即赶赴现场，进洞时发现里面的文物已被洗劫一空。

中峰崮顶悬崖下，由于道路陡峭难走，人迹罕至，加之冬季天寒地冻，这里就更无人至。幸亏放了寒假的一群学生结伴山游，才发现了山洞被人开启，一举解开了唐王寨山洞到底在何处的千古之谜。

当时山城派出所公安干警在村干部的带领下，拿着手电筒进入洞穴。洞口位于地面以下 4 米之处，洞口高约 30 厘米，宽约 50 厘米，仅能容一人钻入。狭小的洞道大约有 10 米长，里面便是宽阔的大厅状洞穴，最高处约 5 米，南北长约 15 米，东西宽约 20 米，四壁和顶部皆为坚固岩石，靠西的方向还有微弱光线透进。底部为碎石泥土，早被人翻了个遍。洞内仅留有碎报纸、烂纸箱和没燃尽的蜡烛等，估计是偷盗洞穴的人留下的生活垃圾。村干部特别强调，相传此洞有通向山顶的洞口，专为寨主应急而转入洞穴之用，洞穴周边有无连锁洞穴，也未可知。这座山洞当年到底作何使用，存有什么文物，被人盗走了什么，仍旧是个不解之谜！

如今环山公路尽管修到了崮顶，可是公路没有通过悬崖下的洞口处，通向洞口的道路更加难走。这次，村干部带领我们采取攀人梯、牵绳索、挖脚坑等措施，拨开层层荆棘，曲折迂回，左右攀爬，费尽周折，方才找到洞口。

观察洞口土石形态，我们分析认为，当年山洞使用时，洞口一定很大，可供人直立进出。唐王撤走时，也许那些携带不了的物品封存其内，填塞洞口，待改日再取而未果。盗洞的人当然不会下大气力将洞口完全打开。

途中虽然我们辛苦劳累，但是有着平时不曾有过的冒险刺激，特别那些映入眼帘的山花野果、奇藤异草、山鸡野兔等等为我们不时带来阵阵惊喜。红红的山桃、青青的山杏、圆圆的酸枣、串串的野葡萄，让我们满载而归。

唐王寨除了石灰岩石，就是红页岩。片片红页岩如花似卉，风化后变为页岩土，适宜各类植物生长。因此，唐王寨除了裸岩之外，到处都是茂盛的植被，成为野生动物的生存场所。单人一般不敢进入山林，大都结伴而行。

四、唐王遗迹

李世民在唐王寨驻扎三年的传说无据可考。作为一国之君，他也不可能在此一住三年。或许战事需要，中途离开而后折返也不无可能。李世民在此驻扎期间，还有一些附属活动场所不能不表。

一是唐王饮马泉。被当地人叫作唐王饮马泉的去处，位于唐王寨东、中水峪村东的河沟。当年雨水较多，河沟常年流水潺潺，叮咚有声。两岸怪石嶙峋，排列无序。从石缝里流出的山泉水清澈甘洌，冬暖夏凉。山泉下游有一个宽阔的水塘。一次，唐王遛马至此，马见泉水再也不愿抬蹄。唐王挥舞皮鞭，可是战马四蹄仍然稳立不动，它的双眼直直地瞪着山泉。唐王见状，立刻明白了战马的心思，随即将战马牵至山泉。此后，这匹战马非此水不饮。这处山泉便成了唐王的专用饮马泉。后来当地村民称之为“唐王饮马塘”或者“饮马坑”。

二是唐王吟诗棚。唐王吟诗棚在饮马泉的东岸，是一座天然石棚。唐王第一次饮马之时，还没等战马喝足，只见天上飘来一块乌云，霎时弥漫开来，顷刻大雨倾盆，唐王连忙躲进饮马泉边的天然石棚里避雨。密密的雨点洒在水塘的水面上，唐王见雨生情，诗兴大发，顺口吟出《吟雨》诗一首：“罩云飘远岫，喷雨泛长河。低飞昏岭腹，斜足洒岩阿。泫丛珠缔叶，起溜镜图波。濛柳添丝密，含吹织空罗。”这首诗被后人雕刻在唐王避雨的石棚里，至今依稀尚存。

三是唐王讲书堂。在饮马泉北满港水库东岸的山坳里，有一处被人们称为唐王讲书堂的地方。这个地方，在军事上来说十分隐蔽。从自然风光上来讲，是远近难寻的冬暖夏凉之处。山坳向阳，冬日温暖如春，村民常常聚集此处晒太阳。山坳里甘泉喷涌，平地上枰柳如盖，氤郁苍苍，夏日人们常到这里乘凉。这个美丽去处被唐王李世民选中，每到闲暇，他就召集军兵民众在此讲书，宣传他的军事思想和道德文化。如今，山坳的枰柳树换成了杨树，山泉下建起一座蓄水池。讲书堂西边的满港水库，碧波荡漾，清澈见底，游鱼成群。三三两两的垂钓者坐在岸边，等待鱼儿上钩，十分惬意。

初游翼云石头部落

满福友

石头是山区的符号，作为家住山区的我自然对石头司空见惯了。因此，自从翼云石头部落开园以来我就没有前去游览，还是前几天在朋友的反复邀请下我才勉强为之。然而就是这么一游，却让我大感意外。

没有想到部落的地势会那么高。一到翼云石头部落，就好像登上了翼云山的肩膀，让我立刻想起“半壁望海日，空中闻天鸡”的诗句。放眼环顾，大有“一览众山小”之感。向东看去，翼云湖湖面如镜，碧波粼粼，银光闪闪；向北望去，深涧藏雾，水带蜿蜒，郁郁葱葱；向南俯瞰，沟壑回转，阡陌纵横，梯田如画；向西展望，山亭城区高楼林立，鳞次栉比，壮美景观尽收眼底。这登高望远、举首临风、极目心舒、指点江山的满足体验，实在难得！

没有想到部落的面积会那么大。原来以为翼云石头部落不过就是穿村而过的大路两旁几座石板房而已。其实不然，在大路上看到的只是石头部落的外围，而实质内容却在路北的“城墙”之内。从南面的“城门”而入，顺路而上，层层叠叠的石头建筑不断给人带来惊喜，石径、石阶、石门、石居、石塘、石巷，满世界的石头！什么块石、条石、片石、点石、彩云石，可谓奇形怪状！楼前小广场、餐饮一条街、金钱土地庙、地主大宅院、张锦湖旧居、石头别墅群、露天冲浪、百米滑草、水榭大戏台等等不胜枚举的景点全是石头堆砌而成。每座石头建筑都能让人流连忘返，注目凝思，勾起一番遥远的记忆和无尽的遐想……

没有想到部落的环境会那么静。走进翼云石头部落，抛开游人响动，让我感受最深的就是安静。尤其是走进错落有致的石头别墅群小屋，真是静极了，静得深沉，静得悠远，静得能穿越时空，静得好像置身在遥远的苍穹之中。我试图极力伸长听力的半径，却也只能听到遥远处飘来若有若无的松涛声。对比城市中无尽的喧嚣、满心的浮躁和快速的生活节奏，在这里油然升起一种远离尘世、宠辱皆忘、超凡脱俗、静心养性的陶醉感觉。这静一静、歇一歇的享受，实在千金难买。我多么希望在这里多住几日，恨不得把这大自然原本“安静”地恩赐享个够！

没有想到部落的景色会那么真。大多数公园景点为追求华丽的外表而不惜人工雕琢、草木覆加，其亭台楼阁，无不大同小异，观其一而知百千万，而这里却有着别具一格的返璞归真的原始面貌，向人们展示了原汁原味、真真切切、纯天然的原始美景。观其貌、求其真、究其底、追其源，是人类的秉性。来翼云石头部落的人，思绪无不被拉回到远古的石器时代，原始秉性得以释然。在翼云石头部落曲径通幽的小道旁或者台阶上有不少树木或者点石，我大都习惯地辨别一番，分辨其是原有的还是后植的。如果是后植的，我将不屑一顾；如果确认是原有的，我便来回抚摸，敬重有加。因为她们爱这里，坚守在这贫瘠的地方不弃不离，尤其是那些树木年年向人们执著地奉献着绿色，展示着枝桠蜿蜒遒劲的刚健之美，实在令人敬佩不已！

没有想到部落的人会那么好。翼云石头部落村子中间还保存着一座完好无损的原始小院，主人单老汉今年 83 岁了，看上去不过 60 来岁，红光满面，活力四射。他说其长寿的秘诀就是这里的山好水好空气好，再加上自己心态好。老人家热情好客，十分健谈，见我们到来连忙进屋让座。他介绍说，这座老旧的石板房是他 18 岁那年建造的，至今 60 多年没有翻修过一次或者动过一块石板，却仍然固若当初、滴雨不漏、密不透风。面对这座“花甲”老屋，比起那些三年渗水、五年开裂的现代钢混楼房不知该让人有何感想！刚进屋时，一股暖意扑面而来，我不禁将屋子上下左右打量一番，试图找到答案。只见屋顶屋地及四壁全是泥土而为，室内毫无现代气息。老汉见我疑惑，便用脚尖点了点屋地笑着说：“暖从地气来！”我恍然大悟：对呀！以前只知山多高、水多高，却不知地多高、气多高啊！地气时刻眷顾着人类，只不过是现代文明让人与“地气”渐行渐远罢了。

没有想到部落会让人感觉那么亲。随着单老汉走出小屋，来到院子。几只欢蹦乱跳的羊羔跑到我的跟前，用鼻子嗅嗅我的脚，用脖子蹭蹭我的腿。我弯下腰伸过手去，几只羊羔争相伸出鲜嫩的舌头亲切地舔着我的手掌，瞬间一股暖暖的、痒痒的感觉传遍我的全身。不仅羊羔对我没有半点敌意或作攻击状，就连主人家的小黑狗也随着我们亦步亦趋，不时友好地摇着尾巴。这时候，来了个上门收购草鸡蛋的客户，只见老汉将手伸进鸡窝，从正在下蛋的几只母鸡怀里取出带着温度的鸡蛋。那几只母鸡也十分配合，而没有做出丝毫一惊一乍的抗议。走出这家大门，一看门口两旁磨得光溜溜的座石，就知道这是人们常来的聚处。大门外一侧用5块青石板扣成的漏斗型牛槽还在。牛槽左边石板上有一个系缰绳的小孔，缰绳磨凹的痕迹清晰可见，遗憾的是缺少一头真牛拴在那里。老人家对我们像久别的亲人一样侃侃而谈，一切都是那么亲切自然。

不知不觉天色已晚，我们还想去看一看滋润这方土地、养育这方人的山泉而未能如愿。在暮色苍茫中，带着遗憾，我恋恋不舍、一步三回头地离开了这处原本不想来的翼云石头部落。

三八愚公洞

张令海

20 世纪 70 年代初，我才 10 多岁，在有线广播喇叭里，就听到过榆树腰村铁姑娘队挖山洞引水的故事，深受感动，就想亲临其境地去看看，铁姑娘是否真的那么厉害？但起初因上学，后又因参加工作，始终未能如愿。时隔近半个世纪才让我如愿以偿。2015 年 6 月 2 日，我们一行 6 人，踏上了通往三八愚公洞的路程。

三八愚公洞内景

从小郏（郧）国故城遗址公园东行数里至山城街道小岩头村，隔河向南眺望，老远就能看见愚公洞。洞口挂在云龙山的半山腰上。穿过村子，沿着新修的水泥道路上山，山腰间停车，再步行数百米，就到了三八愚公洞。它是 20 世纪 70 年代榆树腰村 24 名妇女，利用近 8 年时间人工挖掘。当时那个年代，凡是妇女干的工程和事情，起名字时，往往都带上“三八”的字眼。此洞全是妇女人工挖掘，结合愚公移山的寓言故事，所以人们给他取名为“三八愚公洞”。

当时，云龙山的北面是济宁地区滕县山亭公社小岩头村和东江村，山南面是枣庄市齐村区张庄公社的榆树腰村。我们先是来到山北面的洞口，看见洞内一边是人行道，一边是石头砌垒的水渠。走进了几十米，就伸手不见五指，因没带照明工具，我们只好返回山下，再驱车围着山脚转到山前。山前停车后，还需再走一大段山间小路，才能到山南面洞口。看完了山洞渠、开山明渠和环山渠，我们都被这种“愚公”精神折服了。

我们在榆树腰村里找到了当年的书记、妇代主任和铁姑娘队的队长。请他们讲讲当年的故事。

榆树腰村三面环山，自从老祖宗进山立村就缺水，全村 800 多口人，人畜用水要翻一座山，到村子北山后的河里去挑，来回上下山要走近 5 公里山路，缺水的难题困扰了一代又一代榆树腰人。有首民谣说：

有女别嫁榆树腰，
村民吃水万丈高。
翻山十里去挑水，
回来鞋底露着脚。

另有一首民谣说：

好女别嫁榆树村，
提起吃水泪满襟。
去时穿着绣花鞋，
回来露着脚后跟。

这是榆树腰村缺水的真实写照。为此，山前山后，两地人发生了感人的一幕。一是山前榆树腰村人决心发扬愚公移山精神，人工开凿引水隧洞；二是山北人打破地域观念，发扬龙江风格，愿意把自家门前的水和挖渠占用的地无偿给山前榆树腰人使用。于是，锤钎叮当，炮声轰隆，一场引水大战开始了！

1971 年开工，1978 年完成，将清清薛河水穿洞引入榆树腰村，彻底改变了山村缺水的历史。隧洞完全由 24 名榆树腰村青年姑娘和小媳妇组成的铁姑娘队开凿。铁姑娘们披荆斩棘，历尽艰辛开凿出的引水隧洞被称为“枣庄红旗渠”。

1970 年，村党支部书记丛友华学习河南省林县凿山引水“红旗渠精神”。他回来后，召开 3 次全体社员大会，大伙一致同意挖洞引水。次年 9 月正式开工。为让男人们种好地多打粮，村里 24 名姊妹娘们接受了挖山开渠的任务。从此，在妇代主任王修云和“铁姑娘队”队长韩荣云的带领下，冬战三九，夏战酷暑，在一无资金二无技术、通风和照明极差的艰苦条件下，苦战 7 年 5 个月，开挖山洞 270 米，开山明渠 230 米，环山渠 500 米，铺设地下管道 500 米，总渠长 1500 米，投工 8 万多个，消耗炸药 35 吨，用掉钢钎铁锤不计其数，于 1978 年 7 月终于引水进村。

在榆树腰村“愚公洞”引水工程中，24 名铁姑娘，齐心协力、团结互助、战天斗地、无私奉献，表现出了中国妇女的坚韧和伟大的精神。王修云、董顶英、韩荣云就是她们中的杰出代表，她们为了榆树腰人喝上清水，做出了巨大的贡献，奉献出了青春和热血。

在当年 24 个榆树腰村的“铁姑娘”中，要数王修云最风光了，不是因为她是村里的妇代主任，而是因为她作为“铁姑娘”的优秀代表光荣地出席了全国第四届妇女代表大会，那是 1978 年 9 月 21 日……

王修云，1936 年 5 月出生在山亭区山城街道岩头村。她是土生土长的山城人，从小喝惯了薛河水。在她 19 岁那年，经人介绍嫁到了榆树腰村，嫁到榆树腰后让她知道了缺水吃的痛苦。

有一天，村书记丛友华找到王修云说：“村里准备把打山洞的任务交给你们妇女。”王修云问：“那男劳力干什么去？”“男劳力全部抽去整修大寨田！”丛书记说。王修云有点不敢相信自己，半信半疑地说：“我们能干得了吗？”丛书记引导说：“河南省林县红旗渠有很多女同志能顶半边天，男同志能干的事情，女同志也一定能干。”当时王修云也理解书记的意思，榆树腰当时不但缺水，而且还缺地，就让男劳力学大寨整修更多的大寨田，以造福子孙后代。王修云就接下了这项任务，那年她 35 岁。

王修云在村里挑选了 14 位已婚妇女和 10 位未出嫁的姑娘，带着工具信心百倍地来到工地，可她们面对眼前坚硬的石头却不知从哪里下手。她们流完泪后，勇敢地向大山挥起了第一镐。她们不会就学，不懂就问，像蚂蚁啃骨头一样一米一米地向前推进。病了坚持不离开工地，手磨破了包扎完继续干。

王修云进工地时已经有了两个女儿，她是姊妹们的班长，在带领大家干活的同时，还要经常开会，没有一点时间照顾女儿，都是大女儿看着小女儿，饥一顿饱一顿。虽说现在女儿都已出嫁，可一提起当年的事来，王修云就说对不起两个闺女。

王修云在施工中，样样工作身先士卒，处处把累活、危险活留给自己。

打石头、抡锤子很容易受伤，可王修云总是争着抡锤子，就这样她赢得了大家的拥护。

日复一日，年复一年，王修云带领她们用了 7 年 5 个月，终于在 1978 年夏天把引水渠打通了。通水那天，她们看着流淌着的汩汩清水，相互拥抱着哭了……

“愚公洞”作为一种精神得到了上级的肯定，获得了很多荣誉。王修云作为“铁姑娘队”这个集体的代表，光荣地出席了在北京举行的全国第四届妇女代表大会，受到华国锋、邓小平、李先念等党和国家领导人的接见。

王修云于 1992 年 10 月退休，现在村里安度晚年。

董顶英是一个地地道道的榆树腰人，从小饱尝缺水的痛苦，为了引水工程不到 20 岁的她就积极加入“铁姑娘队”开进了工地。“董顶英、丛仁英当时还是不到 20 岁的小姑娘。为了打山洞，婆家来催嫁几次，都没结婚。直到 1978 年山洞打通了，她们也都到了二十六七的年龄才结婚，她们真是好样的……”提到当时打山洞的两个年轻姑娘，王修云感慨万分。

刚到工地的时候，董顶英大锤抡不起来，还经常砸伤扶钎子人的手。她扶钎子扶不稳，又不会拉板车，再加上个子比较高，山洞又矮，根本不能直着腰，她只能跪在地上干，有时累得偷偷掉眼泪。可当她看到其他姐妹都在那没白没黑、加班加点地拼命干活时，生性要强的她不甘落后，紧咬着牙，玩命地干。时间长了，她慢慢地学会了抡大锤、扶钎子，在黑黑的山洞里拉板车。随着工程进度延伸，挖开的山洞越来越长，离希望越来越近了，大家伙越干越有劲。每每挖洞有新进度时，大家一起欢呼跳跃，相互鼓励，相互关心。大伙日复一日、年复一年地在山洞苦干着。董顶英已经习惯了在黑暗中拉板车运石块，习惯了这每天一身泥一身水的劳动，习惯了偶尔不注意受的小伤痛。

不觉间她在山洞里干了两年了，和她一起干的姑娘们一个个出嫁了，又有新的女孩加入了挖山洞的队伍，而已经订婚的董顶英却多次推迟婚期，一起干的姐妹开玩笑地说：“董顶英，你这么大了别推了，这山洞一时也打不通。”“姐妹们放心，这山洞不通，俺就不结婚，俺一定要把水引过来再出嫁。”董顶英笑着说。

1978 年 7 月，清清的泉水终于通过 500 多米的山洞引过来了，董顶英也在半月后结婚了。当问董顶英当时为什么 5 次推迟婚期，非等水引过来才出嫁呢？她微微一笑说：“俺当时也没想啥，就光想着早点打通山洞，早点让村里父老乡亲喝上甘泉水。”

韩荣云，1945 年 2 月 17 日出生在文王峪村。在她 19 岁那年，经人介绍嫁到了榆树腰村，从做新媳妇时就加入了村里的担水大军。就是因为缺水，榆树腰人遭受了邻村人的歧视。面对这些，韩荣云心里非常难过，后悔自己嫁到了榆树腰，但是这又是必须面对的现实。

当时正值农业学大寨的高潮，村里把男劳力抽调去整修大寨田了。村里看到韩荣云年轻思想进步，就让她担任“铁姑娘队”队长。就这样，她们姐妹们意气风发地开进了村北的引水工地，进行了长达近8年的引水施工。

提起40多年前的往事，韩荣云眼睛湿润了。她谈到了许多当年鲜为人知的感人故事。在确定她为队长时，韩荣云已有了身孕，在搬运大石头时不幸流产，她回到家大哭了一场，擦干了眼泪，一天没歇，仍干在工地。

1973年夏天，韩荣云照常到工地去干活。大女儿背着二女儿到村头玩。当来到灌满雨水的大坑时，大女儿看到坑里漂着一个球。不知水深浅的大女儿放下妹妹，跳进坑里就去拿球。由于水深，大女儿进去后就在水里不停地挣扎，随时都有生命危险，岸上的小伙伴吓呆了。在这千钧一发之际，本村的一位妇女经过这里，急忙将手里的木棍伸向水里，大女儿抓住木棍上了岸，才幸免于难。韩荣云知道后，抱着两个女儿大哭了一场。

有一次，韩荣云在打炮眼时热了，把一件新做的褂子脱了放在身旁。在炮眼装完药后，点燃导火索，大家撤离隐蔽时，韩荣云才想起衣服丢在了炮眼处。这时离爆炸没有多少时间了，虽然大家加以劝阻，但她转念一想是一件新衣服，又急忙向炮眼跑去，在她抢回衣服向回跑没多远时炮就响了。幸好经过的那个地段是个转弯，碎石才没有冲击过来，否则后果不堪设想。韩荣云后来想起来还害怕。

就是凭着吃苦耐劳、不怕牺牲的精神，韩荣云历经了一个又一个风险，终于换来清澈的泉水。在历时近8年的时间里，韩荣云由起初的一个26岁的少妇到引水渠打通时已34岁了。为此，对她在引水工程中的突出贡献，韩荣云先后被推选为区、市、省三级人大代表，多次出席先进事迹报告会。

岁月蹉跎，斗转星移，近半个世纪过去了，如今榆树腰人已不在利用三八愚公洞引水。但是，前去参观游玩的人络绎不绝。三八愚公洞精神感动着一代又一代人。

闻名遐迩的三八愚公洞处在小邾（郳）国故城遗址公园南面风景优美的云龙山上，中间是一条碧波荡漾的薛河，可谓是山美、水美、公园美。西临贯穿南北的店韩公路，BRT汽车东江站下车即到，无论是人文景观还是自然景观，都会吸引众多游人前来旅游观光。看到的是美景，学到的是精神，今后，它必将成为靓丽的旅游景区。

风土民俗

山城信崇禁忌选

沈印骞

一、概述

中国自古就有“问禁、问讳”的古训，初至异地，先访问其政教风俗的禁忌，以免触犯。《礼记·曲礼上》：“入竟（境）而问禁，入国而问俗，入门而问讳。”孟子曾对齐宣王说：“臣始至于境，问国之大禁，然后敢入。”如果入人之境，不知避忌，就有可能如王充所说：“人不忌避，有病死之祸。”《三国志·蜀志·陈震传》：“献子适鲁，犯其山讳，《春秋》讥之。”①

信崇和禁忌是同一个问题相互依存的两个方面，两者各以自己的存在互为前提，有信崇必有禁忌，二者是孪生共存。信崇和禁忌是人类社会中具有普遍意义的一种文化现象，不同的民族有不同的信崇禁忌，是每个社会人无法逾越的“坎”。因此，不论官员临政亲民，还是商贾生意洽谈，不论客人走亲访友，还是游客览胜猎奇，都免不了与当地民众打交道。如果能够熟练掌握当地信崇禁忌民俗，就会受到欢迎与礼遇。反之，你将会处处碰钉子受冷落，轻则遭遇羞辱的尴尬局面，重者引起众怒，遭到围攻打骂的事也非罕见。因此，了解和掌握当地的信崇禁忌，不是一件可有可无的小事，只有正确地把握和运用这门“学问”，才能更精准地知进退、明事理，避免“《春秋》讥之”。

---

① 范献子（？～前501）：祁姓，范氏，讳鞅，谥献，名范鞅，又曰“士鞅”，史称“范献子”“士匄之子”，春秋后期晋国才干卓越的政治家、外交家。典故梗概：范献子到鲁国出使访问，问及境内的具山和敖山，鲁国人用两山的乡名来回答。对此，献子说：“难道不叫作具山和敖山吗？”鲁人回答说：“那是我们先君鲁献公、鲁武公的名讳啊。”献子回国后，普遍告诫他所相识的人说：“一个人不可以不学习。我到鲁国去就犯了他们二位先君的讳，惹人家笑话，就因为我不学习啊。”范献子入鲁不避讳之事，后记入《春秋》，后人援引均因于此。

(一)信崇禁忌的由来

信崇禁忌的本质就是不依靠经验就先天地把某些事情说成是可靠的或者是危险的。信崇禁忌观念一旦形成，就具有“不可抗拒的约束力量”。其基本特征就是把一些偶然的因素，误以为是普遍适用的内在规律，一人传开，众人跟随并信以为真。

关于信崇禁忌的由来，比较公认的有以下四说：一是对灵力的崇拜和畏惧（简称“灵力说”）；二是对欲望的克制和限定（简称“欲望说”）；三是对仪式的恪守和服从（简称“仪式说”）；四是对教训的总结和记取（简称“教训说”）。现简单陈述如下：

1.灵力说，即对所谓灵力的无奈而形成的民俗观念。崇拜与禁忌是一对孪生姊妹，由于原始先民笃信在冥冥之中有一种超自然力（即“灵力”）存在，这种超自然力每每会以自然的、直接的方式或间接的、传染的方式显现出来，它附着在一个人或物上，就可以左右人们的吉凶祸福。这种原始的观念形成了原始人心目中的禁忌物和原始的禁制。禁忌物有各种各样，日、月、风、雨、雷、电，鸟、兽、鱼、虫、草、木在古人眼里皆有灵力，也皆有禁忌。日、月、风、雨、雷、电，事关乎天，《易·系辞上》谓：“天垂象，见吉凶。”《淮南子·天文训》：“虹、蜺、彗星者，天之忌也。”后称虹曰天忌。明王志坚《表异录·象纬》：“虹曰天弓，亦曰帝弓，见《白虎通》。又名天忌。”

2.欲望说，即对欲望的克制和限定而产生的民俗观念。关于欲望的禁忌，弗洛伊德在《图腾与禁忌》说：“‘禁忌’本身是一个矛盾情感的字眼”，因为“一件强烈禁止的事情，必然也是一件人人想做的事情”。欲望是人的本能要求，圣人孔子曾在《礼记》里讲“饮食男女，人之大欲存焉。”《孟子·告子》也说：“食色，性也。”人类最初的两性生活的状况，今天只能去揣测，很难得到确切的实证。然而，可以肯定的是，自人类走出蒙昧阶段以后，在不同的人群就有形形色色的与性欲望有关的禁忌存在。尽管不同的社会对待婚姻的规定各不相同，但禁止乱伦是普遍存在于各种文化之中的一项最为严格的禁忌。中国古代一旦有违反乱伦禁忌者，则被视为禽兽，将遭天诛地灭。据《史记·管蔡世家第五》记载：“四十九年，（蔡）景侯为太子般娶妇于楚，而景侯通焉。”蔡景侯的儿子般认为，“为父不父”，为子者亦不子，结果“太子弑景侯而自立，是为灵侯。”如此父子，形同寇仇。中外古今，乱伦皆为大忌。因此，《礼记·曲礼下》：“儗（比拟）人必于其伦。”

“同姓不婚”是一种禁忌，这一禁忌在人类历史上尤其是在汉民族的发展史上所起的进步作用是无法估量的。“骨血不倒流”是民间针对单向舅表婚的一种禁忌习俗。舅表婚又称“中(里)表婚”,舅家这方为中、为里,姑家这方为表、为外,民俗以为姑母和父亲的血脉相同,娶姑家的姑娘为媳妇便是“回头婚”。因此,“骨血不倒流”,这是以民俗禁忌形式严格禁止姑家的闺女嫁给舅家的儿子的。人类为了保障自己的后代健康成长,以信祟禁忌的形式来禁止表亲、兄弟姐妹、父母与儿女甚至动物与人的恋爱结合。这些缘于人类教训的禁忌,后来有许多成为科学的结晶。

3.仪式说,即对信祟禁忌无条件的恪守和服从而产生的民俗观念。关于仪式性禁忌,弗洛伊德在《图腾与禁忌》中这样诠释:“有些禁制的目的能够很明显地看出来。可是,相反的,有些禁制却是令人难以了解,它们几乎是被视为无意义和愚蠢的。后者我们称它为‘仪式的’。”例如,农历初一、十五不走亲戚,下午不探视病人,父母都健在的出嫁女儿在鬼节不住娘家,妊妇不食兔等。谁都讲不出此禁忌的根据和缘由,但大都无条件地默守。

4.教训说,即对教训的总结和记取而产生的民俗观念。原始的信祟禁忌是人们对自然力感觉无能为力和恐怖情绪的反映,它给人们在向自然界斗争时设下了种种限制,可让人们与自然现象进行某种妥协,或对它表示让步、屈服。这种观念之所以会产生,完全来源于人们在向自然界斗争时所遭到的失败和损失……人们在一次或几次失败和损失中失去信心,把不再敢积极地向自然界斗争的心理神秘化,或在彷徨中把检讨到的一个偶然的因素夸大和绝对化,结果就成了限制人们行动的戒律和仪式。

(二)信祟禁忌的分类

《中国民俗学》中对信祟禁忌的分类的依据基于信祟禁忌的民间信仰源。一般将信祟禁忌大体上划为五个方面:

第一,把大自然中的自然力或自然物看成神圣的不可侵犯的事物加以崇拜,形成了对日、月、星、风、雨、雷、虹、水、火、山、石等物的禁忌观念与行为。

第二,把某种动物或植物看作是和本民族祖先有近缘关系的神圣物,形成了严禁捕杀或禁止冲犯等禁忌。

第三,对祖灵的崇拜所派生的关于祖先象征或遗物的禁忌。

第四,对鬼灵、精灵的崇拜所派生出来的关于所谓鬼、怪之类及其活动场所的禁忌。

第五,对吉凶祸福的命运的迷信派生出来的趋吉避凶观念所形成的禁忌。

根据这五个方面,大致可概括为:(1)自然信祟禁忌;(2)图腾信祟禁忌;

(3)祖先信崇禁忌;(4)鬼神信崇禁忌;(5)命运信崇禁忌。

具体到每一个细别,大体可划分为"天、地、神灵、鬼、祖、物,婚、丧、生养、衣、食、行,匠、艺、节日、居、礼、农"18类。

(三)如何正确认识地域性的信崇禁忌

信崇禁忌的本质特性是它的先验性,也就是说,它作为一种观念形态,是人们头脑的产物,是经验过程的累积和再现。皮亚杰在《发生认识论原理》中说:"一切认识在初级水平都是从经验开始的。"然而,一旦信崇禁忌被约定俗成之后,它的基本的性质便成为"先验"的了。这时候,它形成了一种"暂且凝固的意识"。信崇禁忌的先验性质,有它必要的一面,这就是它的警示作用。特别是禁忌就像一个"危险的符号",随时提醒着人们采取禁止和回避的方式尽量不与某种危险的事物相冲突或者发生接触。那种所谓危险的事物,实际上正是人们经验中无把握之处。信崇禁忌中所包含的这些合理因素和积极要求,从客观效果上讲,对规范社会行为、和谐社会群体、促进社会具有相当大"社会契约"功用推导作用,比如一些有关婚姻的、饮食的、渔猎的信崇禁忌具有某种优化人种、保持卫生、维护生态平衡的积极作用等等。然而,信崇禁忌的这种先验性质,又具有一种不由分说的特点。因此,它在传承递继中往往表现出强迫性和盲目性来。就禁忌所采取的基本方式而言,它总是消极的。特别是禁忌是以制止和抑制的方式去回避矛盾和斗争。它警告要提防危险,但绝不指导如何去战胜危险,而只是一味地发出禁令,要求回避、退让。因此,它虽然给人们强加上了许多责任和义务,但丝毫不能激起人们积极进取的理想和要求。这种消极的性质决定它在推动社会向前发展方面非但不能起到积极的作用,而且往往还会起到一些消极的作用。如果一个社会要进步,要前进,要发展,那就势必要打破一些原有的禁忌的束缚,否则,就只能被消极地禁锢着。在目前情况下,信崇禁忌是每一个社会人无法跨的"坎"。人只有懂信崇,知禁忌才能更精准地知进退、明事理,更大限度地融入社会,适应社会。因此,正视信崇禁忌,以科学的态度,认真地研究它、认识它,就像对待一团需要认识的细菌一样,等我们完完全全将它认识透彻了,研究到家了,对待它的方式方法,便自然会有了。

二、天地神灵类

天地神灵类包括天神、地神、人神、鬼神及儒、释、道三教诸神。

(一)天神

天神也叫“老天”“天老爷”或“老天爷”。一种泛指，是上天的诸神的集合体，专指是以玉皇大帝为诸神的代表。

“天没边地没堰，土地老爷没小辫。”天是最高最大至高无上的，人的一切必须服从天意，“天网恢恢”“天意难违”“苍天有眼”“举头三尺有神灵”。因此，做事要“存天理，灭人欲”，做到“慎独”，不然会“天理难容，天打五雷轰”，“能吃过天饭，不说过天话”，“吃了不疼撒了疼，老天看见不收成”，“天无绝人之路”，“人行好事，莫问前程，作恶多端，天地难容”……以上这些崇天思想，在规范人的社会行为方面具有法治无可替代的调整作用。

神灵分天上和地上。天上由张玉皇主宰着诸神，诸神各有分工，有序运作，以保人间风调雨顺、太平无事。有时对下界进行降祸以惩罚。人间对所信崇的诸神，感其恩德，对一切神灵都很虔诚，从来不存在非议。假如天降祸于己，大都从自身找原因，如“我这是哪辈子没干好事，受到老天的惩罚”，等等。

信崇仪式有如下两种形式：

1. 建庙祭拜。为表达对天神的敬重，各地均募资鸠工庀材广建玉皇庙，(昊天庙)。因为玉皇是掌管三界二十八宿的皇帝，而天堂又是人死后神往的地方。

2. 节日祭拜。逢年过节，首先祭拜天神。每家每户的堂屋门外东首均设一神台，叫“香台子”。香台子之上张贴请来的“天老爷”(俗称“天皮子”)，每年除夕前在张贴对联时贴上，到年初三下午“打发”送走。这是每年必做的祭祀老天爷礼仪。此间，即使在祭祀其他专业神的同时，也不能忽视祭祀天神。每天三次祭拜，直到第三天鸣放鞭炮焚香烧纸将其恭送回天宫为止。目的是让老天爷保佑全家平安，子孙繁衍兴旺，风调雨顺，粮食丰收，六畜兴旺，生活富裕。

(二)地神

地神，有土地神、天地的地神和地母娘娘神。

土地神，又称“土地公公”“土地爷”，其庙宇称为“土地庙”，是民间信仰最为普遍的众神之一。流行于汉族地区及部分受汉族文化影响的少数民族地区。山城人大多公认“后土”“共工”为香火之神。

土地神主要掌管土地买卖转移、占用，相当于土地管理角色。一般认为土地神属于基层的神明，是地方上行政保护神，保护乡里安宁平静。隶属城隍之下，掌管乡里死者的户籍。

土地庙一般建在村庄一角，庙中镶有石碑，上刻本村人捐款建庙人的名字。如果两自然村合并行政村，大都在两村之间。一个村若有两个土地庙，说明村内人不团结，形成两派别，这也说明土地庙又是凝聚全行政村的象征。老人去世停丧期间，每晚丧主要差族人两名，由死者孙辈高举招魂幡（俗称纸杆）前行引导，到土地庙“点汤”。殡葬日丧主要到土地庙擢汤并举行大祭。以前过春节，年初一每家去一人烧香磕头，想购买土地的人家还摆供品。自土地归集体后春节再也没有烧香摆供的了。

地神没有明确的神位，往往与天神一起供奉。如六月初一和腊月初一还愿或祈福的信众用黑猪白羊敬老天时，先向天神许愿，然后再向地神还愿。写的符灵都带有“天地”字样。还有给小孩“交红子”和“过半年”时，地神与天神也一起享受祭祀。

地母娘娘双目失明，掌管七缸害虫，谁要夸耀自己地里庄稼好，她就掀开某一缸让虫子危害庄稼，而且能收拾害虫归缸里。

（三）观音

观音作为救苦救难、大慈大悲神的化身，是村民心中高层次的神。传说观音原来是男身，只因一次遇到一难产的产妇，上神为救产妇，把他点化为女身。救了产妇后，再也没让变回去，从而成为全民的神，被人供奉。

（四）财神

村民供奉的财神有两种：一种是“财神爷”，有武财神和文财神；另一种叫“长家仙”。信奉“财神爷”的，有的供神像，有的供塑像。国人祭祀的文财神有三位，分别是财帛星君李诡祖、范蠡和比干。

“文财神”李诡祖在民间最受欢迎，他的绘像经常与“福”“禄”“寿”三星及喜神列在一起，合起来为“福、禄、寿、财、喜”。增福财神画像文雅非凡，锦衣玉带，头戴朝冠，身穿红袍，白脸长须，面带笑容，左手执“如意”，右手执“聚宝盆”，写着“招财进宝”四字。身后二童子为他打着日月障扇。左青龙，右白虎，口吐孔钱和元宝，显得这位财神爷神通广大，有取之不尽用之不竭、源源而来的金银财宝。

春节时，一般人家必悬挂此图于正厅，祈求财运、福运。正月初五，各商店开市，一大早就金锣爆竹、牲醴毕陈，以迎接财神。

武财神为关羽和赵公明。关帝阁的武财神关羽手持青龙偃月刀，赵公明一手拿元宝，一手拿长鞭。当今道教宫观中的财神神像，多为黑面浓须，骑黑虎，一手执银鞭，一手持元宝，全副戎装。该财神像当为财神，即赵公元帅像。赵公元帅，即赵公明、赵玄坛。供奉武财神寄托了汉族劳动人民一种祛邪、避灾、祈福的美好愿望。

而“长家仙”则要用红纸写好神位。财神的神位安在堂屋明间后墙大桌子上方，每月初一、十五烧香磕头，逢年过节祭献供品，以求保佑全家人财两旺。

（五）仙师

某种动物修炼成仙，托附人体，开辟位置让人供奉，受人间香火。其位置与财神同，供奉仙师的户就不要再供奉财神。供奉目的，让被附体的家中某人得安宁，供奉方式与财神相同，

（六）灶神

灶神是中国古代汉族神话传说中的司饮食之神。神位在厨房旁锅台。灶神全衔是东厨司命九灵元王定福神君，俗称“灶君”，或称“灶君公”“灶王爷”“司命真君”。

灶神左右随侍两神，一捧“善罐”，一捧“恶罐”，随时将一家人的行为记录保存于罐中，年终时总计之后再向玉皇大帝报告。腊月廿三日是灶神离开人间，上天向玉皇大帝禀报一家人这一年来所作所为的日子，所以家家户户都要“送灶神”回天宫述职休息，年除那天又鞭炮香火恭迎灶君回宫瑞降吉祥，享受人间香火，值守灶君司命。

（七）门神（守卫门户的神灵）

门神是农历新年贴于门上的一种画类，是守卫门户的神灵。人们都将其神像贴于门上，用以驱邪辟鬼、卫家宅、保平安、助功利、降吉祥等，是最受人们欢迎的保护神。一般大年三十（或二十九），一并与对联同时张贴，以表达劳动人民一种辟邪除灾、迎祥纳福的美好愿望。

门神分为武门神及文门神。武门神一般贴在大门上，左边为上，贴秦琼像，右边为下，贴尉迟恭的像。文门神是贴在正堂屋及厢房门上的，一般是招财进宝、五子登科之类的彩画。贴门神时，谁在左谁在右位置是固定的，不能随意更动，如贴错了，叫“反贴门神”。俗话说：“反贴门神左右难。”按民间的说法，若把门神左右的位置贴错了，一年中诸事不顺，总感左右为难。

门神神位在大门上，大小年送门香、烧纸锞类敬奉祭祀。一般春节祭祀三日，到年初三恭送“天老爷”上天时，连同拦门棍[1]、门香炉一并收藏。正月十五元宵节，还要祭祀门神一次。

---

① 每逢除夕这一天，家家门口拦一根长棍，到初三收起。放拦门棍有“聚财，不让财外流”的意思。

(八)山神

古代汉族人民将山岳神化而加以崇拜。从山神的称谓上看，山神崇拜极为复杂，各种鬼怪精灵皆依附于山。最终，各种鬼怪精灵的名称及差异分界都消失了，或者“你中有我，我中有你”而互相融合了，以至于每一地区的主要山峰皆有人格化了的山神居住。

山神主要掌管山场，狼是山神老爷的狗。山神庙一般建在山口的路旁，一边栽有槐树。

每年六月初六牧羊人、牧牛人必须祭拜山神。

过去，靠山农户一般都喂养绵羊3～10只不等，为便于管理，便凑到一块，选一个比较内行的人每天上山放养。放牧人为了收羊毛，散养户为了常年积肥。因此，每个山村都有羊群若干。

每年六月初六是敬山神日，这天由养羊户、养牛户凑钱杀猪，香箔纸供祭祀山神。目的是请求山神全年保佑六畜兴旺。

(九)雹神

雹神，是主管下冰雹的神，是民间普遍信奉的神明，对其崇拜主要流行于北方农业区。民间所祀雹神，因地而异，供奉对象不尽相同。当地人所供雹神为苍老爷，庙宇在山城街道的薄板村南。

民间崇拜雹神，并不是要求下冰雹，而是不让下冰雹。雹神庙即苍老爷庙。当地四周信奉雹神，是因为当地附近从未因下冰雹而破坏庄稼，造成歉收。只有较远处经常遭到冰雹而使庄稼遭到严重危害的地方的人才来烧香。每年三月初三来祭祀雹神的村民，到现在也不知道苍老爷是雹神，只知道他负责下“冷子”。

(十)火神

火神是民间普遍信仰的天神之一，民间以炎帝或燧人氏为火神。因远古时燧人氏钻木取火，使人类进入熟食阶段，后人尊为“火神”，又称“火德真君”。过去每年正月初七村内以居住片为单位，合伙敬火神，这可能是原始部落社会为庆祝火的发现和运用而举行的一种仪式。

现在演变为各家各户单敬，正月初七清早，信众面南摆上果供和茶水，燃放鞭炮，焚香烧纸，祷告祈福。实际敬火神的目的是不让失火，怕火神发威。

(十一)龙王(统领水族的王)

龙王是汉族神话传说中在水里统领水族的王，掌管兴云降雨，属于四灵之一。传说龙能行云布雨、消灾降福，象征祥瑞，所以以舞龙的方式来祈求平安和丰收就成为全国各地汉族的一种习俗。

道教认为东南西北四海都有龙王管辖，叫四海龙王，另有五方龙王、诸天龙王、江河龙王等。小说《西游记》中提到的四海龙王，即东海龙王敖广、南海龙王敖钦、北海龙王敖顺、西海龙王敖闰，使四海龙王成为妇孺皆知的神。

古人认为，凡是有水的地方，无论江河湖海，都有龙王驻守。龙王能生风雨，兴雷电，职司一方水旱丰歉。因此，古时龙王庙林立，与土地庙一样，随处可见。如遇久旱不雨，一方乡民必先到龙王庙祭祀求雨，如龙王还没有显灵，则把它的神像抬出来，在烈日下暴晒，直到天降大雨为止。

三、鬼魂、灵物、人物类

(一)鬼魂信仰

《说文》:“人所归为鬼。”《礼记·祭义》:“众生必死，死必归土，此谓之鬼。”《礼记·祭法》:“庶人庶士无庙者，死曰鬼。”随着现代物理学的不断突破，科学家们对“鬼”的观点也有所转变。

1. 阎王

阎王在中国民间影响很大，传说他是阴间的国王，人死后都要到阴间去报道，接受阎王的审判，生前行善者，可升天堂，享富贵，而生前作恶者，会受惩罚，下地狱。中国佛教中，又有“十殿阎罗”之说。十殿阎罗是中国佛教所说的10个主管地狱的阎王的总称，分别是：秦广王、楚江王、宋帝王、五官王、阎罗王、卞城王、泰山王、平等王、都市王、五道转轮王。此十王分别居于地狱的十殿之上，所以称之为“十殿阎王”。

2. 后土神

后土神是专门司掌坟墓土地的神。

百姓新建墓地，先在所择定的墓地四周立标柱，摆设酒席祭告后土，请神祇保佑，然后再动工。在动土建墓前须祀后土，掩圹时也须祀后土。

在新墓地下葬亡者前，必须在墓地的左后方树立刻有“后土之神位”石碑一通，先由孝子祭祀拜碑，祈请后土神保佑墓中死者亡魂和坟地，然后举行其他下葬事宜。

如果是在老墓地安葬亡者，安葬前也要先祭祀后土。

3. 钟馗

钟馗字正南，传说能打鬼驱除邪祟的神。生铁面虬鬓，相貌奇异，然而却是个才华横溢正气浩然的人物。

4.鬼文化

鬼是无处不在的精神怪物，历久不衰，经世不灭。谈鬼、论鬼、写鬼、信鬼、怕鬼、祭鬼、驱鬼、打鬼形成了一套独特的鬼文化。

“人死为大，入土为安”等，是当地人遵行的信条，而“死后鞭尸”“撒骨扬尘，掘坟断脉”则是极端异行。以前，鬼文化的主要功能是用来恐吓那杀人不眨眼的凶煞恶人，阴曹地府的油锅刀山是专门用来收拾人间草菅人命的小人。

(二)灵物信崇

村民相信某些动物、植物、山川有灵。

1.动物

鸡，音同“吉”，“吉利”的意思。红白喜事，离不开鸡。酒席上往往有鸡肉，取“大吉大利”之意。嫁娶招待烟，也少不了“大鸡”牌的香烟。

猫头鹰、乌鸦叫，会死人。这是因为村民不知道猫头鹰闻到人即将死去的气味而叫的道理。

喜鹊叫，喜事到，说是喜鹊是喜庆之鸟，而且可以保护小鸡不被老鹰叼去。

2.植物

椿树王。年五更时刻，生长缓慢、身体矮的青年抱住椿树，口念：“椿树王，椿树王，你长粗来我长长，你长粗了打嫁妆，我长长了穿衣裳!”传说刘秀走南阳是错封椿树为树王。其树身高而挺拔，木质宁折不弯。

老槐。村内古槐成精后，不敢招惹，否则会生病入邪。有关传说很多，所以树枝掉下来也不敢拾作柴火，至今如此。

桃树条子驱邪，古代村民常用桃木画符来避邪。

其他树种则要看它生长在什么地方，如果地方特殊，则会产生灵性，不能砍杀，砍杀者会死掉。如庙里的树木不能砍杀，砍杀招邪。

3.山川

山有大石、山洞，河有泉流、池渊。有些河川在特定条件下会被赋予灵性，视为风脉地源头。

传说，岩底村西魔拉崖下深渊，夜间常出现小船漂游，船上有人“戏吹戏打”，非常热闹。有一次旁边种瓜人用枪瞄准打去，顿时狂风大作，把种瓜人刮到空中。种瓜人掉下来摔死了，瓜被风刮得到处都是。第二天，大家一看，河水成了血水，水面漂了不少鱼。

4.石头

山石信崇也很普遍。除尊崇石婆婆外，还有尊崇石洞、石窟的。把大石、磨石、动鏊石头视为“青龙”“白虎”。

有的村民信崇石婆婆(即石敢当)，认为其能镇邪，春节焚香磕头。比较娇贵的小孩，为防止不好喂，认石婆婆为干娘。每逢春节要给石婆婆系红布、红头绳、带花、烧香，结婚时也要虔诚祭祀。

20世纪80年代后，村民改变对石敢当信崇的习俗，只是将其当作镇宅之物。一般用长1米、宽40厘米、厚20厘米石块，上写“泰山石敢当”，放在屋后墙或两边墙上。

动鏊的石头视为青龙。女子出嫁日，沿途所遇到的石碑、石桥等贴上用红纸写的“青龙”贴辟邪。

石磨视为“白虎”，春节贴上“白虎大吉”，而且焚香磕头。

现在认为石洞、石窟住神仙的观念已淡薄，只是女子出嫁贴青龙贴的风俗仍盛行。

(四)巫术信仰

巫术就是使用巫术、咒语给人治病，或对不满者以惩罚，带有浓厚的迷信色彩。尽管大部分持怀疑态度，但是受“有病乱求医”的驱使，不得已而为之。

1.咒语

(1)牙咒。“牙痛不是病，疼起来要人命。”在使用各种草方治不好的情况下，请老太太吹牙，口中念道“正月初三拜月牙，一出一落一扑啦。虫咬牙，拿了去，失火牙再不发”，念一遍后对准病牙连吹三口，总共念三遍。

(2)吹眼。晴朗天气，太阳正南时，让患者面对太阳，地上画两个“十”字，患者两脚各踩一个“十”字，吹眼者口中念念有词，念完一遍后对准翻开眼皮的病眼，连吹三口，连念三遍。

(3)叫魂。小孩被惊吓，说是吓掉魂。大人在被惊吓的地方让小孩站正，一手扶着小孩，一手从小孩的脚下往上身抚摸，边抚摸边说：“××魂上身来，吓大不吓小，提毛耳就好!”就提提小孩两只耳朵，一连三遍，让小孩撒泡尿。说这样就会使被吓掉在原地的魂重新附到身体上。

再如：小孩不知道在什么地方受惊吓，时间长了，厌食，贪睡，头发朽，神情蔫。就在堂屋门槛里，正午迎太阳，门槛放两只碗，其中一碗清水，另一只碗上方蒙张火纸，一妇女用竹筷叨水放在火纸上，边叨边念：“××来了!”另一妇女答：“来了!”反复叨水，反复念答。直到叨的水在火纸上不浸，像鱼眼，而且还旋转，就证明小孩的魂被叫来了。

还有一种方法，就是掉魂小孩的母亲到场里从麦穰垛上拽三把麦穰，放在大襟里兜回家，途中不能回头，见人不说话。回到家把麦穰一分为二，一把放在堂屋门槛内，另一把放在门槛外，点火烧。一人抱着小孩，一人喊“××来了。”另一人答：“来了！”一连三遍。

(4)夜啼贴。男婴夜啼不止，认为有夜郎作祟，用32开黄表纸写上“天皇皇，地皇皇，我家有个夜啼郎。走路君子念三遍，一觉睡到天大亮”，贴到村口的路旁。如果是女孩，则写：“天黄地绿，我家有女夜哭。走路君子念三遍，一觉睡到太阳出。”

2.咒术

(1)刀剁。有的户东西被人偷去，妇女站在村旁高处，一手持刀，一手拿木板，边骂边用刀剁木板，使偷东西的人挨骂又被刀剁，心里难受。这叫“刀剁着骂”。

(2)刀刺草人。极少数人少了东西，在村头扎个草人，边骂边用尖刀往草人身上刺。如果偷者心慌意乱，当晚就会把所偷的东西偷偷扔到少东西人家的院内。

(3)罗底照。集七姓的食用油，邀7名不满12岁少女。傍晚用集来的油点灯，放在罗底下面，透过灯影能看见贼的影子。然后用开水浇贼影，贼身上就会起泡。用罗底照影要先造舆论，做贼心虚者，听说人家要用此法，傍晚立即把偷的东西给人家偷偷扔回去。

3.消灾

村人对不可认知又认为不吉利的自然现象常采取一些措施来消灾免祸。下冰雹时，往院子扔刀子，说老天爷看见刀子以为自己是给民间下刀子，会立即停止。

日食、月食时，民间敲锣打鼓或敲铜盆，放鞭炮吓唬天狗，让天狗或屙或哕(yuě)出来。

遇见旋风吐唾沫，以免鬼缠身，因为“鬼怕恶人”。

夜晚走黑路遇到吃紧地方，头皮发炸时，用手使劲揉搓头发，就可破解。因为揉搓头发产生火花，传说鬼会因此不敢靠近，可免祸。有的坐下来，用火镰打火吸烟，打出火星，即可吓跑鬼怪。

(五)人物崇拜

人物崇拜，大多是通过说书演唱、故事传说中的所作所为而产生的。有的甚至崇拜到将人神化的地步，其中有的属于全民性的崇拜，有的属于地方性的崇拜。对属于厌恶的对象，由于传说得较普遍，经常将其作为反面例子。

1. 女娲、盘古、神农

“女娲补天”“盘古开天地”“神农尝百草”中的女娲、盘古、神农，被认为为人类做出过惊天动地的贡献。其中，神农氏为了知道什么植物能食用、治病，每种都尝过一次。传说他肚皮透明像玻璃，在外边能看到进食消化的过程。遗憾的是，神农在吃断肠草（俗称“火蚰蜒”）时把肠子弄断了，最后死了。但是他尝百草给后人留下宝贵的经验。尧、舜、禹、汤，是远古时代好头领，吃、穿、住都与普通人没两样，同百姓一起劳动，打出粮食后平均分给大家。大禹还带领大家治水，婚后三过家门而不入，为民除了水害。

2. 姜太公

姜太公即姜子牙。传说，元始天尊赐姜子牙打神鞭，封神完毕之后，奉还此鞭。元始天尊念其封神有功，故而不收，并特许他可云游众神部，每去一处，该部正神暂时让位，就是所谓的“太公在此，诸神回避”，也有人说是“太公在此，诸神退位”。

当地人旧时盖新房上梁安门，都要用大红纸书写上一幅“姜太公在此”的条幅，或书写“鲁班问道何时好，太公答曰此日吉”和“太公在此”的横批贴在梁柱和门框上，在地上放好供桌，摆好供品，燃放鞭炮，由主家的当事人焚香叩头，然后由木匠和泥水匠将梁头拔上房顶。

3. 屈原

屈原为了国家的安危，不惜性命向楚王进谏，却遭到贬逐，最后投江而死，深受民间爱戴。每年端午节，用艾叶煮鸡蛋，就是为了纪念屈原。

民间往往以功利主义、实用主义的观点评价某种人物。村民对帝王将相、才子佳人的了解，一般从民间故事、民间艺人和村中识字人那里获取。他们不存在那种抽象的赞扬，也不带有政治观点，具有一定的娱乐性。由于世代相传，久而久之，对人的行为规范有着不可忽视的潜移默化的作用。

山城民俗事象选

满福友

常言道“入乡随俗”。在长期的生活中，每一个地方都形成了自己的乡风民俗，成为人们共同遵守的行为规范，其中的尊崇与禁忌就是民俗里的重要内容。

“三里不同俗，五里改规矩。”乡风民俗随着地域、民族的不同而异，有的地方村子这头与那头就不一样，因此，尊崇与禁忌没有千篇一律的固定模式。这就需要人们心存敬畏、虚心了解、细心揣摩和认真掌握。

一、饮食衣着方面

1. 饮食。早餐称“早饭”或“清起饭”，午餐称“晌午饭”，晚餐称“吃晚饭”或者吃“黑间饭”“喝黑间汤”。禁忌用筷子敲碗，说那像吹鼓手。禁忌将筷子直插饭碗，说那是供奉死人的放法。盛饭、盛汤禁忌勺子往外翻，说那是打发要饭的。吃饭时嘴巴不能有“吧唧”声，说那是狗吃食的响声。俗话说：“能吃过天饭，不说过天话。”不能说这不好吃，那不好吃。不好吃的食物禁忌乱扔，常言说得好：“吃了不疼撒了疼，老天见了不收成。”吃过饭禁忌伸懒腰，因为动物吃过食后好伸懒腰，不能像动物。吃饭时禁忌掉筷子，说掉了筷子会挨揍。男孩子禁忌用黑勺子喝汤，那样将来会娶个黑脸媳妇。女孩子禁忌用一根长一根短的筷子，那样将来会找个矮个子对象。

2. 服装。人们着装称穿戴。婴幼儿服装一般没有男女性别上的区分，大都是开裆裤，为方便不能自控的婴幼儿大小便。刚出生的婴儿的衣服裁剪时不用剪子铰，要放在门砧用石头砸，小孩穿上养得住，不生病。

老年人服装以肥大舒适、色泽深老为主，男女区别不太严格，以前上衣多带大襟，裤子多是免腰裤子。如今老人常穿“送老”衣服以祈免灾，或者穿大红大紫以求辟邪。子女们为 60 岁以上"本命年"的父母买红腰带,以便使父母顺利越过本命年这道坎儿。

中青年男女在服装的颜色款式上比较讲究,颜色以鲜艳为主,款式以时髦为主,这样才显得精神。上衣对襟,下衣小腰,纽扣为单数,禁忌"四、六"两数,有"四六不上线、不成才"之意。大衣俗称"袍子",背心俗称"汗夹"。衣服下摆禁忌毛边,说那是丧服的形式。年轻女性的衣服晾晒不能挂得太高,那样会造成生育时胎盘衣太高,难下来。

帽子禁忌绿色,绿帽子是"王八"的意思,说妻子与别的男人勾搭,丈夫被称为戴绿帽子。

二、居住环境方面

1. 院落。院落讲究方正,禁忌一头宽一头窄,说那是棺材宅。禁忌四面都是路,说那是囚宅。禁忌院墙过高,说那是监狱墙。禁忌大门口有路或河直冲,说那是箭射门,妨主。禁忌门口对着墙角或者屋檐角,说那样会出门碰钉子,外出不顺利。

2. 房屋。主房应高大,配房要低矮,否则乱了上下,小孩会不听大人的话。建房上梁时要选吉日良辰、放鞭炮。安门窗要贴"安门大吉""安窗大吉"等对联,上梁要贴"上梁逢黄道,立柱遇紫薇""上梁大吉"等对联,否则施工会不安全。建造房屋禁忌四个山墙,门板桌板禁忌五页木板合成,意思是"四山五页",容易出现乱伦等花花事。窗户的窗棂根数禁忌七根,七根棂是"七零八落,妻离子散"之意。民谣:"前不栽桑,后不栽柳。"桑与丧谐音,柳被称为坟前哀柳,宅前房后栽植桑柳不吉利。

3. 居住。老年人住正房东间,中年人住正房西间,小字辈居住配房,亦叫"厢房"。如果顺序颠倒会家居不宁、百事不顺。儿子搬入新宅之前,要让父母到新宅住一晚,以求老人压风辟邪。老人一住,意为老宅,能够流传后世,人丁兴旺。否则,新宅三年内吉凶不定,入住者容易出事。木床的床撑要单数不能要双数,双数是妨主的意思,最好是取七根撑的数字,因为"取七"是娶妻的意思。

三、年龄阶段方面

1. 儿童。在头发上,男婴留颅毛(牙子),女婴留马蹄盖。男童留平头,女童梳娃娃头。儿童正月、五月不剪发，否则生癞不健康。小孩换掉的奶牙禁忌乱扔，上牙放在门砧上，下牙扔到房顶上，否则，新牙长不出来。小孩禁忌吃从杀死的母鸡肚子里取出的鸡蛋，这种鸡蛋叫作“不见天”的鸡蛋，吃了意为长大后会干“不见天”的事。小孩子不能钻人的裤裆（胯下），那样会长不高，也不能在室内打雨伞，会压得不长个儿。

2.女性。少女扎马尾辫，嫁女多披发，女孩禁忌坐在碓碾上，碓碾是破碎粮食的地方，女孩坐了意思是已经“破”了身。未嫁女孩禁忌拜年磕头，否则就意味着已经嫁了人。对年轻女子禁忌询问年龄，否则让人感觉其显老。女性要笑不露齿、行不倒脚，否则，是性欲强、性随意的表现。女性走路不可昂头，坐姿不可张开大腿，那会有失大雅。女人不能成群串门，因为有“女人成群，不是发丧就是哭人”的说法。

3.男性。青壮年多分头，中年男子禁忌说45岁，这一年被称为“腌臜年”，即倒霉年。男性走路不可低头，俗话说：“仰脸老婆低头汉。”据说，他们都是很难对付的人。

4.老年。农村老年多光头。中老年妇女多齐肩发或者齐耳发。男人禁忌从晾晒的女人衣裤下走过，说是妨碍男子运气。老年人禁忌说73岁和84岁，说是“七十三、八十四，阎王不叫自己去”。

四、特殊日期方面

1.春节。春节贴了春联就禁止登门要账，春节这天人与人见面要说见面发财。春节早晨的洗脸水不能外泼，否则一年到头出门都会遭遇雨淋。搞卫生要从大门口向里打扫，意思是“财宝进家”。煮破的水饺禁忌说“破”了，要是“挣”了，意思是“来年挣钱”。农村初一禁忌吃荤馅水饺，否则家畜不旺。春节要藏好刀斧等凶器，见了会有血光之灾。春节一早禁忌在街上捡钱，说那是有病的人专门扔的，想把病转给捡钱的人。初五吃水饺，谓之捏嘴，不捏嘴巴会骂人惹祸。初七要敬火神老爷，不敬年内会有火灾。

2.杨公忌。正月十三日是杨公禁忌，诸事不宜。一般这一天不出门，不干活。过去规定，全年共有13个杨公忌，向后推28天或者提前两天的日子就是下一个杨公忌，即正月十三、二月十一、三月初九、四月初七、五月初五、六月初三、七月初一、二十九、八月二十七、九月二十五、十月二十三、十一月二十一、腊月十九。目前人们把后面12个杨公忌都给忽略了。

3.元宵节。元宵节俗称“正月十五”或“小年”，特征是放灯，多是面灯和萝卜灯，个数应为双数的吉祥数。灯光要照遍各个角落，否则会一年晦气。小孩子要特别照一照眼睛，说“照照眼，不害眼”，一年眼不上火。已婚妇女禁忌在娘家看灯，有“看了娘家灯，死她老公公”之说。

4. 正月十六。即元宵节第二天，是叫客日，娘家人叫闺女回娘家。顺口溜是“正月十六好日子，家家户户叫妮子”。叫了可以不去，但是不能不叫，如果不叫就说明娘家无人。二月二日之前再送回婆家去。

5. 二月二。俗话说：“二月二，龙抬头。”这天的早晨，在太阳未出来之前，人们用草木灰在打谷场、院子里或大门口，撒成若干道圆圈，叫作“围仓囤”。中间挖小坑，并放入五谷杂粮，意思是囤满仓流，祈祷丰收。农村还有用糖拌炒黄豆的习俗，谓之炒“蝎爪”，小孩吃了一年不被蝎子蜇。“龙抬头”这天还是乔迁新家的好日子。

6. 清明节。清明节又称“鬼节”或“寒食节”，是祭奠扫墓的日子。子女们到先人的坟墓前烧纸上坟，有的赶不回来就在大路口画圆圈代替先人坟墓烧纸，寄托哀思。清明节有门口插柳的习俗，纪念介子推。

7. 端午节。五月初五为端午节，门口插艾，以避瘟毒。用天蔴棵煮鸡蛋，吃了一年不腰疼。还说“吃了端午粽，一年不得病”，其实吃粽子是纪念屈原。乡村流行用五色线给小孩扎手腕和脖子，待下大雨时再剪下冲走，免灾一年。常言道：“五月不拆被，拆被无人睡。”被子俗称“盖体”，禁忌五月拆洗，意为拆散家人。如果拆，就必须当天再套上。如果当天套不上，又打算五月拆被，那就应该在四月提前将被角拆开。

8. 分龙节。五月十三是分龙节，龙王分配各龙外出行雨，所以也叫“雨节”。这天又是关老爷在天上磨刀的日子，一般会滴下雨来。如果不下雨，就是干磨了。

9. 回龙节。五月二十是回龙节，是行雨的龙回来的日子，如果这天再不下雨，就无望了。民间说：“分龙不下回龙下，回龙不下到腊八。”预示全年大旱，民间就会立即启动用火燎山等求雨方式。

10. 六月初一。农历六月初一俗称“小半年”，一般家家吃大包子。小孩春天种花(种牛痘)的人家，门口挑有红黄绿蓝四色布条(红子)，于这天取下来烧掉送灾，还要送香磕头放鞭炮，庆祝小孩闯过了天花关。

11. 六月六。农历六月六为“晒衣节”，俗语有“六月六，晒龙衣”之说，这一天晒过的衣服不生虫。山里居民称六月六为“山神节”，养有家畜家禽的人家要敬山神，让山神管住豺狼，防止把家畜家禽叼走。

12. 七月十五。这一天被称为“鬼节”，后辈为过世的先人烧纸上坟。山城街道绝大部分区域不信崇此节。

13.中秋节。八月十五称为“中秋节”，或称“八月节”“团圆节”。这个节的特征是吃月饼、赏月。月饼象征团圆，外出的人多在中秋节回家与家人团圆。

14.重阳节。农历九月九为重阳节，也称“老人节”，是敬老爱老的节日。九月的禁忌是套被子，传说用了九月套的被子，会一连生九个闺女之后才生男孩。如果九月结婚套喜被的话，就必须在四个被角各放一朵九月菊，方可免除此忌。

15.十月一。在当地，农历十月一日好比第二个清明节，也俗称“鬼节”，风俗与清明节类似。

16.腊八。农历十二月初八为“腊八节”，家家要煮腊八粥，基本由八种粮食山果等组成，红枣是必不可少的。

17.辞灶。腊月二十三为祭灶日，俗称“过小年”“辞灶”，也叫“打发灶王爷上天”。人们用秫秸芯扎马，把守在厨房里的灶王爷揭下放在马上，傍晚摆果供，焚香箔，放鞭炮，焚烧马和灶王爷，送其上天，并再三祈求灶王爷：“上天言好事，下界保平安。”

18.除夕。春节的头天是除夕，主要是贴春联、包水饺、吃年饭、放鞭炮、守年夜。此后的禁忌更多，人要表现得兴高采烈，话要说得吉祥如意，好像辞旧迎新的情景决定着来年的吉凶一样，人们时时处处对自己的言谈举止严格要求、高度警觉和慎之又慎。

五、农业事务方面

1.庄稼长势。因为自古以来农民都是靠天吃饭，所以对老天产生了敬畏之心，在言谈举止上形成了许多禁忌之处。庄稼长得再好也不能夸口，一旦让地神听见，他就会上报天神刮一场大风或者下一场冰雹，使丰产不能丰收。庄稼不太旱，也要说庄稼旱了，好让地神听见回报天神尽快下雨。

2.耩地。耩地时禁忌询问耩子里还有没有种子，一旦问了，耩子里就会立刻没了种子，耩的地不是缺苗就是断垄。

3.估产。一般不要随便估产，估了产的庄稼收获后都达不到预期，会让人大失所望。

4.收获。到打谷场装粮食，一定要多拿几条口袋，只要不是刻意，收获的粮食一般都能将带去的口袋装满。在打谷场上，禁忌妇女坐在碌碡上歇息，坐了之后，场上就会无粮食可打。

5. 防折防霉。冬季，农家的草木灰禁忌倒在雪地上，否则来年的庄稼会生出“污霉”。挂在屋檐上的“冰琉璃”禁忌打断，否则来年地里的高粱等高秆作物会被风吹折。

6. 用具。农家禁忌任何人用屁股坐扁担，用了屁股坐的扁担就会生“遛肩疮”。

六、工匠艺人方面

1. 五忙日。铁木石匠泥瓦匠等各类手工匠人，都要在正月初五动工开市，只有这天开市，一年到头才能不缺活干。

2. 菜品。不论谁家请匠人干活，上场的第一餐禁忌食用虾米之类的菜品，因为“虾”的谐音同“瞎”，是“错”的意思，工匠最怕干错活。

3. 医生。医院大夫禁忌说再见，病人看完病离开时，医生与病人之间都不能说再见，说再见意为病不好，还会来。病人吃过的中药渣子禁忌存放，要倒在大路上让千人踏、万人踩，方可带走病人的病痛，病人才能尽快痊愈。

4. 木工。木工不伐五杈树，伐了之后，会遭遇砍手之祸。做棺材的木工临走时禁忌说“再来”，说了意思是“这家还会死人”，主家自然不会饶恕。

5. 厨师。厨师不杀五爪鸡，杀了五爪鸡破菜时会剁手。

6. 文人。禁忌将文人写的东西擦屁股、踩脚下，认为那是对文人的蔑视，也是对孔圣人的亵渎。

七、经商贸易方面

1. 商人。跑生意做买卖的商人，晚上住宿禁忌睡在梁头之下，说是会压得翻不了身，意思是“生意翻不回本，要赔本”。他们的扁担禁忌有人跨过，尤其是女人，一旦跨过去，还必须再跨过来，否则，生意倒霉，永不发事。

2. 路遇。跑生意的人清早赶路禁忌遇到女人，更忌讳女人打招呼，意思是“一天生意不顺”。路上遇到结婚的，这天的生意一定不好，因为好事让人家办了，世界上决不会人人都有好事。相反，在路上遇到发丧的，生意就会发财，因为人家有坏事，自己就一定有好事。大清早最忌讳遇到兔子横穿前面道路，不论出门干什么，如果遇到兔子拦路，最好折返，否则会出大事。

3. 开市。早晨第一炮生意一定要打响，如果第一炮不响，一天就不顺。

因此，生意人十分在意早晨的第一炮生意，就是不赚钱也要千方百计把第一炮生意做顺当。

4.鱼市。鱼市的禁忌是不能只买卖一条鱼，一条鱼是祭鱼，祭奠死人才用一条鱼。

5.店铺。店铺的柜台禁忌人坐，柜台是数钱的地方，屁股坐上去就会污染财路，影响生意。店铺人员坐姿不能背门向里，那是“倒闭”的意思。禁忌敲击钱柜和算盘，敲击钱箱如同敲罄，是“钱财告罄”之意。

八、婚孕生育方面

1.出嫁。俗话说：“借娶不借嫁。”房子能借给人家娶媳，但不能借给人家出嫁。闺女都是由娘家打发出嫁，没有借房出嫁的，那样会带走人家的财气和运气。

2.怀孕。妇女怀孕后不能去看人家结婚拜堂，看了新娘就难以怀孕，只有等到那个怀孕的妇女生的小孩长到举手捞到门头时才能怀孕。妇女怀孕也不能看人家出丧，否则会流产。

3.坐月子。民间还有“借死不借生”之说，房子可以借给人家发丧，但不能借给人家生孩子。借房发丧只要在大门上挂一条红布，就可免灾。借房生孩子就会带走好运气，带来污浊气。生了孩子的妇女，一月之内禁忌串门，到谁家就会给谁家带去晦气，到泉眼洗脏衣服，晦气会扑得泉水断流。月子内的妇女要包头扎腿，防止受风，不能沾凉水，否则今后会骨节疼。

4.抱孩子。接过人家的孩子抱一抱，禁忌说这孩子这么“沉”，要说小孩“压手”，如果说小孩“沉”，小孩就会“生癞”，主人会生气。

九、言谈口语方面

1.问路。向男的问路禁忌叫大哥，要叫“二哥”或者“老师”，对年老的要叫大爷。向年轻女子问路禁忌叫“大嫂”或者“小姐”，要叫“大姐”或者“妹妹”，对年老的女性要叫“大娘”。

2.称呼用语。称呼女孩叫“闺女”，称呼男孩叫“帅哥”，称呼男士叫“先生”或“兄弟”，称呼老者叫“有年纪的”或“大爷”“大娘”，称呼工人叫“师傅”，称呼艺人叫“老师”。

3.敬辞谦辞。初次见面说“久仰”，好久不见说“久违”，请人批评说“指教”,请人原谅说“包涵”,请人帮忙说“劳驾”,求给方便说“借光”,麻烦别人说“打扰”,向人祝贺说“恭喜”,求人看稿说“斧正”,求人解答用“请教”,盼人指点用“赐教”,感谢关爱说“抬爱”,感谢重用说“抬举”,请人办事用“拜托”,赞人见解说“高见”,看望别人称“拜访”,宾客到来称“光临”,陪伴朋友用“奉陪”,无暇陪客说“失陪”,等候客人用“恭候”,请人别送用“留步”,欢迎购买说“光顾”,归还原物说“奉还”。

4. 生活用语。吃饭说“用餐”,喝茶说“品茶”,解手说“方便”,上厕所说“上卫生间”,月经说“例假”,怀孕说“有喜”,生育说“得喜”,搬家说“乔迁”,考上学说“高中”,升了官说“高就”,姓名说“贵姓”,年龄说“贵庚”,年轻女性的年龄说“芳龄”,小孩去世说“跑了”,老人去世说“老了”或“走了”,身体有病说“欠安”,病好说“痊愈”,睡觉说“歇息”。

5. 新娘语言。新娘在结婚这天最忌讳嘴无遮拦、胡说八道。因为新娘的话最灵验,说错了是无法收回的,也是会招惹祸端的,所以不论如何吵喜,新娘都不能恼火,更不能说难听的话。

十、出行交际方面

1. 出远门。禁忌黑道日或者初一、十五出远门。一般是三六九向外走,二五八返回家。

2. 走亲戚。禁忌初一、十五串门走亲戚。下午也不能走亲戚。禁忌手提药品及香箔串门,会给主人引来疾病与鬼神。俗话说:“七十不留宿,八十不留饭。”对走亲串友的七八十岁的老人禁忌留宿留饭,因为他们随时都有意外发生。

3. 看望病号。禁忌初一、十五看病号,过了上午12点禁忌看病号。只有看望临终的人才不顾日子和时间。看病人要提苹果、橘子等水果,谐音“平安”之意,禁忌送梨之类水果,谐音“梨”同“离”,不吉。

4. 招待客人。给客人倒茶禁忌壶嘴对着客人,因“壶嘴”谐音“虎嘴”,壶嘴应朝门口。递烟递茶或者递名片用双手,对方也要用双手接回,接回的名片要恭敬地看完后放入上衣口袋里,禁忌随手扔掉,轻视名片就是对名片主人的不敬。禁忌一根火柴连点三支烟,因为有“三火成灾”的说法。陪客人吃饭禁忌提前离席,禁忌提前收走餐具,会让人认为不让客人再吃了。客人不走,不能拿扫帚扫地,因有“逐客”之意。

5. 做客。客人在主人家做客用餐,禁忌把盘中的鱼翻过来,有“客不翻鱼”之说，坐车坐船来的人最怕翻，所以禁忌翻鱼。席间主人敬酒之后，客人要“借花献佛”回敬主人。酒喝好之后，客人要主动说：“喝好啦，吃饭吧！”客人不说吃饭，主人绝对不能提出吃饭，否则有不让客人喝酒之意。

6.馈赠。对亲友禁忌送钟表，谐音“送终”，不吉利。禁忌送手巾，手巾谐音“手紧”，意为手里紧张，缺钱花。亲友生意开业禁忌送茉莉花以及梅花，茉莉谐音“没利”，梅花谐音“没了”，均不吉。

7.交往。“来而不往非礼也”，亲友之间，讲究礼尚往来。要投之以桃，报之以李。要你敬我一尺，我敬你一丈。

8.交友。朋友相邀，多入酒场，不去赌场。喝酒，越喝越厚；赌博，越赌越“薄”。

9.交情。患难之中见真情。朋友千千万，知心有几人。交友不仅共享乐，而且还要共患难。

婚礼仪式歌

张令海

一、铺床歌

这张床，也怪强，
婶子大娘来铺床。
这张床，也怪美，
八块金砖垫床腿。

铺床人由新郎的婶子、大嫂或早定好的其他迎亲妇女充当。铺床时间是在喜日前一天下午。铺时每个床腿垫两块砖，四腿共八块，所以说：“八块金砖垫床腿。”

二、撒帐歌

一把栗子两把枣，
闺女小子往家跑。
一起金，二起银，
三起摇钱树，
四起聚宝盆。

为吉利早得贵子，新郎家提前把大枣、栗子、麦麸之类掺在一起放在托盘里，等新娘到家，由新郎的嫂子或婶子撒向新娘。枣的同音字是“早”，栗的同音字是“立”，合在一起就是“早立子”，意在于此。

三、挑红盖头歌

蒙脸红，上覆棚，
一年一个小学生。
蒙脸红，挑三挑，
当年就生白胖小。

新娘从娘家来时，头上盖着大红布，叫“蒙脸红”。到婆家后，由新郎或女迎亲的用擀面杖将红布挑起放在覆棚上。

四、点灯歌

太阳一落黑荧荧，
小孩大娘来点灯。
一手拿点星星火，
一手拿点掌面灯。
掌面灯，观八方，
观得新人好嫁妆。

五、送床歌

引　语

状元爹、状元娘，
婶子大娘来送床。
送床不是白送的，
七封果子八封糖。

晚上，新郎新娘该睡觉时，新郎的婶子和大娘手拿着写好的床公、床母来到新房，先唱上一首歌谣，然后用火点着床公、床母的神位。唱：

床公床母床喜神，
俺家来了掌门人。
头戴金，身披银，
怀里抱着聚宝盆。
给俺某家带来了，
闺女小子一大群。

另有版本：

床公床母脚搭神，
俺家又娶掌家人。
又掌家，又带财，
满床儿女带着来。
光要拉弓射箭的，
不要弹棉纺线的。

唱完，床公、床母也已燃完，新娘新郎拿出果子糖交给她们，送床完毕。

六、开脸歌

红鸡蛋，满脸转，
今年吃你喜馍馍，
明年吃你喜鸡蛋。

开脸在婚后的第二天早晨，由迎亲的两名妇女手拿开脸用的红线绳，把新娘前额上的汗毛拔掉(旧习，不结婚的不开脸)。

七、司命灶君歌

灶老爷，你是神，
俺家又来掌门人，
有饭你先吃，
有事你先知。
上天言好事，
下界保平安，
保俺一家平平安安。

古稀之人话过年

杨延标

年是 365 天中最大的节，是儿时最憧憬向往的一日，以这篇小文叙述年幼时过年的感受。

童年在村里过年时，街头从腊月三十晚上到初一清晨都是鞭炮声。虽说现在年纪大了早失去了巴望过年的童心，然而正是这空中忽而爆响的鞭炮声，炸开了我对儿时过年的记忆以及一并逝去了的岁月和日趋淡化了的风俗。

在我的记忆中，儿时的过年总是与漏风的薄石板及麦秸草缮的屋檐前一根根半尺多长雪水化时滴下冻成的冰溜溜、凛冽的西北风、破烂空心的小棉袄和地面上覆盖着的松软的积雪联系在一起。好像没有这些就不是快过年似的。我的上一代人或几代人都怕过年，那时候是“阔人过年，穷人过关”“小孩巴年，大人愁年”，商家官家富贵人家的日子是天天过年不必愁年，糠菜半年的人家也能凑乎到过年吃上顿“扁食”（水饺），或者一二顿面饭的。但那些流落在街头讨饭为生的就谈不上过年了。“朱门酒肉臭，路有冻死骨”，是那个时代的真实写照。

在 20 世纪五六十年代还是食不果腹，进入 80 年代后，农民的生活逐渐好转，农村的年味越来越浓，准备年货也不再犯愁。平常饮食逐渐节日化，买件新衣裳也不再稀罕了。快过年的气氛首先从老家海子泉口、各街口水井边的热闹中感受到，如果是一连几天的晴天，泉边涮锅盖的、洗衣服、洗菜的，蹲了好大一片人。并且有的在干活，有的则排队等着。泉水温乎，每户每天都有人涮洗挨沟排队。井边提水、挑水的也特别多，井水也温乎点，有的涮桌子板凳、涮筐洗盆，擦门窗、泼院子压尘土等。家家男女老少都忙里忙外没有一个闲着的，户户都有拾掇的动静。70 年代中期通了电，村里有了打面机、粉碎机打麦面，烙煎饼就不用人推磨了，忙年的劳动量也就减轻了。

长长的屋檐下更是早早地挂满了五彩缤纷的被褥衣裳。煮肉、酥菜、炸丸子、蒸馒头、点香敬神的各种香味也从各家各院落中丝丝飘逸出来。年味越浓，传统的规矩禁忌也就越严了。比如，蒸好馒头后点上印花，放在院子里的香台上供一供神；酥菜炸丸子头一锅要放在盘子里拿到香台上供一供，破了供小孩才能吃；到腊月二十九或三十上午要贴对联放鞭炮，大人孩子都穿上干净的衣裳，阔绰人家穿上鲜艳的新衣裤，儿时的同伴们都会相互追逐拍打一下，说"穿新衣打三下，保证回家不挨骂"。对于一家主事的大人们来说，有些家务事年年除吃团圆饭之前要完成的。比方各家各户大扫除、贴对联，从年除到初三全家人的食物，准备拦门棍、木柴（松树或榆树树墩到年除夜守岁时在泥盆烤火用）。又比如，借了人家钱也要想方设法在这一天还清。而头等重要的是把晾晒在外面的被褥、衣服收进屋里。因为上神（玉皇大帝和各路神仙）这天晚上降临人间与凡人共乐，这些东西自然有碍观瞻。我们这一家奶奶是虔诚的佛信徒，年除晚上要摆供品敬神，香台两旁插上青竹，台上摆上馒头、酥菜、水果、酒，送上香，一连三天都如此，以保佑全家老幼一年平平安安。她还把一年中省吃俭用的钱及早换成新票，平均分给所有的孙子们。孙女们是没有这份待遇的。

"年除"一天忙完后，全家围在一块包"扁食"（水饺），头四刀剂子要包肉、糖、钱、麸子，初一谁吃到了包有这四样东西的水饺，新的一年就有钱花，生活甜蜜，有福气，有发展。大约包够三天吃的，然后全家人围着火盆烤着树墩或者芝麻秆或者棉柴，寓意"全家红红火火，节节高"。大人们喝酒，小孩们坐在火盆旁吃着花生或者自家炸的酥果，说说笑笑开始了一夜的守岁。整个年除夜晚从大门外挂的灯笼到各个房间挂的蜡烛灯或点灯是不能灭的，大门、主房门一夜不能关，开着门让神仙和自家的先人们回来过年。一家人熬到下半夜后，老人们开始下"钱串子"（即一半面条、一半水饺），吃了宵夜会使寒冷中守岁的孩子们暖和、有精神，也预示着新的一年全家财源滚滚。

从"年除"晚上到正月初一，许多禁忌是不能违犯的。比方不能打烂碗碟，不能骂人说粗话脏话，口语中不能带"鬼"和"死"等不吉利的话。初一早，小字辈要给自己的老人、族长和邻居家的长辈拜年，年轻、年长的多是一群群相邀，口里喷着酒气和糖果瓜子的香味，每家必到。不是一姓的同辈们见面便是拱手作揖道："新年好，恭喜发财！"如在外工作的没回来，初二要同样走动，初三以后就不再拜年了。新过门的女婿或者亲戚中的晚辈来看望，在初八之前都要到家放下礼品就磕头。

过年除了休闲、热闹之外，作为童年的感觉从初一到初九都在改善生活。在饮食上是：初一饺子，初二面，初三素食（不食肉），初四吉（鸡），初五捏嘴（大包子），六扯旗（面条），七沫（豆沫），八福（吃肉），九鲤鱼。一直延续到正月十五元宵节都不吃粗粮，这在20世纪五六十年代是不可想象的。其间除吃好的外，农村还有演大戏、玩竹马、耍猴等民间文艺项目，精彩不断，好个热闹。

正月十五一过，农家的日子便恢复了往日的宁静。大人们的心思转到了生计的奔波上，孩子们则开始拾柴、放牧，赶补寒假作业，心里又巴着下一个新年快点到来。

六周庄户棋

张令海

山亭一带民间喜欢玩“六周”，也叫“来六”，俗称“庄户棋”。

“六周”不需要特别的工具，在农村场边、地头、夏天的树荫下、冬天的向阳避风墙根、山洼处，搬块石头，没有石头地上也可。在上面横竖划 6 条杠，中间呈现出 25 个方格，每个方格的四角是棋子之位，共计 36 个方位，这就是六周棋盘。用对比色强烈的两色石子各 18 只，没有石子别物代替也可，无论摆在棋子之位，还是各自构“方”布“六”，攻卫取守各有千秋。按棋艺高低，各个村均有高手、妙手，俗称“高六”。

“六周”的下法是二人对弈。分先后，一人一块子地往方位上摆。方位摆满后，双方各薅一块子，对弈开始。每人每次走一步，每步只准走一个方位。无论是摆子或走棋，一方构成四子成“方”，叫作上“城”，任意吃掉对方一块子；一方在一条线上摆成一色六子，叫作上“六”，任意吃掉对方两块子，这也是“六周”俗称的又一来历。

大凡下“六周”者，下手就得全神贯注，精心防御对方布“六”构“方”，自己则千方百计构寨筑堡，真真假假地建“方”布“六”。

双方 18 块子尚未摆完，一方占了绝对优势，另一方呈现出明显败局告输，收了重来。

有的虽然布局面占了优势，但经不起对方几次冲杀，所构筑的“方”或“六”格局被攻破，尽管将士健在，也得宣告服输。

有时摆局并驾齐驱，攻来挡去，势均力敌。双方都难以短时间内取胜，僵持不下，经双方同意宣告和棋，各自收子重来。

民间艺术

皮影戏

刘西圣　张令海

皮影戏，又称“影子戏”或“灯影戏”，山亭一带的老百姓也称“挑皮人子”。它是一种以兽皮或纸板做成的人物剪影，在灯光照射下用隔亮布进行演戏，是民间广为流传的傀儡戏之一。在鲁南地区最有名的皮影戏老艺人要数山亭区山城街道后官庄村的陈德义和东王峪村的张显亭。他们二人在20世纪的中期专业巡回演出，足迹踏遍苏鲁豫皖几个省。曾多次参加省、地、县的调演比赛并获奖。皮影戏被人们高度评价为“方寸小世界，人间大舞台”。

皮影戏表演时，艺人们在白色幕布后面，一边操纵戏曲人物，一边用当地流行的曲调唱述故事，同时配以打击乐器和弦乐，有浓厚的乡土气息，是民间的一门古老传统艺术。在农村，这种拙朴的民间艺术形式很受人们的欢迎。在过去电影、电视等媒体尚未普及的年代，皮影戏曾是十分受欢迎的民间娱乐活动之一。千百年来，这门古老的艺术，伴随着祖祖辈辈的先人们，度过了许多欢乐的时光。皮影不仅属于傀儡艺术，而且还是一种地道的工艺品。它是用牛、驴、马、骡皮，经过选料、雕刻、上色、缝缀、涂漆等几道工序做成的，制作考究，工艺精湛。

其制作过程是：首先，将皮子泡制、刮薄、磨平；然后，艺人们将各种人物的图谱描绘在上面，用各种型号的刀具刻凿后，再涂抹上颜色。雕刻时，一般都用阳刻，有时也用阴刻。绘画染色十分讲究，女性发饰及衣饰多以花、草、云、凤等纹样为图案，男性则用龙、虎、水、云等纹样为图案。忠良人物为五分面，反面人物为七分面。人物造型与戏剧人物一样，生、旦、净、丑角色齐全。制成的皮影高的达55厘米，低的有10厘米左右。皮影人的四肢和头部是分别雕成的，用线连缀而成，以便表演时活动自如。一个皮影人，要用五根竹棍操纵，艺人手指灵活，常常玩得观众眼花缭乱。不仅手上功夫绝妙高超，嘴上还要说、唱、念、打，脚下还要制动锣鼓。演皮影的屏幕，是用一块1平方米大小的白纱布做成的。白纱布经过鱼油打磨后，变得挺括透亮。演出时，皮影条紧贴屏幕活动，人影和五彩缤纷的颜色真切动人。皮影道具小，演出方便，且不受场地限制，在皮影戏盛行的地区，人们会亲切地称它为“一担挑”艺术。

皮影戏有着历史的溯源。相传，2000多年前，汉武帝爱妃李夫人染疾故去，汉武帝思念心切，神情恍惚，终日不理朝政。大臣李少翁一日出门，路遇孩童手拿布娃娃玩耍，影子倒映于地，栩栩如生。李少翁心中一动，用棉帛裁成李夫人影像，涂上色彩，并在手脚处装上木杆。入夜围方帷，张灯烛，恭请皇帝端坐帐中观看。汉武帝看罢龙颜大悦，就此爱不释手。这个载入《汉书》的爱情故事，被认为是皮影戏最早的渊源。它发源于陕西，极盛于清代。上色时主要使用红、黄、青、绿、黑等五种纯色。不少的地方戏曲剧种都是从皮影戏中派生出来的，而皮影戏所用的幕影演出道理、艺术手段对电影的发明和美术片的发展也起到先导作用。如今，中国皮影被世界各国的博物馆争相收藏，同时也是中国政府与其他国家领导人相互往来时的馈赠佳品。

皮影戏艺术发展多是艺人子承父业，数代相传。无论是影人造型制作，还是影戏演技唱腔和流行地域，都是如此。旧时很多官第王府、豪门旺族、乡绅大户，都以请名师刻制影人、蓄置精工影箱、私养影班为荣。在民间乡村城镇，无论逢年过节、喜庆丰收、祈福拜神、嫁娶宴客、添丁祝寿，都少不了搭台唱影戏。连本戏（连续剧）要通宵达旦或连演十天半月不止，一个庙会可出现几个影班搭台对擂唱影，热闹非凡。

建国后，山亭的皮影戏与全国各地一样，皮影戏班、艺人又开始重新活跃，从1955年起，山亭皮影戏先后参加了省、县级的汇演和文化艺术交流，并屡次颇有成果。但到“文革”时，皮影艺术遭到“破四旧”的噩运，从此元气大伤。幸亏老艺人陈德义将道具藏到痂皮墙里，才躲过了灾难。

山亭皮影戏起源于清朝中期，与河北唐山皮影、陕西华县皮影并称为当代中国尚存的三大皮影，目前已被列入省级非物质文化遗产名录。

陈德义之子陈守科作为山城皮影戏的第四代传人，7岁多跟着父母学艺，16岁就能独立登台表演。“文革”期间皮影戏被禁演，父亲偷藏下来的880件共计160套皮影，后来成为陈守科珍贵的演唱道具，他也因此被民俗专家誉为“中国皮影保留最完整、最古老的传人”。

近年来，陈守科带着他的山花皮影剧团到处巡演，足迹遍布大江南北，为宣传推广鲁南皮影戏做出了突出贡献。期间陈守科除了演唱传统的皮影戏剧目《西游记》《东游记》《封神榜》《杨家将》等之外，还不断发展创新，如根据抗非典人物张普善的事迹编排的皮影戏《张普善》、根据2008年奥运会编排的皮影戏《奥运五福娃》，在纪念全民族抗战爆发77周年之际，他新编的反映台儿庄大战的段子《莫忘一九三八》以及根据农村计划生育编排的皮影戏小品、段子等，均受到了观众的好评。在各类演出中，他的皮影戏也是屡获大奖。

2010年5月，陈守科应邀到台儿庄古城，专门为海内外游客表演皮影戏。在平时的演出中，陈守科认真负责，每一次都是非常卖力。他说，他力求将山亭皮影戏的神韵尽量地展现出来，让海内外游客过目不忘。每天除了按照相关要求进行表演外，加时、加场表演是经常化的，但面对自己喜爱的皮影戏艺术，他每一次表演都没有怨言。但在这几年的演出中，陈守科总是感觉传统的段子和古城联系不大，创作并演唱反映古城台儿庄的皮影戏一直是他的一个念想。“七七”抗战爆发纪念日前夕，陈守科灵感突现，没多久就随笔写出了反映台儿庄大战的段子《莫忘一九三八》。唱词中写道：

1938年那个春天，
小日本侵华进鲁南。
企图想把台城占，
激起了大中华抗日的浪潮翻……
西门外先把浮桥炸断，
战士们甩开了枪炮把刀端。
与日军展开肉搏战，
杀得他缴枪投降狼狈逃窜……
看今朝，
古城内名胜古迹平地起，
七十二庙放光妍。
家家门前流水潺，
来来往往行舟船。
一河渔火歌声起，
夜不罢市胜江南……
台儿庄是扬威不屈的英雄地，
千秋万代美名传！

之后，陈守科设计制作皮影形象，并加紧排练，终于在纪念全民族抗战爆发77周年之际，将这个“唱大战，颂英雄”的段子推了出来。经过几场演唱，很受游客们的青睐，充实了大战文化，装扮了古城台儿庄。

陈守科在台儿庄古城正在为游客演出

2005 年,皮影剧目《孙大圣游山亭》更是在全区文艺汇演中稳拿桂冠。

在唱腔上,山花皮影戏的唱腔分为男腔、女腔、文腔、武腔,唱调中保留着原始的和尚唱经的腔调。然而,由于外出演出,很多人难以听懂。2006 年在上海民俗馆表演时,陈守科在表演《西游记·过火焰山》一段时加入鲁南地区的柳琴戏调、梆子戏调、大鼓调等,形成了鲁南地区特有的"九腔十八调"唱腔。

2008 年 5 月 16 日,山亭民俗文化抢救中心、山花皮影研究所在山亭后官庄村正式挂牌成立。

为适应市场,陈守科的叔伯兄弟,原在济宁某机关单位工作的退休干部陈亚民回来,担任了山花皮影剧团的经纪人。皮影研究所的所有成员均是山亭官庄的村民。

经过抢救性修复整理,皮影已经进入博物馆科学保护系列。在保护珍贵文化实物遗产的基础上,同时也存留了难得的皮影雕刻工艺、表演技巧和大量专业资料等非物质文化遗产。

陈守科展示他收藏的皮影

皮影艺术堪称当今影视艺术的鼻祖，起源于中国，是中国出现最早的戏曲剧种之一。据史书记载，皮影戏始于先秦，兴于汉朝，盛于宋代，元代时期传至西亚和欧洲，可谓历史悠久，源远流长。据史书记载，春秋时期，孔子的得意门生子夏在孝义讲学，为吸引更多人听他的演说，曾在夜晚利用“影乐”的形式聚众讲学。由于子夏从师于孔子，也会“乐、琴”，以影乐形式设讲，寓教于乐中，使“设教、乐琴、影乐”融为一体而成为“影、乐、教”的完善影戏形式。子夏讲学为当地人所喜爱，当地人学会了表演影乐的技法，随着时间的推移，影乐教的形式在当地变为影戏，这是最早的皮影雏形。

皮影人物是影戏主体，它的结构是颇具巧思的。为了动作灵活无碍，一个完整皮影人物的形体，从头到脚通常有头颅、胸、腹、双腿、双臂、双肘、双手，共计 11 个部件。头部，包括颜面、帽、须及颈部，下端为楔子，演出时插入胸上部的卡口内，不用时则卸下保管。胸部，上部装置卡口，以备插皮影人头用。与胸上侧同点相钉结的有两臂，各分为大小臂两节，小臂下与手相连。腹部上方与胸相连，下方与双腿相连，腿部与足为一个整体(包括靴鞋在内)。皮影人物各个关节部分都要刻出轮盘式的枢纽(老艺人称之为“骨缝”)，以避免肢体叠合处出现过多重影。连接骨缝的点叫“骨眼”。骨眼的选定关系到影人的造型美感，选择恰当会有精神抖擞之相，反之则显得佝偻垂死、萎靡不振。选好骨眼后，用牛皮刻成的枢钉或细牛皮条搓成的线缀结合成，11 个主要部件就这样装成了一个完整的影人。为了表演的需要，还要装置 3 根竹棍作操纵杆，也就是签子。文场人物在胸部的上前部装置一根签子，用铁丝相连，使影人能反转活动，再给双手处各装置一根签子，便于双手舞动。而武场人物胸部签子的装置位置在胸后上部(即后肩上部)，以便于武打，使皮影人能做出跑、立、坐、卧、躺、滚、爬、打斗等百般姿态。

山亭皮影戏最为著名，它融传统绘画、雕刻、美术于一体，具有浓郁的民族气息，是我国艺术苑里的一朵奇葩。皮影戏内容丰富，有楚汉相争、三国、水浒、西游等 300 多个剧目。这些“剧本”实际上只有剧目的条文，在表演时全靠艺人根据历史故事展开情节和刻画人物，唱、做、念、打浑然一体，其口头文学艺术形式诙谐幽默，令人捧腹，观众百看不厌。

三中全会后，山亭皮影艺术先后被山亭电视台、枣庄电视台、山东电视台以及中央、省、市、区报刊网站等报道过多次，极大地提升了山亭皮影戏的知名度。

山亭皮影戏现分为 4 个分队，江南塞北，全国各地，常年演出。台儿庄古城分队每天固定演出 14 场，天天如此，成为全国皮影戏演出场次最多的队伍。山亭皮影戏主要是唱腔独特，其特点是经腔魔调，和尚、道士念经化缘调，形成九腔十八调、七十二哼哼，一人包演生、旦、净、末、丑，一人演奏所有打击乐，鼓板为全国独树一帜。排字为十字韵，两句落音，分为九板三眼构对，并注重创新，与时俱进。

山亭皮影戏的发展得到了专家及社会各界的支持和关注。2014 年，陈守科被评为“山东省十大模范非遗传承人”，山亭皮影成为弘扬民族文化的一枝奇葩。这枝山亭之花正在越开越鲜艳，越来越辉煌。

山亭琴书

李　卿

山城街道桃山头村一户小有名气的梨园世家，婆婆丁崇兰是山亭的柳琴传人，儿媳张静是山亭琴书的第四代传承人。一门双优，既给这个家庭增添了炫丽的梨园光环，又极大地丰富了山城多元文化的精神大餐。

一、山亭琴书的起源

山亭琴书是山东省有较大影响的地方曲种之一，它和江苏、安徽、河南琴书同出一源，至今已有近200年的历史。“琴书”这一名称的由来源于主奏乐器坠琴、扬琴。在此之前，通常称为“唱扬琴”“唱瞎腔”（因盲艺人自拉自唱而得名），后来又有了“扬琴戏”等名称。

山亭琴书早期称作“唱小曲儿”“唱扬琴”，是苏、鲁、豫、皖地区民间喜闻乐见的曲艺种类之一。2006年，山亭琴书荣获省级非物质文化遗产保护项目。

秦德声、秦德海二兄弟是山亭琴书带有里程碑意义的传承人。

民国初年，鲁南地区匪患、天灾连年不断，山区百姓苦不堪言。为了求生，秦德声的父亲携家带口远离故乡，沿街乞讨至菏泽地区，夜间听小曲（砸扬琴）。后见好心的百姓给琴书班主送衣送粮，他们基本能够糊口。秦氏想，假如自家孩子学会这门手艺，总比挨门逐户婶子、大娘地乞讨要饭强多了。于是，秦家父子便苦苦哀求琴书班主，收两个儿子为徒。菏泽琴书班主见秦家生活朝不保夕，实在可怜，加上秦家父子苦苦哀求，便决意收留秦家两个儿子为徒。秦氏为报答师傅传艺之恩，将大儿子秦德声改名为“秦荷莲”（小名“大声”）。“荷莲”取意谐音“可怜”，寓意永远报答师傅传艺之恩。

二、山亭琴书的发展

秦荷莲生于1911年，卒于1989年。在他从艺的70多年里，以卖艺为生，起初只是走村串户、赶集、赶会时进行演唱。虽然条件简陋，但是由于琴书这一曲艺种类演唱艺术的魅力，内容短小精悍，有说有唱，有哭有笑，非常幽默滑稽，通俗易懂，备受群众喜爱。再加上艺人秦荷莲精湛的表演技艺，演出区域范围迅速扩大。东至平邑县、费县，西到济宁、微山，南达江苏省的铜山、邳县。

同秦荷莲一起拜师学艺的二弟秦德海后因生计举家迁往济宁州，租了一处文场，开始在固定的舞台上演唱琴书，一演就是几十年，直至“文化大革命”开始才被迫停演。

秦氏两兄弟历经数十年磨炼，在师承的基础上，对山亭琴书注入许多新的生机，使山亭琴书逐渐成为具有显著地方特色的曲艺品种。十年“文革”结束后，秦荷莲已年过花甲，因思念家乡，两兄弟便返回故乡山亭，开始在山亭区范围内的集市上和一些村庄进行流动演出，并开始带徒传艺。

1985年秦荷莲带着自己的外孙儿，居住在水泉镇西黄蒿村张西秀的家中。当时村里有十几个孩子拜师学艺，其中，山亭琴书的第四代传承人张静就是张西秀的小女儿。那时家乡民众依然饥不饱腹，张西秀毅然把秦荷莲留在家中两年，让四个孩子都学习了琴书，他说：“再穷不能下井，再苦也得学门手艺。”

笔者在采访张静时聊到学艺那会儿，她不禁哭了。根据她的回忆：当时家里很穷，吃饭成了最大的难题，所以必须想尽一切办法克服困难。跟着师傅五天赶一次集，此外还要挨村挨庄地演出，演出后还得自己询求观众能否跟其回家过夜休息，商量不成就得在麦穰垛里窝一夜。演出齐来的钱用来吃饭。那个年月百姓普遍贫穷，表演时有人围着看，一到齐钱时就瞬间闪人了。就是给，也不过一分、二分钱，时而有人给个5毛，这便是最好的鼓励。演出结束回去后，便“琴不离手，曲不离口”拼命地练习，甚至连种着庄稼、扫个院子都是不停地唱着小曲儿，边学边演，这便是自己成长的舞台。

1989年冬秦荷莲因病去世，秦荷莲的得意弟子张静现在仍活跃在这个文艺舞台上，深受山亭百姓的欢迎和喜爱。

三、山亭琴书的特点

山亭琴书的表演形式，是以说唱为主，道白为辅，伴奏旋律高低起伏，清脆悦耳，韵味华美。虽然没有固定的曲牌，但是它的开场音乐大八板、小八板以及传统固定模式的唱段“凤阳歌”“上河调”“下河调”“娃娃腔”等耐人寻味的演唱风格，很受山区人们的喜爱。

伴奏乐器由原来的坠琴、扬琴、软弓京胡三大件扩展到碟子、二胡、笛子和笙等乐器。同时，每个伴奏员在完成伴奏时，又扮演剧中人物角色，由原先琴书的坐唱的表演方式发展成为立体形象化的舞台戏剧表演方式，逐步形成山亭琴书表演的独特风格。

山亭琴书女腔委婉圆润、温和缠绵，男腔明快刚劲、幽默诙谐。慢板擅长表现抒情、亲切、忧伤、哀怨等情绪，中板擅长表现叙事，快板时擅长表现愤怒。

山亭琴书唱词格式以“二、二、三”的七字句和“三、三、四”的十字句为主体的上下句对仄式。也有一些特殊的唱词格式，如三字句的“三撑子”、五字句的“五字紧”等格式。

山亭琴书的曲牌较少，只有起腔曲牌。板式大致有下列几种：慢板、中板、二板、垛板、紧板、非板、自起板。起腔曲牌大八板、小八板，大多用于开书或演唱之前，展示炫耀演奏技巧吸引观众。二板、垛板、紧板、非板用于演员演唱时根据唱词抒发情感的二度创作。慢板、自起板则是演员演唱时情绪达到低谷或高潮的一种表现，与柳琴戏中的自起板差不多。中板便于剧情的叙述等。

山亭琴书因演唱风格独特，享誉鲁南和苏北一带。演唱时一般由三人组合，主演者多为女性。演奏的乐器主要有扬琴、坠琴、软弓京胡等。山亭琴书传统书目非常丰富，如《九女出嫁》《金杯玉盏记》《十把串金扇》《三开棺》《张廷秀还家》《偷年糕》《罗成算卦》《姜子牙买面》《回龙记》《金钗记》等100余个。其中，由老艺人秦荷莲主演的《十把串金扇》于1985年由枣庄市文联组织进行了录制，历时3个多月。这次录制的琴书《十把串金扇》的剧本共分136回，录制磁带158盘。1986年，由秦荷莲主演的山亭琴书《十把串金扇》的部分内容刊登在《中国戏曲》杂志上。现代书目有《云峰山下》《二女争父》《夫妻听房》《除夕夜》《孩子多了不得了》《小三分家》《中秋月儿圆》《只生一个好》等30余个。

20 世纪五六十年代，山亭琴书曾多次参加山东省济宁地区汇演和省、市调演并多次获奖。早在 1984 年枣庄市的汇演中，山东琴书的第三代传承人秦佑伦以现代题材演唱的《云峰山下》荣获一等奖。2005 年，张静演唱的现代题材琴书《夫妻听房》荣获山东省文化厅文艺汇演二等奖。《测土配方施肥产量高》荣获中组部远程教育优秀奖。张静的其他作品还先后获得山东省第三届文博会民俗展演一等奖、枣庄市民间绝活展示一等奖、山亭区第二届庄户剧团大比武二等奖等各类奖项 10 余项。张静个人也由此被授予“山亭区十佳非遗传承人”。

多年来，琴书凭着自己独有的文化艺术魅力，成为宣传党的方针政策、教育人民勤劳致富、进行文化交流和民俗展演等文化活动的生力军，成为山亭非物质文化遗产中不可多得的民间艺术瑰宝，为三大文明建设、实现中国梦起到重要的推动作用。

山城柳琴戏

张令海

“山城街道有四香，绿豆米饭羊肉汤，刘家烧鸡拉魂腔。”这是流传于山城一带的顺口溜。拉魂腔是柳琴戏的原名，山城人竟然把“拉魂腔”与山城的名吃排在一起，足能看出它的声誉和吃香的程度。山城人对拉魂腔情有独钟，不论男女老少或多或少都能哼上几句。在日常生活中，他们能像随意说话一样，带上柳琴戏的腔调。可见柳琴戏已深深根植于山城人的心中。

柳琴戏原名“拉后腔”“拉花腔”“拉魂腔”等。据《山东省文化艺术志》记载：柳琴戏形成于清代嘉庆、道光年间。当时，滕县城东门外演唱肘鼓子（也称“周鼓子”“咒鼓子”）的武氏兄弟和滕县花鼓艺人安德友、高二协同四句腔艺人八戒，常到东郭镇的苏楼演唱，与当地通晓音律、酷爱文艺的苏门秀才共同切磋，借鉴柳子戏的“山坡羊”“耍孩”以及境内的“溜山腔”“拉纤号子”等民间小调演变而成。肘鼓子的主旋律只有四句腔，前三句半较平，后半句翻高，故改名为“拉后腔”。柳琴戏的语言来自民间，听来亲切、易懂，具有浓厚的乡土气息和人情味。

据说清代咸丰年间，鲁南遭受一次大旱和蝗灾，加之灾后瘟疫流行，贫苦农民少吃缺穿，不得不扶老携幼，四处逃荒。与此同时，一批拉魂腔艺人也纷纷外出乞讨，他们凭着口艺特长，就用唱门子的方式讨饭。若赶到街头巷尾有聚集的人群，他们就打地摊演唱，由一人增至两人或多人，出现了对白和简单的即兴表演。当时的表演段子大多内容短小、情节简单，如《打干棒》《小书房》等。他们流动到丰沛萧砀、涡阳蒙城、商丘虞城、宿县灵壁和泗淮等地演出，并且收徒传艺，从而把拉后腔的种子撒遍了苏、鲁、豫、皖四省接壤地区。

在运河岸边，艺人们又与拉河腔融合，在不断研讨、提取方言乡音特长的基础上，广泛借鉴，后来又经过文人对词、曲、韵、白的加工整理，逐渐形成一种独特的艺术形式。由于曲调优美婉转，人们非常喜爱，故美其名曰“拉魂腔”。后来艺人们根据书画上的琵琶仿造出柳叶琴（俗称“土琵琶”），作为主要伴奏乐器。柳叶琴的出现，对拉魂腔的音乐增添了光彩。因为人们认为拉魂腔的名字欠雅，新中国成立后便称为“柳琴戏”。1954 年华东地区会演，正式把拉魂腔定名为“柳琴戏”。山城柳琴戏和流行于苏北、皖北、豫东一带的淮海戏、泗洲戏一脉相承，可谓是同树异枝的姊妹花。

山城柳琴戏起源于清末，距今百余年。它综合各家之长自成体系，独立门户。最初只是“跑乡村”“打地摊”，其服务群体全是平民百姓。演出形式非常简陋，既是演员，又当乐手，化出化入，一人担当几个角色。起初不化妆，置办了简便的戏衣和道具之后，便粉墨登场，到大雅之堂为工商绅士唱“堂会”。剧目内容也日渐丰富。

民国初期，鲁南地区出现了较大的班社，如苏家班、朴家班等。朴家班的班首朴端品就是桃山柳琴的祖师爷。桃山柳琴现任团长丁崇兰，师承于朴端品的传人倪朝海。若按谱系的话，山城柳琴戏的第一代是苏友刚，清嘉庆年间从艺，是滕县苏楼人；第二代是朴端品，滕县高家街人，清末从师；第三代是倪朝海，滕县官桥人，民国时期从师；第四代是丁崇兰，1961 年来桃山定居；第五代是邵礼增。

丁崇兰

20世纪60年代王峪村办起了柳琴剧团，至今一直非常活跃。

近年来，山城柳琴戏在继承传统曲目的同时，积极创作新戏。在市、区组织的文艺汇演中，山城柳琴戏受到观众的高度赞扬。山城柳琴戏现发展为定谱定腔，主要由柳叶琴伴奏，也使用二胡、笛子、笙、梆子、锣、鼓等乐器。柳琴戏的板，大致有慢板、二板、数板、紧板等。基本腔有慢板、慢二行、快二行、吞板、垛板、紧板、炸板等。色彩腔有连板起、四句腔、含腔、扬腔等，民歌小调作为补充。唱腔以G徵调式和D宫调式为主，徵调式温和缠绵，宫调式明快刚劲。柳琴戏唱词格式以“二二三”的七字句和“三三四”的十字句为主。传统戏中，也有一些特殊的唱词格式，如三字句的“三撑子”、五字句的“五字紧”等。独有的器乐曲牌较少，大都吸收地方民间音乐或借鉴其他剧种的伴奏曲牌并加以变化，主要分为丝弦曲牌和唢呐曲牌两种。浓厚的乡土气息、明快的节奏、粗犷朴实的风格是山城柳琴戏的主要特点。山城柳琴戏多以三小为主，即小旦、小生、小丑，表演受到民间歌舞和花鼓的影响，有很多生活中提炼出来的表演形式和舞蹈动作。柳琴戏早期行当分工不严格，往往是各种角色一肩挑，后来逐渐规范，分为生、旦、净、丑四大行，各行又有不同的小行或者戏路。柳琴戏乐器以民族乐器为主，主要是柳琴，近年来根据需要吸收了部分西洋管弦乐器及电声乐器。柳叶琴是老艺人在长期的说唱伴奏实践过程中独创的乐器。古时用柳木挖去肉茎，保留外壳，用梧桐板制作；现在多是以红木制成音箱，铜板做成板面，置九品、四根金属弦。山城柳琴戏主要演出区域分布于本区，扩大到滕州、市中、台儿庄、峄城、薛城等区市和临沂、济宁等地区，甚至远及安徽蚌埠、江苏连云港等地。

柳琴戏源于说唱体，它的语言通俗、形象、生动、风趣。演员即兴说唱，灵活对白，巧妙而恰当地运用歇后语、打比方、俏皮话、谐音打岔、插话逗趣等，形成夸张、幽默、形象、诙谐的艺术特色。

柳琴戏的伴奏曲牌不多，却有丰富的转调。每段唱腔里几乎都有转调，转调时一方面是根据人物的情感，另一方面是由演员的嗓子条件决定的。柳琴戏总的演唱特点是灵活、多变、运用自如。乐队在弹奏过门时，演员只要不荒腔、不掉板，即可任意起腔、转调、自由咏唱，丝毫不受伴奏的限制。乐队既不约束演唱者自由发挥，又能随着唱腔的变化而变化。如此“即兴伴奏”的形式，看来较灵活，实际不正规。新中国成立后，在音乐工作者和演员的共同努力下，边演出，边吸收，边改革，逐步发展到定谱定腔，进入正规化的档位。

柳琴戏的伴奏分文武场。文场，也叫“管弦乐”，以柳叶琴为主，另外有大胡、二胡、板胡、三弦、坠琴、笛子、笙、唢呐、闷子(又名“大笛”),后来添置扬琴、大提琴、小提琴、铜管、木管,目前又配以电子琴、贝司等电声乐器。武场,也叫“打击乐”,司鼓为全场总指挥,用的是板鼓,另有云板梆子、堂鼓、大战鼓、大锣、小锣、镗锣、铙子、碰铃、大钹等。武场打击乐器基本与京剧相同,锣鼓也多半是从京剧或梆子戏吸收过来的。

柳琴戏的唱腔名目繁多,一般可综合为下列几种:

(1)哈腔,适用于女角亮嗓、碰位。

(2)起板,是演员上场时用的。

(3)哭皮,也叫“哭头”,配合哭泣的唱腔。

(4)含腔,表现少女含羞,欲言又止的情态。

(5)柔腔,又名“连环花腔”,表现人物心头喜悦之情。

(6)射腔,表现奔放之情,高亢有力。男角用时叫“扬腔”。

(7)停腔,又名“行腔”或“留口”,用于有动作的唱句,多停在上句做完动作再接唱,或别人接唱下句。

(8)高腔,多用于情感高昂之处。

(9)踩句,多用于加强语气之处。

(10)调板,调节唱腔速度的一种唱法。

(11)闸板,又名“死板”,用于唱腔告一段落之处。

(12)连板起,板式唱腔调不尽相同,各种行当均有其独特的唱法。

(13)撩崖子,又名“起腔”,嘹亮高亢。

(14)一哟调,女声花腔的一种。

(15)叶时藏花,唱起来若隐若现,意境深远。

(16)冒调花腔,悠扬婉传。

上述柳琴唱腔,都是从民间小调中收集而来的,经过不断的改进,时至今日已构成固定的模式,不但全部定谱定腔,而且在音乐性、节奏感、感情变化等方面均有合理、密切、紧凑的总体搭配。柳琴戏是在民间说唱的土壤上成长起来的,其韵白以方言变韵为主,具有明快、爽朗、粗犷、有力等鲜明的艺术特点。

柳琴戏的演唱方式具有两个主要特点:一是旋律自由。演员只要掌握它的风格特点,就可以随意转接,用各种腔调演唱。同一段唱词,演员各有其不同的唱法,可自由发挥。二是节奏特殊。柳琴戏所有的板式都是有板无眼的四分之一拍的节奏,和一般的戏曲音乐规律不同。这种流水状的节奏主要是便于采用切分音,形成一连串的变节奏,使唱腔更加委婉动听。

柳琴戏传统剧目非常丰富，其剧目有100余种，连台本戏20余种。早期剧目多是反映民间生活的两小戏、三小戏，如《七装》《小书馆》等。后期内容逐渐增多，人物错综复杂，如《四告》《点兵》《潼台会》等。由于该剧种属于地方小戏，所以三小（小旦、小生、小丑）戏居多。柳琴戏的老艺人多系农民出身，表演民间小戏具有深厚的生活基础。拿手戏有《牧羊传》《张彦休妻》《喝面叶》《拾棉花》《王汉喜借年》《打枣》《王定保借当》《吕蒙正赶斋》《砸车子》等。反映爱情故事的有《西厢记》《天台》《小书房》《鱼兰记》《十八相送》《丝鸾记》等。

柳琴戏的剧目形式很多，有“清唱”“小开场”“压台戏”“折子戏”。另外还有取材于章回小说规模较大的“连台本戏”，如《金鞭记》《金镯玉环记》《莲花盏》等。柳琴戏中各种行当也都有其经常上演的代表剧目。

柳琴戏初兴时没有行当之分，“生、旦、净、丑、花白脸，老小正生一脚踢”，只要能扮演多种角色，就算是好演员。三髯生呼之为“大生”，“彩旦”称“老拐”，丑角叫“勾脚”，兼唱小旦和青衣的称之为“二脚梁子”，“老二头”即老旦和青衣，“小二头”即小旦和娃娃旦。建国后，成立了专业剧团，才有行当之分。

柳琴戏演员虽然没经过科班训练，但有分量较重的武打戏，如《力杀四门》《打蛮船》《拦马》《八郎探母》等剧目中的高难度武打动作，确有令人眼花缭乱、惊心动魄的精彩场面。因此，社会上有“好拳师打不过赖武生”的说法。通过几代艺人精心提炼、升华，创造出系统的、与众不同的表演方法。一招一式的表演程序及动作规范，都反映出山城人民强悍、粗犷、豪迈的英雄性格和既华又实的生活向往。这说明柳琴戏非常重视表演武术。特别应当指出的是，柳琴戏的舞蹈程式朴素、庄重、健康。如旦角上场先有整鬓、拔鞋、提裙、揉腰、碎步观场的一系列身段、舞步。再如“风摆柳”“簸簸箕”“干拔泥”“彩莲”“摘枣”“抱娃娃”等生活动作，给人以俗中见雅的深刻印象。“凤凰单展翅”“蝴蝶拜蜜蜂”等，是用于生旦见面时，藏情含羞、俗止又往的舞蹈身段。用这种方式表达爱情，既含蓄又深沉。

丑角的表演以幽默、诙谐、滑稽为“戏眼”，在柳琴戏中占有很大的比重。丑角有“抽梁换柱”“老龟扒沙”“老汉走”“下场步”“老龟蜕壳”“窟窿拔蛇”“颠脚步”“仙鹤走”“叉腿双搓步”等。丑角模仿人物飞禽走兽的某种引人发笑的动作，源于生活而高于生活，令人捧腹大笑。

山城柳琴戏是一个土生土长的剧种，唱腔粗犷、豪放，词句清脆流畅。它集当地的风俗、方言于一身，形成了具有独特风格的语言、唱腔、表演剧种。经过几代艺人的精心打造，它如今已成为当地百姓生活不可缺少的精神食粮，同时也成了鲁南大地上的一枝奇葩。

山城唢呐

张令海

唢呐，俗称“喇叭”。民间称吹唢呐者为“吹鼓手”，称组成的团体为“乐队”或“喇叭班儿”。在山城街道，鼓吹乐艺术可谓源远流长，自从老祖宗进山定居就已有之，可谓是最古老的民间器乐。建国后，这一民间艺术得以发扬光大，深受人民大众的喜爱。如今，鼓吹乐班遍及山城，从业人员数百人。因而，山城素有“唢呐之乡”的称誉。

唢呐音质高亢、激昂，其声音直抒胸怀，荡人魂魄，惊天动地。在吹鼓手娴熟的演奏中，人世间的大喜大悲、大苦大乐被吹打得淋漓尽致。在山城，唢呐声一直演绎着人们的喜怒哀乐。

唢呐是鼓吹乐中最有表现力的一种乐器。除了看大戏、看电影之外，鼓吹乐这一民间艺术是人们婚丧嫁娶和各种喜庆场合最常用的。过去，不管是修庙立祠、金榜题名，还是升官发财，都要请吹鼓手庆贺一番。现在，送子参军、儿女升学、婚庆大典也要吹吹打打，助兴添彩。古往今来，便形成了一种风俗：逢婚娶庆典必“喜吹”，遇悲凄丧仪必“哀吹”。事主心高的，唢呐就吹得像脱缰的野马，奔腾不羁；事主祥和的，唢呐就吹得像放牧的羊群，温驯逸然。吹唢呐的人，心高品正、英雄豪气者，常常爱吹有关贤将良相的戏曲，与民同赞；吹唢呐的人，浪漫多情、情感暖味者，常常爱吹男女艳情乐曲，直把人吹得心醉神迷，飘然神往。

山城唢呐因其有积淀雄厚的曲牌音乐体系、庞大的演奏群体、广泛的民俗应用、独特的演奏技艺和浓郁的地方风格，成为民间音乐中一个独特乐种。山城唢呐以其丰富的内涵被列为山东省非物质文化遗产。

山城街道地处山亭区，独特的自然环境和深厚的文化底蕴，相对稳定的文化空间，孕育滋生了内涵独特的山城唢呐这一乡土民族民间艺术。

山城唢呐在明代就有流传，有 600 年的发展历史，在清代逐步成熟，至民国达到兴盛。建国初有了新的生机，而“文革”期间却被当作“四旧”禁止。20世纪70年代末，山城唢呐重新得到复苏。80年代初至今为振兴变革期。经过几代人的努力，改变了过去口传心授的传承方法和“一人一把号，各吹各的调”的状况，乐手们可以随意搭班，相互交流，演奏技艺不断提高，以全新的姿态活跃在苏鲁豫皖大地。

经过数百年演变，山城唢呐活跃和满足了穷乡僻壤广大群众的文化需求。每逢娶媳嫁女、丧葬祭奠、乡村庙会、节庆典礼、贺寿等民间活动，山城唢呐常常为之助兴。山城街道红白事中的“接请客”“送大客”“娶新人”“迎花”“拜堂”“闯帐”“请灵”“家祭”“请先生”等繁杂的礼仪活动中总是吹手在前，鼓乐先起，具有领先特征。山城唢呐融民间文学、民间器乐、民间礼仪习俗、风土人情于一体，具有稀有珍贵的价值。山城唢呐经历史融铸，形成了众多的优秀曲牌，主要有《状元游街》《地里兔》《秋季生》《刮地风》《大摆队》《鸭子拌嘴》《十里亭》《放风筝》《孟姜女》《哭颜回》《雁落沙滩》《苦龙哭海》等不下百种，欢快处让人喜笑颜开，悲伤处使人泪珠滚滚。新中国成立后，唢呐艺人们又吸收民歌，优秀的革命歌曲如《军民大生产》《拥军花鼓》等曲调，更加丰富了其艺术表现力。

神话、宗教和风俗是人类精神信仰的三大基础。农耕文化十分发达的山城传承了极其丰富的礼俗传统和地域民俗内质。据史载：有节会风俗、人生风俗、交际风俗、信仰风俗、生活风俗、生产风俗、民性风俗等七大类。风俗是山城人精神生活的基本内容，具有极为严格的程序和深刻的文化内涵。人生风俗也称“人生礼俗”，是山城人生命中的隆重仪式。严酷的自然环境和艰辛的生存过程使山城人对“活着”更加挚爱，而挚爱的表达方式就反映在对人生过程中的这一个个重要事件，如参军、升学、结婚（出嫁）、庆寿、丧葬等的隆重仪式中。这既是一个人一生中张扬生命的场面，又是一次“酒神艺术”色彩浓厚的礼俗活动。因此，山城人的一生是伴随着一次次礼俗活动而走完人生道路的。礼俗活动被山城人用来外化和装扮生命的价值和色彩，重视它，甚至夸饰它。当唢呐这种声响洪亮的乐器传入山城的时候，它就和礼俗活动相得益彰而建立起不可分割的血肉联系。山城人的一生离不开礼俗，礼俗离不开唢呐，山城人一生便离不开唢呐了。一个人一生中，结婚（出嫁）、庆寿要吹唢呐，丧葬也要吹唢呐。仅在“娶嫁”这个礼俗活动中，唢呐运用的次数就达8次之多。从男方娶亲开始，男方的娶亲人带一两个唢呐手在路上吹奏，家中留一两个唢呐手；到了女方家，新娘上轿时，要吹奏感人的唢呐乐曲；娶亲的队伍在道路上行进，唢呐手也要吹奏；经过每一个村庄时，唢呐手也要吹奏，用乐曲告诉人们这是娶亲的队伍；新媳妇娶回来入洞房前，唢呐手要先进洞房吹一圈，称为“闯帐”，以防什么“白虎占堂”等不祥事情发生；宴席开始后，新人向家人敬酒，唢呐起乐，上一道菜换一个曲牌，宴席不散，奏乐不止；之后，女方家的人要回去，唢呐手要吹着送出门外；在举行上拜仪程，新郎和新娘按尊长次序给人磕头，这时唢呐也吹着热情欢快的曲调……其他人生礼俗及其社火、庙会等公共风俗活动中，唢呐手按程序起着导引作用，都在表演着举足轻重而不可替代的角色。唢呐伴随着山城人的礼俗活动，伴随山城人的一生。因此，唢呐这种民间乐器在山城有着深厚的生存土壤。“响班”使用的乐器分为管弦乐和打击乐两大类。管弦乐有唢呐、笛子、笙、萧、管子、闷子、把攥子、柳琴、板胡、二胡等；打击乐器有乐锣、鼓、梆子、镲等。在演奏中，主要的乐器是唢呐。唢呐又分为大唢呐、中唢呐、小唢呐和锡笛四种。打击乐器主要是在伴奏中起着掌握节奏、制造气氛的作用。近几年，山城的喇叭班与时俱进，配备了电子乐器和西洋乐器，有的甚至和艺术团体联合，提供吹、拉、弹、唱、舞综艺服务，深受广大群众的欢迎。

山城不但产生了梆子、柳琴、民歌、歌谣、小调，而且还有道情等艺术形式。有歌的土地，必然是有音乐的土地。千百年来，山城的人们一边耕作，一边歌唱，歌唱自己对生命的感情，歌唱自己的喜、怒、哀、乐，从而产生了山城的民间乐曲。而这些乐曲按其来源大体有三种类型：一种是传统的曲牌，如《终南山》《担水》《黄鹤楼》《辞朝》《珍珠倒卷帘》等。唢呐从明朝传入山城以后，就成为山城人民抒发感情、呐喊生命、传承民间乐曲的一种基本的乐器。那些平时与父老乡亲们一道，吆着犁地的牛，哼着小曲的汉子们，遇上红白喜事，放下手中的犁耙，拿上心爱的唢呐，叫上伙伴们一道组成了“喇叭班儿”。走到一家家喜庆或悲哭的院落，把事主家的感受和他对生命的情绪透过那一个铜制的唢呐头，或雄宏苍凉，或细腻柔慢，吹向天空，吹到沟梁，吹进山城人粗坜的耳膜，铺在他们那颤动的心田上，扎下那歌哭的根。红事上可听到《状元游街》《粉红莲》《雪花飘》《十二道春》《太平年》《相亲》《张良卖布》《得胜回营》。那热闹、豪放的乐曲，就是山城人心灵上的“喜神”。白事上则可听到《雁落沙滩》《抱灵牌》《抑春》《祭灵》《吊孝》《哭长城》《悲调》《反平调》《哭皇天》《奠酒词》等，那痛苦悲伤的曲调，就是山城人千百年来生命中所积淀的悲苦之情。山城土地上这些土生土长的泥腿子艺术家，就这样把山城的民间乐曲一首首耳听心记地传承下来，并且在不懂乐谱的情况下，唢呐手一代传给一代。六百多年来，代代相传，从不间断，并且逐渐发展成为一支庞大的音乐队伍。他们吹奏在苏鲁豫皖的土地上，滋润着人们干涸的心田。唢呐声声，有时像落盘的珠、滚动的玉，大珠小珠落玉盘；有时像呢喃的燕、求偶的鹂，双入对出比翼飞；有时像婴儿的哭、成人的笑、老人的泪，喜怒哀乐尽在其中。因此，无论是“喜吹”，还是“哀吹”，只要唢呐声一响，便会引起三村五邻群众前来围观、欣赏、品评。在比较之中，众人辨出哪个“班”吹得好，哪个人吹得好。谁家有事请“喇叭班儿”都以众人的评议作凭据，当然都拣好的请。

现在，在文化部门的统一管理下，山城几十个“喇叭班儿”，伴随着改革开放的春风，与时俱进，正以精湛的技艺、深厚的音韵，把“社会和谐，文明进步”传遍了城乡，“吹”正了社会风气，“吹”顺了民心。

东山亭村游艺荟萃

张令海

山城历史悠久，文化灿烂。东山亭村的艺人们代代相传，把狮子龙灯舞等具有千年古老传统艺术原汁原味地保存了下来，让当代人回味无穷。

炎黄子孙是“龙的传人”。龙是中华民族的吉祥物和精神偶像，而狮子则是威武、严正、文明、神奇的象征。旧时代的官衙、寺院乃至豪门富户惯用石狮子做门卫，可见狮子在人们心目中独享殊荣，占有显赫地位。中华儿女总是期望祖国富有神龙和雄狮般的威力与风貌。基于人们对狮子、龙的崇拜和喜爱，因而在民间便形成了以狮子龙灯舞蹈表演为主的群众性游艺活动。

据《峄县志卷六・风俗篇》记载：“上元灯火，唐代尤盛，至今沿而为之。乡村亦多竹马、秧歌诸戏，金鼓喧闹……”

据民间传说，这项活动始于隋代。隋王朝的统治者，乘坐龙舟从运河水道下扬州游玩。这种龙舟非常美观，于是人们便在陆地上创作出龙灯舞的游戏。随着岁月的推移，游艺活动项目逐渐增加，内容愈来愈丰富。到了清代，可谓达到鼎盛时期。据说，东山亭村的艺人们不仅在当地演出，而且北边演到泗水、兖州、曲阜、济宁，西边演到丰县、沛县，南边演到江苏徐州及安徽北部。

当时，东山亭村的艺人们除演出狮子龙灯舞蹈外，已形成高跷、旱船、秧歌、竹马、霸王鞭、花车、黑驴、花篮、鱼鳖蟹蚌、大头娃娃、小炉匠、独杆轿、花棍、姜老背姜婆等一系列演出项目，阵容非常庞大。

狮子龙灯舞是一种群众性艺术活动，多在春节及具有纪念意义的庆祝节日举行。游戏活动队伍中一般没有专职导演和专业艺人，来自民间，服务民间。其内容主要表现民间富有情趣的生活故事或狮、龙、鱼、马等动物的活动细节。在表演形式上，保持着乡土气息，同时又把戏剧、舞蹈、武功、杂技、魔术等许多艺术精华广泛吸收，融为一个混合体。表演者可根据自己的想象，大胆创作，尽情发挥，构成千姿百态的热闹场面。在鞭炮、锣鼓、丝竹伴奏的烘托中，又为喜庆的节日增添了热闹的气氛，展现了这一方人民勇敢的性格和热爱生活、追求善美的情操。

狮子、龙灯、竹马、高跷等舞蹈的表演方式通常有两种：一是长驱直进式的“踩街”“亮相”，在途中边行走边演出。二是合围式的“打地场”，定位表演。前者是“走过场”，后者为“卖真功”。

在服装道具方面，既借鉴戏剧舞台的固定模式，又根据生活原型进行丰富想象，不拘一格地进行浪漫化设计。其主要特征是尽情夸大、美化或丑化，力求极端，旨在强化艺术感染力和加强演出效果。

在音乐伴奏方面，主要是以锣、鼓、镲等打击乐和唢呐、笙、笛、二胡等民族乐器为主，多以民间传统小调为曲牌。

山亭是文明之乡，礼仪之邦，在游艺活动中很讲究礼仪。例如，两支狮子龙灯队伍相遇时，乐器暂停，双方的狮子、龙进行对拜，以示友谊。另外，在队伍行进中，沿途商铺、住家有放鞭炮欢迎者，狮子、龙就及时拜谢，并在原地表演片刻。

新中国成立前，狮子龙灯舞蹈活动是由群众自发，由“会头”主持。建国后，这项活动多由各级党委、政府或村委会主办，有组织有领导地进行活动，从而把原属纯娱乐型的游艺活动上升到宣传、服务型的档次，成为社会主义精神文明建设的组成部分。

东山亭狮子龙灯舞、竹马、高跷等艺人的传承方式，一般是在农闲季节拜师授徒，以自愿为主。明、清之前的传承人已无据可考。从清末开始排列的话，第一代传承人是李瑞金（1887～1946），祖籍山城街道东山亭村人；第二代是李广田（1910～1970）、王锡善（1915～1980）；第三代是李登顺、王成功；第四代是杨德林、李文章、王广勇；第五代是李朝殿、王永臣、李朝伟，均系东山亭人。其中，传承人杨德林，出生于1942年，擅长扮演匈奴大将温敦，曾收徒4人。李朝伟擅长扮演鞑靼“单于”，曾收徒5人。王广勇能扮演各种角色，曾收徒9人。

下面把主要节目作一简述。

一、狮子舞

狮子舞是一项传统的民间活动，它起源于三国时期，盛行于南北朝。狮子舞在我国有“北方狮子舞”和“南方狮子舞”之分，山亭狮子舞属于北方狮子舞。如今狮子舞不仅在喜庆节日出现，而且还登上了戏剧舞台。

狮子皮用苘麻制成，狮子头面用纸浆和布装裱后经过美化制作而成。狮子的头面和皮毛着色，一般为红与绿，以区分雌雄。狮子道具由两个人顶着，前者手把面具，弓腿挺胸，后者紧抓前者的腰带，身板弯成“7”字形。二人默契配合，扭结成一个整体。狮子张牙舞爪，摇头摆尾，蹿蹦跳跃，显示其凶猛、威武的雄风。表演中既有“直立”“跳案”“翻跟头”“打滚儿”等大幅度活动，又有“挠痒”“啃地皮”“拜年”及双狮休戚相关或调情等生活细节。

二、龙灯舞

在古代，人们把“龙”作为吉祥的化身，寄寓着风调雨顺的愿望。因此，用舞龙祈祷神龙的保佑，以求得风调雨顺、五谷丰登。人们制作彩龙取乐，表现欢快的心情。经过民间艺人的完善，“耍龙灯”已发展成为一种形式完美、具有相当表演技巧和浪漫主义色彩的深为广大群众喜闻乐见的汉族民俗舞蹈艺术。耍龙灯也叫“龙灯舞”，山亭人称作“玩龙”，它是具有民族特色的民俗娱乐活动。汉代时耍龙灯在民间就很普遍了。在唐宋时期的“社火”表演中，耍龙灯已是常见的表演形式。耍龙灯的表演，有单龙戏珠和双龙戏珠两种。在耍法上，各地风格不一，各具特色。耍龙灯的主要道具是“龙”。龙用草、竹、木、纸、布等扎制而成，龙的节数以单数为吉利，多见九节龙、十一节龙、十三节龙，多者可达二十九节。十五节以上的龙就比较笨重，不宜舞动，只供观赏，这种龙特别讲究装潢，具有较高的工艺价值。还有一种“火龙”，用竹子编成圆筒，形成笼子，糊上透明、漂亮的龙衣，内燃蜡烛或油灯，夜间表演时十分壮观。龙头部分也有轻重之分，一般重量约 15 公斤。龙眼内点蜡烛的称“龙灯”，不点蜡烛的称“布龙”。耍九节龙的主要侧重于花样技巧，较常见的动作有蛟龙漫游、龙头钻裆、头尾齐钻、龙摆尾和蛇蜕皮等。耍龙中，不论表演哪种花样动作，表演者都得用碎步起跑。耍十一节、十三节龙的，主要表演蛟龙的动作，就是巨龙追捕着红色的宝珠飞腾跳跃，忽而高耸，似飞冲云端；忽而低下，像入海破浪，蜿蜒腾挪，非常好看。

我国古代人民为寄托美好愿望而创造了龙的形象。它造型优美，绚丽多彩，线条刚柔相济，在历史长河中闪耀着独特的艺术光彩。早在商殷时代，铜器和骨刻上就有龙形图案，周代铜器的龙纹已渐趋完整。耍龙灯在汉代民间已相当普遍了。唐宋时期的“社火”或“舞队”表演中，耍龙灯已是常见的表演形式。宋代吴自牧所著《梦粱录》中记载：南宋行都临安（今浙江杭州）“元宵之夜……草缚成龙，用青幕遮草上，密置灯烛万盏，望之蜿蜒如双龙之状”。龙灯，是指夜间表演，在龙头及各个龙节上分别钉上蜡烛，故名。龙的制作是由龙头、龙节、龙尾、龙衣四大部分组成，再用四条长绳牵连组合而成。龙和狮子是全场活动中的“主角”，而龙又是整个阵容的“点睛之笔”。龙体一般以九节（15 米长）为宜。十一节或七节的龙，在山亭很少见。大概是因为十一节龙太长，要不“活”；而七节龙过短，不壮观；唯有九节龙要起来恰到好处。耍龙的常见招式有“盘旋”“升空”“戏水”“搅水”“拜年”“卧滩”“扫地直飞”“翻身”等，多为俗中见雅，平中弄奇之举。龙和狮子同时表演时，二者的关系不分主次，讲究协调配合，有动有静，一张一弛，只是在表演结束时才同步进入高潮，在狂欢中结束。

舞龙

三、高跷

高跷的高度一般在 65～75 厘米之间，低者无艺趣，高者舞动迟缓。

高跷队以 12～16 人为理想队列。在传统表演的角色中，主要有“上八仙”“中八仙”“姜太公夫妇”等历史人物形象。以“小丑”为“戏眼”的民间生活情趣的人物表演最受欢迎。

建国后，以工农兵形象为主要内容和表演已成为主流。因此，对服装不要求统一，唯独讲究协调。表演中主要有“秧歌舞”“跑圆场”“走旋子”“翻跟头”“扑蝶”“钓鱼”“十八滚”“撞足鸣”“劈叉”等动作。

高跷是仅次于狮、龙的第三号“主角”，在整个队伍活动中具有举足轻重的作用。

高跷表演

四、旱船、花车

旱船的道具制作主要给人以真实感，侧重于美化。多为少女操作船，给人以坐船的错觉。划船者手执竹篙，伴相多为老汉，二人密切配合。以划船的动作和船行的姿态，表演出“推舟”“起锚”“顺水”“逆水”“搁浅”“旋转”等各种情景。

花车的道具和旱船基本相似，仅有造型方面的区别。花车表演，一般为三人。一推一拉，多为男伴相，坐花车者为女性。表演中，逗趣的细节很多。

旱船和花车的表演，都配有唱段，其内容全是祝福、拜年等吉祥词，多是民间小调。

五、竹马、黑驴

山亭竹马，是流传于山亭一带的民间戏，起源于山城街道东山亭村，流传于鲁南、河北、苏北、皖北等地区。

山亭竹马是山亭民间节庆及丰收后自娱自乐的民间游艺形式。每逢喜庆节日，人们自发组成表演队伍。锣鼓一响，游行队员们便蜂拥而至，各自按照分工，化上戏妆，进行表演。早期人们用以驱魔赶鬼、迎神纳福、消灾除病，后来被用到民俗祭祀、民间聚会等活动之中。生龙活虎的表演，大大活跃了节日气氛，所以深受广大群众喜爱。

山亭竹马脱胎于汉代"昭君出塞"的故事，表现的是北方匈奴族头领单于迎亲纵马奔驰的场面。

竹马戏的主要道具竹马由竹篾子、麻绳、铁丝等制作而成。表演时，演员将竹马捆在腰间，下身用麻篾子遮掩，便于身体摆动。演员左手拿马，并以手腕控制马头，使竹马随着锣鼓号子的节奏、身体的摆动而上下点头；演员右手拿鞭挥舞（经验丰富者，可舞出多种手法），跃马扬鞭，悠然前行。竹马戏有行走舞和场地舞，有《剪子阵》《卧龙阵》《藏虎阵》等复杂阵法。

伴奏乐队以鼓、锣、钹、镲、唢呐、号子为主要乐器。开场时，鼓点由慢而快，有万马奔腾之势。在舞至激烈时，还常伴有马叫声（唢呐吹奏"句句双"或以大杆号吹奏马的嘶鸣声）。

竹马戏的表演者穿戴的都是古戏装。男主角鞑靼单于，马头上戴锦鸡瓴，背插护背旗；女主角王昭君，头戴凤冠，着凤凰图案缎子戏装；使女戚戚、盈盈着青衣妆；匈奴大将温敦着武生妆；汉朝送亲正使萧育、送亲副使王龙着小生妆。鼓手及其他伴奏人员，头扎黄色方巾，身着粉色对襟褂、灯笼裤，腰扎红色腰箍，脚穿黑色洒鞋。

竹马戏

主角鞑靼单于由具有武功基础的演员扮演，后面紧跟丑角，撑打“华盖”。他可穿行于队伍之间，并做一些“空中吸腿跃”“旋子”“地滚”等高难度动作。

其余角色表演时，男演员以诙谐逗趣的表演与女演员逗情，女演员以含蓄、内在、柔媚来使剧情、场面生动活泼。行走表演以跑马秧歌为主，场面宏大，角色众多，诙谐风趣。有十字花、三角毛、鞍马、姊妹见面等，队形变化多样，大场套小场，演员表演交叉在队形中。

山亭竹马表演，跑动时以走场为主，有“双进门”“四门斗”“水溜溜”“绕八字”“蛇蜕皮”“十字靠”“剪子股”“跑圆场”“二龙出水”“南瓜蔓”等10余种场图。表演时多为锣、鼓、镲等打击乐器，配以唢呐、笙、笛等民间乐器，形成布阵、穿花、跑马等民间艺术表演。

这种活动已与秧歌、戏曲小唱、民间小调等有机结合，逐渐发展成为一种内容更鲜活的寓教于乐的民间娱乐活动，被民俗学家称为“鲁南民俗研究的活化石”。

竹马为群众表演舞，人物据故事而定，如《三国演义》中人物有关羽、刘备、张飞、赵子龙、吕布、袁绍等，表演时身穿戏剧服装，头戴头盔，手执马鞭，脚穿朝靴，配上高照（大红灯笼）、虎头牌、彩伞、竹马、竹云、车轿、威武旗等，每人“骑”一匹用竹子扎的马，马的颜色和形状，因所扮历史人物的特定性格而异。表演中边舞边唱，其内容为自报家门、身世，唱词多是劝善催人向上的激励语。

黑驴的表演主要通过蹿蹦跳跃的滑稽动作产生趣味。由少女或少妇操作驴道具，并作骑驴状；赶驴者小丑伴相。二人边舞边唱，内容多为儿女风情、相亲相爱的悄悄话。

六、秧歌、花篮、花棍、霸王鞭

秧歌统一彩服，各扎一束彩绸。队伍至少10人，演员越多越好。

挑花篮和打花棍都由少女担任，最好是12人以上的队伍。载歌载舞，欢庆丰年。

霸王鞭和花棍的表演基本相似，所不同的是，霸王鞭是由小伙子组队，一般为四、六、八人，人手一鞭，以舞动、对打等表演，体现男性勇猛、粗犷的阳刚之美，并伴以高亢、激昂的情歌。

霸王鞭与花篮、花棍同台表演，可产生刚柔相济、各领风骚的艺术效果。

秧歌演出队伍

七、大头娃娃、鱼鳖蟹蚌

大头娃娃是以滑稽、浪漫的假面具为“笑料”，加上富有情趣动作和扭曲了生活原型的表演。

鱼鳖蟹蚌是水族中的主要“成员”，表演者穿戴这些生物的外壳，并根据它们的生活、行动规律、习性，进行模拟做戏。或滚或爬，或蹿蹦或横行，把一幅海洋王国的生活图呈现在观众面前。

大头娃娃和鱼鳖蟹蚌同台表演，可以说是奇形怪状，花样百出，令人轻松一刻，洒笑一时。

八、小炉匠、姜老背姜婆、独杆轿

这三个艺术项目的产生是“野台子”与戏剧舞台结缘联姻、糅合而成的混合体。其形式既遵循戏剧化的规程，又不失乡场表演的特色，侧重于故事情节的表达。

小炉匠。戏中，小炉匠肩担工具，叫喊着：“扒盘子碗唻固锔锅。”老太婆怀抱泥盆和便罐与之讨价还价。一男一女通过生活细节逗趣调笑，给观众感官、视觉的刺激。旧时的表演比较庸俗，建国后予以内容翻新。既保持民间传统，又编入高雅的新人新风给观众以启迪，因此深受好评。

姜老背姜婆。这是由一名男生表演，老汉伴相，而姜婆是用纸扎成的。姜老汉背着纸人走场做戏，主要表达老夫老妻相互体贴、眷恋的恩爱之情。后来，对这个节目进行了大幅度创新，命名为《猪八戒背媳妇》。改由一名女青年表演，在她胸前系着猪八戒上半身的道具，腰间扎着一个围裙作掩盖，从围裙里露出两条假女人腿，表演者的腿脚穿着猪八戒的裤子和靴子。如此装饰使猪八戒背媳妇的形象非常逼真。另外，配有八名少女伴舞，并播放录音伴唱，全由电声乐伴奏。演出效果很好。

独杆轿。这个剧目是东山亭艺人的独创。其表演形式很简便，一根两米长的竹竿，由两名轿夫伴相的人抬着，另由一位身穿官衣、头戴纱帽的“县太爷”骗马式平坐在竹竿上。随着竹竿的颤动，上下起伏，左右摇摆，三个人互相配合而引人入胜。独杆轿的出现，始于清代。据说，当时峄县的知县张玉树，秉性正直，爱民如子，清正廉洁，两袖清风，因而深得民心。人们为了歌颂他，便创作出“独杆轿”，伴随着狮子龙灯等大队人马，到县衙门给张玉树拜年。后来逐渐演化，改变了主题。为了逗笑，加强效果，又把坐轿人改为“丑”伴，纱帽翅只用一支，而且坐轿人在表演中故弄玄虚，洋相百出。

新中国成立前，山亭几经战乱，形势多变，但以狮子龙灯为主体的民间艺术一直处于良性发展中。虽然也曾一度出现鱼龙混杂、良莠并存的现象，甚至有一些低级趣味的糟粕“昙花一现”，却始终没有形成大气候。如“推牌九”“鬼打架”等表演形式，尽管其立意是表现赌钱、推牌九所带来的危害以及好人必将战胜恶鬼，其结局总是“善有善报，恶有恶报”。但是，由于表演者热衷于在阴暗面上下力，过分渲染推牌九所造成的卖儿女、卖老婆、拼命、上吊等惨状及恶鬼狂笑的狰狞面目，因此也在一定程度上产生了不良影响。

在抗日战争和解放战争时期，类似的活动以宣传革命、鼓动抗日，歌颂真善美、抨击假恶丑，弘扬社会进步的内容为主导。当时以秧歌、高跷等形式演唱的《八路军实在好》《打鬼子保家乡》《汉奸不是人》《送郎参军》等节目，揭示了山亭人民爱党爱国的赤子之心和追求民主、自由的殷切之情。

新中国成立后，在党的“双百”方针指引下，山亭的民间艺术活动开拓出一片绿洲，涌现出《大生产》《送公粮》《支前》《参军光荣》《歌唱人民政府》等一批优秀节目。实践证明，在每个历史时期，民间艺术都起到“团结人民，教育人民，打击敌人”的作用。与此同时，狮子、龙灯、竹马、高跷等艺术也随着时代的发展而步步升华。

天下祥和，在于民乐。衣食住行及对一切物质的需求，不是人民生活的全部，人民的精神生活尤其对文化艺术的需求是不可缺少的。狮子龙灯等民间艺术，老幼皆宜，雅俗共赏，作为中华民族文化的一部分，在山亭大地源远流长。狮子龙灯作为一枝艺术之花，植根于民间，在民间飘香，潜移默化地提升着这一方人民的文化素质，陶冶着这一方人民的精神和情操。

薄板村泥塑土陶

张令海

薄板村位于山城街道驻地东 3 公里处。它北依蛟龙山，东临虎山，南靠薛河，群山环抱，山清水秀，地灵人杰，交通便利，自古是滕州至临沂的官道，地理位置优越。这里还有一个特点——有丰富的天然的泥土资源，当地的黑立土、红立土、红胶泥储量非常大，适宜做泥塑、烧土陶。薄板村刘氏泥塑、土陶技艺流传至苏鲁皖等地区。

据刘氏家谱和碑文记载，该村刘姓是元末（约 1368）从山西洪洞县迁居至此。泥塑、土陶技艺随之传入，距今已 600 余年。薄板村泥塑、土陶主要分为两大类：一是神佛彩塑造像，二是烧制各种生活用品的土陶器具，计有 200 余个品种。20 世纪四五十年代，全村刘氏族人，有 100 多人以塑造神像和烧制土陶器具为生。至今旧窑尚存，产品广泛流入浙江、天津等地。泥塑是古老的民族造型传统艺术之一，最早可上溯到新石器时期。两汉以后，随着道观、佛寺、庙堂的兴起，泥塑偶像艺术得以发展，唐代泥塑艺术达到顶峰。此后虽朝代更迭动荡，但活跃在民间的泥塑艺术依然传承有序，因为它凝结着劳动人民淳朴的思想感情与对美好生活的强烈愿望，也充分表达了民间艺人的智慧和才能。

摔泥制子，手捏模制，脱胎具型，雕塑施彩，代代相传，经久不衰。村里的老人回忆说："清朝之前由于战乱等原因，泥塑土陶的历史已经说不清了，就知道现在的传承人刘进潮的太高祖名叫刘崇珩。他是清代咸丰年间的举人，对彩塑、烧陶样样精通，做活非常认真精细。他做出的工艺品活灵活现，就像真的一样。"至今薄板村还流传着刘崇珩借火吸烟的故事。传说当年他在临村沙河头观音庙塑像，夜深了还在油灯下加班，累了想吸袋烟，却怎么也找不到火。抬头一看河北岸路边卖茶的还没熄灯，于是就去借火吸烟。卖茶老头一听是来借火，笑了笑说："刘师傅，你真是塑像塑迷了，自己的油灯不是有火吗?”他这才恍然大悟。据史料记载,刘崇珩从师于山西省洪洞县泥塑大师陆良。之前已无据可考,现在只能把他作为薄板村刘氏泥塑土陶的第一代传承人。第二代是刘守敏(同治年间),第三代是刘真桂(光绪年间),第四代是刘西亮(民国年间),第五代是刘夫珠(1933～2002)。他们父传子,子传孙,传到今天的刘进潮已是第六代。“文革”中,泥塑土陶技艺遭到严重破坏,传承人也受到迫害,多数从业者,被迫弃艺改行。

为了继承这一宝贵的文化遗产,第六代传承人刘进潮,经过十几年的抢救性发掘和苦心钻研,又将老祖宗流传的技艺传承了下来,并于2008年创办了“泥人刘”工作室。

刘进潮有着一手雕塑制陶的好手艺。他制作的泥人姿态各异,造型逼真,传统中透出时尚的色彩,曾多次在各级非物质文化遗产展览中获奖。我在采访中看到,一块不起眼的泥巴,在刘进潮的手里,一眨眼的工夫,就变成了一件精美的工艺品。他的产品可分为手工雕塑品、模制品和转轮拉坯制品三大类。手工多生产大、中、小型彩塑系列和小型陶件系列。模制品多生产赏玩工艺陶类系列。转轮拉坯多生产工艺陶盘、陶瓶系列。其陶类装饰性花纹主要表现在模制器上和轮式阳模上,如乳钉纹、玄纹、回纹、回象图案、八卦图案等。工具配有彩塑木刀、刮刀、木棒、吊线、水平管线、水桶、水盆,各种型号的画笔、颜料、脚手架等。陶制品,不仅具备以上工具,而且还要有拉胚机、大转轮、小转轮、模具、弓把等。在场地方面,要有凉房,又称“窑屋”,生产的陶坯存放在里面阴干。而晒场,一般是晾房的外面,入窑之前晾晒的地方。陶器烧制窑炉种类很多,一般采用馒头窑的烧法,即在开阔地方挖出窑坑,砌垒出炉口,炉口四周垒窑墙,顶上留烟囱,正对烧火门后留窑炉,小火、中火放窑顶烟囱,中、大火封顶、逐渐放窑直到封窑,等待出窑。

关于生产过程,具体来说,主要有以下六个方面:

1.取土。采用优质天然红、黑立土,将所挖的土运到晾晒场,砸细晾晒。

2.和泥。把晾干的土用适当的水渗透,滋润一夜,第二天早上用木锨翻一遍,用脚踩多遍,搬存屋内包好,做好保湿工作。

3.分类。制作分为彩塑制作、陶器制作、彩绘陶制作三类。

4.彩塑制作的步骤:(1)大型彩塑。首先要根据高度做骨架,用木棒或钢材、钉子、铁丝等固定。(2)上粗泥。和泥时加入沙子、稻草、棉花等叫粗泥,主要起坚固韧性、防脱、防裂的作用。(3)上细泥。待粗泥七成干时开始上细泥,人物五官和衣纹等细小部位的深入刻画都在这道工序里。(4)上粉抛光。上粉底子干后打磨抛光,以备上彩。(5)彩绘。这道工序最重要,三分塑七分彩，有重彩和淡彩之分，讲究色彩对比和颜色调配等，贴金描银，对绘画功夫要求很高。

刘进潮在为雕塑涂彩

5.小陶件制作主要有以下几个方面：(1)小型泥人制作。小型泥人不用做骨架，和泥也不用添加任何东西，阴干(不在太阳下晒，在阴凉处自然干)后火烧成陶。(2)陶器制作。一是用转轮拉出陶坯(如缸、盆、罐、盘等陶器)晒胎；二是用模具，脱出坯胎(如小型泥人，泥玩具等)。成型后自然晾晒，以备烧陶。(3)烧陶。把备好的泥作品筹备到装一窑时，充分晒出多余水分，装窑时，堵封窑口，开始烧火。火序是：小火—上墨—狮子红—退墨—中火—介火—大火—闷火。时间一般为一昼夜，闷火后封窑，而后就是出窑。

6.彩绘陶上色。彩绘陶即在烧好的陶器表面上绘画出各种颜色或图案，一般有粉质、油画和丙烯之分。

刘进潮作为薄板村刘氏泥塑土陶第六代传承人，9岁时就帮着父辈做一些泥塑的零碎活。每当他的父辈们被人家请去做泥塑时，他就跟着用一些碎泥料在旁边跟着学。上学后，刘进潮特别喜欢美术课，学习素描、国画、书法的兴趣特别浓厚，并试着将美术技法融入到自家祖传的泥塑造型当中。在继承家传泥塑技艺的同时，博采众家之长，创作出一批既有传统韵味又有现代精神风貌的经典之作，主要类别有人物、动物泥塑，大型佛像雕塑，古典名著人物系列及实物器具。其作品艺术特色为造型挺括流畅、精巧率真，且展现出苍古凝练、淳朴自然的靓丽风采。既有江北朴实厚重的写实，又充盈着江南泥塑精湛细腻的神韵，给人以亲切和美的享受。他的小型人物作品造型精巧雅致，线条凝练挺拔，生活气息浓郁，动感极为强烈。

《老子骑牛》作品中的老子大耳下垂，须发飘逸，目光炯炯，神态安详，乘青牛，手持书卷，一副隐逸者形象。

作品《棋逢对手》塑造了乾隆年间两个名声显赫的人物，左边跷着二郎腿、捋着胡须、目中无人状的是纪晓岚，聪明机智极具讽刺挖苦之能事；右边的是其冤家对头老谋深算的和珅。两人智斗的典故在作品《棋逢对手》中被活生生地塑造出来。

作品《理发》的人物形象栩栩如生，清代平民的生活场景历历在目。

理发塑像

《山里娃》的胖小子塑形，人见人爱，肥嘟嘟的腮帮，舒心大笑的神情，白花蓝布衣裤的穿着，大头大脚的夸张，凸显出人们对童年雅趣的无限留恋，也表达了农家人心灵深处的希望。

还值得一提的是他的现场即兴雕塑，表现出高超的艺术水准。如去年他为波兰驻华大使塔德乌石·霍米茨基制作的雕塑肖像，形神兼备，惟妙惟肖，深受国外友人及名家赞誉。

他的大型泥塑作品则表现出宏伟遒劲、沉雄奇崛的风貌，施彩则华丽高雅，素描则苍古凝练，展示了我国北方农民奔放豪爽、勤奋智慧、爱憎分明的禀赋与高尚的道德情操。

刘进潮为波兰驻华大使塔德乌石·霍米茨基塑像

作品《观世音菩萨》，相貌端庄慈祥，具有无量的智慧和神通。塑造的各尊菩萨生动传神，成为骨法、体质、神态与光影高度合一的塑像艺术，同时通过"随类赋色"描绘出人物的神韵，把默不作声的泥塑升华为凝眸欲语且张扬着生命力的睿智形象。

作品《周仓》人物为三国名将，塑像铁齿银须，扩口环目，其英武威猛的雄姿呼之欲出。造型尤以面部表情的刚毅悍烈、铠甲服饰的质感灵动，给观众留下了深刻的印象。

在作品《屈原》中，塑者饱蘸激情刻画了这位忧国忧民的爱国主义诗人。暮年岁月的体态，衣饰松垂、裹足不前的踌躇，抬着右手臂的掂量，低头冥思的愁容，一目了然。似乎当年那位文雅傲骨的楚国左图大夫又来到人间："长太息以掩涕兮，哀民生之多艰……亦余心之所善兮，虽九死其犹未悔。"

艺术应当紧随时代，非遗传承人刘进潮精心制作了《血战台儿庄》巨型雕塑，生动再现了台儿庄战役雄壮惨烈的场景。1938 年春，日军主力团自胶济线南下，急于攻占鲁南地区的台儿庄，以图贯通津浦。以李宗仁为首的中国军队据此死守，发动了一场大规模的惨烈战役。经鏖战，挫败日军并歼灭敌人万余。塑像中被炮火轰塌的城墙，叠压满地的尸体，散落的枪支及装备，充分展现了拼杀的残酷程度。"誓死不当亡国奴"的标语展示了中国人民威武不屈的英雄气概。抗日战争这一焦点的艺术再现，让我们在强化忧患意识的同时，更加感到今天的和平岁月多么珍贵。

《血战台儿庄》巨型雕塑

送子参军雕塑则展现了山亭人民的爱国热情。

送子参军塑像

刘进潮的泥塑代表作品《西游记人物》系列中，唐僧、悟空、八戒、沙和尚被塑造得惟妙惟肖，个个好像会说话似的，悟空脸上的猴毛就像真的一样，八戒笑得憨态可掬，唐僧的白龙马也活灵活现。

四季美女则塑造出农家女春种、夏锄、秋收、冬闲的勤劳形象。

刘进潮的主要作品还有佛像雕塑《大壁佛祖》《彩塑观音》《碧霞元君》《土地神》《山神》等；创新作品有土陶人《说唱俑》、器具类有《双牛头壶》；小型泥塑有《四大美女》等。山亭区明珠湖边的寺庙里有几尊神像就是刘进潮的作品；峄城青檀寺中的岳飞像是他的塑像佳作；枣庄市华龙娱乐中心墙壁上的《西方战神》也出自他之手。

刘进潮的泥塑已在台儿庄古城和山亭区石头部落建立了展位。每当创作出一件得意作品，刘进潮就会像获得丰收一样高兴。刘进潮看着自己的作品先后多次受邀参加非物质文化遗产展览并得到专家的认可，更是打心里高兴。现在，他创作的艺术品在台儿庄古城和山亭区石头部落作为旅游项目商品展销，受到游客们的喜爱。

后 记

《山城历史文化选编》一书，经过编辑委员会全体工作人员一年多的共同努力，终于与读者见面了。

《山城历史文化选编》一书在一定程度上弥补了山城无史志的缺憾。

山城街道历史悠久，文化深厚，这一厚重的文明是历史给予山城人的骄傲和自豪。古代，这儿曾经是“东方君子之国”小邾(郳)国都城、楚国边塞於菟城治地；近代，这里先后曾经是中共滕县县委、中共滕东县委、中共麓水县委、中共白彦县委驻地。在烽火连天的八年抗日战争时期，这里的人民毁家纾难，用热血浇灌了抱犊崮抗日根据地并使之壮大和成长；三年解放战争时期，这里的人民积极参军，踊跃支前，用独轮车把革命推过长江，推到了海南岛！

山城地阔人众，现在又是县级行政机关山亭区驻地，山城的发展和变化就是山亭的晴雨表。但是，由于近60年来山城街道历史沿革复杂，这些本以为作为山城人骄傲的曾经和历史，却没有一本书去记载，山城人民创造的许多灿烂文明和优秀文化大都散落民间，这一切都凸显山城街道党二委、办事处决定搜集整理、出版《山城历史文化选编》决策的前瞻性和抢救性挖掘的重要性。

本次资料征集活动，得到枣庄市社科联、枣庄日报社、中共山亭区委宣传部、山亭区华夏文化促进会、山亭周讯、山亭区文广新局以及山城街道各部门领导的大力支持，得到社会各界的极大关注；驳山头村的老人杨成营、善堌村的郭效田先生、后刘庄的孙玉琪老人、前刘庄的雷景法老人、沈庄村的沈印昌老人，以自己的亲历亲见向《山城历史文化选编》资料征集办公室提供了许多有价值的历史资料。自2015年5月26日启动《山城历史文化选编》资料征集活动截至8月31日结束，收到社会各界征文100多篇，由此可见社会各界对此活动关注之一斑。遗憾的是，由于本书篇幅有限，暂时不能全部录入，有待今后续编出版。在此向所有关心支持该书出版的领导、专家和同志们表示诚挚的感谢！

由于时间仓促，加之水平所限，尽管我们作了很大努力，但书中错讹遗漏之处在所难免，敬请读者给予批评指正。

编　者

2016年8月